中国社会科学院马克思主义理论
学科建设与理论研究工程系列丛书

马克思 恩格斯
列 宁 斯大林

# 论科学无神论

LUN KEXUE WUSHENLUN

中国社会科学院科学与无神论研究中心 编

中国社会科学出版社

**图书在版编目(CIP)数据**

马克思恩格斯列宁斯大林论科学无神论 / 中国社会科学院科学与无神论研究中心编 .—北京：中国社会科学出版社，2024.1（2025.8 重印）
（中国社会科学院马克思主义理论学科建设与理论研究工程系列丛书）
ISBN 978-7-5227-2837-7

Ⅰ.①马… Ⅱ.①中… Ⅲ.①马列著作—无神论—研究 Ⅳ.①A563

中国国家版本馆 CIP 数据核字(2023)第 244584 号

出 版 人　季为民
责任编辑　田　文
责任校对　张爱华
责任印制　张雪娇

出　　版　中国社会科学出版社
社　　址　北京鼓楼西大街甲 158 号
邮　　编　100720
网　　址　http：//www.csspw.cn
发 行 部　010-84083685
门 市 部　010-84029450
经　　销　新华书店及其他书店

印　　刷　北京君升印刷有限公司
装　　订　廊坊市广阳区广增装订厂
版　　次　2024 年 1 月第 1 版
印　　次　2025 年 8 月第 2 次印刷

开　　本　710×1000　1/16
印　　张　26
插　　页　2
字　　数　436 千字
定　　价　139.00 元

凡购买中国社会科学出版社图书，如有质量问题请与本社营销中心联系调换
电话：010-84083683

# 摘编说明

1. 本书为马克思主义经典作家论科学无神论专题摘编，共收录马克思、恩格斯、列宁、斯大林论马克思主义世界观与方法论、科学无神论及宗教相关论述 537 条。

2. 本摘编一、二级标题为编者根据经典作家论科学无神论的相关论述概括归纳而来。正文部分的提要则从所摘引段落的内容中直接引用。

3. 本摘编主要依据《马克思恩格斯文集》《马克思恩格斯全集》《列宁选集》《列宁专题文集》《列宁全集》《斯大林全集》《斯大林选集》摘录。

4. 本摘编所摘经典作家论述按照马克思、恩格斯、列宁、斯大林的人物排序，同一人的论述则一般按照时间顺序排列，特殊情况则按照逻辑顺序灵活调整。

5. 经典作家的相关论述，一般只在相关专题中摘录一次，不重复引用。

6. 列宁的相关论述存在俄历与公历转换的情况，本摘编一律使用公历标明时间。

# 目　录

# 一　科学无神论的理论基础

## （一）唯物辩证法

**1. 过去的哲学未能对世界作出任何实际的判断，未能表现出对世界有任何现实的识别力，也就是说，未能通过实践来干预事物的进程，而至多只是不得不满足于抽象形式的实践**

正因为哲学过去只是事物现状的超验的、抽象的表现，正由于它自己的这种超验性和抽象性，由于它在想象中不同于世界，它必定会以为事物的现状和现实的人是远远低于它自己的，另一方面，因为哲学过去并不是在实际上与世界有所不同，所以它也就未能对世界作出任何实际的判断，未能表现出对世界有任何现实的识别力，也就是说，未能通过实践来干预事物的进程，而至多只是不得不满足于抽象形式的实践。所谓哲学曾经是超实践的，这只是说哲学曾经飘浮在实践之上。批判的批判认为人类就是精神空虚的群众，这样它就为思辨认为现实的人无限渺小的论点提供了最明显的证据。

> 马克思、恩格斯：《神圣家族，或对批判的批判所做的批判。驳布鲁诺·鲍威尔及其伙伴》（1844 年 9—11 月），《马克思恩格斯文集》第 1 卷，人民出版社 2009 年版，第 264—265 页。

**2. 法国的机械唯物主义附和笛卡儿的物理学而同他的形而上学相对立**

笛卡儿在其物理学中认为物质具有自主创造的力量，并把机械运动看做是物质的生命活动。他把他的物理学和他的形而上学完全分开。在他的物理学的范围内，物质是唯一的实体，是存在和认识的唯一根据。

法国的机械唯物主义附和笛卡儿的物理学而同他的形而上学相对立。他的学生按职业来说都是反形而上学者，即物理学家。

这一学派由医师勒鲁瓦开创，医师卡巴尼斯使该学派达到了自己的最高峰，医师拉美特利是该学派的中心人物。当笛卡儿还在世的时候，勒鲁瓦把笛卡儿关于动物结构的观点用于人的灵魂（18 世纪拉美特利也这样做过），并宣称灵魂是肉体的样态，思想是机械运动。勒鲁瓦甚至还认为笛卡儿隐瞒了自己的真正的见解。笛卡儿提出了抗议。18 世纪末，卡巴尼斯在他的著作《人的肉体和精神的关系》① 中完成了笛卡儿的唯物主义。

法国直到今天还存在着笛卡儿派的唯物主义。它在机械的自然科学方面获得了伟大的成就，在直白的意义上明确地说，人们决不可能指责这种自然科学带有浪漫主义色彩。

17 世纪的形而上学，在法国以笛卡儿为主要代表，它从诞生之日起就遇上了唯物主义这一对抗者。代表唯物主义同笛卡儿较量的人物，是伊壁鸠鲁唯物主义的恢复者伽桑狄。法国和英国的唯物主义始终同德谟克利特和伊壁鸠鲁保持着紧密的联系。笛卡儿的形而上学所遇见的另一个对抗者是英国的唯物主义者霍布斯。伽桑狄和霍布斯正是在他们的对手已经作为官方势力统治着法国的一切学派的时候战胜这个对手的，而这已是他们去世以后很久的事了。

马克思、恩格斯：《神圣家族，或对批判的批判所做的批判。驳布鲁诺·鲍威尔及其伙伴》（1844 年 9—11 月），《马克思恩格斯文集》第 1 卷，人民出版社 2009 年版，第 328—329 页。

**3. 从前的一切唯物主义（包括费尔巴哈的唯物主义）的主要缺点是：对对象、现实、感性，只是从客体的或者直观的形式去理解，而不是把它们当做感性的人的活动，当做实践去理解，不是从主体方面去理解**

从前的一切唯物主义（包括费尔巴哈的唯物主义）的主要缺点是：对对象、现实、感性，只是从客体的或者直观的形式去理解，而不是把它们当做感性的人的活动，当做实践去理解，不是从主体方面去理解。因此，和唯物主义相反，唯心主义却把能动的方面抽象地发展了，当然，唯心主义是不知道现实的、感性的活动本身的。费尔巴哈想要研究跟思想、客体确实不同的感性客体，但是他没有把人的活动本身理解为对象性的［*gegenständliche*］活动。因此，他在《基督教的本质》中仅仅把理论的活动看做是真正人的活动，而对于实践则只是从它的卑污的犹太人的表现形式去理解和确定。因此，他不了解“革命的”、“实践批判的”活动的意义。

马克思：《关于费尔巴哈的提纲》（1845 年春），《马克思恩格斯文集》第 1 卷，人民出版社 2009 年版，第 499 页。

---

① 皮·让·若·卡巴尼斯：《人的肉体和精神的关系》，1843 年巴黎版。这部著作中很大一部分曾于 1798—1799 年在法国科学院学术通报上发表。

**4. 人的思维是否具有客观的真理性，这不是一个理论的问题，而是一个实践的问题**

人的思维是否具有客观的［*gegenständliche*］真理性，这不是一个理论的问题，而是一个实践的问题。人应该在实践中证明自己思维的真理性，即自己思维的现实性和力量，自己思维的此岸性。关于思维——离开实践的思维——的现实性或非现实性的争论，是一个纯粹经院哲学的问题。

马克思：《关于费尔巴哈的提纲》（1845 年春），《马克思恩格斯文集》第 1 卷，人民出版社 2009 年版，第 500 页。

**5. 环境的改变和人的活动或自我改变的一致，只能被看做是并合理地理解为革命的实践**

关于环境和教育起改变作用的唯物主义学说忘记了：环境是由人来改变的，而教育者本人一定是受教育的。因此，这种学说必然会把社会分成两部分，其中一部分凌驾于社会之上。

环境的改变和人的活动或自我改变的一致，只能被看做是并合理地理解为革命的实践。

马克思：《关于费尔巴哈的提纲》（1845 年春），《马克思恩格斯文集》第 1 卷，人民出版社 2009 年版，第 500 页。

**6. 全部社会生活在本质上是实践的**

全部社会生活在本质上是实践的。凡是把理论引向神秘主义的神秘东西，都能在人的实践中以及对这种实践的理解中得到合理的解决。

马克思：《关于费尔巴哈的提纲》（1845 年春），《马克思恩格斯文集》第 1 卷，人民出版社 2009 年版，第 501 页。

**7. 旧唯物主义的立脚点是市民社会，新唯物主义的立脚点则是人类社会或社会的人类**

旧唯物主义的立脚点是市民社会，新唯物主义的立脚点则是人类社会或社会的人类。

马克思：《关于费尔巴哈的提纲》（1845 年春），《马克思恩格斯文集》第 1 卷，人民出版社 2009 年版，第 502 页。

**8. 哲学家们只是用不同的方式解释世界，问题在于改变世界**

哲学家们只是用不同的方式解释世界，问题在于改变世界。

马克思：《关于费尔巴哈的提纲》（1845 年春），《马克思恩格斯文集》第 1 卷，人民出版社 2009 年版，第 502 页。

**9. 在黑格尔那里，辩证法是倒立着的。必须把它倒过来，以便发现神秘外壳中的合理内核**

辩证法在黑格尔手中神秘化了，但这决没有妨碍他第一个全面地有意识地叙述了辩证法的一般运动形式。在他那里，辩证法是倒立着的。必须把它倒过来，以便发现神秘外壳中的合理内核。

马克思：《资本论。政治经济学批判》第一卷（1863—1865 年），《马克思恩格斯文集》第 5 卷，人民出版社 2009 年版，第 22 页。

**10. 辩证法不崇拜任何东西，按其本质来说，它是批判的和革命的**

辩证法在对现存事物的肯定的理解中同时包含对现存事物的否定的理解，即对现存事物的必然灭亡的理解；辩证法对每一种既成的形式都是从不断的运动中，因而也是从它的暂时性方面去理解；辩证法不崇拜任何东西，按其本质来说，它是批判的和革命的。

马克思：《资本论。政治经济学批判》第一卷（1863—1865 年），《马克思恩格斯文集》第 5 卷，人民出版社 2009 年版，第 22 页。

**11. 马克思过去和现在都是唯一能够担当起这样一件工作的人，这就是从黑格尔逻辑学中把包含着黑格尔在这方面的真正发现的内核剥出来，使辩证方法摆脱它的唯心主义的外壳并把辩证方法在使它成为唯一正确的思想发展形式的简单形态上建立起来**

由此可见，在这里必须解决与政治经济学本身无关的另外一个问题。应该用什么方法对待科学？一方面是黑格尔的辩证法，它具有完全抽象的“思辨的”形式，黑格尔就是以这种形式把它留下来的；另一方面是平庸的、现在重新时兴的、实质上是沃尔弗式的形而上学的方法，这也是资产阶级经济学家写他们那些缺乏内在联系的大部头著作时采用的方法。后一种方法，曾被康德特别是黑格尔在理论上摧毁，只是由于惰性和缺乏一种别的简单方法，才使它能够在实际上继续存在。另一方面，黑格尔的方法以其现有的形式是完全不能用的。它实质上是唯心的，而这里要求发展一种比从前所有世界观都更加唯物的世界观。它是从纯粹思维出发的，而这里必须从最过硬的事实出发。一种自己承认是“从无通过无到无”① 的方法，以这种形式在这里是根本不适用的。虽然如此，它却是一切现有逻辑

① 引自黑格尔《逻辑学》第 1 部第 2 编。

材料中至少可以加以利用的唯一材料。它没有受到过批判，没有被驳倒过；任何反对这位伟大的辩证论者的人都没有能够在这个方法的巍然大厦上打开缺口；它被遗忘，是因为黑格尔学派不知道可以用它干些什么。因此，首先应当对黑格尔的方法作一番透彻的批判。

黑格尔的思维方式不同于所有其他哲学家的地方，就是他的思维方式有巨大的历史感做基础。形式尽管是那么抽象和唯心，他的思想发展却总是与世界历史的发展平行着，而后者按他的本意只是前者的验证。真正的关系因此颠倒了，头脚倒置了，可是实在的内容却到处渗透到哲学中；何况黑格尔不同于他的门徒，他不像他们那样以无知自豪，而是所有时代中最有学问的人物之一。他是第一个想证明历史中有一种发展、有一种内在联系的人，尽管他的历史哲学中的许多东西现在在我们看来十分古怪，如果把他的前辈，甚至把那些在他以后敢于对历史作总的思考的人同他相比，他的基本观点的宏伟，就是在今天也还值得钦佩。在《现象学》、《美学》、《哲学史》[①] 中，到处贯穿着这种宏伟的历史观，到处是历史地、在同历史的一定的（虽然是抽象地歪曲了的）联系中来处理材料的。

这个划时代的历史观是新的唯物主义世界观的直接的理论前提，单单由于这种历史观，也就为逻辑方法提供了一个出发点。如果这个被遗忘了的辩证法从“纯粹思维”的观点出发就已经得出这样的结果，而且，如果它轻而易举地就结束了过去的全部逻辑学和形而上学，那么，在它里面除了诡辩和烦琐言辞之外一定还有别的东西。但是，对这个方法的批判不是一件小事，全部官方哲学过去害怕而且现在还害怕干这件事。

马克思过去和现在都是唯一能够担当起这样一件工作的人，这就是从黑格尔逻辑学中把包含着黑格尔在这方面的真正发现的内核剥出来，使辩证方法摆脱它的唯心主义的外壳并把辩证方法在使它成为唯一正确的思想发展形式的简单形态上建立起来。马克思对于政治经济学的批判就是以这个方法做基础的，这个方法的制定，在我们看来是一个其意义不亚于唯物

① 指黑格尔的著作《精神现象学》1807 年班贝格—维尔茨堡版；《美学讲演录》第 1—3 卷，《黑格尔全集》1835、1837—1838 年柏林版第 10 卷；《哲学史讲演录》第 1—3 卷，《黑格尔全集》1833、1836 年柏林版第 13—15 卷。

主义基本观点的成果。

恩格斯：《卡尔·马克思〈政治经济学批判。第一分册〉》（1859 年 8 月 3—15 日），《马克思恩格斯文集》第 2 卷，人民出版社 2009 年版，第 601—603 页。

**12. 马克思和我，可以说是唯一把自觉的辩证法从德国唯心主义哲学中拯救出来并运用于唯物主义的自然观和历史观的人**

马克思和我，可以说是唯一把自觉的辩证法从德国唯心主义哲学中拯救出来并运用于唯物主义的自然观和历史观的人。可是要确立辩证的同时又是唯物主义的自然观，需要具备数学和自然科学的知识。……

不言而喻，我对数学和自然科学作这种概括性的叙述，是要在细节上也使自己确信那种对我来说在总的方面已没有任何怀疑的东西，这就是：在自然界里，正是那些在历史上支配着似乎是偶然事变的辩证运动规律，也在无数错综复杂的变化中发生作用；这些规律也同样地贯串于人类思维的发展史中，它们逐渐被思维着的人所意识到。这些规律最初是由黑格尔全面地、不过是以神秘的形式阐发的，而剥去它们的神秘形式，并使人们清楚地意识到它们的全部的单纯性和普遍有效性，这是我们的期求之一。

恩格斯：《反杜林论》（1876 年 9 月—1878 年 6 月），《马克思恩格斯文集》第 9 卷，人民出版社 2009 年版，第 13—14 页。

**13. 旧的自然哲学，特别是在黑格尔的形式中，具有这样的缺陷：它不承认自然界有时间上的发展**

正如本书比较详细地阐明的那样，旧的自然哲学，特别是在黑格尔的形式中，具有这样的缺陷：它不承认自然界有时间上的发展，不承认“先后”，只承认“并列”。这种观点，一方面是由黑格尔体系本身造成的，这个体系认为只是“精神”才有历史的不断发展，另一方面，也是由当时自然科学的总的状况造成的。所以在这方面，黑格尔远远落后于康德，康德的星云说已经宣布了太阳系的起源，而他关于潮汐延缓地球自转的发现也已经宣布了太阳系的毁灭。最后，对我来说，事情不在于把辩证法规律硬塞进自然界，而在于从自然界中找出这些规律并从自然界出发加以阐发。

恩格斯：《反杜林论》（1876 年 9 月—1878 年 6 月），《马克思恩格斯文集》第 9 卷，人民出版社 2009 年版，第 14—15 页。

**14. 单是把大量积累的、纯经验的发现加以系统化的必要性，就会迫使理论自然科学发生革命，这场革命必然使最顽固的经验主义者也日益意识到自然过程的辩证性质**

可是，理论自然科学的进步也许会使我的劳动绝大部分或者全部成为多余的。因为单是把大量积累的、纯经验的发现加以系统化的必要性，就会迫使理论自然科学发生革命，这场革命必然使最顽固的经验主义者也日益意识到自然过程的辩证性质。旧的固定不变的对立，严格的不可逾越的分界线正在日益消失。自从最后的“真正”气体也被液化以来，自从证实了物体可以被置于一种难以分辨是液态还是气态的状态以来，聚集状态就丧失了它以前的绝对性质的最后残余。根据气体动力学的原理，在纯气体中，单个气体分子的运动速度的乘方，在同温时和分子量成反比，这样，热也直接进入本身直接可以计量的运动形式的系列。十年前，新发现的、伟大的运动基本规律还仅仅被概括为能量守恒定律，仅仅被概括为运动既不能消灭也不能创造这种表述，就是说，仅仅从量的方面概括，而现在，这种狭隘的、消极的表述则日益被那种关于能的转化的积极的表述所代替，在这里过程的质的内容第一次获得了它应有的地位，对世界之外的造物主的最后记忆也消除了。当运动（所谓能）从动能（所谓机械力）转化为电、热、位能等等，以及发生相反转化时，运动的量是不变的，这一点现在已无须再当做什么新的东西来宣扬了。这种认识，是今后对转化过程本身进行更为丰富多彩的研究的既得的基础，而转化过程是一个伟大的基本过程，对自然的全部认识都综合于对这个过程的认识。

恩格斯：《反杜林论》（1876 年 9 月—1878 年 6 月），《马克思恩格斯文集》第 9 卷，人民出版社 2009 年版，第 15—16 页。

**15. 正是那些过去被认为是不可调和的和不能化解的两极对立，正是那些强制规定的分界线和纲的区别，使现代的理论自然科学带上狭隘的形而上学的性质**

自从用进化论观点从事生物学研究以来，有机界领域内固定不变的分类界线——消失了；几乎无法分类的中间环节日益增多，更精确的研究把有机体从这一纲归到另一纲，过去几乎成为信条的那些区别标志，丧失了它们的绝对效力；我们现在知道有卵生的哺乳动物，而且，如果消息确实的话，还有用四肢行走的鸟。[1] 早在许多年以前，由于细胞的发现，微耳和不得不把动物个体的统一体分解成细胞国家的联邦——这种看法与其说是自然科学的和辩证法的，不如说是进步党的[2]——，而现在，循环于高等动物体内的阿米巴状的白血球的发现，则使关于动物的（因而也是人的）个体性的概念变得复杂多了。可是，正是那些过去被认为是不可调和的和不能化解的两极对立，正是那些强制规定的分界线和纲的区别，使现代的理论自然科学带上狭隘的形而上学的性质。这些对立和区别，虽然存在于自然界中，可是只具有相对意义，相反，它们那些想象的固定性和绝对意义，只不过是由我们的反思带进自然界的——这种认识构成辩证自然观的核心。积累起来的自然科学的事实迫使人们达到上述认识；如果人们领会了辩证思维规律，进而去领会这些事实的辩证性质，就可以比较容易地达到这种认识。无论如何，自然科学现在已经发展得再也不能回避辩证综合了。

恩格斯：《反杜林论》（1876 年 9 月—1878 年 6 月），《马克思恩格斯文集》第 9 卷，人民出版社 2009 年版，第 16 页。

### 16. 自然科学正在学会掌握 2500 年来哲学发展的成果

可是，如果自然科学不忘记，作为它的经验的总结的结论都是一些概念，而运用这些概念的艺术不是天生的，也不是和普通的日常意识一起得来的，而是要求有真实的思维，这样的思维也有同经验自然研究一样长的经验历史——如果自然科学不忘记这些，那么，它就会使自己比较容易地经历这个过程。正是由于自然科学正在学会掌握 2500 年来哲学发展的成果，它才一方面可以摆脱任何单独的、处在它之外和凌驾于它之上的自然哲学，另一方面也可以摆脱它本身的、从英国经验主义沿袭下来的、狭隘的思维方法。

恩格斯：《反杜林论》（1876 年 9 月—1878 年 6 月），《马克思恩格斯文集》第 9 卷，人民出版社 2009 年版，第 16—17 页。

---

① 卵生哺乳动物指鸭嘴兽，用四肢行走的鸟指始祖鸟。

② 关于有机体是“细胞国家”的形形色色的观点，出现在 19 世纪下半叶，按照这种观点，可以把由细胞组成的有机体比做国家，把各个细胞比做单个人。自由资产阶级的国家观念被搬进了生物学理论。恩格斯谈到这一观点具有“进步党的”性质，是暗指微耳和是德国资产阶级进步党党员，并且是该党的创始人和著名活动家之一。这个党于 1861 年 6 月成立，它在纲领中提出了在普鲁士领导下统一德国，实现地方自治原则的要求。

**17. 思维着的知性成了衡量一切的唯一尺度**

在法国为行将到来的革命启发过人们头脑的那些伟大人物，本身都是非常革命的。他们不承认任何外界的权威，不管这种权威是什么样的。宗教、自然观、社会、国家制度，一切都受到了最无情的批判；一切都必须在理性的法庭面前为自己的存在作辩护或者放弃存在的权利。思维着的知性成了衡量一切的唯一尺度。那时，如黑格尔所说的，是世界用头立地的时代。最初，这句话的意思是：人的头脑以及通过头脑的思维发现的原理，要求成为人类的一切活动和社会结合的基础；后来这句话又有了更广泛的含义：同这些原理相矛盾的现实，实际上都被上下颠倒了。以往的一切社会形式和国家形式、一切传统观念，都被当做不合理性的东西扔到垃圾堆里去了；到现在为止，世界所遵循的只是一些成见；过去的一切只值得怜悯和鄙视。只是现在阳光才照射出来。从今以后，迷信、非正义、特权和压迫，必将为永恒的真理、永恒的正义、基于自然的平等和不可剥夺的人权所取代。

恩格斯：《反杜林论》（1876 年 9 月—1878 年 6 月），《马克思恩格斯文集》第 9 卷，人民出版社 2009 年版，第 19—20 页。

**18. 绝对真理是不依赖于时间、空间和人类的历史发展的**

这种见解本质上是英国和法国的一切社会主义者以及包括魏特林在内的第一批德国社会主义者的见解。对所有这些人来说，社会主义是绝对真理、理性和正义的表现，只要它被发现了，它就能用自己的力量征服世界；因为绝对真理是不依赖于时间、空间和人类的历史发展的，所以，它在什么时候和什么地方被发现，那纯粹是偶然的事情。同时，绝对真理、理性和正义在每个学派的创始人那里又是各不相同的；而因为在每个学派的创始人那里，绝对真理、理性和正义的独特形式又是由他们的主观知性、他们的生活条件、他们的知识水平和思维训练水平所决定的，所以，解决各种绝对真理的这种冲突的办法就只能是它们互相磨损。由此只能得出一种折中的不伦不类的社会主义，这种社会主义实际上直到今天还统治着法国和英国大多数社会主义工人的头脑，它是由各学派创始人的比较温和的批评性言论、经济学原理和关于未来社会的观念组成的色调极为复杂的混合物，这种混合物的各个组成部分，在辩论的激流中越是磨去其锋利的棱角，就像溪流中的卵石一样，这种混合物就越容易构成。为了使社会主义变为科学，就必须首先把它置于现实的基础之上。

恩格斯：《反杜林论》（1876年9月—1878年6月），《马克思恩格斯文集》第9卷，人民出版社2009年版，第22页。

**19. 自然界的一切归根到底是辩证地而不是形而上学地发生的**

在此期间，同18世纪的法国哲学并列和继它之后，近代德国哲学产生了，并且在黑格尔那里完成了。它的最大的功绩，就是恢复了辩证法这一最高的思维形式。古希腊的哲学家都是天生的自发的辩证论者，他们中最博学的人物亚里士多德就已经研究了辩证思维的最主要的形式①。而近代哲学虽然也有辩证法的卓越代表（例如笛卡儿和斯宾诺莎），但是特别由于英国的影响却日益陷入所谓形而上学的思维方式；18世纪的法国人也几乎全都为这种思维方式所支配，至少在他们的专门哲学著作中是如此。可是，在本来意义的哲学之外，他们同样也能够写出辩证法的杰作；我们只要提一下狄德罗的《拉摩的侄子》② 和卢梭的《论人间不平等的起源》就够了。——在这里，我们就简略地谈谈这两种思维方法的实质；我们回头还要更详细地谈这个问题。

当我们通过思维来考察自然界或人类历史或我们自己的精神活动的时候，首先呈现在我们眼前的，是一幅由种种联系和相互作用无穷无尽地交织起来的画面，其中没有任何东西是不动的和不变的，而是一切都在运动、变化、生成和消逝。这种原始的、素朴的、但实质上正确的世界观是古希腊哲学的世界观，而且是由赫拉克利特最先明白地表述出来的：一切都存在而又不存在，因为一切都在流动，都在不断地变化，不断地生成和消逝。但是，这种观点虽然正确地把握了现象的总画面的一般性质，却不足以说明构成这幅总画面的各个细节；而我们要是不知道这些细节，就看不清总画面。为了认识这些细节，我们不得不把它们从自然的或历史的联系中抽出来，从它们的特性、它们的特殊的原因和结果等等方面来分别加以研究。这首先是自然科学和历史研究的任务；而这些研究部门，由于十分明显的原因，在古典时代的希腊人那里只占有从属的地

① 在《引论》的草稿中，这句话是这样写的："古希腊的哲学家都是天生的自发的辩证论者，亚里士多德，古代世界的黑格尔，就已经研究了辩证思维的最主要的形式。"

② 德·狄德罗的对话《拉摩的侄子》写成于1762年前后，后又经作者修改了两次。最初由歌德译成德文于1805年在莱比锡出版。第一个法译本被收入1821年巴黎版《狄德罗轶文集》，该文集实际上1823年才出版。

位，因为他们首先必须搜集材料。精确的自然研究只是在亚历山大里亚时期[①]的希腊人那里才开始，而后来在中世纪由阿拉伯人继续发展下去；可是，真正的自然科学只是从15世纪下半叶才开始，从这时起它就获得了日益迅速的发展。把自然界分解为各个部分，把各种自然过程和自然对象分成一定的门类，对有机体的内部按其多种多样的解剖形态进行研究，这是最近400年来在认识自然界方面获得巨大进展的基本条件。但是，这种做法也给我们留下了一种习惯：把各种自然物和自然过程孤立起来，撇开宏大的总的联系去进行考察，因此，就不是从运动的状态，而是从静止的状态去考察；不是把它们看做本质上变化的东西，而是看做固定不变的东西；不是从活的状态，而是从死的状态去考察。这种考察方式被培根和洛克从自然科学中移植到哲学中以后，就造成了最近几个世纪所特有的局限性，即形而上学的思维方式。

在形而上学者看来，事物及其在思想上的反映即概念，是孤立的、应当逐个地和分别地加以考察的、固定的、僵硬的、一成不变的研究对象。他们在绝对不相容的对立中思维；他们的说法是："是就是，不是就不是；除此以外，都是鬼话。"[②] 在他们看来，一个事物要么存在，要么就不存在；同样，一个事物不能同时是自己又是别的东西。正和负是绝对互相排斥的；原因和结果也同样是处于僵硬的相互对立中。初看起来，这种思维方式对我们来说似乎是极为可信的，因为它是合乎所谓常识的。然而，常识在日常应用的范围内虽然是极可尊敬的东西，但它一跨入广阔的研究领域，就会碰到极为惊人的变故。形而上学的考察方式，虽然在相当广泛的、各依对象性质而大小不同的领域中是合理的，甚至必要的，可是它每一次迟早都要达到一个界限，一超过这个界限，它就会变成片面的、狭隘的、抽象的，并且陷入无法解决的矛盾，因为它看到一个一个的事物，忘记它们互相间的联系；看到它们的存在，忘记它们的生成和消逝；看到它们的静止，忘记它们的运动；因为它只见树木，不见森林。例如，在日常生活中，我们知道并且可以肯定地说，某一动物存在还是不存在；但是，在进行较精确的研究时，我们就发现，这有时是极其复杂的事情。这一点法学家们知道得很清楚，他们为了判定在子宫内杀死胎儿是否算是谋杀，曾

① 亚历山大里亚时期是指公元前3世纪到公元7世纪时期。这个时期因埃及的一个港口城市亚历山大里亚（位于地中海沿岸）成了当时国际经济关系最大中心之一而得名。在这一时期，许多科学，如数学和力学（欧几里得和阿基米德）、地理学、天文学、解剖学、生理学等等，都获得了很大的发展。

② 参看《新约全书·马太福音》第5章第37节。

绞尽脑汁去寻找一条合理的界限，结果总是徒劳。同样，要确定死亡的那一时刻也是不可能的，因为生理学证明，死并不是突然的、一瞬间的事情，而是一个很长的过程。同样，任何一个有机体，在每一瞬间都既是它本身，又不是它本身；在每一瞬间，它消化着外界供给的物质，并排泄出其他物质；在每一瞬间，它的机体中都有细胞在死亡，也有新的细胞在形成；经过或长或短的一段时间，这个机体的物质便完全更新了，由其他物质的原子代替了，所以，每个有机体永远是它本身，同时又是别的东西。在进行较精确的考察时，我们也发现，某种对立的两极，例如正和负，既是彼此对立的，又是彼此不可分离的，而且不管它们如何对立，它们总是互相渗透的；同样，原因和结果这两个概念，只有应用于个别场合时才有其本来的意义；可是，只要我们把这种个别的场合放到它同宇宙的总联系中来考察，这两个概念就交汇起来，融合在普遍相互作用的看法中，而在这种相互作用中，原因和结果经常交换位置；在此时或此地是结果，在彼时或彼地就成了原因，反之亦然。

所有这些过程和思维方法都是形而上学思维的框子所容纳不下的。相反，对辩证法来说，上述过程正好证明它的方法是正确的，因为辩证法在考察事物及其在观念上的反映时，本质上是从它们的联系、它们的联结、它们的运动、它们的产生和消逝方面去考察的。自然界是检验辩证法的试金石，而且我们必须说，现代自然科学为这种检验提供了极其丰富的、与日俱增的材料，并从而证明了，自然界的一切归根到底是辩证地而不是形而上学地发生的。可是，由于学会辩证地思维的自然科学家到现在还屈指可数，所以，现在理论自然科学中普遍存在的并使教师和学生、作者和读者同样感到绝望的那种无限混乱的状态，完全可以从已经发现的成果和传统的思维方式之间的这个冲突中得到说明。

恩格斯：《反杜林论》（1876 年 9 月—1878 年 6 月），《马克思恩格斯文集》第 9 卷，人民出版社 2009 年版，第 22—26 页。

**20. 要精确地描绘宇宙、宇宙的发展和人类的发展，以及这种发展在人们头脑中的反映，就只有用辩证的方法**

因此，要精确地描绘宇宙、宇宙的发展和人类的发展，以及这种发展在人们头脑中的反映，就只有用辩证的方法，只有不断地注意生成和消逝之间、前进的变化和后退的变化之间的普遍相互作用才能做到。近代德国哲学一开始就是以这种精神进行活动的。康德一开始他的学术生涯，就把牛顿的稳定的太阳系和太阳系经过有名的第一推动后的永恒存在变成了历史的过程，即太阳和一切行星由旋转的星云团产生的过程。同时，他已经作出了这样的结论：太阳系的产生也预示着它将来的不可避免的灭亡。过了半个世纪，他的观点由拉普拉斯从数学上作出了证明；又过了半个世纪，分光镜证明了，在宇宙空间存在着凝聚程度不同的炽热的气团。

这种近代德国哲学在黑格尔的体系中完成了，在这个体系中，黑格尔第一次——这是他的伟大功绩——把整个自然的、历史的和精神的世界描写为一个过程，即把它描写为处在不断的运动、变化、转变和发展中，并企图揭示这种运动和发展的内在联系①。从这个观点来看，人类的历史已经不再是乱七八糟的、统统应当被这时已经成熟了的哲学理性的法庭所唾弃并最好尽快被人遗忘的毫无意义的暴力行为，而是人类本身的发展过程，而思维的任务现在就是要透过一切迷乱现象探索这一过程的逐步发展的阶段，并且透过一切表面的偶然性揭示这一过程的内在规律性。

黑格尔没有解决这个任务，这在这里没有多大关系。他的划时代的功绩是提出了这个任务。这不是任何个人所能解决的任务。虽然黑格尔和圣西门一样是当时最博学的人物，但是他毕竟受到了限制，首先是他自己的必然有限的知识的限制，其次是他那个时代的在广度和深度方面都同样有限的知识和见解的限制。但是，除此以外还有第三种限制。黑格尔是唯心主义者，就是说，在他看来，他头脑中的思想不是现实的事物和过程的或多或少抽象的反映，相反，在他看来，事物及其发展只是在世界出现以前已经在某个地方存在着的“观念”的现实化的反映。这样，一切都被头足倒置了，世界的现实联系完全被颠倒了。所以，不论黑格尔如何正确地和天才地把握了一些个别的联系，但由于上述原因，就是在细节上也有许多东西不能不是牵强的、造作的、虚构的，一句话，被歪曲的。黑格尔的体系作为体系来说，是一次巨大的流产，但也是这类流产中的最后一次。就是说，它还包含着一个无法解决的内在矛盾：一方面，它以历史的观点作为基本前提，即把人类的历史看做一个发展过程，这个过程按其本性来说在认识上是不能由于所

---

① 在《引论》的草稿中，对黑格尔哲学作了如下的描述：“就哲学被看做是凌驾于其他一切科学之上的特殊科学来说，黑格尔体系是哲学的最后的最完善的形式。全部哲学都随着这个体系没落了。但是留下的是辩证的思维方式以及关于自然的、历史的和精神的世界是一个无止境地运动着和转变着的、处在不断的生成和消逝过程中的世界的观点。现在不再向哲学、而是向一切科学提出这样的要求：在自己的特殊领域内揭示这个不断的转变过程的运动规律。而这就是黑格尔哲学留给它的继承者的遗产。”

谓绝对真理的发现而结束的；但是另一方面，它又硬说它自己就是这种绝对真理的化身。关于自然和历史的无所不包的、最终完成的认识体系，是同辩证思维的基本规律相矛盾的；但是，这样说决不排除，相反倒包含下面一点，即对整个外部世界的有系统的认识是可以一代一代地取得巨大进展的。

恩格斯：《反杜林论》（1876 年 9 月—1878 年 6 月），《马克思恩格斯文集》第 9 卷，人民出版社 2009 年版，第 26—27 页。

**21. 现代唯物主义本质上都是辩证的**

一旦了解到以往的德国唯心主义是完全荒谬的，那就必然导致唯物主义，但是要注意，并不是导致 18 世纪的纯粹形而上学的、完全机械的唯物主义。同那种以天真的革命精神简单地抛弃以往的全部历史的做法相反，现代唯物主义把历史看做人类的发展过程，而它的任务就在于发现这个过程的运动规律。无论在 18 世纪的法国人那里，还是在黑格尔那里，占统治地位的自然观都认为，自然界是一个沿着狭小的圆圈循环运动的、永远不变的整体，牛顿所说的永恒的天体和林耐所说的不变的有机物种也包含在其中。同这种自然观相反，现代唯物主义概括了自然科学的新近的进步，从这些进步来看，自然界同样也有自己的时间上的历史，天体和在适宜条件下生存在天体上的有机物种都是有生有灭的；至于循环，即使能够存在，其规模也要大得无比。在这两种情况下，现代唯物主义本质上都是辩证的，而且不再需要任何凌驾于其他科学之上的哲学了。一旦对每一门科学都提出要求，要它们弄清它们自己在事物以及关于事物的知识的总联系中的地位，关于总联系的任何特殊科学就是多余的了。于是，在以往的全部哲学中仍然独立存在的，就只有关于思维及其规律的学说——形式逻辑和辩证法。其他一切都归到关于自然和历史的实证科学中去了。

恩格斯：《反杜林论》（1876 年 9 月—1878 年 6 月），《马克思恩格斯文集》第 9 卷，人民出版社 2009 年版，第 28 页。

**22. 无限性是一个矛盾**

此外，杜林先生永远做不到没有矛盾地思考现实的无限性。无限性是一个矛盾，而且充满矛盾。无限纯粹是由有限组成的，这已经是矛盾，可是情况就是这样。物质世界的有限性所引起的矛盾，并不比它的无限性所引起的矛盾少，正像我们已经看到的，任何消除这些矛盾的尝试都会引起新的更糟糕的矛盾。正因为无限性是矛盾，所以它是无限的、在时间上和空间上无止境地展开的过程。如果矛盾消除了，那无限性就终结了。黑格尔已经完全正确地看到了这一点，所以他以应有的轻蔑态度来对待那些对这种矛盾苦思冥想的先生们。

恩格斯：《反杜林论》（1876 年 9 月—1878 年 6 月），《马克思恩格斯文集》第 9 卷，人民出版社 2009 年版，第 55 页。

**23. “第一推动”只是代表上帝的另一种说法**

可是，所有这些矛盾和不可能性，同提出自身等同的世界原始状态的杜林先生所陷入的混乱比较起来，还是纯粹的儿戏。如果世界曾经处于一种绝对不发生任何变化的状态，那么，它怎么能从这一状态转到变化呢？绝对没有变化的、而且从来就处于这种状态的东西，不能靠它自己走出这种状态而转入运动和变化的状态。因此，必须有一个从外部、从世界之外来的第一推动，它使世界运动起来。可是大家知道，“第一推动”只是代表上帝的另一种说法。杜林先生在自己的世界模式论中佯称已经干干净净地扫除了上帝和彼岸世界，在这里他自己又把二者加以尖锐化和深化，重新带进自然哲学。

恩格斯：《反杜林论》（1876 年 9 月—1878 年 6 月），《马克思恩格斯文集》第 9 卷，人民出版社 2009 年版，第 57 页。

**24. 运动是物质的存在方式**

在杜林先生之前，唯物主义者已经谈到了物质和运动。杜林先生把运动归结为机械力这样一种所谓的运动的基本形式，这就使他不可能理解物质和运动之间的真实联系，顺便说一下，这种联系对先前的一切唯物主义者来说也是不清楚的。可是事情是十分简单的。运动是物质的存在方式。无论何时何地，都没有也不可能有没有运动的物质。宇宙空间中的运动，各个天体上较小的物体的机械运动，表现为热或者表现为电流或磁流的分子振动，化学的分解和化合，有机生命——宇宙中的每一个物质原子在每一瞬间都处在一种或另一种上述运动形式中，或者同时处在数种上述运动形式中。任何静止、任何平衡都只是相对的，只有对这种或那种特定的运动形式来说才是有意义的。例如，某一物体在地球上可以处于机械的平衡，即处于力学意义上的静止；这决不妨碍这一物体参加地球的运动和整个太阳系的运动，同样也不妨碍它的最小的物理粒子实现由它的温度所造成的振动，也不妨碍它的物质原子经历化学的过程。没有运动的物质和没有物质的运动一样，是不可想象的。因此，运动和物质本身一样，是既不能创造也不能消灭的；正如比较早的哲学（笛卡儿）所说的：存在于宇宙中的运动的量永远是一样的。因此，运动不能创造，只能转移。如果运动从一个物体转移到另一个物体，如果它是自己转移的，是主动的，那么就可以把它看做是被转移的、被动的运动的原因。我们把这种主动的运动叫做力，把被动的运动叫做力的表现。因此非常明显，力和力的表现是一样大的，因为在它们两者中，实现的是同一的运动。

恩格斯：《反杜林论》（1876 年 9 月—1878 年 6 月），《马克思恩格斯文集》第 9 卷，人民出版社 2009 年版，第 63—64 页。

**25. 我们可以任意转过来倒过去，而在杜林先生的指导下，我们总是又回到——上帝的手指**

因此可以设想，在没有运动的、自身等同的状态下物质是装满了力的，看来杜林先生就是把这一情况理解为——如果他毕竟还有所理解的话——物质和机械力的统一。这种观念是荒谬的，因为它把按本性来说是相对的、因而在同一时间始终只能适用于一部分物质的那种状态，当做绝对的状态转移到宇宙。但是，即使我们把这一点撇开不管，困难毕竟还存在：第一，宇宙是怎样装满力的呢，因为在今天，枪是不会自动装上弹药的；第二，后来是谁的手指扣扳机呢？我们可以任意转过来倒过去，而在杜林先生的指导下，我们总是又回到——上帝的手指。

……

所有这些神谕式的空话，无非又是内心有愧的流露，他明明觉得，他所说的从绝对不动中产生出运动这个问题使他陷入不能自拔的境地，可是又不好意思去求助于唯一的救主，即天和地的创造者。既然在包括热的力学在内的力学中也都不能找到从静到动、从平衡到运动的桥，那么，杜林先生为什么一定要找出从他的没有运动的状态到运动的桥呢？这样也许他就可以幸运地摆脱困境了。

恩格斯：《反杜林论》（1876 年 9 月—1878 年 6 月），《马克思恩格斯文集》第 9 卷，人民出版社 2009 年版，第 65—66 页。

**26. 从辩证的观点看来，运动可以通过它的对立面即静止表现出来，这根本不是什么困难**

运动应当以它的对立面即静止作为自己的量度，这对于我们的这位形而上学者来说当然是一道难题和一服苦药。这确实是一个明显的矛盾，而任何矛盾在杜林先生看来都是背理①。但是这毕竟是事实：悬挂着的石头代表机械运动的一定的量，这个机械运动的量可以根据石头的重量及其与地面的距离确切地计量，可以通过各种方法——例如垂直落下，从斜面滚下，绕轴旋转——随意加以利用；而装上了弹药的枪的情况也是这样。从辩证的观点看来，运动可以通过它的对立面即静止表现出来，这根本不是什么困难。从辩证的观点看来，这全部对立，正如我们已经看到的，都只是相对的；绝对的静止、无条件的平衡是不存在的。个别的运动趋向平衡，总的运动又破坏平衡。因此，出现静止和平衡，这是有限制的运动的结果，不言而喻，这种运动可以用自己的结果来计量，可以用自己的结果来表现，并且通过某种形式从自己的结果中重新得出来。但是对问题作这样简单的说明，杜林先生是不满意的。作为地道的形而上学者，他先在运动和平衡之间挖一条实际上并不存在的鸿沟，然后因不能找到跨过自己挖的这条鸿沟的桥而表示惊奇。他同样可以骑上他那匹形而上学的洛西南特去追逐康德的“自在之物”；因为归根到底隐藏在这座难以理解的桥下面的，无非就是这种“自在之物”。

恩格斯：《反杜林论》（1876 年 9 月—1878 年 6 月），《马克思恩格斯文集》第 9 卷，人民出版社 2009 年版，第 66—67 页。

**27. 在杜林先生那里，无论往哪里看，总是碰到某种黑格尔的“粗制品”，而他却毫不难为情地拿它冒充他自己的根底深厚的科学**

在杜林先生那里，无论往哪里看，总是碰到某种黑格尔的“粗制品”，而他却毫不难为情地拿它冒充他自己的根底深厚的科学。在这里去研究目的和手段的观念运用于有机界究竟会正确和适当到什么程度，那就走得太远了。无论如何，甚至运用黑格尔的“内在的目的”——即不是被一个有意识地行动着的第三者（如上帝的智慧）纳入自然界，而是存在于事物本身的必然性中的目的——也经常使得那些缺少哲学素养的人不加思考地把自觉的和有意识的行动加给自然界。这位杜林先生在别人表现出一点点“降神术”倾向的时候表示无比的义愤，可是他本人却“明确地”断言：

---

① “矛盾”的德文是“Widerspruch”，“背理”的德文是“Widersinn”，两个词的前缀都是“wider”（违背、反对）。

“本能的感觉主要是为了获得与它们的活动密不可分的满足而被创造出来的。”

他告诉我们：

可怜的自然界“不得不经常地一再地维持对象世界的秩序”，同时它要处理的还不止这样一件事：“要求自然界具有比通常所承认的更大的纤巧性”。但是自然界不仅知道它为什么创造这个或那个东西，它不仅要做家庭女仆的工作，它不仅具有纤巧性——这本身已经是主观的自觉的思维中的十分美好的东西，它也具有意志；因为，本能的附加物（本能附带地执行现实的自然机能，即喂养、繁殖等等）“我们应当视为不是直接而只是间接企求的东西”。

这样，我们就到达了一个自觉地思维和行动的自然界，因而已经站在一座不是从静到动，而是从泛神论到自然神论的“桥”上。也许杜林先生想稍微从事一下“自然哲学的半诗”？

恩格斯：《反杜林论》（1876年9月—1878年6月），《马克思恩格斯文集》第9卷，人民出版社2009年版，第71—72页。

**28. 生命，蛋白体的存在方式，首先在于：蛋白体在每一瞬间既是它自身，同时又是别的东西**

但是一切生物普遍共有的这些生命现象究竟表现在什么地方呢？首先表现在：蛋白体从自己周围摄取其他有用的物质，把它们同化，而体内其他比较老的部分则分解并且被排泄掉。其他无生命物体在自然过程中也发生变化、分解或结合，可是这样一来它们就不再是以前那样的东西了。岩石经过风化就不再是岩石；金属氧化后就变成锈。可是，在无生命物体中成为瓦解原因的东西，在蛋白质中却是生存的基本条件。蛋白体内各成分的这种不断转化，摄食和排泄的这种不断交替一旦停止，蛋白体本身就立即停止生存，发生分解，即死亡。因此，生命，蛋白体的存在方式，首先在于：蛋白体在每一瞬间既是它自身，同时又是别的东西；这种情况不是像在无生命物体那里所发生的情况那样，是由某种从外面造成的过程所引起的。相反，生命，即通过摄食和排泄来实现的新陈代谢，是一种自我完成的过程，这种过程是它的体现者——蛋白质所固有的、生来就具备的，没有这种过程，蛋白质就不能存在。由此可见，如果化学有一天能够用人工制造蛋白质，那么这样的蛋白质就一定会显示出生命现象，即使这种生命现象可能还很微弱。当然，化学是否能同时为这种蛋白质发现适合的食物，这还是一个问题。

恩格斯：《反杜林论》（1876 年 9 月—1878 年 6 月），《马克思恩格斯文集》第 9 卷，人民出版社 2009 年版，第 87—88 页。

**29. 人的思维是至上的吗**

到目前为止我们静静地听了杜林先生关于最后的终极的真理、思维的至上性、认识的绝对可靠性等等所讲的这一切华丽的词句，因为这一问题只有在我们现在所到达的这一点上才能予以解决。在此以前，只需要研究现实哲学的个别论断在多大程度上具有“至上的意义”和“无条件的真理权”就够了；在这里，我们却遇到了这样一个问题：人的认识的产物究竟能否具有至上的意义和无条件的真理权，如果能有，那么是哪些产物。当我说人的认识的时候，我无意冒犯其他天体上的居民，我还没有认识他们的荣幸，我这样说只是因为动物也能够认识，虽然它们的认识决不是至上的。狗认为它的主人是它的上帝，尽管这个主人可能是最大的无赖。

人的思维是至上的吗？在我们回答“是”或“不是”以前，我们必须先研究一下：什么是人的思维。它是单个人的思维吗？不是。但是，它只是作为无数亿过去、现在和未来的人的个人思维而存在。如果我现在说，这种概括于我的观念中的所有这些人（包括未来的人）的思维是至上的，是能够认识现存世界的，只要人类足够长久地延续下去，只要在认识器官和认识对象中没有给这种认识规定界限，那么，我只是说了些相当陈腐而又相当无聊的空话。因为最可贵的结果就是使得我们对我们现在的认识极不信任，因为很可能我们还差不多处在人类历史的开端，而将来会纠正我们的错误的后代，大概比我们有可能经常以十分轻蔑的态度纠正其认识错误的前代要多得多。

杜林先生本人宣布下面这一点是一种必然性：意识，因而也包括思维和认识，都只能表现在一系列的个人中。我们能够说这些个人中的每一个人的思维具有至上性，这只是就这样一点而言的，即我们不知道有任何一种力量能够强制处在健康清醒状态的每一个人接受某种思想。但是，至于说到每一个人的思维所达到的认识的至上意义，那么我们大家都知道，它是根本谈不上的，而且根据到目前为止的一切经验看来，这些认识所包含的需要改善的东西，无例外地总是要比不需要改善的或正确的东西多得多。

换句话说，思维的至上性是在一系列非常不至上地思维着的人中实现的；拥有无条件的真理权的认识是在一系列相对的谬误中实现的；二者都只有通过人类生活的无限延续才能完全实现。

在这里，我们又遇到了在上面已经遇到过的矛盾[①]：一方面，人的思维的性质必然被看做是绝对的，另一方面，人的思维又是在完全有限地思维着的个人中实现的。这个矛盾只有在无限的前进过程中，在至少对我们来说实际上是无止境的人类世代更迭中才能得到解决。从这个意义来说，人的思维是至上的，同样又是不至上的，它的认识能力是无限的，同样又是有限的。按它的本性、使命、可能和历史的终极目的来说，是至上的和无限的；按它的个别实现情况和每次的现实来说，又是不至上的和有限的。

恩格斯：《反杜林论》（1876 年 9 月—1878 年 6 月），《马克思恩格斯文集》第 9 卷，人民出版社 2009 年版，第 90—92 页。

**30. 永恒真理的情况也是一样**

永恒真理的情况也是一样。如果人类在某个时候达到了只运用永恒真理，只运用具有至上意义和无条件真理权的思维成果的地步，那么人类或许就到达了这样的一点，在那里，知识世界的无限性就现实和可能而言都穷尽了，从而就实现了数清无限数这一著名的奇迹。

然而，不正是存在着如此确凿的、以致在我们看来表示任何怀疑都等于发疯的那种真理吗？二乘二等于四，三角形三内角的和等于两个直角，巴黎在法国，人不吃饭就会饿死，等等，这些不都是这种真理吗？这不就是说，还是存在着永恒真理，最后的终极的真理吗？

确实是这样。我们可以按照早已知道的方法把整个认识领域分成三大部分。第一个部分包括所有研究非生物界的并且或多或少能用数学方法处理的科学，即数学、天文学、力学、物理学、化学。如果有人喜欢对极简单的事物使用大字眼，那么也可以说，这些科学的某些成果是永恒真理，是最后的终极的真理，所以这些科学也叫做精密科学。然而决不是一切成

---

① 见《马克思恩格斯文集》第 9 卷第 40 页。

果都是如此。由于变数的应用以及它的可变性被推广于无限小和无限大，一向非常循规蹈矩的数学犯了原罪；它吃了智慧果，这为它开辟了获得最大成就但也造成谬误的道路。数学上的一切东西的绝对适用性、不可争辩的确证性的童贞状态一去不复返了；争论的王国出现了，而且我们到了这样一种地步：大多数人进行微分和积分，并不是由于他们懂得他们在做什么，而是出于单纯的信任，因为直到现在得出的结果总是正确的。天文学和力学方面的情况更糟，而在物理学和化学方面，人们就像处在蜂群之中那样处在种种假说之中。情况也根本不可能不是这样。我们在物理学中研究分子的运动，在化学中研究分子的原子构成，如果光波的干扰不是一种虚构，那我们绝对没有希望在某个时候亲眼看到这些有趣的东西。最后的终极的真理在这里随着时间的推移变得非常罕见了。

地质学的情况还要糟，地质学按其性质来说主要是研究那些不但我们没有经历过而且任何人都没有经历过的过程。所以要挖掘出最后的终极的真理在这里要费很大的力气，而所得是极少的。

第二类科学是研究活的有机体的科学。在这一领域中，展现出如此错综复杂的相互关系和因果联系，以致不仅每个已经解决的问题都引起无数的新问题，而且每一个问题也多半都只能一点一点地、通过一系列常常需要花几百年时间的研究才能得到解决；此外，对各种相互联系作系统理解的需要，总是一再迫使我们在最后的终极的真理的周围造起茂密的假说之林。为了正确地确定像哺乳动物的血液循环这样简单的事实，需要经历从盖仑到马尔比基之间多么长的一系列中间阶段！我们关于血球的形成知道得多么少！比如说为了确定某种疾病的现象和致病的原因之间的合理联系，我们今天还缺乏多少中间环节！此外还常常有像细胞的发现这样的发现，这些发现迫使我们对生物学领域中以前已经确立的一切最后的终极的真理作全面的修正，并且把它们整堆地永远抛弃掉。因此，谁想在这里确立确实是真正的不变的真理，那么他就必须满足于一些陈词滥调，如所有的人必定要死，所有的雌性哺乳动物都有乳腺等等；他甚至不能说，高等动物是靠胃和肠而不是靠头脑消化的，因为集中于头脑的神经活动对于消化是必不可少的。

但是，在第三类科学中，即在按历史顺序和现今结果来研究人的生活条件、社会关系、法的形式和国家形式及其由哲学、宗教、艺术等等组成的观念上层建筑的历史科学中，永恒真理的情况还更糟。在有机界中，我们至少是研究这样一些依次相继的过程，这些过程，就我们直接观察的领域而言，正在非常广阔的范围内相当有规律地重复着。自亚里士多德以来，有机体的种总的说来没有变化。在社会历史中情况则相反，自从我们脱离人类的原始状态即所谓石器时代以来，情况的重复是例外而不是通例；即使在某个地方发生这样的重复，也决不是在完全同样的状况下发生的。在一切文明民族那里，原始土地公有制的出现和这种所有制解体的形式就是如此。因此，我们在人类历史领域中的科学比在生物学领域中的科学还要落后得多；不仅如此，如果一旦例外地能够认识到某一时代的社会存在形式和政治存在形式的内在联系，那么这照例是发生在这些形式已经半衰退和濒于瓦解的时候。因此，在这里认识在本质上是相对的，因为它只限于了解只存在于一定时代和一定民族中的、而且按其本性来说是暂时的一定社会形式和国家形式的联系和结果。因此，谁要在这里猎取最后的终极的真理，猎取真正的、根本不变的真理，那么他是不会有什么收获的，除非是一些陈词滥调和老生常谈，例如，人一般地说不劳动就不能生活，人直到现在总是分为统治者和被统治者，拿破仑死于 1821 年 5 月 5 日，如此等等。

但是，值得注意的是：正是在这一领域，我们最常遇到所谓永恒真理，最后的终极的真理等等。宣布二乘二等于四，鸟有喙，或诸如此类的东西为永恒真理的，只是这样的人，他企图从永恒真理的存在得出结论：在人类历史的领域内也存在着永恒真理、永恒道德、永恒正义等等，它们要求具有同数学的认识和应用相似的适用性和有效范围。这时，我们可以准确地预料，这位人类的朋友一有机会就向我们声明：一切以往的永恒真理的制造者或多或少都是蠢驴和骗子，全都陷入谬误，犯了错误；但是他们的谬误和他们的错误的存在是合乎自然规律的，并且证明真理和合乎实际的东西掌握在他手里；而他这个现在刚出现的预言家在提包里带着已经准备好的最后的终极的真理，永恒道德和永恒正义。这一切已经出现过成百上千次，如果现在还有人竟如此轻率地认为，别人做不到这一点，只有他才能做到，那就不能不令人感到奇怪了。但是在这里，我们至少还遇到了这样一位预言家，他在别人否认任何个人能提供最后的终极的真理的时候，照例总是表现出高度的义愤。这样的否认，甚至单纯的怀疑，都是软弱状态、极端紊乱、虚无、比单纯的虚无主义更坏的腐蚀性怀疑、一片混乱以及诸如此类的可爱的东西。像所有的预言家那样，他也没有作批判性的科学的研究和判断，而只是直接进行道义上的谴责。

我们本来在上面还可以举出研究人的思维规律的科学，即逻辑学和辩证法。但是在这方面，永恒真理的情况也不见得好些。杜林先生把本来意义的辩证法宣布为纯粹的无稽之谈，而已经写成的和现在还在写的关于逻辑学的许多书籍充分证明，在这里播下的最后的终极的真理也远比有些人所想的要稀少得多。

恩格斯：《反杜林论》（1876 年 9 月—1878 年 6 月），《马克思恩格斯文集》第 9 卷，人民出版社 2009 年版，第 92—95 页。

**31. 真理和谬误，正如一切在两极对立中运动的逻辑范畴一样，只是在非常有限的领域内才具有绝对的意义**

此外，我们根本不用担心我们现在所处的认识阶段和先前的一切阶段一样都不是最后的。这一阶段已经包括大量的认识材料，并且要求每一个想在任何专业内成为内行的人进行极深刻的专门研究。但是认识就其本性而言，或者对漫长的世代系列来说是相对的而且必然是逐步趋于完善的，或者就像在天体演化学、地质学和人类历史中一样，由于历史材料不足，甚至永远是有缺陷的和不完善的，而谁要以真正的、不变的、最后的终极的真理的标准来衡量认识，那么，他只是证明他自己的无知和荒谬，即使真正的动机并不像在这里那样是要求个人不犯错误。真理和谬误，正如一切在两极对立中运动的逻辑范畴一样，只是在非常有限的领域内才具有绝对的意义；这一点我们刚才已经看到了，即使是杜林先生，只要他稍微知道一点正是说明一切两极对立的不充分性的辩证法的初步知识，他也会知道的。只要我们在上面指出的狭窄的领域之外应用真理和谬误的对立，这种对立就变成相对的，因而对精确的科学的表达方式来说就是无用的；但是，如果我们企图在这一领域之外把这种对立当做绝对有效的东西来应用，那我们就会完全遭到失败；对立的两极都向自己的对立面转化，真理变成谬误，谬误变成真理。我们举著名的波义耳定律为例，根据这一定律，在温度不变的情况下，气体的体积和它所受的压力成反比。雷尼奥发现，这一定律不适合于某些情况。如果雷尼奥是一个现实哲学家，那么他就有义务宣布：波义耳定律是可变的，所以不是真正的真理，所以根本不是真理，所以是谬误。但是，如果他这样做，他就会造成一个比波义耳定律所包含的谬误更大得多的谬误；他的一小粒真理就会消失在谬误的沙丘中；这样他就会把他的本来正确的结论变为谬误，而与这一谬误相比，波义耳定律就连同附在它上面的少许谬误也可以说是真理了。但是雷尼奥是科学家，没有玩弄这样的儿戏，而是继续研究，并发现波义耳定律只是近似地正确，特别是对于可以因压力而液化的气体，当压力接近液化开始的那一点时，波义耳定律就失去了效力。所以波义耳定律只在一定的范围内才是正确的。但是在这个范围内，它是不是绝对地最终地正确的呢？没有一个物理学家会断定说是。他会说，这一定律在一定的压力和温度的范围内对一定的气体是有效的；而且即使在这种更加狭窄的范围内，他也不会排除这样的可能性，即通过未来的研究对它作更加严格的限制，或者改变它的表述方式。可见，关于最后的终极的真理，例如在物理学上，情况就是这样。因此，真正科学的著作照例要避免使用像谬误和真理这种教条式的道德的说法，而这种说法我们在现实哲学这样的著作中到处可以碰到，这种著作想强迫我们把空空洞洞的信口胡说当做至上的思维的至上的结论来接受。

恩格斯：《反杜林论》（1876 年 9 月—1878 年 6 月），《马克思恩格斯文集》第 9 卷，人民出版社 2009 年版，第 95—97 页。

**32. 如果说，在真理和谬误的问题上我们没有什么前进，那么在善和恶的问题上就更没有前进了**

如果说，在真理和谬误的问题上我们没有什么前进，那么在善和恶的问题上就更没有前进了。这一对立完全是在道德领域中，也就是在属于人类历史的领域中运动，在这里播下的最后的终极的真理恰恰是最稀少的。善恶观念从一个民族到另一个民族、从一个时代到另一个时代变更得这样厉害，以致它们常常是互相直接矛盾的。但是，如果有人反驳说，无论如何善不是恶，恶不是善；如果把善恶混淆起来，那么一切道德都将完结，而每个人都将可以为所欲为了。杜林先生的意见，只要除去一切隐晦玄妙的词句，就是这样的。但是问题毕竟不是这样简单地解决的。如果事情真的这样简单，那么关于善和恶就根本不会有争论了，每个人都会知道什么是善，什么是恶。但是今天的情形是怎样的呢？今天向我们宣扬的是什么样的道德呢？首先是由过去信教时代传下来的基督教的封建的道德，这种道德主要又分成天主教的和新教的道德，其中又不乏不同分支，从耶稣会①天主教的和正统新教的道

① 耶稣会是天主教的修会之一，以对抗宗教改革运动为宗旨。耶稣会会士以各种形式渗入社会各阶层进行活动，为达到目的而不择手段，在欧洲声誉不佳。

德，直到松弛的启蒙的道德。和这些道德并列的，有现代资产阶级的道德，和资产阶级道德并列的，又有未来的无产阶级道德，所以仅仅在欧洲最先进国家中，过去、现在和将来就提供了三大类同时和并列地起作用的道德论。哪一种是合乎真理的呢？如果就绝对的终极性来说，哪一种也不是；但是，现在代表着现状的变革、代表着未来的那种道德，即无产阶级道德，肯定拥有最多的能够长久保持的因素。

但是，如果我们看到，现代社会的三个阶级即封建贵族、资产阶级和无产阶级都各有自己的特殊的道德，那么我们由此只能得出这样的结论：人们自觉地或不自觉地，归根到底总是从他们阶级地位所依据的实际关系中——从他们进行生产和交换的经济关系中，获得自己的伦理观念。

但是在上述三种道德论中还是有一些对所有这三者来说都是共同的东西——这不至少就是一成不变的道德的一部分吗？——这三种道德论代表同一历史发展的三个不同阶段，所以有共同的历史背景，正因为这样，就必然有许多共同之处。不仅如此，对同样的或差不多同样的经济发展阶段来说，道德论必然是或多或少地互相一致的。从动产的私有制发展起来的时候起，在一切存在着这种私有制的社会里，道德戒律一定是共同的：切勿偷盗[①]。这个戒律是否因此而成为永恒的道德戒律呢？绝对不会。在偷盗动机已被消除的社会里，就是说在随着时间的推移顶多只有精神病患者才会偷盗的社会里，如果一个道德说教者想庄严地宣布一条永恒真理：切勿偷盗，那他将会遭到什么样的嘲笑啊！

恩格斯：《反杜林论》（1876 年 9 月—1878 年 6 月），《马克思恩格斯文集》第 9 卷，人民出版社 2009 年版，第 98—99 页。

**33. 道德始终是阶级的道德**

因此，我们拒绝想把任何道德教条当做永恒的、终极的、从此不变的伦理规律强加给我们的一切无理要求，这种要求的借口是，道德世界也有凌驾于历史和民族差别之上的不变的原则。相反，我们断定，一切以往的道德论归根到底都是当时的社会经济状况的产物。而社会直到现在是在阶级对立中运动的，所以道德始终是阶级的道德；它或者为统治阶级的统治和利益辩护，或者当被压迫阶级变得足够强大时，代表被压迫者对这个统

① 参看《旧约全书·出埃及记》第 20 章第 15 节和《旧约全书·申命记》第 5 章第 19 节。

治的反抗和他们的未来利益。没有人怀疑，在这里，在道德方面也和人类认识的所有其他部门一样，总的说是有过进步的。但是我们还没有越出阶级的道德。只有在不仅消灭了阶级对立，而且在实际生活中也忘却了这种对立的社会发展阶段上，超越阶级对立和超越对这种对立的回忆的、真正人的道德才成为可能。现在可以去评价杜林先生的自我吹嘘了。他竟在旧的阶级社会中要求在社会革命的前夜把一种永恒的、不以时间和现实变化为转移的道德强加给未来的无阶级的社会！我们姑且假定他对这种未来社会的结构至少是有概略了解的，——这一点我们直到现在还不知道。

恩格斯：《反杜林论》（1876 年 9 月—1878 年 6 月），《马克思恩格斯文集》第 9 卷，人民出版社 2009 年版，第 99—100 页。

**34. 两个在道德上完全平等的人是根本没有的**

因此，如果两个人“在道德上不平等”，那么平等也就完结了。但是这样一来就根本不值得费力去召唤两个完全平等的人，因为两个在道德上完全平等的人是根本没有的。——但是，不平等应当在于一个是具有人性的人，另一个则带有一些兽性。而人来源于动物界这一事实已经决定人永远不能完全摆脱兽性，所以问题永远只能在于摆脱得多些或少些，在于兽性或人性的程度上的差异。把人分成截然不同的两类，分成具有人性的人和具有兽性的人，分成善人和恶人，绵羊和山羊，这样的分类，除现实哲学外，只有基督教才知道，基督教也一贯有自己的世界审判者来实行这种分类。但是在现实哲学中，世界审判者应当是谁呢？这个问题大概要照基督教的做法来处理，在那里，虔诚的羔羊对自己的世俗近邻山羊行使世界审判者的职权，而且成绩卓著。现实哲学家的教派一旦出现，在这方面一定不会比地上的虔信者逊色。然而，这对我们是无所谓的；使我们感兴趣的，是承认这样一点：由于人们之间的道德上的不平等，平等再一次化为乌有。

恩格斯：《反杜林论》（1876 年 9 月—1878 年 6 月），《马克思恩格斯文集》第 9 卷，人民出版社 2009 年版，第 106 页。

**35. 平等观念，无论以资产阶级的形式出现，还是以无产阶级的形式出现，本身都是一种历史的产物**

可是大家知道，从资产阶级由封建时代的市民等级破茧而出的时候起，从中世纪的等级转变为现代的阶级的时候起，资产阶级就由它的影子即无产阶级不可避免地一直伴随着。同样地，资产阶级的平等要求也由无产阶级的平等要求伴随着。从消灭阶级特权的资产阶级要求提出的时候起，同时就出现了消灭阶级本身的无产阶级要求——起初采取宗教的形式，借助于原始基督教，以后就以资产阶级的平等理论本身为依据了。无产阶级抓住了资产阶级所说的话，指出：平等应当不仅仅是表面的，不仅仅在国家的领域中实行，它还应当是实际的，还应当在社会的、经济的领域中实行。尤其是从法国资产阶级自大革命开始把公民的平等提到重要地位以来，法国无产阶级就针锋相对地提出社会的、经济的平等的要求，这种平等成了法国无产阶级所特有的战斗口号。

因此，无产阶级所提出的平等要求有双重意义。或者它是对明显的社会不平等，对富人和穷人之间、主人和奴隶之间、骄奢淫逸者和饥饿者之间的对立的自发反应——特别是在初期，例如在农民战争中，情况就是这样；它作为这种自发反应，只是革命本能的表现，它在这里，而且仅仅在这里找到自己被提出的理由。或者它是从对资产阶级平等要求的反应中产生的，它从这种平等要求中吸取了或多或少正当的、可以进一步发展的要求，成了用资本家本身的主张发动工人起来反对资本家的鼓动手段；在这种情况下，它是和资产阶级平等本身共存亡的。在上述两种情况下，无产阶级平等要求的实际内容都是消灭阶级的要求。任何超出这个范围的平等要求，都必然要流于荒谬。

可见，平等的观念，无论以资产阶级的形式出现，还是以无产阶级的形式出现，本身都是一种历史的产物，这一观念的形成，需要一定的历史条件，而这种历史条件本身又以长期的以往的历史为前提。所以，这样的平等观念说它是什么都行，就不能说它是永恒的真理。如果它现在对广大公众来说——在这种或那种意义上——是不言而喻的，如果它像马克思所说的，“已经成为国民的牢固的成见”①，那么这不是由于它具有公理式的真理性，而是由于18世纪的思想得到普遍传播和仍然合乎时宜。

恩格斯：《反杜林论》（1876年9月—1878年6月），《马克思恩格斯文集》第9卷，人民出版社2009年版，第112—113页。

**36. 自由就在于根据对自然界的必然性的认识来支配我们自己和外部自然；因此它必然是历史发展的产物**

黑格尔第一个正确地叙述了自由和必然之间的关系。在他看来，自由

① 见马克思《资本论》第1卷，《马恩文集》第5卷第75页。

是对必然的认识。“必然只有在它没有被理解时才是盲目的。”① 自由不在于幻想中摆脱自然规律而独立，而在于认识这些规律，从而能够有计划地使自然规律为一定的目的服务。这无论对外部自然的规律，或对支配人本身的肉体存在和精神存在的规律来说，都是一样的。这两类规律，我们最多只能在观念中而不能在现实中把它们互相分开。因此，意志自由只是借助于对事物的认识来作出决定的能力。因此，人对一定问题的判断越是自由，这个判断的内容所具有的必然性就越大；而犹豫不决是以不知为基础的，它看来好像是在许多不同的和相互矛盾的可能的决定中任意进行选择，但恰好由此证明它的不自由，证明它被正好应该由它支配的对象所支配。因此，自由就在于根据对自然界的必然性的认识来支配我们自己和外部自然；因此它必然是历史发展的产物。最初的、从动物界分离出来的人，在一切本质方面是和动物本身一样不自由的；但是文化上的每一个进步，都是迈向自由的一步。在人类历史的初期，发现了从机械运动到热的转化，即摩擦生火；在到目前为止的发展的末期，发现了从热到机械运动的转化，即蒸汽机。而尽管蒸汽机在社会领域中实现了巨大的解放性的变革——这一变革还没有完成一半——，但是毫无疑问，就世界性的解放作用而言，摩擦生火还是超过了蒸汽机，因为摩擦生火第一次使人支配了一种自然力，从而最终把人同动物界分开。蒸汽机永远不能在人类的发展中引起如此巨大的飞跃，尽管在我们看来，蒸汽机确实是所有那些以它为依靠的巨大生产力的代表，唯有借助于这些生产力，才有可能实现这样一种社会状态，在这里不再有任何阶级差别，不再有任何对个人生活资料的忧虑，并且第一次能够谈到真正的人的自由，谈到那种同已被认识的自然规律和谐一致的生活。但是，整个人类历史还多么年轻，硬说我们现在的观点具有某种绝对的意义，那是多么可笑，这一点从下述的简单的事实中就可以看到：到目前为止的全部历史，可以称为从实际发现机械运动转化为热到发现热转化为机械运动这样一段时间的历史。

恩格斯：《反杜林论》（1876 年 9 月—1878 年 6 月），《马克思恩格斯文集》第 9 卷，人民出版社 2009 年版，第 120—121 页。

---

① 见黑格尔《哲学全书纲要》第 1 部（即《小逻辑》）第 147 节附释。

**37. 生命也是存在于物体和过程本身中的不断地自行产生并自行解决的矛盾**

既然简单的机械的位移本身已经包含着矛盾，那么物质的更高级的运动形式，特别是有机生命及其发展，就更加包含着矛盾。我们在上面已经看到①，生命首先正是在于：生物在每一瞬间是它自身，同时又是别的东西。所以，生命也是存在于物体和过程本身中的不断地自行产生并自行解决的矛盾；矛盾一停止，生命也就停止，死亡就到来。同样，我们已经看到②，在思维的领域中我们也不能避免矛盾，例如，人的内部无限的认识能力和这种认识能力仅仅在外部受限制的而且认识上也受限制的各个人身上的实际存在这二者之间的矛盾，是在至少对我们来说实际上是无穷无尽的、连绵不断的世代中解决的，是在无穷无尽的前进运动中解决的。

恩格斯：《反杜林论》（1876 年 9 月—1878 年 6 月），《马克思恩格斯文集》第 9 卷，人民出版社 2009 年版，第 127—128 页。

**38. 正是辩证哲学家笛卡儿使数学有了这种进步**

数学本身由于研究变数而进入辩证法的领域，而且颇能说明问题的是，正是辩证哲学家笛卡儿使数学有了这种进步。辩证思维对形而上学思维的关系，总的说来和变数数学对常数数学的关系是一样的。这丝毫不妨碍大多数数学家只在数学领域中承认辩证法，也不妨碍他们中相当多的人完全按照旧的、有局限性的形而上学方式去进一步运用通过辩证途径得到的方法。

恩格斯：《反杜林论》（1876 年 9 月—1878 年 6 月），《马克思恩格斯文集》第 9 卷，人民出版社 2009 年版，第 128 页。

**39. 单纯的量的变化到一定点时就转变为质的区别**

在第 313 页上（《资本论》第 2 版），马克思从前面关于不变资本和可变资本以及关于剩余价值的研究中得出结论：“不是任何一个货币额或价值额都可以转化为资本。相反地，这种转化的前提是单个货币占有者或商品占有者手中有一定的最低限额的货币或交换价值。”③ 他举例说，假定在某个劳动部门里，工人为自己，就是说为生产自己的工资的价值，每天工作八小时，而其余的四小时则为资本家，为生产直接流入资本家腰包的剩余

① 见《马克思恩格斯文集》第 9 卷第 87—88 页。
② 见《马克思恩格斯文集》第 9 卷第 40、92 页。
③ 见马克思《资本论》第 1 卷，《马克思恩格斯文集》第 5 卷第 356 页。

价值而劳动。这样，一个人要使每天装入腰包的剩余价值足以使他自己像他的一个工人那样生活，他就必须拥有使他能够供给两个工人以原料、劳动资料和工资的那种价值额。而因为资本主义生产的目的不是单纯维持生活，而是增加财富，所以我们那位有两个工人的人始终还不是资本家。因此，他要使自己的生活仅仅比普通工人好一倍，并把所生产的剩余价值的一半再转化为资本，他就必须有雇用八个工人的能力，就是说，拥有四倍于上述价值额的价值额。只是在作了这些说明以后，马克思才指出："在这里，也像在自然科学上一样，证明了黑格尔在他的《逻辑学》中所发现的下列规律的正确性，即单纯的量的变化到一定点时就转变为质的区别。"① 而且还进一步阐明和论证了下述事实：不是任何一个微小的价值额都足以转化为资本，而是每一发展时期和每一工业部门为实现这一转化都有自己的一定的最低限额。

恩格斯：《反杜林论》（1876 年 9 月—1878 年 6 月），《马克思恩格斯文集》第 9 卷，人民出版社 2009 年版，第 131—132 页。

**40. 量转化为质，质转化为量**

我们还可以从自然界和人类社会中举出几百个这样的事实来证明这一规律。例如，马克思《资本论》的整个第四篇——《相对剩余价值的生产》，就在协作，分工和工场手工业，机器和大工业的领域内，谈到无数关于量变改变事物的质和质变同样也改变事物的量的情况，因此，这些情况，用杜林先生非常痛恨的字眼来说，就是量转化为质，质转化为量。例如谈到了这样的事实：许多人协作，许多力量融合为一个总的力量，用马克思的话来说，就产生"新力量"②，这种力量和它的单个力量的总和有本质的差别。

恩格斯：《反杜林论》（1876 年 9 月—1878 年 6 月），《马克思恩格斯文集》第 9 卷，人民出版社 2009 年版，第 133—134 页。

**41. 量转变为质**

在结束时，我们还想为量转变为质找一个证人，他就是拿破仑。拿破仑描写过骑术不精、但有纪律的法国骑兵和当时无疑地最善于单兵格斗、但没有纪律的骑兵——马木留克兵之间的战斗，他写道：

---

① 见马克思《资本论》第 1 卷，《马克思恩格斯文集》第 5 卷第 358 页。

② 见马克思《资本论》第 1 卷，《马克思恩格斯文集》第 5 卷第 379 页。

"两个马木留克兵绝对能打赢三个法国兵，100个法国兵与100个马木留克兵势均力敌，300个法国兵大都能战胜300个马木留克兵，而1000个法国兵则总能打败1500个马木留克兵。"①

正如马克思所说的，要使交换价值额能转化为资本，就必须有一定的最低限度的交换价值额，尽管是可变化的；同样，在拿破仑看来，要使整体队形和有计划行动中所包含的纪律的力量显示出来，而且要使这种力量甚至胜过马匹较好、骑术和刀法较精、至少同样勇敢而人数较多的非正规骑兵，就必须有一定的最低限度的骑兵的数量。

恩格斯：《反杜林论》（1876年9月—1878年6月），《马克思恩格斯文集》第9卷，人民出版社2009年版，第136页。

**42. 否定的否定**

那么，否定的否定在马克思那里究竟起了什么作用呢？在第791页和以后几页上，马克思概述了前50页中所作的关于资本的所谓原始积累的经济研究和历史研究的最后结果。② 在资本主义时代之前，至少在英国，存在过以劳动者自己的生产资料的私有制为基础的小生产。资本的所谓原始积累，在这里就是这些直接生产者的被剥夺，即以自己劳动为基础的私有制的解体。这种解体之所以成为可能，是因为上述的小生产只能同生产和社会的狭隘的、自然产生的界限相容，因而它发展到一定程度就产生消灭它自身的物质手段。这种消灭，即个人的分散的生产资料转化为社会的积聚的生产资料，形成资本的前史。一旦劳动者转化为无产者，他们的劳动条件转化为资本，一旦资本主义生产方式站稳脚跟，劳动的进一步社会化，土地和其他生产资料的进一步转化，从而对私有者的进一步的剥夺，都会采取新的形式。"现在要剥夺的已经不再是独立经营的劳动者，而是剥削许多工人的资本家了。这种剥夺是通过资本主义生产本身的内在规律的作用，即通过资本的积聚进行的。一个资本家打倒许多资本家。随着这种积聚或

---

① 见拿破仑回忆录《对1816年巴黎出版的〈论军事学术〉一书的十七条意见。第三条意见：骑兵》，载于沙·蒙托隆伯爵将军编《拿破仑执政时期法国历史回忆录。与拿破仑一同被俘的将军们编于圣赫勒拿岛，根据完全由拿破仑亲自校订的原稿刊印》1823年巴黎版第1卷第262页。

恩格斯在他的《骑兵》一文中直接引用了拿破仑回忆录中的这段话（见《马克思恩格斯全集》中文第1版第14卷第320页）。

② 参看马克思《资本论》第1卷，《马克思恩格斯文集》第5卷第872—875页。

少数资本家对多数资本家的剥夺，规模不断扩大的劳动过程的协作形式日益发展，科学日益被自觉地应用于工艺方面，土地日益被有计划地共同利用，劳动资料日益转化为只能共同使用的劳动资料，一切生产资料因作为结合的、社会的劳动的共同生产资料使用而日益节省。随着那些掠夺和垄断这一转化过程的全部利益的资本巨头不断减少，贫困、压迫、奴役、退化和剥削的程度不断加深，而日益壮大的、由资本主义生产过程本身的机制所训练、联合和组织起来的工人阶级的反抗也不断增长。资本的垄断成了与这种垄断一起并在这种垄断之下繁盛起来的生产方式的桎梏。生产资料的积聚和劳动的社会化，达到了同它们的资本主义外壳不能相容的地步。这个外壳就要炸毁了。资本主义私有制的丧钟就要响了。剥夺者就要被剥夺了。"①

现在我请问读者：辩证法的一团混乱和各种观念的杂乱交织在哪里呢？那种归根到底把一切都说成是一个东西的混乱而错误的观念在哪里呢？为信徒创造的辩证法的奇迹在哪里呢？辩证法的神秘破烂和根据黑格尔逻各斯学说②的准则复制的一团混乱——据杜林先生说，没有这些东西，马克思就不能自圆其说——在哪里呢？马克思只是历史地证明并在这里简略地概述：正像以往小生产由于自身的发展而必然造成消灭自身，即剥夺小私有者的条件一样，现在资本主义生产方式也自己造成使自己必然走向灭亡的物质条件。这是一个历史的过程，如果说它同时又是一个辩证的过程，那么这不是马克思的罪过，尽管这对杜林先生说来可能是非常讨厌的。

马克思只是在作了自己的历史的和经济的证明之后才继续说："资本主义的生产方式和占有方式，从而资本主义的私有制，是对个人的、以自己劳动为基础的私有制的第一个否定。对资本主义生产的否定，是它自己由于自然过程的必然性而造成的。这是否定的否定"等等（如上面引证过的）③。

因此，当马克思把这一过程称为否定的否定时，他并没有想到要以

① 参看马克思《资本论》第 1 卷，《马克思恩格斯文集》第 5 卷第 873—874 页。

② 逻各斯（Logos）是欧洲古代和中世纪常用的哲学术语，意为言语、思想、思维、理性、比例、尺度等；一般指尺度、规律。古希腊哲学家赫拉克利特最早将它引入哲学，主要用来说明万物生灭变化的规律。在黑格尔哲学中，逻各斯是指概念、理性、绝对精神。

③ 参看马克思《资本论》第 1 卷，《马克思恩格斯文集》第 5 卷第 874 页。

此来证明这一过程是个历史地必然的过程。相反，他在历史地证明了这一过程一部分实际上已经实现，一部分还一定会实现以后，才又指出，这是一个按一定的辩证法规律完成的过程。他说的就是这些。由此可见，如果说杜林先生断定，否定的否定不得不在这里执行助产婆的职能，靠它的帮助，未来便从过去的腹中产生出来，或者他断定，马克思要求人们凭着否定的否定的信誉来确信土地和资本的公有（这种公有本身是杜林所说的“见诸形体的矛盾”）的必然性，那么这些论断又都是杜林先生的纯粹的捏造。

恩格斯：《反杜林论》（1876年9月—1878年6月），《马克思恩格斯文集》第9卷，人民出版社2009年版，第139—142页。

**43. 辩证法突破了形式逻辑的狭隘界限，所以它包含着更广泛的世界观的萌芽**

正如人们可以把形式逻辑或初等数学狭隘地理解为单纯证明的工具一样，杜林先生把辩证法也看成这样的工具，这是对辩证法的本性根本不了解。甚至形式逻辑也首先是探寻新结果的方法，由已知进到未知的方法；辩证法也是这样，不过它高超得多；而且，因为辩证法突破了形式逻辑的狭隘界限，所以它包含着更广泛的世界观的萌芽。在数学中也存在着同样的关系。初等数学，即常数数学，是在形式逻辑的范围内运作的，至少总的说来是这样；而变数数学——其中最重要的部分是微积分——本质上不外是辩证法在数学方面的运用。在这里，单纯的证明同这一方法在新的研究领域中多方面的运用相比较，显然退居次要地位。但是高等数学中的几乎所有的证明，从微分学的最初的一些证明起，从初等数学的观点看来严格地说都是错误的。如果像在这里的情形一样，人们要用形式逻辑去证明辩证法领域中所获得的结果，那么情况也不可能是另一个样子。对于一个像杜林先生这样愚蠢的形而上学者说来，企图仅仅用辩证法向他证明什么东西，那就正像莱布尼茨和他的学生向当时的数学家证明微积分定理一样，是白费气力的。微分在这些数学家当中引起的慌乱，正像否定的否定在杜林先生那里引起的慌乱一样，此外，在否定的否定中，我们将会看到，微分也起作用。这些先生们，凡是当时还没有死去的，最后都嘟嘟哝哝地让步了，这并不是因为他们已经被说服，而是因为它所得到的结果总是正确的。杜林先生，如他自己所说的，现在才40多岁，如果他长寿——我们祝他长寿，那么他也会有同样的经历。

恩格斯：《反杜林论》（1876 年 9 月—1878 年 6 月），《马克思恩格斯文集》第 9 卷，人民出版社 2009 年版，第 142—143 页。

**44. 现代唯物主义，否定的否定，不是单纯地恢复旧唯物主义，而是把 2000 年来哲学和自然科学发展的全部思想内容以及这 2000 年的历史本身的全部思想内容加到旧唯物主义的持久性的基础上**

或者再举一个例子。古希腊罗马哲学是原始的自发的唯物主义。作为这样的唯物主义，它没有能力弄清思维对物质的关系。但是，弄清这个问题的必要性，引出了关于可以和肉体分开的灵魂的学说，然后引出了这种灵魂不死的论断，最后引出了一神教。这样，旧唯物主义就被唯心主义否定了。但是在哲学的进一步发展中，唯心主义也站不住脚了，它被现代唯物主义所否定。现代唯物主义，否定的否定，不是单纯地恢复旧唯物主义，而是把 2000 年来哲学和自然科学发展的全部思想内容以及这 2000 年的历史本身的全部思想内容加到旧唯物主义的持久性的基础上。这已经根本不再是哲学，而只是世界观，这种世界观不应当在某种特殊的科学的科学中，而应当在各种现实的科学中得到证实和表现出来。因此，哲学在这里被"扬弃"了，就是说，"既被克服又被保存"；按其形式来说是被克服了，按其现实的内容来说是被保存了。因此，在杜林先生只看到"文字游戏"的地方，只要比较仔细地观察一下，就会发现某种现实的内容。

恩格斯：《反杜林论》（1876 年 9 月—1878 年 6 月），《马克思恩格斯文集》第 9 卷，人民出版社 2009 年版，第 146 页。

**45. 辩证法不过是关于自然界、人类社会和思维的运动和发展的普遍规律的科学**

那么，否定的否定究竟是什么呢？它是自然界、历史和思维的一个极其普遍的、因而极其广泛地起作用的、重要的发展规律；这一规律，正如我们已经看到的，在动物界和植物界中，在地质学、数学、历史和哲学中起着作用；就是杜林先生自己，虽然他百般反对和抗拒，也总是不知不觉地按照自己的方式遵循这一规律。不言而喻，例如，关于大麦粒从发芽起到结了实的植株逐渐死亡的特殊发展过程，如果我说这是否定的否定，那么我什么也没有说。要知道积分也是否定的否定，如果我只作出这种一般性的论断，那就会肯定这样一个荒唐说法：大麦植株的生活过程就是积分，或者也可以说就是社会主义。而这正是形而上学者经常归咎于辩证法的东西。当我谈到所有这些过程，说它们是否定的否定的时候，我是用这一个运动规律来概括所有这些过程，正因为如此，我没有去注意每一个个别的特殊过程的特点。而辩证法不过是关于自然界、人类社会和思维的运动和发展的普遍规律的科学。

恩格斯：《反杜林论》（1876 年 9 月—1878 年 6 月），《马克思恩格斯文集》第 9 卷，人民出版社 2009 年版，第 148—149 页。

**46. 否定的否定这个规律在自然界和历史中起着作用，而在它被认识以前，它也在我们头脑中不自觉地起着作用，它只是被黑格尔第一次明确地表述出来而已**

但是，现在有人会提出反驳，说这里所实现的否定根本不是真正的否定：如果我把大麦粒磨碎，我也就否定了大麦粒；如果我把昆虫踩死，我也就否定了昆虫；如果我把正数 a 涂掉，我也就否定了正数 a，如此等等。或者，我说玫瑰不是玫瑰，我就把玫瑰是玫瑰这句话否定了；如果我又否定这一否定，并且说玫瑰终究还是玫瑰，这样能得出什么结果来呢？——这些反驳其实就是形而上学者反对辩证法的主要论据，它们同形而上学思维的狭隘性完全合拍。在辩证法中，否定不是简单地说不，或宣布某一事物不存在，或用随便一种方法把它毁掉。斯宾诺莎早已说过：Omnis determinatio est negatio，即任何限定或规定同时就是否定。① 再说，否定的方式在这里首先取决于过程的一般性质，其次取决于过程的特殊性质。我不仅应当否定，而且还应当再扬弃这个否定。因此，我第一次否定的时候，就必须使第二次否定能够发生或者将会发生。怎样做呢？这要依每一种情况的特殊性质而定。如果我磨碎了大麦粒，如果我踩死了昆虫，那么我虽然完成了第一个行为，却使第二个行为成为不可能了。因此，每一种事物都有它的特殊的否定方式，经过这样的否定，它同时就获得发展，每一种观

① “determinatio est negatio” 这一用语的意思是“规定就是否定”，见斯宾诺莎 1674 年 6 月 2 日给雅·耶勒斯的信（斯宾诺莎《通信集》第 50 封信）。“omnis determinatio est negatio”——“任何规定都是否定”，在黑格尔的著作中使用较多，因此为人们所熟知（见《哲学全书纲要》第 1 部（即《小逻辑》）第 91 节附释；《逻辑学》第 1 编第 1 部分第 2 章关于质这一节的注释；《哲学史讲演录》第 1 卷第 1 部第 1 篇第 1 章关于巴门尼德的一节）。

念和概念也是如此。微积分中的否定不同于从负根得出正的乘方时的否定。这一点和其他一切一样，是要经过学习才能理解的。仅仅知道大麦植株和微积分属于否定的否定，既不能把大麦种好，也不能进行微分和积分，正如仅仅知道靠弦的长短粗细来定音的规律还不能演奏提琴一样。——很明显，如果把否定的否定当做儿戏，先写上 a，然后又涂掉，或者先说玫瑰是玫瑰，然后又说玫瑰不是玫瑰，那么，除了做这种无聊事情的人的愚蠢以外，什么结果也得不到。可是形而上学者却要我们确信，如果我们要实现否定的否定，那么这就是恰当的方式。

因此，把我们弄得莫名其妙的不是别人，又是杜林先生，他说什么否定的否定是黑格尔发明的、从宗教领域中抄袭来的、按照原罪和赎罪的故事作出的荒唐类比。人们远在知道什么是辩证法以前，就已经辩证地思考了，正像人们远在散文这一名词出现以前，就已经用散文讲话一样。① 否定的否定这个规律在自然界和历史中起着作用，而在它被认识以前，它也在我们头脑中不自觉地起着作用，它只是被黑格尔第一次明确地表述出来而已。如果杜林先生愿意自己悄悄地干这件事，而只是不能容忍这个名称，那么他可以找出一个更好的名称来。但是，如果他想从思维中排除这件事，那么请他先把它从自然界和历史中排除出去，并请他发明一种数学，在那里，$-a\times-a$ 不等于$+a^2$，而微分和积分则严禁使用，违者必究。

恩格斯：《反杜林论》（1876 年 9 月—1878 年 6 月），《马克思恩格斯文集》第 9 卷，人民出版社 2009 年版，第 149—150 页。

### 47. 从此自然研究便开始从神学中解放出来

自然研究当时也在普遍的革命中发展着，而且它本身就是彻底革命的，因为它必须为争取自己的生存权利而斗争。自然研究同开创了近代哲学的意大利伟大人物携手并进，并使自己的殉道者被送到火刑场和宗教裁判所的牢狱。值得注意的是，新教徒在迫害自由的自然研究方面超过了天主教徒。塞尔维特正要发现血液循环过程的时候，加尔文便烧死了他，而且还活活地把他烤了两个钟头；而宗教裁判所则只是满足于直截了当地烧死乔尔丹诺・布鲁诺。

自然研究通过一个革命行动宣布了自己的独立，仿佛重演了路德焚烧

---

① 参看莫里哀《醉心贵族的小市民》第 2 幕第 4 场。

教谕的行动，这个革命行动就是哥白尼那本不朽著作的出版，他用这本著作向自然事物方面的教会权威提出了挑战，虽然他当时还有些胆怯，而且可以说直到临终之际才采取了这一行动。从此自然研究便开始从神学中解放出来，尽管彼此间一些不同主张的争论一直延续到现在，而且在许多人的头脑中还远没有得到解决。但是科学的发展从此便大踏步地前进，而且很有力量，可以说同从其出发点起的（时间）距离的平方成正比。这种发展仿佛要向世界证明：从此以后，对有机物的最高产物即人的精神起作用的，是一种和无机物的运动规律正好相反的运动规律。

恩格斯：《自然辩证法》（1873—1882 年），《马克思恩格斯文集》第 9 卷，人民出版社 2009 年版，第 410 页。

**48. 科学还深深地禁锢在神学之中**

然而，这个时期的突出特征是形成了一个独特的总观点，其核心就是自然界绝对不变的看法。不管自然界本身是怎样产生的，只要它一旦存在，那么它在存在的时候就总是这个样子。行星及其卫星，一旦由于神秘的“第一推动”而运动起来，它们便依照预定的椭圆轨道旋转下去，永不停息，或者一直旋转到万物的末日。恒星永远固定不动地停留在自己的位置上，凭着“万有引力”而互相保持这种位置。地球亘古以来或者从它被创造的那天起（不管是哪一种说法）就一成不变地总是保持原来的样子。现在的“五大洲”早就存在着，它们始终有同样的山岭、山谷和河流，同样的气候，同样的植物区系和动物区系，而这些植物区系和动物区系只有经过人手才发生变化或移植。植物和动物的种，一旦形成便永远固定下来，原来是什么样，所产生的东西仍是什么样，而当林耐承认通过杂交有时可能育出新种的时候，这已经是作出很大的让步了。与在时间上发展着的人类历史不同，自然界的历史被认为只是在空间中扩张着。自然界中的任何变化、任何发展都被否定了。开初那样革命的自然科学，突然面对着一个彻头彻尾保守的自然界，在这个自然界中，今天的一切都和一开始的时候一模一样，而且直到世界末日或万古永世，一切都仍将和一开始的时候一模一样。

18 世纪上半叶的自然科学在知识上，甚至在材料的整理上大大超过了希腊古代，但是在以观念形式把握这些材料上，在一般的自然观上却大大低于希腊古代。在希腊哲学家看来，世界在本质上是某种从混沌中产生出来的东西，是某种发展起来的东西、某种生成的东西。在我们所探讨的这个时期的自然科学家看来，世界却是某种僵化的东西、某种不变的东西，而在他们中的大多数人看来，是某种一下子就造成的东西。科学还深深地禁锢在神学之中。它到处寻找，并且找到了一种不能从自然界本身来解释的外来的推动作为最后的原因。如果牛顿所夸张地命名为万有引力的吸引被当做物质的本质特性，那么开初造成行星轨道的未经说明的切线力又是从哪里来的呢？植物和动物的无数的种是如何产生的呢？而早已确证并非亘古就存在的人类最初是如何产生的呢？对于这些问题，自然科学往往只能以万物的创造者对此负责来回答。哥白尼在这一时期之初向神学下了挑战书；牛顿却以神的第一推动这一假设结束了这个时期。这时的自然科学所达到的最高的普遍的思想，是关于自然界的安排的合目的性的思想，是浅薄的沃尔弗式的目的论，根据这种理论，猫被创造出来是为了吃老鼠，老鼠被创造出来是为了给猫吃，而整个自然界被创造出来是为了证明造物主的智慧。当时的哲学博得的最高荣誉就是：它没有被同时代的自然知识的狭隘状况引入迷途，它——从斯宾诺莎一直到伟大的法国唯物主义者——坚持从世界本身来说明世界，并把细节的证明留给未来的自然科学。

我把18世纪的唯物主义者也算入这个时期，因为除了上面所叙述的，再也没有其他的自然科学材料可供他们利用。康德的划时代的著作①对于他们依然是一个秘密，而拉普拉斯在他们以后很久才出现。我们不要忘记：这种陈旧的自然观，虽然由于科学的进步而显得漏洞百出，但是它仍然统治了19世纪的整个上半叶②，并且一直到现在，所有学校里主要还在讲授它。

恩格斯：《自然辩证法》（1873—1882年），《马克思恩格斯文集》第9卷，人民出版社2009年版，第412—413页。

**49. 自然界不是存在着，而是生成着和消逝着**

但是，如果这个逐渐被认识到的观点，即关于自然界不是存在着，而是生成着和消逝着的观点，没有从其他方面得到支持，那么大多数自然科学家是否会这样快地意识到变化着的地球竟承载着不变的有机体这样一个

---

① 伊·康德的划时代的著作指康德于1755年在柯尼斯堡和莱比锡匿名出版的著作《自然通史和天体论，或根据牛顿原理试论宇宙的结构和机械起源》，康德在这部著作中提出了星云假说。

② 恩格斯在此处页边上写着："旧自然观的知识，为把全部自然科学概括为一个整体提供了基础：法国的百科全书派还是纯粹机械地进行罗列，后来圣西门和由黑格尔完成的德国自然哲学同时做过这方面的工作。"

矛盾，那倒是值得怀疑的。地质学产生了，它不仅揭示了相继形成的和逐次累积起来的地层，而且指出了这些地层中保存着已经灭绝的动物的甲壳和骨骼，以及已经不再出现的植物的茎、叶和果实。人们不得不下决心承认：不仅整个地球，而且地球现今的表面以及在这一表面上生存的植物和动物，也都有时间上的历史。这种承认最初是相当勉强的。居维叶关于地球经历多次变革的理论①在词句上是革命的，而在实质上是反动的。这一理论以一系列重复的创造行动取代了上帝的一次创造行动，使神迹成为自然界的根本杠杆。最初把知性带进地质学的是赖尔，因为他以地球的缓慢变化所产生的渐进作用，取代了由于造物主一时兴动而引起的突然革命。②

赖尔的理论，与以前的一切理论相比，同有机物种不变这个假设更加不能相容。地球表面和各种生存条件的逐渐改变，直接导致有机体的逐渐改变和它们对变化着的环境的适应，导致物种的变异性。但传统不仅在天主教教会中是一种势力，而且在自然科学中也是一种势力。赖尔本人许多年来一直没有看到这个矛盾，他的学生们就更没有看到。这只有用当时在自然科学中流行的分工来说明，这种分工使每个人都或多或少地局限在自己的专业中，只有少数人没有被它夺走纵览全局的眼力。

恩格斯：《自然辩证法》（1873—1882年），《马克思恩格斯文集》第9卷，人民出版社2009年版，第415—416页。

**50. 整个自然界，从最小的东西到最大的东西，从沙粒到太阳，从原生生物到人，都处于永恒的产生和消逝中，处于不断的流动中，处于不息的运动和变化中**

于是我们又回到了希腊哲学的伟大创立者的观点：整个自然界，从最小的东西到最大的东西，从沙粒到太阳，从原生生物③到人，都处于永恒的产生和消逝中，处于不断的流动中，处于不息的运动和变化中。只有这

---

① 若·居维叶认为，在地球历史上曾发生过多次巨大的灾变，每经一次灾变，旧的生物被毁灭，新的生物又被创造出来。他的这一观点，见他的著作《论地球表面的巨变》1830年巴黎第6版。

② 赖尔的观点的缺陷——至少就这一观点的最初的形式来说——在于，他认为在地球上发生作用的各种力是不变的，在质上和量上都是不变的。地球的冷却对他说来是不存在的；地球不是朝着一定的方向发展着，而只是以杂乱无章的、偶然的方式变化着。

③ 见恩·海克尔《自然创造史。关于一般进化学说，特别是达尔文、歌德、拉马克的进化学说的通俗学术讲演》1873年柏林修订第4版。该书第1版于1868年在柏林出版。原生生物——按照海克尔的分类，是最简单的有机体的一大组，它包括单细胞的和无细胞的有机体，在有机界中构成除多细胞有机体的两界（植物和动物）以外的一个特殊的第三界。

样一个本质的差别：在希腊人那里是天才的直觉，在我们这里则是以实验为依据的严格科学的研究的结果，因而其形式更加明确得多。当然，对这种循环的经验证明并不是完全没有缺陷的，但是这些缺陷与已经确立的东西相比是无足轻重的，而且会一年一年地得到弥补。如果我们想到科学的最主要的部门——超出行星范围的天文学、化学、地质学——作为科学而存在还不足100年，生理学的比较方法作为科学而存在还不足50年，而几乎一切生命发展的基本形式即细胞被发现还不到40年，那么这种证明在细节上怎么会没有缺陷呢！①

恩格斯：《自然辩证法》（1873—1882年），《马克思恩格斯文集》第9卷，人民出版社2009年版，第418页。

**51. 许许多多的自然科学家已经给我们提供了证明，他们在他们自己的那门科学中都是坚定的唯物主义者，但是在本门科学以外不仅是唯心主义者，甚至是虔诚的正教教徒**

当然，唯物主义自然观只是按照自然界的本来面目质朴地理解自然界，不添加任何外来的东西，所以这种自然观在希腊哲学家中间原本是不言而喻的。但是，在古希腊人和我们之间，本质上是唯心主义的世界观存在了两千多年，所以，即使要返回到不言而喻的东西上去，也要比初看起来困难些。因为问题决不是要简单地抛弃这两千多年的全部思想内容，而是要对它们进行批判，要把那些在错误的、但对于那个时代和发展过程本身来说是不可避免的唯心主义的形式内获得的成果，从这种暂时的形式中剥取出来。而这是多么困难，许许多多的自然科学家已经给我们提供了证明，他们在他们自己的那门科学中都是坚定的唯物主义者，但是在本门科学以外不仅是唯心主义者，甚至是虔诚的正教教徒。

恩格斯：《自然辩证法》（1873—1882年），《马克思恩格斯文集》第9卷，人民出版社2009年版，第458—459页。

**52. 只有当自然科学和历史科学本身接受了辩证法的时候，一切哲学的废物——除了纯粹的关于思维的理论以外——才会成为多余的东西，在实证科学中消失掉**

自然科学家相信，他们只要不理睬哲学或辱骂哲学，就能从哲学中解

① 手稿中本段上下端均用横线同上下文隔开，中间画有几道斜线，恩格斯通常以这一方式表示手稿相应段落已在其他著作中利用。

放出来。但是，因为他们离开思维便不能前进，而且要思维就得有思维规定，而这些范畴是他们从所谓有教养者的那种受早已过时的哲学残渣支配的一般意识中盲目地取来的，或是从大学必修的哲学课的零星内容（这些内容不仅是片断的，而且是分属于极不相同的和多半是最蹩脚的学派的人们的观点的杂烩）中取来的，或是从不加批判而又毫无系统地阅读的各种哲学著作中取来的——正因为这样，他们同样做了哲学的奴隶，而且遗憾的是大多做了最蹩脚的哲学的奴隶，而那些对哲学家辱骂得最厉害的人恰好成了最蹩脚的哲学家的最蹩脚的庸俗残渣的奴隶。

自然科学家尽管可以采取他们所愿意采取的态度，他们还得受哲学的支配。问题只在于：他们是愿意受某种蹩脚的时髦哲学的支配，还是愿意受某种建立在通晓思维历史及其成就的基础上的理论思维形式的支配。

物理学，当心形而上学啊！这是完全正确的，不过，是在另一种意义上。①

自然科学家由于靠旧形而上学的残渣还能过日子，就使得哲学尚能苟延残喘。只有当自然科学和历史科学本身接受了辩证法的时候，一切哲学的废物——除了纯粹的关于思维的理论以外——才会成为多余的东西，在实证科学中消失掉。

恩格斯：《自然辩证法》（1873—1882 年），《马克思恩格斯文集》第 9 卷，人民出版社 2009 年版，第 460—461 页。

**53. 上帝在信仰上帝的自然科学家那里的遭遇，比在任何地方都要糟糕**

上帝在信仰上帝的自然科学家那里的遭遇，比在任何地方都要糟糕。唯物主义者只去说明事物，是不理睬这套废话的。只有当那些纠缠不休的教徒们想把上帝强加给他们的时候，他们才会考虑这件事，并且作出简单的回答，或者像拉普拉斯那样说：“陛下，我不……”②，或者更粗鲁一些，以荷兰商人经常用来打发硬把次货塞给他们的德国行商们的方式说：“我用不着那路货色”，并且这样就把问题了结了。而上帝在他的保卫者那里竟要

① 指不像过去在伊·牛顿的著作中所表述的那样，从旧意义上把“形而上学”理解为一般哲学思维，而是从现代意义上把它理解为形而上学的思维方法。

② “陛下，我不需要这种假说”，据说这是皮·拉普拉斯对拿破仑问他为什么在《论天体力学》中不提上帝时的回答。黑格尔在《哲学史讲演录》中也引过此话，但未注明出处。

忍受何等遭遇啊！在现代自然科学的历史中，上帝在他的保卫者那里的遭遇，就像耶拿会战[①]中弗里德里希-威廉三世在他的文官武将那里的遭遇一样。在科学的推进下，一支又一支部队放下武器，一座又一座堡垒投降，直到最后，自然界无穷无尽的领域全都被科学征服，不再给造物主留下一点立足之地。牛顿还把“第一推动”留给上帝，但是不允许他对自己的太阳系进行别的任何干预。神父赛奇虽然履行教规中的全部礼仪来恭维上帝，但是并不因此就变得手软些，他把上帝完全逐出了太阳系，而只允许后者在原始星云上还能作出某种“创造行动”。在一切领域中，情况都是如此。在生物学中，上帝的最后的伟大的唐·吉诃德，即阿加西斯，甚至要求他去做十足荒唐的事情：他不仅应当创造实在的动物，而且还应当创造抽象的动物，即创造鱼本身！最后，丁铎尔完全禁止上帝进入自然界，把他放逐到情感世界中去，而他之所以还允许上帝存在，只是因为对这一切事物（自然界）总得有个什么人能比约翰·丁铎尔知道得更多些！[②③] 这和旧的上帝——天和地的创造者、万物的主宰，没有他连一根头发也不能从头上掉下来——相距不知有多远！

丁铎尔的情感上的需要什么也证明不了。格里厄骑士确实有爱恋和占有曼侬·列斯戈的情感上的需要，而后者一次又一次地出卖她自己和他；为了取悦于她，他做了骗子和王八。如果丁铎尔要责备他，他会回答说：这是出于“情感上的需要”！

恩格斯：《自然辩证法》（1873—1882年），《马克思恩格斯文集》第9卷，人民出版社2009年版，第461—462页。

**54. 辩证法的规律是从自然界的历史和人类社会的历史中抽象出来的**

可见，辩证法的规律是从自然界的历史和人类社会的历史中抽象出来的。辩证法的规律无非是历史发展的这两个方面和思维本身的最一般的规律。它们实质上可以归结为下面三个规律：

量转化为质和质转化为量的规律；

---

① 耶拿会战是1806年10月14日法军和普军之间的会战。这次会战普军被击溃，普鲁士投降了拿破仑法国。

② 指约·丁铎尔在1874年8月19日召开的贝尔法斯特不列颠科学促进协会第四十四届年会上的开幕词。开幕词载于1874年8月20日《自然界》杂志第10卷第251期。恩格斯在1874年9月21日给马克思的信中对丁铎尔的这一发言作了更详细的评论。

③ 恩格斯在此处页边上写着：“上帝=我不知；但是无知并不是论据（斯宾诺莎）。”

对立的相互渗透的规律；

否定的否定的规律。

所有这三个规律都曾经被黑格尔按照其唯心主义的方式当做纯粹的思维规律而加以阐明：第一个规律是在他的《逻辑学》的第一部分即存在论中；第二个规律占据了他的《逻辑学》的整个第二部分，这也是全书的最重要的部分，即本质论；最后，第三个规律表现为构筑整个体系的基本规律。错误在于：这些规律是作为思维规律强加于自然界和历史的，而不是从它们中推导出来的。由此就产生了整个牵强的并且常常是令人震惊的结构：世界，不管它愿意与否，必须适应于某种思想体系，而这种思想体系本身又只是人类思维的某一特定发展阶段的产物。如果我们把事情顺过来，那么一切都会变得很简单，在唯心主义哲学中显得极端神秘的辩证法规律就会立即就变得简单而朗若白昼了。

此外，凡是稍微懂得一点黑格尔的人都知道，黑格尔在几百处地方都善于从自然界和历史中举出最令人信服的例证来证明辩证法规律。

我们在这里不打算写辩证法的手册，而只想说明辩证法规律是自然界的实在的发展规律，因而对于理论自然科学也是有效的。因此，我们不能深入地考察这些规律之间的内部联系。

恩格斯：《自然辩证法》（1873—1882 年），《马克思恩格斯文集》第 9 卷，人民出版社 2009 年版，第 463—464 页。

**55. 量转化为质和质转化为量的规律**

一、量转化为质和质转化为量的规律。为了我们的目的，我们可以把这个规律表示如下：在自然界中，质的变化——在每一个别场合都是按照各自的严格确定的方式进行的——只有通过物质或运动（所谓能）的量的增加或减少才能发生。

自然界中一切质的差别，或是基于不同的化学构成，或是基于运动（能）的不同的量或不同的形式，或是——差不多总是这样——同时基于这两者。所以，没有物质或运动的增加或减少，即没有有关物体的量的变化，是不可能改变这个物体的质的。因此，在这个形式下，黑格尔的神秘的命题就显得不仅是完全合理的，并且甚至是相当明白的。

几乎用不着指出：物体的各种不同的同素异性状态和聚集状态，因为是基于分子的各种不同的组合，所以是基于已经传导给物体的或多或少的运动的量。

但是运动或所谓能的形式变换又怎样呢？当我们把热变为机械运动或把机械运动变为热的时候，在这里质是变化了，而量依然保持不变吗？完全正确。但是关于运动的形式变换，正如海涅谈到罪恶时所说的：每个人独自一人可以是道德高尚的，而罪恶总是两个人的事。[①] 运动的形式变换总是至少发生在两个物体之间的一个过程，这两个物体中的一个失去一定量的一种质的运动（例如热），另一个就获得相当量的另一种质的运动（机械运动、电、化学分解）。因此，量和质在这里是双方互相适应的。直到现在还无法在一个单独的孤立的物体内部使运动从一种形式转化为另一种形式。

在这里我们首先只谈无生命的物体；对于有生命的物体，这个规律也适用，但它是在非常复杂的条件下起作用的，而且现在我们还往往无法进行量的测定。

恩格斯：《自然辩证法》（1873—1882 年），《马克思恩格斯文集》第 9 卷，人民出版社 2009 年版，第 464—465 页。

**56. 辩证的思维方法同样不承认什么僵硬和固定的界限，不承认什么普遍绝对有效的“非此即彼！”**

僵硬和固定的界限是和进化论不相容的——甚至脊椎动物和无脊椎动物之间的界限也不再是固定的了，鱼和两栖动物之间的界限也是一样。鸟和爬形动物之间的界限正日益消失。细颚龙[②]和始祖鸟[③]之间只缺少几个中间环节，而有牙齿的鸟喙在两半球都出现了。“非此即彼！”是越来越不够用了。在低等动物中，个体的概念简直不能严格地确定。不仅就这一动物是个体还是群体这一问题来说是如此，而且就进化过程中何时一个个体终止而另一个个体（“褓母虫体”）开始[④]这一问题来说也是如此。——一切差异都在中间阶段融合，一切对立都经过中间环节而互相转移，对自然观的这样的发展阶段来说，旧的形而上学的思维方法不再够用了。辩证的思

① 海涅《论告发者。〈沙龙〉第三部序言》。

② 细颚龙是一种已经绝迹的动物，恐龙的一支（鸟臀目），属爬行纲，但就其骨盘和后肢的构造来看与鸟类相似（见亨·阿·尼科尔森《动物学手册》1870 年爱丁堡—伦敦版第 2 卷第 422 页）。

③ 始祖鸟是一种古生脊椎动物，具有爬行类的某些特征，是爬行动物向鸟类进化的过渡形式。（见亨·阿·尼科尔森的著作《动物学手册》，该书第一版于 1870 年出版。）

④ 指通过发芽或分裂进行繁殖的腔肠动物。

维方法同样不承认什么僵硬和固定的界限，不承认什么普遍绝对有效的“非此即彼!”，它使固定的形而上学的差异互相转移，除了“非此即彼!”，又在恰当的地方承认“亦此亦彼!”，并使对立的各方相互联系起来。这样的辩证思维方法是唯一在最高程度上适合于自然观的这一发展阶段的思维方法。当然，对于日常应用，对于科学上的细小研究，形而上学的范畴仍然是有效的。

恩格斯：《自然辩证法》(1873—1882 年)，《马克思恩格斯文集》第 9 卷，人民出版社 2009 年版，第 471—472 页。

**57. 同一性自身中包含着差异**

同一性——抽象的，a=a；否定的说法：a 不能同时既等于 a 又不等于 a——这在有机自然界中同样是不适用的。植物，动物，每一个细胞，在其生存的每一瞬间，都和自身同一而又和自身相区别，这是由于各种物质的吸收和排泄，由于呼吸，由于细胞的形成和死亡，由于循环过程的进行，一句话，由于全部无休止的分子变化，而这些分子变化便形成生命，其累积的结果一目了然地显现在各个生命阶段上——胚胎生命，少年，性成熟，繁殖过程，老年，死亡。生理学越向前发展，这种无休止的、无限小的变化对于它就越重要，因而对同一性内部的差异的考察也越重要，而旧的、抽象的、形式上的同一性观点，即把有机物看做只和自身同一的东西、看做固定不变的东西的观点过时了。尽管如此，以这种同一性观点为基础的思维方式及其范畴仍然继续存在。但是，就是在无机自然界中，这样的同一性实际上也是不存在的。每一个物体都不断地受到力学的、物理的、化学的作用，这些作用不断使它们发生变化，使它们的同一性变形。只是在数学中，即在一种研究思想之物（不管它们是不是现实的摹本）的抽象科学中，才有抽象的同一性及其与差异的对立，而且甚至在这里也不断地被扬弃（黑格尔《全书》第 1 部第 235 页）。[①] 同一性自身中包含着差异，这一事实在每一个命题中都表现出来，因为在命题中谓词必须不同于主词。百合花是一种植物，玫瑰花是红的。这里不论是在主词中或是在谓词中，总有点什么东西是谓词或主词所

---

① 黑格尔《哲学全书纲要》第 1 部（即《小逻辑》）第 117 节附释：“此外，比较的任务既在于从当前的差别中求出同一，则我们不能不认数学为最能圆满达到这种目的的科学。其所以如此，即由于量的差别仅是完全外在的差别。比如，在几何里一个三角形与一个四角形虽说有质的不同，但可以忽略这种质的差别，而说它们彼此的大小相等。”

涵盖不了的（黑格尔，第1部第231页）。① 与自身的同一，从一开始就必须有与一切他物的差异作为补充，这是不言而喻的。

恩格斯：《自然辩证法》（1873—1882年），《马克思恩格斯文集》第9卷，人民出版社2009年版，第475—476页。

**58. 束缚形而上学的另一对立，是偶然性和必然性的对立**

束缚形而上学的另一对立，是偶然性和必然性的对立。还有什么能比这两个思维规定更尖锐地相互矛盾呢？这两者怎么可能是同一的，偶然的东西怎么可能是必然的，而必然的东西怎么可能是偶然的？常识和具有这种常识的大多数自然科学家都把必然性和偶然性看做永远互相排斥的两个规定。一个事物、一种关系、一个过程，不是偶然的，就是必然的，但是不能既是偶然的，又是必然的。所以两者是并存于自然界中；自然界包含着各种各样的对象和过程，其中有些是偶然的，另一些是必然的，在这里重要的只是不要把这两类混淆起来。例如，人们把种的有决定意义的性状看做必然的，而把同一个种的各个个体的其他的差异称做偶然的，这一点适用于植物和动物，也适用于结晶体。于是较低的群体对较高的来说又被看做偶然的，这样一来，猫属或马属里有多少不同的种，或一个纲里有多少属和目，而这些种里各有多少个体，或某一地区的动物有多少不同的种类，或动物区系和植物区系的一般状况如何——所有这些都被说成是偶然的。于是，必然被说成是科学上唯一值得注意的东西，而偶然被说成是对科学无足轻重的东西。这就是说：凡是人们可以纳入规律、因而是人们认识的东西，都是值得注意的；凡是人们不能纳入规律、因而是人们不认识的东西，都是无足轻重的，都是可以不予理睬的。这样一来，一切科学便停滞不前了，因为科学就是要研究我们不认识的东西。这就是说：凡是可以纳入普遍规律的东西都被看成是必然的，凡是不能纳入的都被看成是偶然的。任何人都可以看出：这就成了这样一种科学，它把它能解释的东西称为自然的东西，而把它解释不了的东西归之于超自然的原因。我把解释不了的东西的原因叫做偶然还是叫做上帝，这对事情本身来说是完全无关

---

① 黑格尔《哲学全书纲要》第1部（即《小逻辑》）第115节说明："于是同一律便被表述为'一切东西和它自身同一'；或'甲是甲'。否定的说法：'甲不能同时为甲与非甲'。这种命题并非真正的思维规律，而只是抽象理智的规律。这个命题的形式自身就陷于矛盾，因为一个命题总须得说出主词和谓词间的区别，然而这个命题就没有做到它的形式所要求于它的。"

紧要的。这两者无非以不同的方式表示，我对此没有认识，因此它们不属于科学的范围。在必然的联系不起作用的地方，科学便停滞不前了。

与此对立的是决定论，它从法国唯物主义中移入自然科学，并且力图用根本否认偶然性的办法来对付偶然性。按照这种观点，在自然界中占统治地位的，只是单纯的直接的必然性。这个豌豆荚中有五粒豌豆，而不是四粒或六粒；这条狗的尾巴是五英寸长，丝毫不长，也丝毫不短；这朵苜蓿花今年已由一只蜜蜂授粉，而那一朵却没有，而且这朵花是由这只特定的蜜蜂在这一特定的时间内授粉的；这粒被风吹来的特定的蒲公英种子发了芽，而那一粒却没有；今天清晨四点钟一只跳蚤咬了我一口，而不是三点钟或五点钟，而且是咬在右肩上，而不是咬在左腿上——这一切都是由一条不可移易的因果链，由一种不可动摇的必然性造成的事实，而且产生太阳系的气团早就被安排得使这些事情只能这样发生，而不能以另外的方式发生。承认这样一种必然性，我们还是没有摆脱神学的自然观。无论我们是用奥古斯丁和加尔文的说法把这叫做上帝的永恒的意旨，或者是用土耳其人的说法把这称做天数①，还是把这就叫做必然性，这对科学来说差不多是一样的。在这里的任何一个场合下都谈不上对因果链的探索，因此，我们在一个场合下并不比在另一场合下更聪明一些，所谓必然性仍旧是一句空话，因而偶然性依然如故。只要我们不能证明豌豆荚中豌豆的粒数是由什么原因决定的，豌豆的粒数就依旧是偶然的，而且，即使断言这件事情在太阳系的原始构造中是早就预先安排好了的，我们也没有前进一步。不仅如此，科学如果老是从因果链中去追溯这一个个的豌豆荚事例，那就不再成其为科学，而成了纯粹的游戏，因为单是这同一个豌豆荚就还具有其他无数的、独具的、表现为偶然的特性：色彩的浓淡，豆壳的厚薄和软硬，豆粒的大小，更不必说只有在显微镜下才能看到的那些独具的特点了。因此，这一个豌豆荚中所要求探索的因果联系，已经多得连全世界的全体植物学家都解决不了。可见，偶然性在这里并没有从必然性得到说明，而是反倒把必然性降低为纯粹偶然性的产物。如果某个豆荚中有六粒豌豆而不是五粒或七粒这一事实，与太阳系的运动规律或能量转化规律是处于同

---

① 天数源于阿拉伯语，是伊斯兰教的一个术语，意即定数、命运、天意。后来在土耳其语及其他语种中被采用。

一等级的，那实际上就不是把偶然性提高为必然性，而是反倒把必然性降低为偶然性。不仅如此。某一地区内并存的各个有机的和无机的种和个体的多样性，即使可以说是立足在坚不可摧的必然性之上的，但是就个别的种和个体来说，这种多样性依然如故，仍是偶然的。就个别的动物来说，它生在什么地方，遇到什么样的生活环境，什么敌人和多少敌人威胁着它，这都是偶然的。一粒种子被风吹到什么地方去，这对于母株是偶然的；这粒种子在什么地方找到发芽的土壤，从而使子株成长起来，这对于子株也是偶然的；确信在这里一切也都是立足在坚不可摧的必然性之上，这是一种可怜的安慰。在一定的地域，甚至在整个地球上，即使有种种永恒的原初决定，各种自然对象的纷然杂陈依旧是偶然的。

同这两种观点相对立，黑格尔提出了前所未闻的命题：偶然的东西正因为是偶然的，所以有某种根据，而且正因为是偶然的，所以也就没有根据；偶然的东西是必然的；必然性自我规定为偶然性，而另一方面，这种偶然性又宁可说是绝对的必然性（《逻辑学》第2编第3部分第2章：《现实》）。自然科学把这些命题当做悖理的文字游戏、当做自相矛盾的胡说而根本不予理睬，并且在理论上一方面坚持沃尔弗那种思想贫乏的形而上学，认为一个事物不是偶然的，就是必然的，但是不能同时既是偶然的，又是必然的；另一方面，又坚持同样思想贫乏的机械的决定论，在口头上笼统地否认偶然性，而在每一特定场合实际上又承认这种偶然性。

当自然研究依然这样进行思考的时候，在达尔文这个人那里，这种研究又做了些什么呢？

达尔文在他的划时代的著作①中，是从偶然性的现存的最广阔的基础出发的。各个种内部的各个个体之间存在着无限的偶然的差异，这些差异不断扩大，以至突破种的特性，而这种突破的近因也只有在极少的情况下才能得到证实（这期间积累起来的有关偶然性的材料，把关于必然性的旧观念压垮和冲破了）——正是这些偶然的差异迫使达尔文怀疑直到那时为止的生物学中的一切规律性的基础，怀疑直到那时为止的形而上学的固定不变的种概念。但是，没有种概念，整个科学就会化为乌有。科学的所有部门都曾需要有种概念作为基础：人体解剖学和比较解剖学、胚胎学、动

① 指查·达尔文《根据自然选择即在生存斗争中适者保存的物种起源》1859年伦敦版。

物学、古生物学、植物学等等，离开种概念还成什么东西呢？这些科学部门的一切成果不仅会发生问题，而且会干脆被废弃。偶然性推翻人们至今所理解的必然性。迄今为止的必然性观念失灵了。坚持这种观念，就等于把人的自相矛盾的并且和现实相矛盾的任意规定当做规律强加给自然界，因而就等于否定有生命的自然界中的一切内在必然性，等于把偶然性的混沌王国普遍宣布为有生命的自然界的唯一规律。“连《泰斯维斯-钟托夫》都不再适用了！”① ——旧学派的生物学家们异口同声地喊叫起来。

恩格斯：《自然辩证法》（1873—1882年），《马克思恩格斯文集》第9卷，人民出版社2009年版，第477—481页。

**59. 人的活动对因果性作出验证**

因果性。我们在观察运动着的物质时，首先引起我们注意的是单个物体的单个运动间的相互联系，它们的相互制约。但是，我们不仅发现某一个运动后面跟随着另一个运动，而且我们也发现，只要我们造成某个运动在自然界中发生时所必需的那些条件，我们就能引起这个运动，甚至我们还能引起自然界中根本不发生的运动（工业），至少不是以这种方式发生的运动，并且我们能赋予这些运动以预先规定的方向和规模。因此，由于人的活动，因果观念即一个运动是另一个运动的原因这样一种观念得到确证。的确，单是某些自然现象的有规则的前后相继，就能造成因果观念：热和光随太阳而来；但是这里不存在任何证明，而且就这个意义来说，休谟的怀疑论也许说得对：有规则的 post hoc［在此之后］决不能为 propter hoc［因此］提供根据②。但是人的活动对因果性作出验证。如果我们用一面凹镜把太阳光集中在焦点上，造成像普通的火光一样的效果，那么我们因此就证明了热是从太阳来的。如果我们把引信、炸药和弹丸放进枪膛里面，然后发射，那么我们可以期待事先从经验已经知道的效果，因为我们能够在所有的细节上探究包括发火、燃烧、由于突然变为气体而产生的爆炸，以及气体对弹丸的压挤在内的全部过程。在这里甚至怀疑论者都不能说，从

① 引自海涅的讽刺诗《宗教辩论》（《罗曼采罗》诗集），其中描写了中世纪天主教嘉布遣会修士和有学问的犹太教拉比之间的一场宗教辩论。拉比在辩论中引用犹太教的圣书《泰斯维斯-钟托夫》。嘉布遣会修士回答说：“让《泰斯维斯-钟托夫》见鬼去吧！”这时愤怒的拉比高声叫道：“连《泰斯维斯-钟托夫》都不再适用了，那还有什么东西适用呢？天哪！”

② “post hoc, ergo propter hoc”（在此之后，所以是因此），这一说法表示一种仅仅根据一个现象发生在另一个现象之后便作出两个现象有因果联系的不合理推论。

已往的经验不能得出下一次将出现同样情形的结论。确实有时候并不发生同样的情形，引信或火药失效，枪筒破裂等等。但是这正好证明了因果性，而不是推翻了因果性，因为我们对这样偏离常规的每一件事情加以适当的研究之后，都可以找出它的原因，如引信发生化学分解，火药受潮等等，枪筒损坏等等，因此在这里可以说是对因果性作了双重的验证。自然科学和哲学一样，直到今天还全然忽视人的活动对人的思维的影响；它们在一方面只知道自然界，在另一方面又只知道思想。但是，人的思维的最本质的和最切近的基础，正是人所引起的自然界的变化，而不仅仅是自然界本身；人在怎样的程度上学会改变自然界，人的智力就在怎样的程度上发展起来。因此，自然主义的历史观，如德雷帕①和其他一些自然科学家或多或少持有的这种历史观是片面的，它认为只是自然界作用于人，只是自然条件到处决定人的历史发展，它忘记了人也反作用于自然界，改变自然界，为自己创造新的生存条件。日耳曼人移入时期的德意志的“自然界”，现在剩下的已经微乎其微了。地球的表面、气候、植物界、动物界以及人本身都发生了无限的变化，并且这一切都是由于人的活动，而德意志的自然界在这一期间未经人的干预而发生的变化，简直微小得无法计算。

恩格斯：《自然辩证法》（1873—1882 年），《马克思恩格斯文集》第 9 卷，人民出版社 2009 年版，第 482—484 页。

**60. 辩证逻辑由此及彼地推导出这些形式，不是把它们并列起来，而是使它们互相从属，从低级形式发展出高级形式**

辩证逻辑和旧的纯粹的形式逻辑相反，不像后者那样只满足于把思维运动的各种形式，即各种不同的判断形式和推理形式列举出来并且毫无联系地并列起来。相反，辩证逻辑由此及彼地推导出这些形式，不是把它们并列起来，而是使它们互相从属，从低级形式发展出高级形式。黑格尔恪守他的整个逻辑学的分类，把判断分为以下几类：②

1. 实有的判断，判断的最简单的形式，用来肯定地或否定地陈述某一

---

① 参看约·威·德雷帕《欧洲智力发展史》（两卷集）1864 年伦敦版。

② 关于逻辑学分为三部分（存在论、本质论和概念论）与判断分为四类这二者之间的一致性，黑格尔在《哲学全书纲要》第 1 部（即《小逻辑》）第 171 节附释中是这样说明的：“判断种类的不同是由逻辑观念本身的普遍形式决定的。因此，我们起初得到的是三种主要的判断，这三种主要的判断恰好相当于存在、本质和概念这三个阶段。其中第二种主要的判断恰好相当于本质的性质，亦即相当于差别的阶段，使这一阶段本身又得到了重新表述。”

个别事物的某种一般的性质（肯定判断：玫瑰花是红的；否定判断：玫瑰花不是蓝的；无限判断：玫瑰花不是骆驼）。

2. 反省的判断，用来陈述主词的某种关系规定，某种关系（单称判断：这个人是会死的；特称判断：有些人或很多人是会死的；全称判断：所有的人都是会死的，或人是会死的）。[①]

3. 必然性的判断，用来陈述主词的实质的规定性（直言判断：玫瑰花是植物；假言判断：如果太阳升起，那就是白昼；选言判断：南美肺鱼不是某种鱼就是某种两栖动物）。

4. 概念的判断，用来陈述主词对自身的一般本性，或者如黑格尔所说的，对自身的概念符合到什么程度（实然判断：这所房子是次的；或然判断：如果一所房子是如此这般地建造起来的，它就是好的；确然判断：如此这般地建造起来的房子是好的）。

第一类是个别的判断，第二和第三类是特殊的判断，第四类是普遍的判断。

不管这些东西在这里读起来多么枯燥，不管这种判断分类法初看起来有时是多么专断，对于仔细研究过黑格尔《大逻辑》中的天才阐述（《全集》第5卷第63—115页[②]）的人来说，这种分类法的内在真理性和内在必然性是明明白白的。而这种分类法在多大程度上不仅以思维规律为根据，而且还以自然规律为根据，我们在这里愿意举出一个同这里的上下文无关的而又是大家非常熟悉的例子来加以说明。

摩擦生热，这在实践上史前的人早已知道，他们也许在10万年前就发明了摩擦取火，而且在更早以前就通过摩擦来温暖冻冷了的肢体。但是，从那时起直到发现摩擦本身就是热的一个源泉，谁也不知道又经过了几万年。最后，这样的时刻终于到来，此时人脑发展到足以作出这样一个判断：摩擦是热的一个源泉。这是一个实有的判断，并且是一个肯定判断。

又经过了几千年，到1842年迈尔、焦耳和柯尔丁才根据这一特殊过程与当时已发现的其他类似的过程的关系，即根据与它最相近的一般的条件

① “单称的”、“特称的”、“全称的”（singulär，partikulär，universell）等规定，在这里就是形式逻辑意义上的个别的、特殊的、普遍的，而不同于辩证法范畴“个别的”、“特殊的”、“普遍的”（Einzelnes，Besonderes，Allgemeines）。

② 指黑格尔《逻辑学》第3编《概念论》中关于判断这一章的页码。

来研究这个过程，并且作出了这样的判断：一切机械运动都能借助摩擦而转化为热。我们对这个对象的认识，竟需要这么长的时间和大量的经验性知识，才得以从上述的实有的肯定判断进步到这个反思的全称判断。

不过从那时起事情发展得很快，只过了三年，迈尔就能够（至少在实质上）把反思的判断提高到它至今仍有效的阶段：

在每一场合的各自的特定条件下，每一运动形式都能够并且必然直接或间接地转变为其他任何运动形式。这是概念的判断，并且是确然判断，即判断的最高形式。

可见，在黑格尔那里表现为判断这一思维形式本身的发展过程的东西，在我们这里就成了我们的关于运动性质的立足在经验基础之上的理论认识的发展过程。这就说明，思维规律和自然规律，只要它们被正确地认识，必然是互相一致的。

我们可以把第一个判断看做个别性的判断：摩擦生热这一零星的事实被记录下来了。第二个判断可以看做特殊性的判断：一个特殊的运动形式，即机械的运动形式，显示出在特殊环境下（经过摩擦）转变为另一特殊的运动形式（热）的性质。第三个判断是普遍性的判断：每一运动形式都表明能够并且必然转变为其他任何运动形式。有了这种形式，规律便获得了自己的最后的表现。我们可以通过新的发现为规律提供新的证据，赋予新的更丰富的内容。但是，对于这样表述的规律本身，我们已不能再增添什么。在普遍性方面——在形式上和内容上都同样是普遍的——这个规律已不可能再扩大：它是绝对的自然规律。

可惜，在我们还不能制造蛋白质的时候，我们暂时无法来讨论蛋白质的运动形式，即生命。

恩格斯：《自然辩证法》（1873—1882 年），《马克思恩格斯文集》第 9 卷，人民出版社 2009 年版，第 487—489 页。

**61. 我们只能在我们时代的条件下去认识，而且这些条件达到什么程度，我们就认识到什么程度**

只要自然科学运用思维，它的发展形式就是假说。一个新的事实一旦被观察到，先前对同一类事实采用的说明方式便不能再用了。从这一刻起，需要使用新的说明方式——最初仅仅以有限数量的事实和观察为基础。进一步的观察材料会使这些假说纯化，排除一些，修正一些，直到最后以纯粹的形态形成定律。如果要等待材料纯化到足以形成定律为止，那就等于要在此以前中止运用思维的研究，而那样一来，就永远都不会形成什么定律了。

对于缺乏逻辑修养和辩证法修养的自然科学家来说，相互排斥的假说的数目之多和更替之快，很容易引起这样一种想法：我们不可能认识事物的本质（哈勒和歌德）①。这并不是自然科学所特有的现象，因为人的全部认识是沿着一条错综复杂的曲线发展的，而且，在历史学科中（哲学也包括在内）各种理论也同样是相互排斥的，可是没有人由此得出结论说，例如，形式逻辑是没有意义的。——这种观点的最后的形式，就是“自在之物”。第一，关于我们不能认识自在之物的论断（黑格尔《全书》第44节），离开了科学，陷入了幻想。第二，这个论断没有给我们的科学认识增添任何东西，因为我们如果不能探索事物，那么这些事物对我们来说就是不存在的了。第三，这个论断是纯粹的空话，永远不会被应用。抽象地说，这种论断听起来好像是完全合理的。不过让我们应用一下吧。如果一个动物学家说，“一只狗好像有四条腿，可是我们不知道这只狗实际上是有四百万条腿还是一条也没有”，那么我们怎样看待这个动物学家呢？如果一个数学家先下定义说，三角形有三条边，然后又说，他不知道三角形是不是有二十五条边；如果他说二乘二好像等于四，那么我们怎样看待这个数学家呢？不过自然科学家都小心翼翼地避免在自然科学中应用自在之物这个词，只有在跨入哲学时才敢于应用它。这就最好不过地证明了：他们对这个词的处理是多么不严肃，而这个词本身是多么没价值。如果他们当真采取严肃的态度，那为什么终究要去研究点什么呢？

从历史的观点来看，这件事也许有某种意义：我们只能在我们时代的条件下去认识，而且这些条件达到什么程度，我们就认识到什么程度。

恩格斯：《自然辩证法》（1873—1882年），《马克思恩格斯文集》第9卷，人民出版社2009年版，第493—494页。

---

① 指歌德和阿·哈勒用诗歌进行的一场哲学争论。1730年哈勒发表了诗歌《人的善行的虚伪性》，诗中断言：“没有一个生灵能够洞悉自然界的内部本质，他若知道自然界的外壳就已经非常幸运了。”歌德1821年在《无疑》和《最后通牒》两首诗中反驳哈勒的这个说法，指出自然界是统一的，不能像哈勒那样，把自然界分为不可认识的内核与可以认识的外壳。黑格尔在他的《哲学全书纲要》第1部（即《小逻辑》）第140节说明和第2部（《自然哲学》）第246节附释中曾提到歌德和哈勒的这一争论。

### 62. 无限的东西既是可以认识的，又是不可以认识的

自然界中的普遍性的形式就是规律，而关于自然规律的永恒性，谁也没有自然科学家谈得多。因此，当耐格里说，人们由于不愿意只去研究有限的东西，而把永恒的东西和有限的东西混在一起，于是就把有限的东西弄得神秘莫测，这时他否定的不是自然规律的可认识性，就是自然规律的永恒性。对自然界的一切真实的认识，都是对永恒的东西、对无限的东西的认识，因而本质上是绝对的。

但是，这种绝对的认识遇到一个明显的麻烦。可认识的物质的无限性，是由各种纯粹的有限性组成的，同样，绝对地认识着的思维的无限性，也是由无限多的有限的人脑所组成的，而人脑是彼此并列和前后相继地从事这种无限的认识的，会在实践上和理论上出差错，从歪曲的、片面的、错误的前提出发，循着错误的、弯曲的、不可靠的道路行进，往往当正确的东西碰到鼻子尖的时候还是没有得到它（普利斯特列[①]）。因此，对无限的东西的认识受到双重困难的困扰，并且按其本性来说，只能通过一个无限的渐近的前进过程而实现。这使我们有足够的理由说：无限的东西既是可以认识的，又是不可以认识的，而这就是我们所需要的一切。

恩格斯：《自然辩证法》（1873—1882 年），《马克思恩格斯文集》第 9 卷，人民出版社 2009 年版，第 499 页。

### 63. 生命力就成了一切超自然主义者的最后避难所

最后，在有机界中，力这一范畴是完全不够的，可是人们不断地使用它。当然，人们可以根据肌肉的机械作用，把肌肉的活动叫做肌肉力，而且也可以把它量度出来；甚至还可以把其他可量度的机能看做力，例如，不同的胃的消化力，但是这样立刻会产生荒谬的东西（例如，神经力），在这里无论如何只能在十分有限的和借喻的意义上谈论力（日常的说法：恢复力量）。但这种不经之谈引起了生命力的说法。如果这里是想说，机体中的运动形式不同于机械的、物理学的和化学的运动形式，它扬弃后几种运动形式而把它们包含在自身之中，那么这种说法是站不住脚的，特别是因为力——它以运动的转移为前提——在这里表现为某种从外部导入机体

① 1744 年约·普利斯特列描述了氧，但他没有想到，他已经发现了一种新的化学元素，而且这一发现将会引起化学中的变革。恩格斯在为马克思的《资本论》第二卷写的序言中更详细地谈到了这一发现（见《马克思恩格斯文集》第 6 卷第 20—21 页）。

的东西，而不是机体所固有的、和机体分不开的东西，因此，生命力就成了一切超自然主义者的最后避难所。

恩格斯：《自然辩证法》（1873—1882 年），《马克思恩格斯文集》第 9 卷，人民出版社 2009 年版，第 536—537 页。

**64. 辩证法的规律无论对自然界中和人类历史中的运动，还是对思维的运动，都必定是同样适用的**

我们的主观思维和客观世界遵循同一些规律，因而两者的结果最终不能互相矛盾，而必须彼此一致，这个事实绝对地支配着我们的整个理论思维。这个事实是我们理论思维的不以意识为转移的和无条件的前提。18 世纪的唯物主义，由于它的本质上形而上学的性质，只是从内容方面研究这个前提。它只限于证明一切思维和知识的内容都应当来源于感性的经验，并且重新提出下面这个命题：感觉中未曾有过的东西，理智中也不存在①。只有现代的唯心主义的、同时也是辩证的哲学，特别是黑格尔，才又从形式方面研究了这个前提。尽管我们在这里遇到无数的任意虚构和凭空臆造，尽管这种哲学的结果——思维和存在的统一——采取了唯心主义的头足倒置的形式，可是不容否认，这种哲学在许多场合下和在极不相同的领域中证明了思维过程同自然过程和历史过程是类似的，反过来也一样，并且证明了同一些规律对所有这些过程都是适用的。另一方面，现代自然科学已经把一切思维内容都来源于经验这一命题以某种方式加以扩展，以致把这个命题的旧的形而上学的限制和表述完全抛弃了。它由于承认了获得性状的遗传，便把经验的主体从个体扩大到类；每一个体都必须亲自取得经验，这不再是必要的了，个体的个别经验在某种程度上可以由个体的历代祖先的经验的结果来代替。例如，在我们中间，一些数学公理对每个八岁的儿童来说都好像是不言自明的，用不着通过经验来证明，这只是“累积的遗传”的结果。想用证明的方法向一个布须曼人或澳大利亚黑人传授这些公理，这可能是困难的。

---

① 感觉中未曾有过的东西，理智中也不存在（Nihil est in intellectu，quod non fuerit in sensu）是感觉论的一个基本原理。感觉论的这个基本原理来源于亚里士多德的《分析后篇》第 1 册第 18 章和《论灵魂》第 3 册第 8 章。

在本书中①，辩证法被看做关于一切运动的最普遍的规律的科学。这就是说，辩证法的规律无论对自然界中和人类历史中的运动，还是对思维的运动，都必定是同样适用的。一个这样的规律可以在这三个领域的两个领域中，甚至在所有三个领域中被认识到，只有形而上学的懒汉才不明白他所认识到的是同一个规律。

恩格斯：《自然辩证法》（1873—1882年），《马克思恩格斯文集》第9卷，人民出版社2009年版，第538—539页。

**65. 辩证的生命观无非就是如此**

生和死。今天，不把死亡看做生命的本质因素（注：黑格尔《全书》第1部第152—153页）②、不了解生命的否定从本质上说包含在生命自身之中的生理学，已经不被认为是科学的了，因此，生命总是和它的必然结局，即总是以萌芽状态存在于生命之中的死亡联系起来加以考虑的。辩证的生命观无非就是如此。但是，无论什么人一旦懂得了这一点，在他面前一切关于灵魂不死的说法便破除了。死亡或者是有机体的解体，除了构成有机体实体的各种化学成分，什么东西也没有留下来；或者还留下某种生命要素，或多或少和灵魂相同的东西，这种要素不仅比人，而且比一切活的有机体都活得更久。因此，在这里只要借助于辩证法简单地说明生和死的本性，就足以破除自古以来的迷信。生就意味着死。

恩格斯：《自然辩证法》（1873—1882年），《马克思恩格斯文集》第9卷，人民出版社2009年版，第546页。

**66. 这种事情发生得越多，人们就越是不仅再次地感觉到，而且也认识到自身和自然界的一体性**

事实上，我们一天天地学会更正确地理解自然规律，学会认识我们对自然界习常过程的干预所造成的较近或较远的后果。特别自本世纪自然科学大踏步前进以来，我们越来越有可能学会认识并从而控制那些至少是由我们的最常见的生产行为所造成的较远的自然后果。而这种事情发生得越多，人们就越是不仅再次地感觉到，而且也认识到自身和自然界的一体性，那种关于精神和物质、人类和自然、灵魂和肉体之间的对立的荒谬的、反

① 指《反杜林论》。

② 黑格尔《哲学全书纲要》第1部（即《小逻辑》）第81节附释1："生命本身即具有死亡的种子。"

自然的观点，也就越不可能成立了，这种观点自古典古代衰落以后出现在欧洲并在基督教中得到最高度的发展。

恩格斯：《自然辩证法》（1873—1882 年），《马克思恩格斯文集》第 9 卷，人民出版社 2009 年版，第 560—561 页。

**67. 概念的辩证法本身就变成只是现实世界的辩证运动的自觉的反映，从而黑格尔的辩证法就被倒转过来了**

但是，从黑格尔学派的解体过程中还产生了另一个派别，唯一的真正结出果实的派别。这个派别主要是同马克思的名字联系在一起的。①

同黑格尔哲学的分离在这里也是由于返回到唯物主义观点而发生的。这就是说，人们决心在理解现实世界（自然界和历史）时按照它本身在每一个不以先入为主的唯心主义怪想来对待它的人面前所呈现的那样来理解；他们决心毫不怜惜地抛弃一切同事实（从事实本身的联系而不是从幻想的联系来把握的事实）不相符合的唯心主义怪想。除此以外，唯物主义并没有别的意义。不过在这里第一次对唯物主义世界观采取了真正严肃的态度，把这个世界观彻底地（至少在主要方面）运用到所研究的一切知识领域里去了。

黑格尔不是简单地被放在一边，恰恰相反，上面所阐述的他的革命方面即辩证方法被接过来了。但是这种方法在黑格尔的形式中是无用的。在黑格尔那里，辩证法是概念的自我发展。绝对概念不仅是从来就存在的（不知道哪里？），而且是整个现存世界的真正的活的灵魂。它通过在《逻辑学》中详细探讨过的并且完全包含在它自身中的一切预备阶段而向自身发展；然后它使自己“外化”，转化为自然界，它在自然界中并没有意识到它自己，而是采取自然必然性的形式，经过新的发展，最后在人身上重新达到自我意识；这个自我意识，在历史中又从粗糙的形式中挣脱出来，直到绝对概念终于在黑格尔哲学中又完全地达到自身为止。因此，在自然

① 请允许我在这里作一点个人的说明。近来人们不止一次地提到我参加了制定这一理论的工作，因此，我在这里不得不说几句话，把这个问题澄清。我不能否认，我和马克思共同工作 40 年，在这以前和这个期间，我在一定程度上独立地参加了这一理论的创立，特别是对这一理论的阐发。但是，绝大部分基本指导思想（特别是在经济和历史领域内），尤其是对这些指导思想的最后的明确的表述，都是属于马克思的。我所提供的，马克思没有我也能够做到，至多有几个专门的领域除外。至于马克思所做到的，我却做不到。马克思比我们大家都站得高些，看得远些，观察得多些和快些。马克思是天才，我们至多是能手。没有马克思，我们的理论远不会是现在这个样子。所以，这个理论用他的名字命名是理所当然的。

界和历史中所显露出来的辩证的发展，即经过一切迂回曲折和暂时退步而由低级到高级的前进运动的因果联系，在黑格尔那里，只是概念的自己运动的翻版，而这种概念的自己运动是从来就有的（不知在什么地方），但无论如何是不依任何能思维的人脑为转移的。这种意识形态上的颠倒是应该消除的。我们重新唯物地把我们头脑中的概念看做现实事物的反映，而不是把现实事物看做绝对概念的某一阶段的反映。这样，辩证法就归结为关于外部世界和人类思维的运动的一般规律的科学，这两个系列的规律在本质上是同一的，但是在表现上是不同的，这是因为人的头脑可以自觉地应用这些规律，而在自然界中这些规律是不自觉地、以外部必然性的形式、在无穷无尽的表面的偶然性中实现的，而且到现在为止在人类历史上多半也是如此。这样，概念的辩证法本身就变成只是现实世界的辩证运动的自觉的反映，从而黑格尔的辩证法就被倒转过来了，或者宁可说，不是用头立地而是重新用脚立地了。而且值得注意的是，不仅我们发现了这个多年来已成为我们最好的工具和最锐利的武器的唯物主义辩证法，而且德国工人约瑟夫·狄慈根不依靠我们，甚至不依靠黑格尔也发现了它。①

恩格斯：《路德维希·费尔巴哈和德国古典哲学的终结》（1886 年初），《马克思恩格斯文集》第 4 卷，人民出版社 2009 年版，第 296—298 页。

**68. 世界不是既成事物的集合体，而是过程的集合体，其中各个似乎稳定的事物同它们在我们头脑中的思想映象即概念一样都处在生成和灭亡的不断变化中**

而这样一来，黑格尔哲学的革命方面就恢复了，同时也摆脱了那些曾经在黑格尔那里阻碍它贯彻到底的唯心主义装饰。一个伟大的基本思想，即认为世界不是既成事物的集合体，而是过程的集合体，其中各个似乎稳定的事物同它们在我们头脑中的思想映象即概念一样都处在生成和灭亡的不断变化中，在这种变化中，尽管有种种表面的偶然性，尽管有种种暂时的倒退，前进的发展终究会实现——这个伟大的基本思想，特别是从黑格尔以来，已经成了一般人的意识，以致它在这种一般形式中未必会遭到反对了。但是，口头上承认这个思想是一回事，实际上把这个思想分别运用于每一个研究领域，又是一回事。如果人们在研究工

① 见约·狄慈根的著作《人脑活动的实质。一个手艺人的描述，纯粹的和实践的理性的再批判》1869 年汉堡迈斯纳出版社版。

作中始终从这个观点出发，那么关于最终解决和永恒真理的要求就永远不会提出了；人们就始终会意识到他们所获得的一切知识必然具有的局限性，意识到他们在获得知识时所处的环境对这些知识的制约性；人们对于还在不断流行的旧形而上学所不能克服的对立，即真理和谬误、善和恶、同一和差别、必然和偶然之间的对立也不再敬畏了；人们知道，这些对立只有相对的意义，今天被认为是合乎真理的认识都有它隐蔽着的、以后会显露出来的错误的方面，同样，今天已经被认为是错误的认识也有它合乎真理的方面，因而它从前才能被认为是合乎真理的；被断定为必然的东西，是由纯粹的偶然性构成的，而所谓偶然的东西，是一种有必然性隐藏在里面的形式，如此等等。

恩格斯：《路德维希·费尔巴哈和德国古典哲学的终结》（1886 年初），《马克思恩格斯文集》第 4 卷，人民出版社 2009 年版，第 298—299 页。

**69. 黑格尔称之为“形而上学的”方法，主要是把事物当做一成不变的东西去研究，它的残余还牢牢地盘据在人们的头脑中**

旧的研究方法和思维方法，黑格尔称之为“形而上学的”方法，主要是把事物当做一成不变的东西去研究，它的残余还牢牢地盘据在人们的头脑中，这种方法在当时是有重大的历史根据的。必须先研究事物，尔后才能研究过程。必须先知道一个事物是什么，尔后才能觉察这个事物中所发生的变化。自然科学中的情形正是这样。认为事物是既成的东西的旧形而上学，是从那种把非生物和生物当做既成事物来研究的自然科学中产生的。而当这种研究已经进展到可以向前迈出决定性的一步，即可以过渡到系统地研究这些事物在自然界本身中所发生的变化的时候，在哲学领域内也就响起了旧形而上学的丧钟。事实上，直到上一世纪末，自然科学主要是搜集材料的科学，关于既成事物的科学，但是在本世纪，自然科学本质上是整理材料的科学，是关于过程、关于这些事物的发生和发展以及关于联系——把这些自然过程结合为一个大的整体——的科学。研究植物机体和动物机体中的过程的生理学，研究单个机体从胚胎到成熟的发育过程的胚胎学，研究地壳逐渐形成过程的地质学，所有这些科学都是我们这个世纪的产儿。

恩格斯：《路德维希·费尔巴哈和德国古典哲学的终结》（1886 年初），《马克思恩格斯文集》第 4 卷，人民出版社 2009 年版，第 299—300 页。

**70. 真正的辩证法并不为个人错误辩护，而是研究不可避免的转变，根据对发展过程的全部具体情况的详尽研究来证明这种转变的不可避免性**

可是，无论什么时候都不应当把马克思主义使之用脚立地后接受过来的伟大的黑格尔辩证法，同那种为某些从我党革命派滚向机会主义派的政治活动家的曲折路线进行辩护的庸俗手法混为一谈，不应当把它同那种将各种特定的声明，将同一过程中不同阶段发展的各种特定的因素搅成一团的庸俗态度混为一谈。真正的辩证法并不为个人错误辩护，而是研究不可避免的转变，根据对发展过程的全部具体情况的详尽研究来证明这种转变的不可避免性。辩证法的基本原理是：没有抽象的真理，真理总是具体的……同时也不应当把这个伟大的黑格尔辩证法同那种可以用“脑袋钻不进，就把尾巴塞进去”（mettere la coda dove non va il capo）这句意大利谚语来形容的庸俗的处世秘诀混为一谈。

列宁：《进一步，退两步》（1904 年 2—5 月），《列宁专题文集 · 论无产阶级政党》，人民出版社 2009 年版，第 155—156 页。

**71. 马克思主义并不拒绝妥协，马克思主义认为必须利用妥协，但这决不排斥马克思主义作为活跃的经常起作用的历史力量去全力进行反对妥协的斗争**

马克思主义对历史的曲折道路的态度，实际上同它对妥协的态度是一样的。历史的任何曲折转变都是妥协，是已经没有足够的力量彻底否定新事物的旧事物同还没有足够的力量彻底推翻旧事物的新事物之间的妥协。马克思主义并不拒绝妥协，马克思主义认为必须利用妥协，但这决不排斥马克思主义作为活跃的经常起作用的历史力量去全力进行反对妥协的斗争。谁弄不明白这个似乎矛盾的道理，那他就是对马克思主义一窍不通。

列宁：《反对抵制》（1907 年 6 月 26 日［7 月 9 日］），《列宁选集》第 1 卷，人民出版社 2012 年版，第 734—735 页。

**72. 马克思和恩格斯几十次地把自己的哲学观点叫作辩证唯物主义**

所有这些人都不会不知道，马克思和恩格斯几十次地把自己的哲学观点叫作辩证唯物主义。然而所有这些因敌视辩证唯物主义而联合起来的人（尽管政治观点截然不同）在哲学上又自命为马克思主义者！别尔曼说，恩格斯的辩证法是“神秘主义”。恩格斯的观点“过时了”，——巴扎罗夫随便一说，好像这是不言而喻的。唯物主义看来被我们的勇士们驳倒了，他们自豪地引证“现代认识论”，引证“最新哲学”（或“最新实证论”），引证“现代自然科学的哲学”，或者甚至引证“20 世纪的自然科学的哲学”。

列宁：《唯物主义和经验批判主义》（1908 年 2—10 月），《列宁专题文集·论辩证唯物主义和历史唯物主义》，人民出版社 2009 年版，第 2 页。

**73. 马克思一再把自己的世界观叫做辩证唯物主义，恩格斯的《反杜林论》（马克思读过全部手稿）阐述的也正是这个世界观**

马克思一再把自己的世界观叫做辩证唯物主义，恩格斯的《反杜林论》（马克思读过全部手稿）阐述的也正是这个世界观。就是瓦连廷诺夫先生们也能从这里想到：约·狄慈根的混乱只能在于他背离对辩证法的彻底应用，背离彻底的唯物主义，特别是背离《反杜林论》。

列宁：《唯物主义和经验批判主义》（1908 年 2—10 月），《列宁全集》第 18 卷，人民出版社 1988 年版，第 258 页。

**74. 物质的存在不依赖于感觉。物质是第一性的。感觉、思想、意识是按特殊方式组成的物质的高级产物**

你们口头上在消除物理的东西和心理的东西之间的对立①、唯物主义（它认为自然界、物质是第一性的）和唯心主义（它认为精神、意识、感觉是第一性的）之间的对立，你们实际上又马上放弃自己的基本前提，重新恢复这种对立，偷偷地恢复这种对立！因为，如果要素是感觉，那么你们连一秒钟也没有权利认为“要素”是不依赖于我的神经、我的意识而存在的。既然你们承认这种不依赖于我的神经、我的感觉的物理对象．这种只是通过对我的视网膜的作用而产生感觉的物理对象，那么，你们就是可耻地离开你们的“片面的”唯心主义而转到“片面的”唯物主义的观点上来了！如果颜色仅仅在依存于视网膜时才是感觉（如自然科学迫使你们承认的那样），那么，这就是说，光线落到视网膜上才引起颜色的感觉；这就是说，在我们之外，不依赖于我们和我们的意识而存在着物质的运动，例如，存在着一定长度和一定速度的以太波，它们作用于视网膜，使人产生这种或那种颜色的感觉。自然科学也正是这样看的。它用存在于人的视网膜之外的、在人之外和不依赖于人的光波的不同长度来说明这种或那种颜色的不同感觉。这也就是唯物主义：物质作用于我们的感官而引起感觉。感觉依赖于大脑、神经、视网膜等等，也就是说，依赖于按一定方式组成

---

① “自我与世界的对立、感觉或现象与物的对立消失了，一切只归结为要素的结合。”（《感觉的分析》第 21 页）

的物质。物质的存在不依赖于感觉。物质是第一性的。感觉、思想、意识是按特殊方式组成的物质的高级产物。这就是一般唯物主义的观点，特别是马克思和恩格斯的观点。

列宁：《唯物主义和经验批判主义》(1908 年 2—10 月)，《列宁选集》第 2 卷，人民出版社 2012 年版，第 50—51 页。

**75. 物理的东西不依赖于我们的意识而存在，感觉是按一定方式组成的物质的机能**

必须指出，许多唯心主义者和一切不可知论者（康德主义者和休谟主义者包括在内）都骂唯物主义者是形而上学者，因为在他们看来，承认外部世界不依赖于人的意识而存在，就是超出经验的范围。关于形而上学这个术语以及为什么从马克思主义观点来看这个术语是完全错误的，我们将在适当的地方加以论述。现在我们认为重要的是指出：阿芬那留斯关于“独立”系列的主张（马赫也有同样的主张，不过用的字眼不同而已），根据哲学上不同党派即不同派别的哲学家的一致公认，恰恰是从唯物主义那里剽窃来的。如果你们从一切存在着的东西都是感觉或者物体是感觉的复合这点出发，那么你们不破坏你们的一切基本前提、“你们的”全部哲学，就不能得出以下的结论：物理的东西不依赖于我们的意识而存在，感觉是按一定方式组成的物质的机能。马赫和阿芬那留斯在他们的哲学中所以把唯心主义的基本前提和唯物主义的个别结论混在一起，这正是因为他们的理论是恩格斯以应有的鄙视称之为“折中主义残羹剩汁”① 的典型②。

列宁：《唯物主义和经验批判主义》(1908 年 2—10 月)，《列宁选集》第 2 卷，人民出版社 2012 年版，第 59—60 页。

**76. 我们的感觉、我们的意识只是外部世界的映象；不言而喻，没有被反映者，就不能有反映，但是被反映者是不依赖于反映者而存在的**

援用那种似乎受到这类哲学保护的“素朴实在论”，是最不值钱的诡

---

① 见《马克思恩格斯选集》第 4 卷第 208 页。

② 见 1888 年 2 月写的《路德维希·费尔巴哈》序言。恩格斯的这些话是针对整个德国教授哲学讲的。那些想当马克思主义者的马赫主义者，不能了解恩格斯的这一思想的意义和内容，他们有时用一种可怜的借口来掩饰自己，说“恩格斯还不知道马赫”（弗里茨·阿德勒的论文，见《历史唯物主义》文集第 370 页）。这种意见的根据是什么呢？是根据恩格斯没有引证马赫和阿芬那留斯的话吗？别的根据是没有的，而这个根据是毫无用处的。因为恩格斯在这里没有提到任何一个折中主义者的姓名，至于从 1876 年起就编辑出版“科学的”哲学季刊的阿芬那留斯，恩格斯未必不知道。

辩。任何没有进过疯人院或向唯心主义哲学家领教过的正常人的“素朴实在论”，都承认物、环境、世界是不依赖于我们的感觉、我们的意识、我们的自我和任何人而存在着。正是这个经验（不是马赫主义所理解的，而是一般人所理解的经验）使我们坚信，不依赖于我们而存在着的是其他的人，而不是我的高、低、黄、硬等等感觉的单纯复合。正是这个经验使我们深信，物、世界、环境是不依赖于我们而存在的。我们的感觉、我们的意识只是外部世界的映象；不言而喻，没有被反映者，就不能有反映，但是被反映者是不依赖于反映者而存在的。唯物主义自觉地把人类的“素朴的”信念作为自己的认识论的基础。

列宁：《唯物主义和经验批判主义》（1908 年 2—10 月），《列宁选集》第 2 卷，人民出版社 2012 年版，第 66 页。

**77. 唯物主义和自然科学完全一致，认为物质是第一性的东西，意识、思维、感觉是第二性的东西**

由此可见，唯物主义和“马赫主义”的区别，在这个问题上可以归结如下：唯物主义和自然科学完全一致，认为物质是第一性的东西，意识、思维、感觉是第二性的东西，因为以明显形式表现出来的感觉只和物质的高级形式（有机物质）有联系，而“在物质大厦本身的基础中”只能假定有一种和感觉相似的能力。例如，著名的德国自然科学家恩斯特·海克尔、英国生物学家劳埃德·摩根等人的假定就是这样，至于我们上面所讲的狄德罗的猜测就更不用说了。马赫主义坚持相反的、唯心主义的观点，于是就马上陷入荒谬之中。因为，第一，它不顾感觉只和按一定方式组成的物质的一定过程相联系这一事实，把感觉当做第一性的东西；第二，除了那个大写的自我之外，它假定存在着其他生物和其他“复合”，这就破坏了物体是感觉的复合这一基本前提。

列宁：《唯物主义和经验批判主义》（1908 年 2—10 月），《列宁专题文集·论辩证唯物主义和历史唯物主义》，人民出版社 2009 年版，第 10—11 页。

**78. 唯物主义者的真正观点不在于从物质的运动中引出感觉或者把感觉归结为物质的运动，而在于承认感觉是运动着的物质的一种特性**

关于许多现代自然科学家的概念的僵化，关于他们的形而上学的（按马克思主义对这个词的理解，即反辩证法的）观点，恩格斯曾经不止一次十分明确地讲到过。我们在下面就会看到，马赫正是在这点上走入了歧途，因为他不懂得或者不知道相对主义和辩证法之间的关系。但是现在所说的不是这个问题。对于我们说来，重要的是要在这里指出：尽管马赫使用了混乱的、似乎是新的术语，但他的唯心主义表现得非常明显。你们看，由感觉即心理要素构成任何物理要素，是没有任何困难的！是的，这样的构成当然是没有困难的，因为这是纯粹字面上的构成，是偷运信仰主义的空洞的经院哲学。因此，马赫把他的著作献给内在论者，而最反动的哲学唯心主义的信徒内在论者又来拥抱马赫，这就不足为奇了。恩斯特·马赫的“最新实证论”只是迟了约200年，因为贝克莱早已充分地表明：“由感觉即心理要素”所能“构成”的不是别的，只是**唯我论**。至于说到唯物主义（马赫虽然没有直截了当和明确地把它叫作“敌人”，然而在这里也把自己的观点和它对立起来），我们从狄德罗的例子中就已经看到唯物主义者的真正观点了。这种观点不在于从物质的运动中引出感觉或者把感觉归结为物质的运动，而在于承认感觉是运动着的物质的一种特性。恩格斯在这个问题上坚持狄德罗的观点。顺便提一下，恩格斯所以和“庸俗”唯物主义者福格特、毕希纳、摩莱肖特划清界限，就是因为他们迷惑于这样一种观点，似乎大脑分泌思想正如肝脏分泌胆汁一样。而经常把自己的观点和唯物主义对立起来的马赫，当然也会完全像其他一切御用哲学的御用教授一样，无视一切伟大的唯物主义者——狄德罗、费尔巴哈、马克思和恩格斯。

列宁：《唯物主义和经验批判主义》（1908年2—10月），《列宁专题文集·论辩证唯物主义和历史唯物主义》，人民出版社2009年版，第11—12页。

**79. 这种认识论认真地坚决地以承认外部世界及其在人们意识中的反映为其一切论断的基础**

怪不得英国哲学家弗雷泽这个唯心主义者、贝克莱主义的信徒（他出版过贝克莱的著作并附上了自己写的注释），把贝克莱的学说叫作“自然实在论”（上引书第X页）。这个有趣的术语是一定要提出来的，因为它的确表现出贝克莱想冒充实在论的意图。在以后的叙述中，我们会多次碰到一些“最新的”“实证论者”用另一种形式，用另一套字眼重复着同样的把戏或伪装。贝克莱没有否定实物的存在！贝克莱没有违反全人类的公意！贝克莱“只是”否定哲学家们的一种学说，即否定一种认识论，这种认识论认真地坚决地以承认外部世界及其在人们意识中的反映为其一切论断的基础。贝克莱没有否定过去和现在始终立足于（多半是不自觉地）这种唯物主义认识论之上的自然科学。我们在第59节里读到："根据我们关于各种观念在我们的意识中共存和相继出现的经验〈贝克莱——"纯粹经验"的哲学〉① ……我们能够正确地判断：如果我们处在和现在所处的极不相同的环境中，我们会感觉到的<或者说，我们会看到的>是什么。这就是对自然界的认识。这种认识（听呀！）能够保持它的意义和可靠性，并同上面所说的完全一致。"

让我们把外部世界、自然界看做是神在我们心中所唤起的"感觉的组合"吧！承认这一点吧！不要在意识之外，在人之外去探索这些感觉的"基础"吧！这样我将在我的唯心主义认识论的范围内承认全部自然科学，承认它的结论的全部意义和可靠性。为了我的结论有利于"和平和宗教"，我需要的正是这个范围，而且只是这个范围。这就是贝克莱的思想。这个正确地表达了唯心主义哲学的本质及其社会意义的思想，我们以后在谈到马赫主义对自然科学的态度时还会碰到。

列宁：《唯物主义和经验批判主义》（1908年2—10月），《列宁选集》第2卷，人民出版社2012年版，第24—25页。

**80. 三个重要的认识论的结论**

既然这样，那么由此就可以得出三个重要的认识论的结论：

（1）物是不依赖于我们的意识，不依赖于我们的感觉而在我们之外存在着的。因为，茜素昨天就存在于煤焦油中，这是无可怀疑的；同样，我们昨天关于这个存在还一无所知，我们还没有从这茜素方面得到任何感觉，这也是无可怀疑的。

（2）在现象和自在之物之间决没有而且也不可能有任何原则的差别。差别仅仅存在于已经认识的东西和尚未认识的东西之间。所谓二者之间有着特殊界限，所谓自在之物在现象的"彼岸"（康德），或者说可以而且应该用一种哲学屏障把我们同关于某一部分尚未认识但存在于我们之外的世界的问题隔离开来（休谟），——所有这些哲学的臆说都是废话、怪论（Schrulle）、狡辩、捏造。

（3）在认识论上和在科学的其他一切领域中一样，我们应该辩证地思

① 弗雷泽在他的序言里坚决认为，贝克莱和洛克一样，都是"只诉诸经验"（第117页）。

考，也就是说，不要以为我们的认识是一成不变的，而要去分析怎样从不知到知，怎样从不完全的不确切的知到比较完全比较确切的知。

列宁：《唯物主义和经验批判主义》（1908 年 2—10 月），《列宁专题文集·论辩证唯物主义和历史唯物主义》，人民出版社 2009 年版，第 23—24 页。

**81. 任何一个没有被教授哲学弄糊涂的自然科学家，也和任何一个唯物主义者一样，都认为感觉的确是意识和外部世界的直接联系，是外部刺激力向意识事实的转化**

任何一个没有被教授哲学弄糊涂的自然科学家，也和任何一个唯物主义者一样，都认为感觉的确是意识和外部世界的直接联系，是外部刺激力向意识事实的转化。这种转化每个人都看到过千百万次，而且的确到处都可以看得到。唯心主义哲学的诡辩就在于：它把感觉不是看做意识和外部世界的联系，而是看做隔离意识和外部世界的屏障、墙壁；不是看做同感觉相符合的外部现象的映象，而是看做“唯一存在的东西”。

列宁：《唯物主义和经验批判主义》（1908 年 2—10 月），《列宁专题文集·论辩证唯物主义和历史唯物主义》，人民出版社 2009 年版，第 16 页。

**82. 从物到感觉和思想呢，还是从思想和感觉到物？恩格斯坚持第一条路线，即唯物主义的路线。马赫坚持第二条路线，即唯心主义的路线**

我们再重复一遍：恩格斯到处都毫无例外地贯彻这个“唯一唯物主义的观点”，只要看到杜林稍微从唯物主义退向唯心主义，就毫不留情地加以抨击。任何人只要略为留心地读一读《反杜林论》和《路德维希·费尔巴哈》，就会看到许许多多的例子，其中恩格斯讲到物及其在人的头脑中，在我们的意识、思维中的模写等等。恩格斯并没有说感觉或表象是物的“符号”，因为彻底的唯物主义在这里应该用“映象”、画像或反映来代替“符号”，关于这点我们将在适当的地方加以详尽的说明。我们现在谈的完全不是唯物主义的这种或那种说法，而是唯物主义和唯心主义的对立，哲学上两条基本路线的区别。从物到感觉和思想呢，还是从思想和感觉到物？恩格斯坚持第一条路线，即唯物主义的路线。马赫坚持第二条路线，即唯心主义的路线。

列宁：《唯物主义和经验批判主义》（1908 年 2—10 月），《列宁专题文集·论辩证唯物主义和历史唯物主义》，人民出版社 2009 年版，第 6 页。

**83. 承认我们表象与之“相符合的”我们之外的实在的客体，不仅是马克思主义的唯物主义的基本立场，而且是任何唯物主义、“一切以往的”唯物主义的基本立场**

有一种情况指出来是有意思的：我们发现一些自称社会主义者的人不愿意或不能够细心推敲马克思的《提纲》，而一些资产阶级著作家、哲学专家，有时候倒比较认真。我知道这样一个著作家，他研究费尔巴哈的哲学并且为此还探讨了马克思的《提纲》。这个著作家就是阿尔伯·莱维，他在自己写的有关费尔巴哈的著作的第2部分第3章里专门研究了费尔巴哈对马克思的影响①。我们不谈莱维是否在每一个地方都正确地解释费尔巴哈以及他如何用通常的资产阶级观点去批判马克思，我们只举出他对马克思的著名《提纲》的哲学内容的评价。关于提纲的第1条，阿·莱维说道：“一方面，马克思和一切以往的唯物主义以及费尔巴哈都承认，同我们关于物的表象相符合的是我们之外的实在的单独的（独立的，distincts）客体……”

读者可以看到，阿尔伯·莱维一下子就清楚了：承认我们表象与之“相符合的”我们之外的实在的客体，不仅是马克思主义的唯物主义的基本立场，而且是任何唯物主义、“一切以往的”唯物主义的基本立场。这种关于整个唯物主义的起码知识，只有俄国的马赫主义者才不知道。

列宁：《唯物主义和经验批判主义》（1908年2—10月），《列宁专题文集·论辩证唯物主义和历史唯物主义》，人民出版社2009年版，第79—80页。

**84. 被反映者不依赖于反映者而存在（外部世界不依赖于意识而存在）是唯物主义的基本前提**

波格丹诺夫对客观真理的否定，就是不可知论和主观主义。这种否定的荒谬，即使从前面所举的一个自然科学真理的例子来看，也是显而易见的。自然科学关于地球存在于人类之前的论断是真理，对于这一点，自然科学是不容许怀疑的。这一点和唯物主义的认识论是完全符合的：被反映者不依赖于反映者而存在（外部世界不依赖于意识而存在）是唯物主义的基本前提。自然科学关于地球存在于人类之前的论断，是客观真理。自然科学的这个原理同马赫主义者的哲学以及他们的真理学说，是不可调和的：

① 阿尔伯·莱维《费尔巴哈的哲学及其对德国著作界的影响》1904年巴黎版第249—338页（费尔巴哈对马克思的影响）；第290—298页（对《提纲》的分析）。

如果真理是人类经验的组织形式，那么地球存在于任何人类经验之外的论断就不可能是真理了。

但是不仅如此。如果真理只是人类经验的组织形式，那么天主教的教义也可以说是真理了。因为，天主教毫无疑问地是“人类经验的组织形式”。波格丹诺夫本人也感觉到了他的理论的这种惊人的谬误，我们来看看他怎样企图从他所陷入的泥坑中爬出来，倒是非常有趣的。

列宁：《唯物主义和经验批判主义》（1908 年 2—10 月），《列宁专题文集·论辩证唯物主义和历史唯物主义》，人民出版社 2009 年版，第 29 页。

**85. 人通过感觉感知的是客观实在，或者说客观实在是人的感觉的泉源**

无论唯我论者即主观唯心主义者还是唯物主义者，都可以承认感觉是我们知识的泉源。贝克莱和狄德罗都渊源于洛克。认识论的第一个前提无疑地就是：感觉是我们知识的唯一泉源。马赫承认了第一个前提，但是搞乱了第二个重要前提：人通过感觉感知的是客观实在，或者说客观实在是人的感觉的泉源。从感觉出发，可以沿着主观主义的路线走向唯我论（“物体是感觉的复合或组合”），也可以沿着客观主义的路线走向唯物主义（感觉是物体、外部世界的映象）。在第一种观点（不可知论，或者更进一步说，主观唯心主义）看来，客观真理是不会有的。在第二种观点（唯物主义）看来，承认客观真理是最要紧的。

列宁：《唯物主义和经验批判主义》（1908 年 2—10 月），《列宁专题文集·论辩证唯物主义和历史唯物主义》，人民出版社 2009 年版，第 32 页。

**86. 唯物主义者认为我们的感觉是唯一的和最终的客观实在的映象，所谓最终的，并不是说客观实在已经被彻底认识了，而是说除了它，没有而且也不能有别的客观实在**

其实，马赫主义者是主观主义者和不可知论者，因为他们不充分相信我们感官的提示，不彻底贯彻感觉论。他们不承认客观的、不依赖于人的实在是我们感觉的泉源。他们不把感觉看做是这个客观实在的正确摄影，因而直接和自然科学发生矛盾，为信仰主义大开方便之门。相反地，唯物主义者认为世界比它的显现更丰富、更生动、更多样化，因为科学每向前发展一步，就会发现它的新的方面。唯物主义者认为我们的感觉是唯一的和最终的客观实在的映象，所谓最终的，并不是说客观实在已经被彻底认识了，而是说除了它，没有而且也不能有别的客观实在。这种观点不仅坚决地堵塞了通向一切信仰主义的大门，而且也堵塞了通向教授的经院哲学的大门。这种经院哲学不是把客观实在看做我们感觉的泉源，而是用成套臆造的字眼来“推演出”客观的这一概念，认为客观的就是具有普遍意义的、社会地组织起来的，等等，它不能够而且也往往不愿意把客观真理和关于鬼神的教义分开。

列宁：《唯物主义和经验批判主义》（1908 年 2—10 月），《列宁专题文集·论辩证唯物主义和历史唯物主义》，人民出版社 2009 年版，第 34—35 页。

**87. 物质是标志客观实在的哲学范畴．这种客观实在是人通过感觉感知的，它不依赖于我们的感觉而存在，为我们的感觉所复写、摄影、反映**

如果你们认为人感知的是客观实在，那么就需要有一个关于这种客观实在的哲学概念，而这个概念很早很早以前就制定出来了，这个概念就是物质。物质是标志客观实在的哲学范畴．这种客观实在是人通过感觉感知的，它不依赖于我们的感觉而存在，为我们的感觉所复写、摄影、反映。因此，如果说这个概念会“陈腐”，就是小孩子的糊涂话，就是无聊地重复时髦的反动哲学的论据。在两千年的哲学发展过程中，唯心主义和唯物主义的斗争难道会陈腐吗？哲学上柏拉图的和德谟克利特的倾向或路线的斗争难道会陈腐吗？宗教和科学的斗争难道会陈腐吗？否定客观真理和承认客观真理的斗争难道会陈腐吗？超感觉知识的维护者和反对者的斗争难道会陈腐吗？

列宁：《唯物主义和经验批判主义》（1908 年 2—10 月），《列宁专题文集·论辩证唯物主义和历史唯物主义》，人民出版社 2009 年版，第 35—36 页。

**88. 物质是作用于我们的感官而引起感觉的东西；物质是我们通过感觉感知的客观实在**

所有我们提到的哲学家都是用唯心主义的基本哲学路线代替唯物主义的基本哲学路线（从存在到思维、从物质到感觉），只是有的质直明言，有的吞吞吐吐。他们否认物质，也就是否认我们感觉的外部的、客观的泉源，否认和我们感觉相符合的客观实在，这是大家早已熟知的他们对认识论问题的解答。相反地，对唯心主义者和不可知论者所否定的那条哲学路线的承认，是以如下的定义表达的：物质是作用于我们的感官而引起感觉的东西；物质是我们通过感觉感知的客观实在，等等。

列宁：《唯物主义和经验批判主义》（1908 年 2—10 月），《列宁专题文集·论辩证唯物主义和历史唯物主义》，人民出版社 2009 年版，第 52—53 页。

**89. 物质的唯一“特性”就是：它是客观实在，它存在于我们的意识之外。哲学唯物主义是同承认这个特性分不开的**

“物质在消失”这句话的意思是说：至今我们认识物质所达到的那个界限正在消失，我们的知识正在深那些从前看来是绝对的、不变的、原本的物质特性（不可入性、惯性、质量[①]等等）正在消失，现在它们显现出是相对的、仅为物质的某些状态所固有的。因为物质的唯一“特性”就是：它是客观实在，它存在于我们的意识之外。哲学唯物主义是同承认这个特性分不开的。

列宁：《唯物主义和经验批判主义》（1908 年 2—10 月），《列宁选集》第 2 卷，人民出版社 2012 年版，第 191—192 页。

**90. 认为我们的感觉是外部世界的映象；承认客观真理；坚持唯物主义认识论的观点，——这都是一回事**

接受或抛弃物质概念这一问题，是人对他的感官的提示是否相信的问题，是关于我们认识的泉源的问题。这一问题从一开始有哲学起就被提出来讨论了，教授小丑们可以千方百计地把这个问题改头换面，但是它正如视觉、触觉、听觉和嗅觉是否是人的认识的泉源这个问题一样，是不会陈腐的。认为我们的感觉是外部世界的映象；承认客观真理；坚持唯物主义认识论的观点，——这都是一回事。

列宁：《唯物主义和经验批判主义》（1908 年 2—10 月），《列宁专题文集·论辩证唯物主义和历史唯物主义》，人民出版社 2009 年版，第 36 页。

**91. 从恩格斯的观点看来，不变的只有一点，那就是：人的意识（在有人的意识的时候）反映着不依赖于它而存在和发展的外部世界**

波格丹诺夫在 1899 年关于“物的不变的实质”的议论，瓦连廷诺夫和尤什凯维奇关于“实体”的议论等等，也都是不懂得辩证法的结果。从恩格斯的观点看来，不变的只有一点，那就是：人的意识（在有人的意识的时候）反映着不依赖于它而存在和发展的外部世界。而空洞的教授哲学所描述的任何其他的“不变性”、任何其他的“实质”、任何“绝对的实体”，在马克思和恩格斯看来，都是不存在的。物的“实质”或“实体”也是相对的；它们表现的只是人对客体的认识的深化。既然这种深化昨天还没有超过原子，

① 这里是指力学质量。在经典物理学中，它被认为是物质的永恒不变的特性。

今天还没有超过电子和以太，所以辩证唯物主义坚持认为，日益发展的人类科学在认识自然界上的这一切里程碑都具有暂时的、相对的、近似的性质。电子和原子一样，也是不可穷尽的，自然界是无限的，而且它无限地存在着。正是绝对地无条件地承认自然界存在于人的意识和感觉之外这一点，才把辩证唯物主义同相对主义的不可知论和唯心主义区别开来。

列宁：《唯物主义和经验批判主义》（1908 年 2—10 月），《列宁选集》第 2 卷，人民出版社 2012 年版，第 193—194 页。

**92. 物理世界是不依赖于人的意识而存在的，它在人出现以前、在任何“人们的经验”产生以前早就存在；心理的东西、意识等等是物质（即物理的东西）的最高产物，是叫作人脑的这样一块特别复杂的物质的机能**

波格丹诺夫在编造下面的阶梯时炮制的正是这种唯心主义的谬论：

（1）“要素”的混沌世界（我们知道，要素这个名词除了感觉，不包含任何其他的人的概念）；

（2）人们的心理经验；

（3）人们的物理经验；

（4）“从这种经验中产生出来的认识”。

与人脱离的（人的）感觉是没有的。这就是说，第一层梯级是僵死的唯心主义的抽象概念。实质上，我们在这里看到的并不是大家所熟悉的、通常的人的感觉，而是某种臆造的、不属于任何人的感觉，一般感觉，神的感觉，正如在黑格尔那里通常的人的观念一旦与人和人脑分开就成了神的观念一样。

第一层梯级滚开吧。

第二层梯级也滚开吧。因为，任何人都不知道，自然科学也不知道物理的东西以前的心理的东西（而波格丹诺夫认为第二层梯级先于第三层梯级）。物理世界在心理的东西出现以前就已存在，心理的东西是最高形式的有机物质的最高产物。波格丹诺大的第二层梯级也是僵死的抽象概念，是没有头脑的思想，是与人分开的人的理性。

只有完全抛弃前两层梯级，也只有这样，也只有这样，我们才能获得一幅真正同自然科学和唯物主义相符合的世界图景。这就是：（1）物理世界是不依赖于人的意识而存在的，它在人出现以前、在任何“人们的经验”产生以前早就存在；（2）心理的东西、意识等等是物质（即物理的东西）的最高产物，是叫作人脑的这样一块特别复杂的物质的机能。

列宁：《唯物主义和经验批判主义》（1908年2—10月），《列宁选集》第2卷，人民出版社2012年版，第169—170页。

**93. 当一个唯物主义者，就要承认感官给我们揭示的客观真理。承认客观的即不依赖于人和人类的真理，也就是这样或那样地承认绝对真理**

恩格斯所举的这个例子是非常浅显的，关于这类永恒的、绝对的、只有疯子才会怀疑的真理（正像恩格斯在举“巴黎在法国”这个例子时所说的），任何人都能轻而易举地想出几十个例子。为什么恩格斯在这里要讲到这些“陈词滥调”呢？因为他是要驳斥和嘲笑不会在绝对真理和相对真理的关系问题上应用辩证法的、独断的、形而上学的唯物主义者杜林。当一个唯物主义者，就要承认感官给我们揭示的客观真理。承认客观的即不依赖于人和人类的真理，也就是这样或那样地承认绝对真理。正是这个“这样或那样”，就把形而上学唯物主义者杜林同辩证唯物主义者恩格斯区别开来了。在一般科学、特别是历史科学的最复杂的问题上，杜林到处滥用最后真理、终极真理、永恒真理这些字眼。

列宁：《唯物主义和经验批判主义》（1908年2—10月），《列宁专题文集·论辩证唯物主义和历史唯物主义》，人民出版社2009年版，第38—39页。

**94. 在恩格斯看来，绝对真理是由相对真理构成的**

恩格斯继续说道：“永恒真理的情况也是一样。”①

这个论断，对于一切马赫主义者所强调的相对主义问题，即我们知识的相对性原则的问题，是极端重要的。马赫主义者都坚决认为他们是相对主义者，但是，俄国马赫主义者在重复德国人的话的时候，却害怕或不能直截了当地明白地提出相对主义和辩证法的关系问题。在波格丹诺夫（以及一切马赫主义者）看来，承认我们知识的相对性，就是根本不承认绝对真理。在恩格斯看来，绝对真理是由相对真理构成的。波格丹诺夫是相对主义者。恩格斯是辩证论者。

列宁：《唯物主义和经验批判主义》（1908年2—10月），《列宁专题文集·论辩证唯物主义和历史唯物主义》，人民出版社2009年版，第40页。

---

① 见《马克思恩格斯选集》第3卷人民出版社1972年版第124—126页。

**95. 人类思维按其本性是能够给我们提供并且正在提供由相对真理的总和所构成的绝对真理的**

因此，人类思维按其本性是能够给我们提供并且正在提供由相对真理的总和所构成的绝对真理的。科学发展的每一阶段，都在给绝对真理这一总和增添新的一粟，可是每一科学原理的真理的界限都是相对的，它随着知识的增加时而扩张、时而缩小。

列宁：《唯物主义和经验批判主义》（1908 年 2—10 月），《列宁专题文集·论辩证唯物主义和历史唯物主义》，人民出版社 2009 年版，第 41 页。

**96. 在辩证唯物主义看来，相对真理和绝对真理之间没有不可逾越的鸿沟**

从恩格斯和狄慈根的所有这些言论中可以清楚地看出：在辩证唯物主义看来，相对真理和绝对真理之间没有不可逾越的鸿沟。波格丹诺夫完全不懂得这点，他竟然说出了这样的话："它〈旧唯物主义的世界观〉希望成为对于事物本质的绝对客观的认识〈黑体是波格丹诺夫用的〉，因而同任何思想体系的历史条件的制约性不能相容。"（《经验一元论》第 3 卷第Ⅳ页）从现代唯物主义即马克思主义的观点来看，我们的知识向客观的、绝对的真理接近的界限是受历史条件制约的，但是这个真理的存在是无条件的，我们向这个真理的接近也是无条件的。图画的轮廓是受历史条件制约的，而这幅图画描绘客观地存在着的模特儿，这是无条件的。在我们认识事物本质的过程中，我们什么时候和在什么条件下进到发现煤焦油中的茜素或发现原子中的电子，这是受历史条件制约的；然而，每一个这样的发现都意味着"绝对客观的认识"前进一步，这是无条件的。一句话，任何思想体系都是受历史条件制约的，可是，任何科学的思想体系（例如不同于宗教的思想体系）都和客观真理、绝对自然相符合，这是无条件的。你们会说：相对真理和绝对真理的这种区分是不确定的。我告诉你们：这种区分正是这样"不确定"，以便阻止科学变为恶劣的教条，变为某种僵死的凝固不变的东西；但同时它又是这样"确定"，以便最坚决果断地同信仰主义和不可知论划清界限，同哲学唯心主义以及休谟和康德的信徒们的诡辩划清界限。这里是有你们所没有看到的界限，而且由于你们没有看到这个界限，你们滚入了反动哲学的泥坑。这就是辩证唯物主义和相对主义的界限。

列宁：《唯物主义和经验批判主义》（1908 年 2—10 月），《列宁专题文集·论辩证唯物主义和历史唯物主义》，人民出版社 2009 年版，第 42—43 页。

**97. 否定人的某些表象中的相对性因素，可以不否定客观真理；但是否定绝对真理，就不可能不否定客观真理的存在**

波格丹诺夫宣称："在我看来，马克思主义包括对任何真理的绝对客观性的否定，对任何永恒真理的否定。"（《经验一元论》第3卷第Ⅳ—Ⅴ页）什么叫绝对客观性呢？波格丹诺夫在同一个地方说，"永恒真理"就是"具有绝对意义的客观真理"，他只同意承认"仅仅在某一时代范围内的客观真理"。

在这里显然是把下面两个问题搞混了：（1）有没有客观真理？就是说，在人的表象中能否有不依赖于主体、不依赖于人、不依赖于人类的内容？（2）如果有客观真理，那么表现客观真理的人的表象能否立即地、完全地、无条件地、绝对地表现它，或者只能近似地、相对地表现它？这第二个问题是关于绝对真理和相对真理的相互关系问题。

波格丹诺夫明确地、直截了当地回答了第二个问题，他根本否认绝对真理，并且因恩格斯承认绝对真理而非难恩格斯搞折中主义。关于亚·波格丹诺夫发现恩格斯搞折中主义这一点，我们在后面另行论述。现在我们来谈谈第一个问题。关于这个问题，波格丹诺夫虽然没有直接说到，但回答也是否定的。因为，否定人的某些表象中的相对性因素，可以不否定客观真理；但是否定绝对真理，就不可能不否定客观真理的存在。

列宁：《唯物主义和经验批判主义》（1908年2—10月），《列宁专题文集·论辩证唯物主义和历史唯物主义》，人民出版社2009年版，第28页。

**98. 马克思和恩格斯的唯物主义辩证法无疑地包含着相对主义，可是它并不归结为相对主义**

辩证法，正如黑格尔早已说明的那样，包含着相对主义、否定、怀疑论的因素，可是它并不归结为相对主义。马克思和恩格斯的唯物主义辩证法无疑地包含着相对主义，可是它并不归结为相对主义，这就是说，它不是在否定客观真理的意义上，而是在我们的知识向客观真理接近的界限受历史条件制约的意义上，承认我们一切知识的相对性。

列宁：《唯物主义和经验批判主义》（1908年2—10月），《列宁专题文集·论辩证唯物主义和历史唯物主义》，人民出版社2009年版，第43页。

**99. 如果把实践标准作为认识论的基础，那么我们就必然得出唯物主义**

马克思和恩格斯都说过，人类的实践证明唯物主义认识论的正确性，并且把那些想离开实践来解决认识论的基本问题的尝试称为“经院哲学”和“哲学怪论”。……认识只有在它反映不以人为转移的客观真理时，才能成为生物学上有用的认识，成为对人的实践、生命的保存、种的保存有用的认识。在唯物主义者看来，人类实践的“成功”证明着我们的表象同我们所感知的事物的客观本性相符合。在唯我论者看来，“成功”是我在实践中所需要的一切，而实践是可以同认识论分开来考察的。马克思主义者说：如果把实践标准作为认识论的基础，那么我们就必然得出唯物主义。马赫说：就算实践是唯物主义的，但理论却完全是另外一回事。

列宁：《唯物主义和经验批判主义》（1908 年 2—10 月），《列宁专题文集·论辩证唯物主义和历史唯物主义》，人民出版社 2009 年版，第 46—47 页。

**100. 生活、实践的观点，应该是认识论的首要的和基本的观点。这种观点必然会导致唯物主义**

生活、实践的观点，应该是认识论的首要的和基本的观点。这种观点必然会导致唯物主义，而把教授的经院哲学的无数臆说一脚踢开。当然，在这里不要忘记：实践标准实质上决不能完全地证实或驳倒人类的任何表象。这个标准也是这样的“不确定”，以便不让人的知识变成“绝对”，同时它又是这样的确定，以便同唯心主义和不可知论的一切变种进行无情的斗争。如果我们的实践所证实的是唯一的、最终的、客观的真理，那么，因此就得承认：坚持唯物主义观点的科学的道路是走向这种真理的唯一的道路。

列宁：《唯物主义和经验批判主义》（1908 年 2—10 月），《列宁专题文集·论辩证唯物主义和历史唯物主义》，人民出版社 2009 年版，第 49—50 页。

**101. 物质和意识的对立，也只是在非常有限的范围内才有绝对的意义**

当然，就是物质和意识的对立，也只是在非常有限的范围内才有绝对的意义，在这里，仅仅在承认什么是第一性的和什么是第二性的这个认识论的基本问题的范围内才有绝对的意义。超出这个范围，这种对立无疑是相对的。

列宁：《唯物主义和经验批判主义》（1908 年 2—10 月），《列宁专题文集·论辩证唯物主义和历史唯物主义》，人民出版社 2009 年版，第 54—55 页。

**102. 承认自然界的客观规律性和这个规律性在人脑中的近似正确的反映，就是唯物主义**

由此可见，费尔巴哈承认自然界的客观规律性，承认被人类的秩序、规律等等观念仅仅近似正确地反映着的客观因果性。费尔巴哈承认自然界的客观规律性，同他承认我们意识所反映的外部世界、对象、物体、物的客观实在性是分不开的。费尔巴哈的观点是彻底的唯物主义观点。而所有其他的观点，说得更确切些，因果性问题上的另外一条哲学路线，即否认自然界的客观规律性、因果性、必然性，被费尔巴哈公允地列为信仰主义的派别。因为事实上很明显，因果性问题上的主观主义路线，即不从外部客观世界中而从意识、理性、逻辑等等中引出自然界的秩序和必然性，不仅把人类理性和自然界分离开来，不仅把前者和后者对立起来，并且把自然界作为理性的一部分，而不是把理性看做自然界的一小部分。因果性问题上的主观主义路线就是哲学唯心主义（无论是休谟的还是康德的因果论，都是它的变种），也就是或多或少减弱了的、冲淡了的信仰主义。承认自然界的客观规律性和这个规律性在人脑中的近似正确的反映，就是唯物主义。

列宁：《唯物主义和经验批判主义》（1908 年 2—10 月），《列宁专题文集·论辩证唯物主义和历史唯物主义》，人民出版社 2009 年版，第 59—60 页。

**103. 划分哲学派别的真正重要的认识论问题，在于：我们对这些联系的认识的泉源是自然界的客观规律性，还是我们心的特性即心所固有的认识某些先验真理等等的能力**

划分哲学派别的真正重要的认识论问题，并不在于我们对因果联系的记述精确到什么程度，这些记述是否能用精确的数学公式来表达，而在于：我们对这些联系的认识的泉源是自然界的客观规律性，还是我们心的特性即心所固有的认识某些先验真理等等的能力。正是这个问题把唯物主义者费尔巴哈、马克思、恩格斯同不可知论者（休谟主义者）阿芬那留斯、马赫断然分开了。

列宁：《唯物主义和经验批判主义》（1908 年 2—10 月），《列宁专题文集·论辩证唯物主义和历史唯物主义》，人民出版社 2009 年版，第 64 页。

**104. 承认自然界的必然性，并从其中引出思维的必然性，这是唯物主义。从思维中引出必然性、因果性、规律性等等，这是唯心主义**

我们举这个例子是要让读者清楚地知道我们的尤什凯维奇之流天真到了什么程度。他们把一种什么“符号论”当做真正的新货色，可是稍微有点学识的哲学家们却直截了当地说：这是转到批判唯心主义的观点上去了！因为这种观点的实质并不一定在于重复康德的说法，而是在于承认康德和休谟共同的基本思想：否认自然界的客观规律性，从主体、从人的意识中而不是从自然界中引出某些“经验的条件”，引出某些原则、公设、前提。恩格斯说得对，实质不在于一个哲学家归附于唯物主义或唯心主义的许多学派中的哪一派，而在于他把自然界、外部世界、运动着的物质看做第一性的呢，还是把精神、理性、意识等等看做第一性的。①

……

保·福尔克曼是一位物理学家，写过许多有关认识论问题的著作。他也像极大多数自然科学家一样，倾向于唯物主义——虽然是一种不彻底的、懦怯的、含糊的唯物主义。承认自然界的必然性，并从其中引出思维的必然性，这是唯物主义。从思维中引出必然性、因果性、规律性等等，这是唯心主义。

列宁：《唯物主义和经验批判主义》（1908 年 2—10 月），《列宁专题文集·论辩证唯物主义和历史唯物主义》，人民出版社 2009 年版，第 71—72 页。

**105. 唯物主义既然承认客观实在即运动着的物质不依赖于我们的意识而存在，也就必然要承认时间和空间的客观实在性**

唯物主义既然承认客观实在即运动着的物质不依赖于我们的意识而存在，也就必然要承认时间和空间的客观实在性。这首先就和康德主义不同。康德主义在这个问题上是站在唯心主义方面的，它认为时间和空间不是客观实在，而是人的直观形式。派别极不相同的著作家、稍微彻底一些的思想家都非常清楚地认识到两条基本哲学路线在这个问题上也有根本的分歧。

列宁：《唯物主义和经验批判主义》（1908 年 2—10 月），《列宁专题文集·论辩证唯物主义和历史唯物主义》，人民出版社 2009 年版，第 75 页。

**106. 世界上除了运动着的物质，什么也没有，而运动着的物质只能在空间和时间中运动**

正如物或物体不是简单的现象，不是感觉的复合，而是作用于我们感官的客观实在一样，空间和时间也不是现象的简单形式，而是存在的客观实在形式。世界上除了运动着的物质，什么也没有，而运动着的物质只能在空间和时间中运动。人类的时空观念是相对的，但绝对真理是由这些相对的观念构成的：这些相对的观念在发展中走向绝对真理，接近绝对真理。

---

① 见《马克思恩格斯选集》第 4 卷人民出版社 1972 年第 219—221 页。

正如关于物质的构造和运动形式的科学知识的可变性并没有推翻外部世界的客观实在性一样，人类的时空观念的可变性也没有推翻空间和时间的客观实在性。

列宁：《唯物主义和经验批判主义》（1908 年 2—10 月），《列宁专题文集·论辩证唯物主义和历史唯物主义》，人民出版社 2009 年版，第 75 页。

**107. 辩证唯物主义者则不仅认为运动是物质的不可分离的特性，而且还批驳对运动的简单化的看法**

这里是把承认外部世界的客观实在性，承认在我们意识之外存在着永恒运动着和永恒变化着的物质，同承认物的不变的实质混淆起来了。不能认为波格丹诺夫在 1899 年没有把马克思和恩格斯列入“先进的思想家”。但是，他显然不懂辩证唯物主义。

“……人们通常还是把自然过程区分为两个方面：物质和它的运动。不能说物质概念已经非常清楚了。对于什么是物质的问题，不容易提出令人满意的答复。有人给物质下定义，说是‘感觉的原因’，或‘感觉的恒久可能性’；但是，这里显然把物质和运动混淆起来了……”

很明显，波格丹诺夫的议论是不正确的。这不仅是因为他把唯物主义对感觉的客观泉源的承认（用感觉的原因这几个字含糊地表述的）同穆勒所谓物质是感觉的恒久可能性这个不可知论的定义混淆起来了。这里的根本错误是：作者刚要接触到感觉的客观泉源是否存在的问题时，却中途抛开这个问题，而跳到关于没有运动的物质是否存在的问题上去了。唯心主义者可以认为世界是我们感觉（即使是“社会地组织起来的”、高度“协调起来的”感觉）的运动；唯物主义者则认为世界是我们感觉的客观泉源的运动，即我们感觉的客观模型的运动。形而上学的即反辩证法的唯物主义者可以承认没有运动的物质的存在（即使是暂时的、在“第一次推动”之前的……存在）；辩证唯物主义者则不仅认为运动是物质的不可分离的特性，而且还批驳对运动的简单化的看法等等。

列宁：《唯物主义和经验批判主义》（1908 年 2—10 月），《列宁选集》第 2 卷，人民出版社 2012 年版，第 200—201 页。

**108. 人的思维在正确地反映客观真理的时候才是“经济的”，而实践、实验、工业是衡量这个正确性的标准**

“设想”原子是不可分的“经济些”呢，还是“设想”原子是由正电子和负电子构成的“经济些”？设想俄国资产阶级革命是自由派进行的“经济些”呢，还是设想它是反对自由派的“经济些”？只要提出问题，就可以看出在这里使用“思维经济”这个范畴是荒谬的、主观主义的。人的思维在正确地反映客观真理的时候才是“经济的”，而实践、实验、工业是衡量这个正确性的标准。只有在否认客观实在，即否认马克思主义基础的情况下，才会一本正经地谈论认识论中的思维经济！

列宁：《唯物主义和经验批判主义》（1908 年 2—10 月），《列宁选集》第 2 卷，人民出版社 2012 年版，第 132 页。

**109. 如果不坚决地、明确地承认我们的发展着的时空概念反映着客观实在的时间和空间，不承认它们在这里也和在一般场合一样接近客观真理，那么就不可能把敌视一切信仰主义和一切唯心主义的哲学观点坚持到底**

恩格斯提出了大家公认的、一切唯物主义者都十分明了的关于时间的现实性即客观实在性的原理来反对杜林。他说，光凭谈论时空概念的变化是回避不了直接承认或否认这个原理的。这并不是说，恩格斯否认对我们的时空概念的变化和发展进行研究的必要性和科学意义，而是说，我们要彻底解决认识论问题，即关于：整个人类知识的泉源和意义的问题。多少有些见识的哲学唯心主义者（恩格斯在说到唯心主义者的时候，指的是古典哲学的天才的彻底的唯心主义者）容易承认我们的时空概念是发展的，例如，认为发展着的时空概念接近于绝对的时空观念等等，但他仍然是唯心主义者。如果不坚决地、明确地承认我们的发展着的时空概念反映着客观实在的时间和空间，不承认它们在这里也和在一般场合一样接近客观真理，那么就不可能把敌视一切信仰主义和一切唯心主义的哲学观点坚持到底。

列宁：《唯物主义和经验批判主义》（1908 年 2—10 月），《列宁专题文集·论辩证唯物主义和历史唯物主义》，人民出版社 2009 年版，第 76 页。

**110. 唯物主义观点，都承认外部世界的客观实在性和外部自然界的规律，并且认为这个世界和这些规律对人来说是完全可以认识的，但又是永远认识不完的**

每一个个别人的意识的发展和全人类的集体知识的发展在每一步上都向我们表明：尚未被认识的“自在之物”在转化为已被认识的“为我之

物”，盲目的、尚未被认识的必然性、“自在的必然性”在转化为已被认识的“为我的必然性”。从认识论上说，这两种转化完全没有什么差别，因为在这两种情况下，基本观点是一个，都是唯物主义观点，都承认外部世界的客观实在性和外部自然界的规律，并且认为这个世界和这些规律对人来说是完全可以认识的，但又是永远认识不完的。我们不知道气象中的自然界的必然性，所以就不可避免地成为气候的奴隶。但是，虽然我们不知道这个必然性，我们却知道它是存在的。这种知识是从什么地方得来的呢？它同物存在于我们的意识之外并且不以我们的意识为转移这种知识同出一源，就是说，从我们知识的发展中得来的。我们知识的发展千百万次地告诉每一个人，当对象作用于我们感官的时候，不知就变为知，相反地，当这种作用的可能性消失的时候，知就变为不知。

列宁：《唯物主义和经验批判主义》（1908 年 2—10 月），《列宁专题文集·论辩证唯物主义和历史唯物主义》，人民出版社 2009 年版，第 90 页。

**111. 在人类实践中表现出来的对自然界的统治是自然现象和自然过程在人脑中客观正确的反映的结果，它证明这一反映（在实践向我们表明的范围内）是客观的、绝对的、永恒的真理**

对恩格斯说来，整个活生生的人类实践是深入到认识论本身之中的，它提供真理的客观标准。当我们不知道自然规律的时候，自然规律是在我们的认识之外独立地存在着并起着作用，使我们成为“盲目的必然性”的奴隶。一经我们认识了这种不依赖于我们的意志和我们的意识而起着作用的（如马克思千百次反复说过的那样）规律，我们就成为自然界的主人。在人类实践中表现出来的对自然界的统治是自然现象和自然过程在人脑中客观正确的反映的结果，它证明这一反映（在实践向我们表明的范围内）是客观的、绝对的、永恒的真理。

列宁：《唯物主义和经验批判主义》（1908 年 2—10 月），《列宁专题文集·论辩证唯物主义和历史唯物主义》，人民出版社 2009 年版，第 90—91 页。

**112. 辩证唯物主义坚持认为：任何关于物质构造及其特性的科学原理都具有近似的、相对的性质；自然界中没有绝对的界限；运动着的物质会从一种状态转化为在我们看来似乎和它不可调和的另一种状态**

一般马赫主义和马赫主义新物理学的错误在于：它们忽视了哲学唯物主义的这个基础，忽视了形而上学唯物主义和辩证唯物主义的差别。

承认某些不变的要素、“物的不变的实质”等等，并不是唯物主义，而是形而上学的即反辩证法的唯物主义。……为了从唯一正确的即辩证唯物主义的观点提出问题，我们要问：电子、以太等等，是不是作为客观实在而存在于人的意识之外呢？对这个问题，自然科学家一定会毫不踌躇地给予回答，并且总是回答说是的，正如他们毫不踌躇地承认自然界在人和有机物质出现以前就已存在一样。问题就这样得出了有利于唯物主义的解答，因为物质这个概念，正如我们已经讲过的，在认识论上指的只是不依赖于人的意识而存在并且为人的意识所反映的客观实在，而不是任何别的东西。

但是，辩证唯物主义坚持认为：任何关于物质构造及其特性的科学原理都具有近似的、相对的性质；自然界中没有绝对的界限；运动着的物质会从一种状态转化为在我们看来似乎和它不可调和的另一种状态；等等。不管没有重量的以太变成有重量的物质和有重量的物质变成没有重量的以太，从“常识”看来是多么稀奇；不管电子除了电磁的质量外再没有任何其他的质量，是多么“奇怪”；不管力学的运动规律只适用于自然现象的一个领域并且服从于更深刻的电磁现象规律，是多么奇异，等等，——这一切不过是再一次证实了辩证唯物主义。新物理学陷入唯心主义，主要就是因为物理学家不懂得辩证法。他们反对形而上学（是恩格斯所说的形而上学，不是实证论者即休谟主义者所说的形而上学）的唯物主义，反对它的片面的“机械性”，可是同时把小孩子和水一起从澡盆里泼出去了。他们在否定物质的至今已知的元素和特性的不变性时，竟滑到否定物质，即否定物理世界的客观实在性。他们在否定一些最重要的和基本的规律的绝对性质时，竟滑到否定自然界中的一切客观规律性，宣称自然规律是单纯的约定、“对期待的限制”、“逻辑的必然性”等等。他们在坚持我们知识的近似的、相对的性质时，竟滑到否定不依赖于认识并为这个认识所近似真实地、相对正确地反映的客体。诸如此类，不一而足。

列宁：《唯物主义和经验批判主义》（1908年2—10月），《列宁选集》第2卷，人民出版社2012年版，第192—193页。

**113. 唯物主义者和唯心主义哲学信徒的基本区别**

唯物主义者和唯心主义哲学信徒的基本区别在于：唯物主义者把感觉、

知觉、表象，总之，把人的意识看做是客观实在的映象。世界是为我们的意识所反映的这个客观实在的运动。和表象、知觉等等的运动相符合的是在我之外的物质的运动；物质概念，除了表示我们通过感觉感知的客观实在之外，不表示任何其他东西。因此，使运动和物质分离，就等于使思维和客观实在分离，使我的感觉和外部世界分离，也就是转到唯心主义方面去。通常使用的否定物质和承认没有物质的运动的手法是：不提物质对思想的关系。事情被说成仿佛这种关系并不存在，而实际上这种关系正被偷运进来；议论开始时，这种关系是不说出来的，以后却以比较不易觉察的方式突然出现。

列宁：《唯物主义和经验批判主义》（1908 年 2—10 月），《列宁选集》第 2 卷，人民出版社 2012 年版，第 198—199 页。

**114. 物理学的唯物主义基本精神，正如整个现代自然科学的唯物主义基本精神一样，将克服所有一切危机，但是必须以辩证唯物主义去代替形而上学唯物主义**

调和者莱伊极力要把现代物理学的一切学派联合起来反对信仰主义！这是好心肠的虚伪，然而终究是虚伪，因为马赫—彭加勒—毕尔生学派倾向于唯心主义（即精致的信仰主义）；是不容争辩的。与不同于信仰主义精神的“科学精神”的基础相联系的、并为莱伊所热烈拥护的那个物理学的客观性，无非是唯物主义的“羞羞答答的”表述方式。物理学的唯物主义基本精神，正如整个现代自然科学的唯物主义基本精神一样，将克服所有一切危机，但是必须以辩证唯物主义去代替形而上学唯物主义。

列宁：《唯物主义和经验批判主义》（1908 年 2—10 月），《列宁专题文集·论辩证唯物主义和历史唯物主义》，人民出版社 2009 年版，第 98 页。

**115. 不懂得唯物主义辩证法，就必然会从相对主义走到哲学唯心主义**

这就是产生“物理学”唯心主义的第一个原因。反动的意向是科学的进步本身所产生的。自然科学的辉煌成就，它向那些运动规律可以用数学来处理的同类的单纯的物质要素的接近，使数学家忘记了物质；“物质在消失”，只剩下一些方程式。在新的发展阶段上，仿佛是通过新的方式得到了旧的康德主义的观念：理性把规律强加于自然界。

……

产生“物理学”唯心主义的另一个原因，是相对主义的原理，即我们知识的相对性的原理。这个原理在旧理论急剧崩溃的时期以特殊力量强使物理学家接受；在不懂得辩证法的情况下，这个原理必然导致唯心主义。

……

实际上，关于相对主义问题在理论上唯一正确的提法，是马克思和恩格斯的唯物主义辩证法指出来的，所以不懂得唯物主义辩证法，就必然会从相对主义走到哲学唯心主义。

列宁：《唯物主义和经验批判主义》（1908年2—10月），《列宁专题文集·论辩证唯物主义和历史唯物主义》，人民出版社2009年版，第100—101页。

**116. 恩格斯是为了辩证唯物主义，而不是为了那陷入主观主义的相对主义而摒弃旧的形而上学唯物主义的**

像马赫特别推荐的皮·杜恒的《物理学理论》[①] 或斯塔洛的《现代物理学的概念和理论》[②] 这一类著作，非常明显地表明：这些“物理学”唯心主义者最重视的是证明我们知识的相对性，而实质上他们动摇于唯心主义和辩证唯物主义之间。这两个处于不同的时代并且从不同的观点研究问题的作者（杜恒是专业的物理学家，他在物理学方面工作了20年；斯塔洛以前是正统的黑格尔主义者，后来却又因他在1848年出版了一本按照老年黑格尔派的精神写出的有关自然哲学的著作而感到羞惭）。都极力攻击原子论—机械论的自然观。他们证明这种自然观是有局限性的，证明不能认为这种自然观是我们知识的界限，证明那些持这种自然观的著作家们的许多概念是僵化的。旧唯物主义的这种缺点是不容怀疑的；不了解一切科学理论的相对性，不懂得辩证法，夸大机械论的观点，这都是恩格斯责备旧唯物主义者的地方。但是恩格斯能够（与斯塔洛不同）抛弃黑格尔的唯心主义，并且了解黑格尔辩证法的天才的真理的内核。恩格斯是为了辩证唯物主义，而不是为了那陷入主观主义的相对主义而摒弃旧的形而上学唯物主义的。

列宁：《唯物主义和经验批判主义》（1908年2—10月），《列宁专题文集·论辩证唯物主义和历史唯物主义》，人民出版社2009年版，第102—103页。

---

① 皮·杜恒《物理学理论及其对象和构造》，1906年巴黎版。

② 约·伯·斯塔洛《现代物理学的概念和理论》，1882年伦敦版。有法译本和德译本。

## 117. 现代物理学是在临产中。它正在生产辩证唯物主义

总之，今天的“物理学”唯心主义，正如昨天的“生理学”唯心主义一样，不过是意味着自然科学一个门类里的一个自然科学家学派，由于没有能够直接地和立即地从形而上学的唯物主义上升到辩证唯物主义而滚入了反动的哲学①。现代物理学正在走这一步，而且一定会走这一步，但它不是笔直地而是曲折地，不是自觉地而是自发地走向自然科学的唯一正确的方法和唯一正确的哲学；它不是清楚地看见自己的“终极目的”，而是在摸索中接近这个目的；它动摇着，有时候甚至倒退。现代物理学是在临产中。它正在生产辩证唯物主义。分娩是痛苦的。除了生下一个活生生的、有生命力的生物，它还必然会产出一些死东西，一些应当扔到垃圾堆里去的废物。整个物理学唯心主义、整个经验批判主义哲学以及经验符号论、经验一元论等等，都是这一类废物。

列宁：《唯物主义和经验批判主义》（1908 年 2—10 月），《列宁专题文集·论辩证唯物主义和历史唯物主义》，人民出版社 2009 年版，第 105—106 页。

## 118. 马克思主义的哲学就是唯物主义

马克思主义的哲学就是**唯物主义**。在欧洲全部近代史中，特别是 18 世纪末叶，在同一切中世纪废物，同农奴制和农奴制思想展开决战的法国，唯物主义成了唯一彻底的哲学，它忠于一切自然科学学说，仇视迷信、伪善行为及其他等等。因此，民主的敌人便竭尽全力来“驳倒”、败坏和诋毁唯物主义，维护那些不管怎样总是为宗教辩护或支持宗教的各种哲学唯心主义。

---

① 著名的化学家威廉·拉姆赛说道：“常常有人问我：难道电不是一种振动吗？怎样才能用微小的粒子或微粒的移动来说明无线电报呢？对此回答如下：电是**物**；它**就是**〈黑体是拉姆赛用的〉这些极小的微粒，但是当这些微粒离开某一物体时，一种像光波一样的波就通过以太散播开来，而无线电报使用的就是这种波。”（威廉·拉姆赛《传记性的和化学的论文集》1908 年伦敦版第 126 页）拉姆赛叙述了镭转化为氦之后指出：“至少有一种所谓的元素现在不能再看做是最终物质了；它本身正转化为更简单的物质形式。”（第 160 页）“负电是物质的一种特殊形式，这几乎是毫无疑问的了；而正电是一种失去负电的物质，也就是说，是减去这种带电物质的物质。”（第 176 页）“什么是电？从前人们以为有两种电：正电和负电。当时是不可能回答这个问题的。但是，最近的研究证明，过去一向叫做负电的东西，确实（really）是一种实体。事实上负电的粒子的相对重量已经测定；这种粒子约等于氢原子质量的七百分之一……电的原子叫做电子。”（第 196 页）如果我们的那些以哲学题目著书立说的马赫主义者们会动脑筋，那么他们就会了解，“物质在消失”、“物质归结为电”等等说法，不过是下述真理在认识论上的一种无力的表现：能够发现物质的新形式、物质运动的新形式，并把旧形式归结为这些新形式，等等。

马克思和恩格斯最坚决地捍卫了哲学唯物主义，并且多次说明，一切离开这个基础的倾向都是极端错误的。在恩格斯的著作《路德维希·费尔巴哈》和《反杜林论》里最明确最详尽地阐述了他们的观点，这两部著作同《共产党宣言》一样，都是每个觉悟工人必读的书籍。

但是，马克思并没有停止在18世纪的唯物主义上，而是把哲学向前推进了。他用德国古典哲学的成果，特别是用黑格尔体系（它又导致了费尔巴哈的唯物主义）的成果丰富了哲学。这些成果中主要的就是**辩证法**，即最完备最深刻最无片面性的关于发展的学说，这种学说认为反映永恒发展的物质的人类知识是相对的。不管那些“重新”回到陈腐的唯心主义那里去的资产阶级哲学家的学说怎样说，自然科学的最新发现，如镭、电子、元素转化，都出色地证实了马克思的辩证唯物主义。

列宁：《马克思主义的三个来源和三个组成部分》（1913年3月），《列宁专题文集·论马克思主义》，人民出版社2009年版，第67—68页。

**119. 马克思是19世纪人类三个最先进国家中的三种主要思潮——德国古典哲学、英国古典政治经济学以及同法国所有革命学说相联系的法国社会主义——的继承者和天才的完成者**

马克思主义是马克思的观点和学说的体系。马克思是19世纪人类三个最先进国家中的三种主要思潮——德国古典哲学、英国古典政治经济学以及同法国所有革命学说相联系的法国社会主义——的继承者和天才的完成者。马克思的观点极其彻底而严整，这是马克思的对手也承认的，这些观点总起来就构成作为世界各文明国家工人运动的理论和纲领的现代唯物主义和现代科学社会主义。

列宁：《卡尔·马克思》（1914年11月），《列宁专题文集·论马克思主义》，人民出版社2009年版，第7页。

**120. “旧”唯物主义的主要缺点**

马克思和恩格斯认为，“旧”唯物主义，包括费尔巴哈的唯物主义在内，（更不要说毕希纳、福格特、摩莱肖特的庸俗“唯物主义”了），其主要缺点是：（1）这种唯物主义“主要是机械的”唯物主义，它没有考虑到化学和生物学（现在还应加上物质的电学理论）的最新发展；（2）旧唯物主义是非历史的、非辩证的（是反辩证法意义上的形而上学的），它没有彻底和全面地贯彻发展的观点；（3）他们抽象地理解“人的本质”，而不是把它理解为“一切社会关系的〈一定的具体历史条件下的〉总和”，所以他们只是“解释”世界，而问题却在于“改变”世界，也就是说，他们不理解“革命实践活动”的意义。①

列宁：《卡尔·马克思》（1914年11月），《列宁专题文集·论马克思主义》，人民出版社2009年版，第10页。

**121. 这就是辩证法这一内容更丰富的（与通常的相比）发展学说的若干特征**

马克思接受并发展了黑格尔哲学的这一革命的方面。辩证唯物主义“不再需要任何凌驾于其他科学之上的哲学”。以往的哲学只留下了“关于思维及其规律的学说——形式逻辑和辩证法”。② 而辩证法，按照马克思的理解，同样也根据黑格尔的看法，其本身包括认识论的内容，这种认识论应当历史地观察自己的对象，研究并概括认识的起源和发展，从不知到知的转化。

现在，发展观念，进化观念，几乎完全深入社会的意识，但不是通过黑格尔哲学，而是通过另外的途径。不过，这个观念，按马克思和恩格斯依据黑格尔哲学而作的表述，要比一般流行的进化观念全面得多，丰富得多。发展似乎是在重复以往的阶段，但它是以另一种方式重复，是在更高的基础上重复（“否定的否定”），发展是按所谓螺旋式，而不是按直线式进行的；发展是飞跃式的、剧变式的、革命的；“渐进过程的中断”；量转化为质；发展的内因来自对某一物体、或在某一现象范围内或某一社会内发生作用的各种力量和趋势的矛盾或冲突；每种现象的一切方面（而且历史在不断地揭示出新的方面）相互依存，极其密切而不可分割地联系在一起，这种联系形成统一的、有规律的世界运动过程，——这就是辩证法这一内容更丰富的（与通常的相比）发展学说的若干特征。（参看马克思1868年1月8日给恩格斯的信，其中嘲笑施泰因的“死板的三分法”，认为把三分法同唯物主义辩证法混为一谈是荒谬的。③）

列宁：《卡尔·马克思》（1914年11月），《列宁专题文集·论马克思主义》，人民出版社2009年版，第11—12页。

① 见《马克思恩格斯选集》第1卷人民出版社1972年版第16—19页。
② 见《马克思恩格斯选集》第3卷人民出版社1972年版第65页。
③ 见《马克思恩格斯全集》第1版第32卷第10页。

**122. 无政府主义者用这种诡计丝毫也动摇不了一元论唯物主义，只不过证明他们自己的无力罢了**

例如无政府主义者竭力强调说："费尔巴哈是个泛神论者……"他"把人神化了……"（见"号召报"第七期杰连吉的论文）"在费尔巴哈看来，人就是他所吃的那种东西……"似乎马克思由此作出了结论："因此，最主要和最基本的是经济地位"等等（见"号召报"第六期沙·哥·的论文）。诚然，费尔巴哈是个泛神论者，他把人神化了，同时还犯了其他类似的错误，这是我们谁也不怀疑的。恰恰相反，马克思和恩格斯最先揭露了费尔巴哈的错误，但无政府主义者还是认为必须把费尔巴哈那些已被揭露的错误再"揭露"一次。为什么呢？大概因为他们想在痛骂费尔巴哈的时候，把马克思从费尔巴哈那里借用来然后科学地发展了的唯物主义也糟蹋一番。难道费尔巴哈除了有错误的思想而外就不能有正确的思想吗？我们断言，无政府主义者用这种诡计丝毫也动摇不了一元论唯物主义，只不过证明他们自己的无力罢了。

斯大林：《附录：无政府主义还是社会主义？》（1906年6月），《斯大林全集》第1卷，人民出版社1953年版，第356页。

**123. 无政府主义者驳斥辩证法**

在无政府主义者看来，"辩证法就是形而上学"，他们既然"想把科学从形而上学桎梏下解放出来，想把哲学从神学桎梏下解放出来"，所以他们就驳斥辩证方法了（见《号召报》第三期和第九期沙·哥·的论文。又见克鲁泡特金"科学和无政府主义"）。

斯大林：《无政府主义还是社会主义？》（1906年12月），《斯大林全集》第1卷，人民出版社1953年版，第279页。

## （二）历史唯物论

**1. 个人是什么样的，这取决于他们进行生产的物质条件**

可以根据意识、宗教或随便别的什么来区别人和动物。一当人开始生产自己的生活资料，即迈出由他们的肉体组织所决定的这一步的时候，人本身就开始把自己和动物区别开来。人们生产自己的生活资料，同时间接地生产着自己的物质生活本身。

人们用以生产自己的生活资料的方式，首先取决于他们已有的和需要再生产的生活资料本身的特性。这种生产方式不应当只从它是个人肉体存在的再生产这方面加以考察。更确切地说，它是这些个人的一定的活动方式，是他们表现自己生命的一定方式、他们的一定的生活方式。个人怎样表现自己的生命，他们自己就是怎样。因此，他们是什么样的，这同他们的生产是一致的——既和他们生产什么一致，又和他们怎样生产一致。因而，个人是什么样的，这取决于他们进行生产的物质条件。

这种生产第一次是随着人口的增长而开始的。而生产本身又是以个人彼此之间的交往［*Verkehr*］为前提的。这种交往的形式又是由生产决定的。

马克思、恩格斯：《德意志意识形态。对费尔巴哈、布·鲍威尔和施蒂纳所代表的现代德国哲学以及各式各样先知所代表的德国社会主义的批判》（1845 年秋—1846 年 5 月），《马克思恩格斯文集》第 1 卷，人民出版社 2009 年版，第 519—520 页。

**2. 意识在任何时候都只能是被意识到了的存在，而人们的存在就是他们的现实生活过程**

以一定的方式进行生产活动的一定的个人，发生一定的社会关系和政治关系。经验的观察在任何情况下都应当根据经验来揭示社会结构和政治结构同生产的联系，而不应当带有任何神秘和思辨的色彩。社会结构和国家总是从一定的个人的生活过程中产生的。但是，这里所说的个人不是他们自己或别人想象中的那种个人，而是现实中的个人，也就是说，这些个人是从事活动的，进行物质生产的，因而是在一定的物质的、不受他们任意支配的界限、前提和条件下活动着的。

思想、观念、意识的生产最初是直接与人们的物质活动，与人们的物质交往，与现实生活的语言交织在一起的。人们的想象、思维、精神交往在这里还是人们物质行动的直接产物。表现在某一民族的政治、法律、道德、宗教、形而上学等的语言中的精神生产也是这样。人们是自己的观念、思想等等的生产者，但这里所说的人们是现实的、从事活动的人们，他们受自己的生产力和与之相适应的交往的一定发展——直到交往的最遥远的形态——所制约。意识［das Bewuβtsein］在任何时候都只能是被意识到了的存在［das bewuβte Sein］，而人们的存在就是他们的现实生活过程。如果在全部意识形态中，人们和他们的关系就像在照相机中一样是倒立成像的，那么这种现象也是从人们生活的历史过程中产生的，正如物体在视网膜上的倒影是直接从人们生活的生理过程中产生的一样。

马克思、恩格斯：《德意志意识形态。对费尔巴哈、布·鲍威尔和施蒂纳所代表的现代德国哲学以及各式各样先知所代表的德国社会主义的批判》（1845年秋—1846年5月），《马克思恩格斯文集》第1卷，人民出版社2009年版，第523—525页。

**3. 不是意识决定生活，而是生活决定意识**

德国哲学从天国降到人间，和它完全相反，这里我们是从人间升到天国。这就是说，我们不是从人们所说的、所设想的、所想象的东西出发，也不是从口头说的、思考出来的、设想出来的、想象出来的人出发，去理解有血有肉的人。我们的出发点是从事实际活动的人，而且从他们的现实生活过程中还可以描绘出这一生活过程在意识形态上的反射和反响的发展。甚至人们头脑中的模糊幻象也是他们的可以通过经验来确认的、与物质前提相联系的物质生活过程的必然升华物。因此，道德、宗教、形而上学和其他意识形态，以及与它们相适应的意识形式便不再保留独立性的外观了。它们没有历史，没有发展，而发展着自己的物质生产和物质交往的人们，在改变自己的这个现实的同时也改变着自己的思维和思维的产物。不是意识决定生活，而是生活决定意识。前一种考察方法从意识出发，把意识看做是有生命的个人。后一种符合现实生活的考察方法则从现实的、有生命的个人本身出发，把意识仅仅看做是他们的意识。

这种考察方法不是没有前提的。它从现实的前提出发，它一刻也不离开这种前提。它的前提是人，但不是处在某种虚幻的离群索居和固定不变状态中的人，而是处在现实的、可以通过经验观察到的、在一定条件下进行的发展过程中的人。只要描绘出这个能动的生活过程，历史就不再像那些本身还是抽象的经验主义者所认为的那样，是一些僵死的事实的汇集，也不再像唯心主义者所认为的那样，是想象的主体的想象活动。

马克思、恩格斯：《德意志意识形态。对费尔巴哈、布·鲍威尔和施蒂纳所代表的现代德国哲学以及各式各样先知所代表的德国社会主义的批判》（1845年秋—1846年5月），《马克思恩格斯文集》第1卷，人民出版社2009年版，第525—526页。

**4. 在思辨终止的地方，在现实生活面前，正是描述人们实践活动和实际发展过程的真正的实证科学开始的地方**

在思辨终止的地方，在现实生活面前，正是描述人们实践活动和实际发展过程的真正的实证科学开始的地方。关于意识的空话将终止，它们一定会被真正的知识所代替。对现实的描述会使独立的哲学失去生存环境，能够取而代之的充其量不过是从对人类历史发展的考察中抽象出来的最一般的结果的概括。这些抽象本身离开了现实的历史就没有任何价值。它们只能对整理历史资料提供某些方便，指出历史资料的各个层次的顺序。但是这些抽象与哲学不同，它们绝不提供可以适用于各个历史时代的药方或公式。相反，只是在人们着手考察和整理资料——不管是有关过去时代的还是有关当代的资料——的时候，在实际阐述资料的时候，困难才开始出现。这些困难的排除受到种种前提的制约，这些前提在这里是根本不可能提供出来的，而只能从对每个时代的个人的现实生活过程和活动的研究中产生。

马克思、恩格斯：《德意志意识形态。对费尔巴哈、布·鲍威尔和施蒂纳所代表的现代德国哲学以及各式各样先知所代表的德国社会主义的批判》（1845 年秋—1846 年 5 月），《马克思恩格斯文集》第 1 卷，人民出版社 2009 年版，第 526 页。

**5. 在费尔巴哈那里，唯物主义和历史是彼此完全脱离的**

当费尔巴哈是一个唯物主义者的时候，历史在他的视野之外，当他去探讨历史的时候，他不是一个唯物主义者。在他那里，唯物主义和历史是彼此完全脱离的。

马克思、恩格斯：《德意志意识形态。对费尔巴哈、布·鲍威尔和施蒂纳所代表的现代德国哲学以及各式各样先知所代表的德国社会主义的批判》（1845 年秋—1846 年 5 月），《马克思恩格斯文集》第 1 卷，人民出版社 2009 年版，第 530 页。

**6. 历史的前提是：人们为了能够“创造历史”必须能够生活**

我们谈的是一些没有任何前提的德国人，因此我们首先应当确定一切人类生存的第一个前提，也就是一切历史的第一个前提，这个前提是：人们为了能够“创造历史”必须能够生活。但是为了生活，首先就需要吃喝住穿以及其他一些东西。因此第一个历史活动就是生产满足这些需要的资料，即生产物质生活本身，而且，这是人们从几千年前直到今天单是为了维持生活就必须每日每时从事的历史活动，是一切历史的基本条件。即使感性在圣布鲁诺那里被归结为像一根棍子那样微不足道的东西[①]，它仍然必须以生产这根棍子的活动为前提。因此任何历史观的第一件事情就是必须注意上述基本事实的全部意义和全部范围，并给予应有的重视。大家知道，德国人从来没有这样做过，所以他们从来没有为历史提供世俗基础，因而也从未拥有过一个历史学家。

马克思、恩格斯：《德意志意识形态。对费尔巴哈、布·鲍威尔和施蒂纳所代表的现代德国哲学以及各式各样先知所代表的德国社会主义的批判》（1845年秋—1846年5月），《马克思恩格斯文集》第1卷，人民出版社2009年版，第531页。

**7. 一定的生产方式或一定的工业阶段始终是与一定的共同活动方式或一定的社会阶段联系着的，而这种共同活动方式本身就是“生产力”**

这样，生命的生产，无论是通过劳动而生产自己的生命，还是通过生育而生产他人的生命，就立即表现为双重关系：一方面是自然关系，另一方面是社会关系，社会关系的含义在这里是指许多个人的共同活动，不管这种共同活动是在什么条件下、用什么方式和为了什么目的而进行的。由此可见，一定的生产方式或一定的工业阶段始终是与一定的共同活动方式或一定的社会阶段联系着的，而这种共同活动方式本身就是“生产力”；由此可见，人们所达到的生产力的总和决定着社会状况，因而，始终必须把“人类的历史”同工业和交换的历史联系起来研究和探讨。但是，这样的历史在德国是写不出来的，这也是很明显的，因为对于德国人来说，要做到这一点不仅缺乏理解能力和材料，而且还缺乏“感性确定性”；而在莱茵河彼岸之所以不可能有关于这类事情的任何经验，是因为那里再没有什么历史。由此可见，人们之间一开始就有一种物质的联系。这种联系是由需要和生产方式决定的，它和人本身有同样长久的历史；这种联系不断采取新的形式，因而就表现为“历史”，它不需要用任何政治的或宗教的呓语特意把人们维系在一起。

马克思、恩格斯：《德意志意识形态。对费尔巴哈、布·鲍威尔和施蒂纳所代表的现代德国哲学以及各式各样先知所代表的德国社会主义的批判》（1845年秋—1846年5月），《马克思恩格斯文集》第1卷，人民出版社2009年版，第532—533页。

---

① 指布·鲍威尔在《评路德维希·费尔巴哈》一文中的观点。

**8. 意识一开始就是社会的产物，而且只要人们存在着，它就仍然是这种产物**

只有现在，在我们已经考察了原初的历史的关系的四个因素、四个方面①之后，我们才发现：人还具有“意识”。但是这种意识并非一开始就是“纯粹的”意识。“精神”从一开始就很倒霉，受到物质的“纠缠”，物质在这里表现为振动着的空气层、声音，简言之，即语言。语言和意识具有同样长久的历史，语言是一种实践的、既为别人存在因而也为我自身而存在的、现实的意识。语言也和意识一样，只是由于需要，由于和他人交往的迫切需要才产生的。凡是有某种关系存在的地方，这种关系都是为我而存在的；动物不对什么东西发生“关系”，而且根本没有“关系”；对于动物来说，它对他物的关系不是作为关系存在的。因而，意识一开始就是社会的产物，而且只要人们存在着，它就仍然是这种产物。当然，意识起初只是对直接的可感知的环境的一种意识，是对处于开始意识到自身的个人之外的其他人和其他物的狭隘联系的一种意识。同时，它也是对自然界的一种意识，自然界起初是作为一种完全异己的、有无限威力的和不可制服的力量与人们对立的，人们同自然界的关系完全像动物同自然界的关系一样，人们就像牲畜一样慑服于自然界，因而，这是对自然界的一种纯粹动物式的意识（自然宗教）②；但是，另一方面，意识到必须和周围的个人来往，也就是开始意识到人总是生活在社会中的。这个开始，同这一阶段的社会生活本身一样，带有动物的性质；这是纯粹的畜群意识，这里，人和绵羊不同的地方只是在于：他的意识代替了他的本能，或者说他的本能是被意识到了的本能。由于生产效率的提高，需要的增长以及作为二者基础的人口的增多，这种绵羊意识或部落意识获得了进一步的发展和提高。与此同时分工也发展起来。分工起初只是性行为方面的分工，后来是由于天赋（例如体力）、需要、偶然性等等才自发地或“自然地”

---

① 指人的基本生存需要与生产、建立于生存需要与生产之上的需要与生产、生命生产及社会生产关系等。

② 马克思加了边注：“这里立即可以看出，这种自然宗教或对自然界的这种特定关系，是由社会形式决定的，反过来也是一样。这里和任何其他地方一样，自然界和人的同一性也表现在：人们对自然界的狭隘的关系决定着他们之间的狭隘的关系，而他们之间的狭隘的关系又决定着他们对自然界的狭隘的关系，这正是因为自然界几乎还没有被历史的进程所改变。”

形成的分工。分工只是从物质劳动和精神劳动分离的时候起才真正成为分工[1]。从这时候起意识才能现实地想象：它是和现存实践的意识不同的某种东西，它不用想象某种现实的东西就能现实地想象某种东西。从这时候起，意识才能摆脱世界而去构造"纯粹的"理论、神学、哲学、道德等等。但是，如果这种理论、神学、哲学、道德等等同现存的关系发生矛盾，那么，这仅仅是因为现存的社会关系同现存的生产力发生了矛盾。不过，在一定民族的各种关系的范围内，这种现象的出现也可能不是因为在该民族范围内出现了矛盾，而是因为在该民族意识和其他民族的实践之间，亦即在某一民族的民族意识和普遍意识之间[2]出现了矛盾（就像目前德国的情形那样）——既然这个矛盾似乎只表现为民族意识范围内的矛盾，那么在这个民族看来，斗争也就限于这种民族废物，因为这个民族就是废物本身。但是，意识本身究竟采取什么形式，这是完全无关紧要的。我们从这一大堆赘述中只能得出一个结论：上述三个因素即生产力、社会状况和意识，彼此之间可能而且一定会发生矛盾，因为分工使精神活动和物质活动、享受和劳动、生产和消费由不同的个人来分担这种情况不仅成为可能，而且成为现实，而要使这三个因素彼此不发生矛盾，则只有再消灭分工。此外，不言而喻"幽灵"、"枷锁"、"最高存在物"、"概念"、"疑虑"显然只是孤立的个人的一种观念上的、思辨的、精神的表现，只是他的观念，即关于真正经验的束缚和界限的观念，生活的生产方式以及与此相联系的交往形式就在这些束缚和界限的范围内运动着。[3]

马克思、恩格斯：《德意志意识形态。对费尔巴哈、布·鲍威尔和施蒂纳所代表的现代德国哲学以及各式各样先知所代表的德国社会主义的批判》（1845 年秋—1846 年 5 月），《马克思恩格斯文集》第 1 卷，人民出版社 2009 年版，第 533—535 页。

---

① 马克思加了边注："与此同时出现的是意识形态家、僧侣的最初形式"。

② 马克思加了边注："宗教。具有真正的意识形态的德国人"。

③ 手稿中删去以下这句话："这种关于现存的经济界限的观念上的表现，不是纯粹理论上的，而且在实践的意识中也存在着，就是说，使自己自由存在的并且同现存的生产方式相矛盾的意识，不是仅仅构成宗教和哲学，而且也构成国家。"

**9. 从直接生活的物质生产出发阐述现实的生产过程，把同这种生产方式相联系的、它所产生的交往形式即各个不同阶段上的市民社会理解为整个历史的基础，从市民社会作为国家的活动描述市民社会，同时从市民社会出发阐明意识的所有各种不同的理论产物和形式**

由此可见，这种历史观就在于：从直接生活的物质生产出发阐述现实的生产过程，把同这种生产方式相联系的、它所产生的交往形式即各个不同阶段上的市民社会理解为整个历史的基础，从市民社会作为国家的活动描述市民社会，同时从市民社会出发阐明意识的所有各种不同的理论产物和形式，如宗教、哲学、道德等等，而且追溯它们产生的过程。这样做当然就能够完整地描述事物了（因而也能够描述事物的这些不同方面之间的相互作用）。这种历史观和唯心主义历史观不同，它不是在每个时代中寻找某种范畴，而是始终站在现实历史的基础上，不是从观念出发来解释实践，而是从物质实践出发来解释各种观念形态，由此也就得出下述结论：意识的一切形式和产物不是可以通过精神的批判来消灭的，不是可以通过把它们消融在“自我意识”中或化为“怪影”、“幽灵”、“怪想”[①] 等等来消灭的，而只有通过实际地推翻这一切唯心主义谬论所由产生的现实的社会关系，才能把它们消灭；历史的动力以及宗教、哲学和任何其他理论的动力是革命，而不是批判。这种观点表明：历史不是作为“源于精神的精神”消融在“自我意识”[②] 中而告终的，历史的每一阶段都遇到一定的物质结果，一定的生产力总和，人对自然以及个人之间历史地形成的关系，都遇到前一代传给后一代的大量生产力、资金和环境，尽管一方面这些生产力、资金和环境为新的一代所改变，但另一方面，它们也预先规定新的一代本身的生活条件，使它得到一定的发展和具有特殊的性质。由此可见，这种观点表明：人创造环境，同样，环境也创造人。每个个人和每一代所遇到的现成的东西：生产力、资金和社会交往形式的总和，是哲学家们想象为“实体”和“人的本质”的东西的现实基础，是他们加以神化并与之斗争的东西的现实基础，这种基础尽管遭到以“自我意识”和“唯一者”的身份出现的哲学家们的反抗，但它对人们的发展所起的作用和影响却丝毫也

① 麦·施蒂纳《唯一者及其所有物》一书中的用语。

② 布·鲍威尔《评路德维希·费尔巴哈》一文中的用语。

不因此而受到干扰。各代所遇到的这些生活条件还决定着这样的情况：历史上周期性地重演的革命动荡是否强大到足以摧毁现存一切的基础，如果还没有具备这些实行全面变革的物质因素，就是说，一方面还没有一定的生产力，另一方面还没有形成不仅反抗旧社会的个别条件，而且反抗旧的“生活生产”本身、反抗旧社会所依据的“总和活动”的革命群众，那么，正如共产主义的历史所证明的，尽管这种变革的观念已经表述过千百次，但这对于实际发展没有任何意义。

马克思、恩格斯：《德意志意识形态。对费尔巴哈、布·鲍威尔和施蒂纳所代表的现代德国哲学以及各式各样先知所代表的德国社会主义的批判》（1845年秋—1846年5月），《马克思恩格斯文集》第1卷，人民出版社2009年版，第544—545页。

**10. 统治阶级的思想在每一时代都是占统治地位的思想**

统治阶级的思想在每一时代都是占统治地位的思想。这就是说，一个阶级是社会上占统治地位的物质力量，同时也是社会上占统治地位的精神力量。支配着物质生产资料的阶级，同时也支配着精神生产资料，因此，那些没有精神生产资料的人的思想，一般地是隶属于这个阶级的。占统治地位的思想不过是占统治地位的物质关系在观念上的表现，不过是以思想的形式表现出来的占统治地位的物质关系；因而，这就是那些使某一个阶级成为统治阶级的关系在观念上的表现，因而这也就是这个阶级的统治的思想。此外，构成统治阶级的各个个人也都具有意识，因而他们也会思维；既然他们作为一个阶级进行统治，并且决定着某一历史时代的整个面貌，那么，不言而喻，他们在这个历史时代的一切领域中也会这样做，就是说，他们还作为思维着的人，作为思想的生产者进行统治，他们调节着自己时代的思想的生产和分配，而这就意味着他们的思想是一个时代的占统治地位的思想。例如，在某一国家的某个时期，王权、贵族和资产阶级为夺取统治而争斗，因而，在那里统治是分享的，那里占统治地位的思想就会是关于分权的学说，于是分权就被宣布为“永恒的规律”。

我们在上面已经说明分工是迄今为止历史的主要力量之一，现在，分工也以精神劳动和物质劳动的分工的形式在统治阶级中间表现出来，因此在这个阶级内部，一部分人是作为该阶级的思想家出现的，他们是这一阶级的积极的、有概括能力的意识形态家，他们把编造这一阶级关于自身的幻想当做主要的谋生之道，而另一些人对于这些思想和幻想则采取比较消极的态度，并且准备接受这些思想和幻想，因为在实际中他们是这个阶级的积极成员，并且很少有时间来编造关于自身的幻想和思想。在这一阶级内部，这种分裂甚至可以发展成为这两部分人之间的某种程度的对立和敌视，但是一旦发生任何实际冲突，即当这一阶级本身受到威胁的时候，当占统治地位的思想好像不是统治阶级的思想而且这种思想好像拥有与这一阶级的权力不同的权力这种假象也趋于消失的时候，这种对立和敌视便会自行消失。一定时代的革命思想的存在是以革命阶级的存在为前提的，关于这个革命阶级的前提所必须讲的，在前面已经讲过了。

马克思、恩格斯：《德意志意识形态。对费尔巴哈、布·鲍威尔和施蒂纳所代表的现代德国哲学以及各式各样先知所代表的德国社会主义的批判》（1845 年秋—1846 年 5 月），《马克思恩格斯文集》第 1 卷，人民出版社 2009 年版，第 550—552 页。

**11. 只要阶级的统治完全不再是社会制度的形式，也就是说，只要不再有必要把特殊利益说成是普遍利益，或者把“普遍的东西”说成是占统治地位的东西，那么，一定阶级的统治似乎只是某种思想的统治这整个假象当然就会自行消失**

然而，在考察历史进程时，如果把统治阶级的思想和统治阶级本身分割开来，使这些思想独立化，如果不顾生产这些思想的条件和它们的生产者而硬说该时代占统治地位的是这些或那些思想，也就是说，如果完全不考虑这些思想的基础一个人和历史环境，那就可以这样说：例如，在贵族统治时期占统治地位的概念是荣誉、忠诚，等等，而在资产阶级统治时期占统治地位的概念则是自由、平等，等等。一般说来，统治阶级总是自己为自己编造出诸如此类的幻想。所有的历史编纂学家，主要是 18 世纪以来的历史编纂学家所共有的这种历史观，必然会碰到这样一种现象：占统治地位的将是越来越抽象的思想，即越来越具有普遍性形式的思想。因为每一个企图取代旧统治阶级的新阶级，为了达到自己的目的不得不把自己的利益说成是社会全体成员的共同利益，就是说，这在观念上的表达就是：赋予自己的思想以普遍性的形式，把它们描绘成唯一合乎理性的、有普遍意义的思想。进行革命的阶级，仅就它对抗另一个阶级而言，从一开始就不是作为一个阶级，而是作为全社会的代表出现的，它以社会全体群众的姿态反对唯一的统治阶级①。它之所以能这样做，是因为它的利益在开始时的确同其余一切非统治阶级的共同利益还有更多的联系，在当时存在的那些关系的压力下还不能够发展为特殊阶级的特殊利益。因此，这一阶级的胜利对于其他未能争得统治地位的阶级中的许多个人来说也是有利的，但这只是就这种胜利使这些个人现在有可能升入统治阶级而言。当法国资产阶级推翻了贵族的统治之后，它使许多无产者有可能升到无产阶级之上，但是只有当他们变成资产者的时候才达到这一点。由此可见，每一个新阶级赖以实现自己统治的基础，总比它以前的统治阶级所依赖的基础要宽广一些；可是后来，非统治阶级和正在进行统治的阶级之间的对立也发展得更尖锐和更深刻。这两种情况使得非统治阶级反对新统治阶级的斗争在否定旧社会制度方面，又要比过去一切争得统治的阶级所作的斗争更加坚决、更加彻底。

只要阶级的统治完全不再是社会制度的形式，也就是说，只要不再有必要把特殊利益说成是普遍利益，或者把“普遍的东西”说成是占统治地位的东西，那么，一定阶级的统治似乎只是某种思想的统治这整个假象当然就会自行消失。

马克思、恩格斯：《德意志意识形态。对费尔巴哈、布·鲍威尔和施蒂纳所代表的现代德国哲学以及各式各样先知所代表的德国社会主义的批判》（1845年秋—1846年5月），《马克思恩格斯文集》第1卷，人民出版社2009年版，第552—553页。

**12. 一切历史冲突都根源于生产力和交往形式之间的矛盾**

因此，按照我们的观点，一切历史冲突都根源于生产力和交往形式之间的矛盾。

马克思、恩格斯：《德意志意识形态。对费尔巴哈、布·鲍威尔和施蒂纳所代表的现代德国哲学以及各式各样先知所代表的德国社会主义的批判》（1845年秋—1846年5月），《马克思恩格斯文集》第1卷，人民出版社2009年版，第567—568页。

---

① 马克思加了边注：“（普遍性符合于：（1）与等级相对的阶级；（2）竞争、世界交往等等；（3）统治阶级的人数众多；（4）共同利益的幻想，起初这种幻想是真实的；（5）意识形态家的欺骗与分工。）”

**13. 交往形式在历史发展的每一阶段都是与同一时期的生产力的发展相适应的**

各种交往形式的联系就在于：已成为桎梏的旧交往形式被适应于比较发达的生产力，因而也适应于进步的个人自主活动方式的新交往形式所代替；新的交往形式又会成为桎梏，然后又为另一种交往形式所代替。由于这些条件在历史发展的每一阶段都是与同一时期的生产力的发展相适应的，所以它们的历史同时也是发展着的、由每一个新的一代承受下来的生产力的历史，从而也是个人本身力量发展的历史。

马克思、恩格斯：《德意志意识形态。对费尔巴哈、布·鲍威尔和施蒂纳所代表的现代德国哲学以及各式各样先知所代表的德国社会主义的批判》（1845 年秋—1846 年 5 月），《马克思恩格斯文集》第 1 卷，人民出版社 2009 年版，第 575—576 页。

**14. 人们的社会历史始终只是他们的个体发展的历史，而他们的物质关系形成他们的一切关系的基础**

人们不能自由选择自己的生产力——这是他们的全部历史的基础，因为任何生产力都是一种既得的力量，是以往的活动的产物。可见，生产力是人们应用能力的结果，但是这种能力本身决定于人们所处的条件，决定于先前已经获得的生产力，决定于在他们以前已经存在、不是由他们创立而是由前一代人创立的社会形式。后来的每一代人都得到前一代人已经取得的生产力并当做原料来为自己新的生产服务，由于这一简单的事实，就形成人们的历史中的联系，就形成人类的历史，这个历史随着人们的生产力以及人们的社会关系的愈益发展而愈益成为人类的历史。由此就必然得出一个结论：人们的社会历史始终只是他们的个体发展的历史，而不管他们是否意识到这一点。他们的物质关系形成他们的一切关系的基础。这种物质关系不过是他们的物质的和个体的活动所借以实现的必然形式罢了。

马克思：《致帕维尔·瓦西里耶维奇·安年科夫》（1846 年 12 月），《马克思恩格斯文集》第 10 卷，人民出版社 2009 年版，第 43 页。

**15. 人们按照自己的物质生产率建立相应的社会关系，正是这些人又按照自己的社会关系创造了相应的原理、观念和范畴**

社会关系和生产力密切相联。随着新生产力的获得，人们改变自己的生产方式，随着生产方式即谋生的方式的改变，人们也就会改变自己的一切社会关系。手推磨产生的是封建主的社会，蒸汽磨产生的是工业资本家的社会。

人们按照自己的物质生产率[①]建立相应的社会关系，正是这些人又按照自己的社会关系创造了相应的原理、观念和范畴。

所以，这些观念、范畴也同它们所表现的关系一样，不是永恒的。它们是历史的、暂时的产物。

马克思：《哲学的贫困。答蒲鲁东先生的〈贫困的哲学〉》（1847年上半年），《马克思恩格斯文集》第1卷，人民出版社2009年版，第602—603页。

**16. 社会生产关系，是随着物质生产资料、生产力的变化和发展而变化和改变的**

因此，各个人借以进行生产的社会关系，即社会生产关系，是随着物质生产资料、生产力的变化和发展而变化和改变的。生产关系总合起来就构成所谓社会关系，构成所谓社会，并且是构成一个处于一定历史发展阶段上的社会，具有独特的特征的社会。古典古代社会、封建社会和资产阶级社会都是这样的生产关系的总和，而其中每一个生产关系的总和同时又标志着人类历史发展中的一个特殊阶段。

马克思：《雇佣劳动与资本》（1847年12月下半月），《马克思恩格斯文集》第1卷，人民出版社2009年版，第724页。

**17. 至今一切社会的历史都是阶级斗争的历史**

至今一切社会的历史都是阶级斗争的历史。

马克思、恩格斯：《共产党宣言》（1847年12月—1848年1月底），《马克思恩格斯文集》第2卷，人民出版社2009年版，第31页。

**18. 任何一个时代的统治思想始终都不过是统治阶级的思想**

人们的观念、观点和概念，一句话，人们的意识，随着人们的生活条件、人们的社会关系、人们的社会存在的改变而改变，这难道需要经过深思才能了解吗？

思想的历史除了证明精神生产随着物质生产的改造而改造，还证明了什么呢？任何一个时代的统治思想始终都不过是统治阶级的思想。

马克思、恩格斯：《共产党宣言》（1847年12月—1848年1月底），《马克思恩格斯文集》第2卷，人民出版社2009年版，第50—51页。

---

① 1885年德文版改为“生产方式”。

**19. 人们在直接碰到的、既定的、从过去承继下来的条件下创造自己的历史**

人们自己创造自己的历史，但是他们并不是随心所欲地创造，并不是在他们自己选定的条件下创造，而是在直接碰到的、既定的、从过去承继下来的条件下创造。

马克思：《路易·波拿巴的雾月十八日》（1851 年 12 月—1852 年 3 月 25 日），《马克思恩格斯文集》第 2 卷，人民出版社 2009 年版，第 470—471 页。

**20. 就是在理论方法上，主体，即社会，也必须始终作为前提浮现在表象面前**

具体总体作为思想总体、作为思想具体，事实上是思维的、理解的产物；但是，决不是处于直观和表象之外或驾于其上而思维着的、自我产生着的概念的产物，而是把直观和表象加工成概念这一过程的产物。整体，当它在头脑中作为思想整体而出现时，是思维着的头脑的产物，这个头脑用它所专有的方式掌握世界，而这种方式是不同于对于世界的艺术精神的，宗教精神的，实践精神的掌握的。实在主体仍然是在头脑之外保持着它的独立性；只要这个头脑还仅仅是思辨地、理论地活动着。因此，就是在理论方法上，主体，即社会，也必须始终作为前提浮现在表象面前。

马克思：《1857—1858 年经济学手稿》（1857—1858 年），《马克思恩格斯文集》第 8 卷，人民出版社 2009 年版，第 25—26 页。

**21. 哪怕是最抽象的范畴，同样是历史条件的产物**

哪怕是最抽象的范畴，虽然正是由于它们的抽象而适用于一切时代，但是就这个抽象的规定性本身来说，同样是历史条件的产物，而且只有对于这些条件并在这些条件之内才具有充分的适用性。

马克思：《1857—1858 年经济学手稿》（1857—1858 年），《马克思恩格斯文集》第 8 卷，人民出版社 2009 年版，第 29 页。

**22. 固定资本的发展表明，一般社会知识，已经在多么大的程度上变成了直接的生产力**

自然界没有造出任何机器，没有造出机车、铁路、电报、自动走锭精纺机等等。它们是人的产业劳动的产物，是转化为人的意志驾驭自然界的器官或者说在自然界实现人的意志的器官的自然物质。它们是人的手创造出来的人脑的器官，是对象化的知识力量。固定资本的发展表明，一般社会知识，已经在多么大的程度上变成了直接的生产力，从而社会生活过程的条件本身在多么大的程度上受到一般智力的控制并按照这种智力得到改造。它表明，社会生产力已经在多么大的程度上，不仅以知识的形式，而且作为社会实践的直接器官，作为实际生活过程的直接器官被生产出来。

马克思：《〈政治经济学批判（1857—1858年手稿）〉摘选》（1857—1858年），《马克思恩格斯文集》第8卷，人民出版社2009年版，第197—198页。

**23. 不是人们的意识决定人们的存在，相反，是人们的社会存在决定人们的意识**

人们在自己生活的社会生产中发生一定的、必然的、不以他们的意志为转移的关系，即同他们的物质生产力的一定发展阶段相适合的生产关系。这些生产关系的总和构成社会的经济结构，即有法律的和政治的上层建筑竖立其上并有一定的社会意识形式与之相适应的现实基础。物质生活的生产方式制约着整个社会生活、政治生活和精神生活的过程。不是人们的意识决定人们的存在，相反，是人们的社会存在决定人们的意识。社会的物质生产力发展到一定阶段，便同它们一直在其中运动的现存生产关系或财产关系（这只是生产关系的法律用语）发生矛盾。于是这些关系便由生产力的发展形式变成生产力的桎梏。那时社会革命的时代就到来了。随着经济基础的变更，全部庞大的上层建筑也或慢或快地发生变革。在考察这些变革时，必须时刻把下面两者区别开来：一种是生产的经济条件方面所发生的物质的、可以用自然科学的精确性指明的变革，一种是人们借以意识到这个冲突并力求把它克服的那些法律的、政治的、宗教的、艺术的或哲学的，简言之，意识形态的形式。我们判断一个人不能以他对自己的看法为根据，同样，我们判断这样一个变革时代也不能以它的意识为根据；相反，这个意识必须从物质生活的矛盾中，从社会生产力和生产关系之间的现存冲突中去解释。无论哪一个社会形态，在它所能容纳的全部生产力发挥出来以前，是决不会灭亡的；而新的更高的生产关系，在它的物质存在条件在旧社会的胎胞里成熟以前，是决不会出现的。所以人类始终只提出自己能解决的任务，因为只要仔细考察就可以发现，任务本身，只有在解决它的物质条件已经存在或者至少是在生成过程中的时候，才会产生。大体说来，亚细亚的、古希腊罗马的、封建的和现代资产阶级的生产方式可以看做是经济的社会形态演进的几个时代。资产阶级的生产关系是社会生产过程的最后一个对抗形式，这里所说的对抗，不是指个人的对抗，而是指从个人的社会生活条件中生长出来的对抗；但是，在资产阶级社会的胎胞里发展的生产力，同时又创造着解决这种对抗的物质条件。因此，人类社会的史前时期就以这种社会形态而告终。

马克思：《〈政治经济学批判〉序言》（1859 年 1 月），《马克思恩格斯文集》第 2 卷，人民出版社 2009 年版，第 591—592 页。

**24. 火药、指南针、印刷术——这是预告资产阶级社会到来的三大发明**

火药、指南针、印刷术——这是预告资产阶级社会到来的三大发明。火药把骑士阶层炸得粉碎，指南针打开了世界市场并建立了殖民地，而印刷术则变成新教的工具，总的来说变成科学复兴的手段，变成对精神发展创造必要前提的最强大的杠杆。

马克思：《〈政治经济学批判（1861—1863 年手稿）〉摘选》（1861—1863 年），《马克思恩格斯文集》第 8 卷，人民出版社 2009 年版，第 338 页。

**25. 一旦生产力发生了革命，生产关系也就会发生革命**

最伟大的发明——火药、指南针和印刷术——属于手工业时期，如同钟表（一种最奇异的自动机）也属于这个时期一样。哥白尼和开普勒在天文学方面最天才的和最革命的发现，同样也属于所有机械观测工具都还处于幼年阶段的时代。纺纱机和蒸汽机的制造也同样是以制造这些机器的手工业和工场手工业，以及在上述时期已有所发展的力学科学等等为基础的。

在这里，起作用的普遍规律在于：后一个［生产］形式的物质可能性——不论是工艺技术条件，还是与其相适应的企业经济结构——都是在前一个形式的范围内创造出来的。机器劳动这一革命因素是直接由于需要超过了用以前的生产手段来满足这种需要的可能性而引起的。而需求超过［供给］这件事本身，是由于还在手工业基础上就已作出的那些发明而产生的，并且是作为在工场手工业占统治地位的时期所建立的殖民体系和在一定程度上由这个体系所创造的世界市场的结果而产生的。一旦生产力发生了革命——这一革命表现在工艺技术方面——，生产关系也就会发生革命。

只要工场手工业使用机器，与之相适应的就是机器制造的手工业方式或以工场手工业分工为基础的机器制造。一旦机器生产成为占统治地位的生产，它的生产资料（它所使用的机器和工具）本身就应当是用机器生产的。

马克思：《〈政治经济学批判（1861—1863 年手稿）〉摘选》（1861—1863 年），《马克思恩格斯文集》第 8 卷，人民出版社 2009 年版，第 340—341 页。

**26. 随着资本主义生产的扩展，科学因素第一次被有意识地和广泛地加以发展、应用并体现在生活中，其规模是以往的时代根本想象不到的**

自然科学本身［自然科学是一切知识的基础］的发展，也像与生产过程有关的一切知识的发展一样，它本身仍然是在资本主义生产的基础上进行的，这种资本主义生产第一次在相当大的程度上为自然科学创造了进行研究、观察、实验的物质手段。由于自然科学被资本用做致富手段，从而科学本身也成为那些发展科学的人的致富手段，所以，搞科学的人为了探索科学的实际应用而互相竞争。另一方面，发明成了一种特殊的职业。因此，随着资本主义生产的扩展，科学因素第一次被有意识地和广泛地加以发展、应用并体现在生活中，其规模是以往的时代根本想象不到的。

马克思：《〈政治经济学批判（1861—1863 年手稿）〉摘选》（1861—1863 年），《马克思恩格斯文集》第 8 卷，人民出版社 2009 年版，第 358—359 页。

**27. 科学和哲学结合的结果是唯物主义、启蒙运动和法国的政治革命**

我在前面已经说过，各门科学在 18 世纪已经具有自己的科学形式，因此它们终于一方面和哲学，另一方面和实践结合起来了。科学和哲学结合的结果就是唯物主义（牛顿的学说和洛克的学说同样是唯物主义的前提）、启蒙运动和法国的政治革命。科学和实践结合的结果就是英国的社会革命。

恩格斯：《英国状况（十八世纪）》（大约写于 1844 年 1 月初—2 月初），《马克思恩格斯文集》第 1 卷，人民出版社 2009 年版，第 97 页。

**28. 这些永恒的真理决不是它们自身形成时所处的那个社会的基础，恰恰相反，它们是那个社会的产物**

在上述所有的责难中，没有任何一点可以加在共产主义者的头上，只有这整段文章的最后一句话是例外，这句话原文如下：

“共产主义者……妄自尊大，嘲笑一切可以成为正直的人联合的基础的东西。”

海因岑先生这句话大概是指共产主义者曾讥笑他那道貌岸然的姿态，并曾嘲讽所有那些神圣高超的思想、操守、正义、道德等等，海因岑先生以为，正是这些东西构成了一切社会的基础。这个责难我们接受。尽管海因岑先生这个正直的人感到义愤填膺，共产主义者还是要继续嘲讽这些永恒的真理。而且共产主义者认定，这些永恒的真理决不是它们自身形成时所处的那个社会的基础，恰恰相反，它们是那个社会的产物。

恩格斯：《共产主义者和卡尔·海因岑》（写于1847年9月27日前和10月3日），《马克思恩格斯文集》第1卷，人民出版社2009年版，第669页。

**29. 人们的意识取决于人们的存在而不是相反**

下面这个原理，不仅对于经济学，而且对于一切历史科学（凡不是自然科学的科学都是历史科学）都是一个具有革命意义的发现：“物质生活的生产方式制约着整个社会生活、政治生活和精神生活的过程。”在历史上出现的一切社会关系和国家关系，一切宗教制度和法律制度，一切理论观点，只有理解了每一个与之相应的时代的物质生活条件，并且从这些物质条件中被引申出来的时候，才能理解。“不是人们的意识决定人们的存在，相反，是人们的社会存在决定人们的意识。”这个原理非常简单，它对于没有被唯心主义的欺骗束缚住的人来说是不言自明的。但是，这个事实不仅对于理论，而且对于实践都是最革命的结论。“社会的物质生产力发展到一定阶段，便同它们一直在其中运动的现存生产关系或财产关系（这只是生产关系的法律用语）发生矛盾。于是这些关系便由生产力的发展形式变成生产力的桎梏。那时社会革命的时代就到来了。随着经济基础的变更，全部庞大的上层建筑也或慢或快地发生变革……资产阶级的生产关系是社会生产过程的最后一个对抗形式，这里所说的对抗，不是指个人的对抗，而是指从个人的社会生活条件中生长出来的对抗；但是，在资产阶级社会的胎胞里发展的生产力，同时又创造着解决这种对抗的物质条件。”① 由此可见，只要进一步发挥我们的唯物主义论点，并且把它应用于现时代，一个

① 见《马克思恩格斯文集》第2卷第591—592页。

强大的、一切时代中最强大的革命远景就会立即展现在我们面前。

人们的意识取决于人们的存在而不是相反，这个原理看来很简单，但是仔细考察一下也会立即发现，这个原理的最初结论就给一切唯心主义，甚至给最隐蔽的唯心主义当头一棒。关于一切历史的东西的全部传统的和习惯的观点都被这个原理否定了。政治论证的全部传统方式崩溃了；爱国的义勇精神愤慨地起来反对这种无礼的观点。因此，新的世界观不仅必然遭到资产阶级代表人物的反对，而且也必然遭到一群想靠自由、平等、博爱的符咒来翻转世界的法国社会主义者的反对。这种世界观激起了德国庸俗的民主主义空喊家极大的愤怒。尽管如此，他们还是力图剽窃新的思想，然而对这些思想又极端无知。

即使只是在一个单独的历史事例上发展唯物主义的观点，也是一项要求多年冷静钻研的科学工作，因为很明显，在这里只说空话是无济于事的，只有靠大量的、批判地审查过的、充分地掌握了的历史资料，才能解决这样的任务。二月革命把我们党推上了政治舞台，因此使它不可能进行纯科学的探讨。虽然如此，这个基本观点却像一根红线贯穿着党的一切文献。在所有这些文献中，每个场合都证明，每次行动怎样从直接的物质动因产生，而不是从伴随着物质动因的词句产生，相反地，政治词句和法律词句正像政治行动及其结果一样，倒是从物质动因产生的。

恩格斯：《卡尔·马克思〈政治经济学批判。第一分册〉》（1859 年 8 月 3—15 日），《马克思恩格斯文集》第 2 卷，人民出版社 2009 年版，第 597—598 页。

**30. 一种唯物主义的历史观被提出来了，用人们的存在说明他们的意识，而不是像以往那样用人们的意识说明他们的存在这样一条道路已经找到了**

但是，自然观的这种变革只能随着研究工作提供相应的实证的认识材料而实现，而在这期间一些在历史观上引起决定性转变的历史事实却老早就发生了。1831 年在里昂发生了第一次工人起义；在 1838—1842 年，第一次全国性的工人运动，即英国宪章派的运动，达到了高潮。无产阶级和资产阶级之间的阶级斗争一方面随着大工业的发展，另一方面随着资产阶级新近取得的政治统治的发展，在欧洲最先进的国家的历史中升到了重要地位。事实日益令人信服地证明，资产阶级经济学关于资本和劳动的利益一致、关于自由竞争必将带来普遍和谐和人民的普遍福利的学说完全是撒谎。① 所有这些事实都再也不能置之不理了，同样，作为这些事实的理论表现（虽然是极不完备的表现）的法国和英国的社会主义也不能再置之不理了。但是，旧的、还没有被排除掉的唯心主义历史观不知道任何基于物质利益的阶级斗争，而且根本不知道任何物质利益；生产和一切经济关系，在它那里只是被当做“文化史”的从属因素顺便提一下。

新的事实迫使人们对以往的全部历史作一番新的研究，结果发现：以往的全部历史，都是阶级斗争的历史②；这些互相斗争的社会阶级在任何时候都是生产关系和交换关系的产物，一句话，都是自己时代的经济关系的产物；因而每一时代的社会经济结构形成现实基础，每一个历史时期的由法的设施和政治设施以及宗教的、哲学的和其他的观念形式所构成的全部上层建筑，归根到底都应由这个基础来说明。这样一来，唯心主义从它的最后的避难所即历史观中被驱逐出来了，一种唯物主义的历史观被提出来了，用人们的存在说明他们的意识，而不是像以往那样用人们的意识说明他们的存在这样一条道路已经找到了。

恩格斯：《反杜林论》（1876 年 9 月—1878 年 6 月），《马克思恩格斯文集》第 9 卷，人民出版社 2009 年版，第 28—29 页。

**31. 这两个伟大的发现——唯物主义历史观和通过剩余价值揭开资本主义生产的秘密，都应当归功于马克思**

可是，以往的社会主义同这种唯物主义历史观是不相容的，正如法国唯物主义的自然观同辩证法和近代自然科学不相容一样。以往的社会主义固然批判了现存的资本主义生产方式及其后果，但是，它不能说明这个生产方式，因而也就不能对付这个生产方式；它只能简单地把它当做坏东西抛弃掉。但是，问题在于：一方面应当说明资本主义生产方式的历史联系和它在一定历史时期存在的必然性，从而说明它灭亡的必然性；另一方面

---

① 在《引论》的草稿中，接着有下面一段话：“在法国，1834 年的里昂起义也宣告了无产阶级反对资产阶级的斗争。英国和法国的社会主义理论获得了历史价值，并且也必然在德国引起反响和评论，虽然在德国，生产还只是刚刚开始摆脱小规模的经营。因此，现在与其说在德国还不如说在德国人中间形成的理论的社会主义，其全部材料都不得不是进口的……”

② 在《社会主义从空想到科学的发展》德文第一版（1883 年）中，恩格斯对这个原理作了如下更加确切的表述：“以往的全部历史，除原始状态外，都是阶级斗争的历史。”（见《马克思恩格斯文集》第 3 卷第 544 页）

应当揭露这种生产方式的一直还隐蔽着的内在性质，因为以往的批判主要是针对有害的后果，而不是针对事物的进程本身。这已经由于剩余价值的发现而完成了。已经证明，无偿劳动的占有是资本主义生产方式和通过这种生产方式对工人进行的剥削的基本形式；即使资本家按照劳动力作为商品在商品市场上所具有的全部价值来购买他的工人的劳动力，他从这种劳动力榨取的价值仍然比他对这种劳动力的支付要多；这种剩余价值归根到底构成了有产阶级手中日益增加的资本量由以积累起来的价值量。这样就说明了资本主义生产和资本生产的过程。

这两个伟大的发现——唯物主义历史观和通过剩余价值揭开资本主义生产的秘密，都应当归功于马克思。由于这两个发现，社会主义变成了科学，现在首先要做的是对这门科学的一切细节和联系作进一步的探讨。

恩格斯：《反杜林论》（1876 年 9 月—1878 年 6 月），《马克思恩格斯文集》第 9 卷，人民出版社 2009 年版，第 29—30 页。

**32. 这是对事物的唯一唯物主义的观点，而杜林先生的相反的观点是唯心主义的，它把事物完全头足倒置了**

可见，他所谓的原则，就是从思维而不是从外部世界得来的那些形式的原则，这些原则应当被运用于自然界和人类，因而自然界和人类都应当适应这些原则。但是，思维从什么地方获得这些原则呢？从自身中吗？不，因为杜林先生自己说：纯粹观念的领域只限于逻辑模式和数学形式（而且我们将会看到，后者是错误的）。逻辑模式只能同思维形式有关系；但是这里所谈的只是存在的形式，外部世界的形式，思维永远不能从自身中，而只能从外部世界中汲取和引出这些形式。这样一来，全部关系都颠倒了：原则不是研究的出发点，而是它的最终结果；这些原则不是被应用于自然界和人类历史，而是从它们中抽象出来的；不是自然界和人类去适应原则，而是原则只有在符合自然界和历史的情况下才是正确的。这是对事物的唯一唯物主义的观点，而杜林先生的相反的观点是唯心主义的，它把事物完全头足倒置了，从思想中，从世界形成之前就久远地存在于某个地方的模式、方案或范畴中，来构造现实世界，这完全像一个叫做黑格尔的人的做法。

确实是这样。我们可以把黑格尔的《全书》[①] 以及它的全部热昏的胡

① 《全书》指黑格尔的《哲学全书纲要》。

话同杜林先生的最后的终极的真理对照一下。在杜林先生那里首先是一般的世界模式论，这在黑格尔那里称为逻辑学。其次，他们两人把这些模式或者说逻辑范畴应用于自然界，就是自然哲学；而最后，把它们应用于人类，就是黑格尔叫做精神哲学的东西。这样，杜林这套序列的“内在的逻辑次序”就“自然而然地”引导我们回到了黑格尔的《全书》，它如此忠实地抄袭《全书》，竟使黑格尔学派的永世流浪的犹太人柏林的米希勒教授①感激涕零。

恩格斯：《反杜林论》（1876年9月—1878年6月），《马克思恩格斯文集》第9卷，人民出版社2009年版，第37—38页。

**33. 杜林先生不得不一再把有意识的行动方式，即直截了当地叫做上帝的东西，硬塞给自然界**

如果完全自然主义地把“意识”、“思维”当做某种现成的东西，当做一开始就和存在、自然界相对立的东西，那么结果总是如此。如果这样，那么意识和自然，思维和存在，思维规律和自然规律如此密切地相适应，就非常奇怪了。可是，如果进一步问：究竟什么是思维和意识，它们是从哪里来的，那么就会发现，它们都是人脑的产物，而人本身是自然界的产物，是在自己所处的环境中并且和这个环境一起发展起来的；这里不言而喻，归根到底也是自然界产物的人脑的产物，并不同自然界的其他联系相矛盾，而是相适应的。②

但是，杜林先生不允许自己这样简单地对待问题。他不仅以人类的名义来思维——这本身已经是件相当了不起的事情——，而且以一切天体上的有意识的和能思维的生物的名义来思维。

> 其实，“如果想通过‘人的’这个修饰语来排除或者哪怕只是怀疑意识和知识的基本形式的至上的意义和它们的无条件的真理权，那么这就贬低了这些基本形式”。

---

① 恩格斯称卡·米希勒为“黑格尔学派的永世流浪的犹太人”，显然是由于米希勒始终不渝地笃信被肤浅理解的黑格尔主义。例如，1876年，米希勒开始出版五卷集的《哲学体系》，其总的结构完全是模仿黑格尔的《哲学全书纲要》。见卡·米希勒《作为精确科学的哲学体系（包括逻辑、自然哲学和精神哲学）》1876—1881年第1—5卷。

② 1885年准备出版《反杜林论》第二版时，恩格斯曾经打算在这个地方加一条注释，后来，他把这条注释的草稿（《关于现实世界中数学上的无限之原型》）收入《自然辩证法》（见本卷第538—544页）。

因此，为了使人们不致怀疑其他某个天体上二乘二等于五，杜林先生就不能把思维称做人的思维，因而只好使思维脱离唯一的真实的基础，即脱离人和自然界，而在我们看来思维是在这个基础上产生的；于是杜林先生就绝望地陷入使他以“模仿者”黑格尔的模仿者的面目出现的那种意识形态里。附带说一下，我们还要更加频繁地在其他天体上欢迎杜林先生。

不言而喻，在这样的意识形态的基础上是不可能建立任何唯物主义学说的。我们以后会看到，杜林先生不得不一再把有意识的行动方式，即直截了当地叫做上帝的东西，硬塞给自然界。

此外，我们的现实哲学家把全部现实的基础从现实世界搬到思想世界，还有另一种动机。关于这种一般世界模式论、关于这种存在的形式原则的科学，正是杜林先生的哲学的基础。如果世界模式论不是从头脑中，而仅仅是通过头脑从现实世界中得来的，如果存在的原则是从实际存在的事物中得来的，那么为此我们所需要的就不是哲学，而是关于世界和世界中所发生的事情的实证知识；由此产生的也不是哲学，而是实证科学。但是这样一来，杜林先生的整部著作就是徒劳无益的东西了。

恩格斯：《反杜林论》（1876 年 9 月—1878 年 6 月），《马克思恩格斯文集》第 9 卷，人民出版社 2009 年版，第 38—40 页。

**34. 世界体系的每一个思想映象，总是在客观上受到历史状况的限制，在主观上受到得出该思想映象的人的肉体状况和精神状况的限制**

其次，既然这样的哲学已不再需要，那么任何体系，甚至哲学的自然体系也就不再需要了。关于自然界所有过程都处在一种系统联系中的认识，推动科学到处从个别部分和整体上去证明这种系统联系。但是，对这种联系作恰当的、毫无遗漏的、科学的陈述，对我们所处的世界体系形成精确的思想映象，这无论对我们还是对所有时代来说都是不可能的。如果在人类发展的某一时期，这种包括世界各种联系——无论是物质的联系还是精神的和历史的联系——的最终完成的体系建立起来了，那么，人的认识的领域就从此完结，而且从社会按照那个体系来安排的时候起，未来的历史的进一步发展就中断了，——这是荒唐的想法，是纯粹的胡说。这样人们就碰到一个矛盾：一方面，要毫无遗漏地从所有的联系中去认识世界体系；另一方面，无论是从人们的本性或世界体系的本性来说，这个任务是永远不能完全解决的。但是，这个矛盾不仅存在于世界和人这两个因素的本性中，而且还是所有智力进步的主要杠杆，它在人类的无限的前进发展中一天天不断得到解决，这正像某些数学课题在无穷级数或连分数中得到解答一样。事实上，世界体系的每一个思想映象，总是在客观上受到历史状况的限制，在主观上受到得出该思想映象的人的肉体状况和精神状况的限制。可是杜林先生一开始就宣布，他的思维方式是排除受主观主义限制的世界观的任何趋向的。我们在前面已经看到，杜林先生是无所不在的——在一切可能的天体上。现在我们又看到，他是无所不知的。他解决了科学的最终课题，从而封闭了一切科学走向未来的道路。

恩格斯：《反杜林论》（1876 年 9 月—1878 年 6 月），《马克思恩格斯文集》第 9 卷，人民出版社 2009 年版，第 40 页。

**35. 和其他各门科学一样，数学是从人的需要中产生的**

杜林先生认为，和存在的基本形式一样，全部纯数学也可以先验地，即不利用外部世界给我们提供的经验而从头脑中构思出来。

> 在纯数学中，知性所处理的是“它自己的自由创造物和想象物”；数和形的概念“对纯数学来说是足够的并且是由它自己创造的对象”，所以纯数学具有“不依赖于特殊经验和世界现实内容的意义”。

纯数学具有不依赖于任何个人的特殊经验的意义，这当然是正确的，而且这也适用于各门科学的所有已经确定的事实，甚至适用于所有的事实。磁有两极；水是由氢和氧化合成；黑格尔死了，而杜林先生还活着；——这些事实都不依赖于我的或其他个人的经验，甚至也不依赖于杜林先生的经验，如果他酣然入睡的话。但是在纯数学中知性决不是只处理自己的创造物和想象物。数和形的概念不是从其他任何地方，而是从现实世界中得来的。人们用来学习计数即做第一次算术运算的十个指头，可以是任何别的东西，但总不是知性的自由创造物。为了计数，不仅要有可以计数的对象，而且还要有一种在考察对象时撇开它们的数以外的其他一切特性的能力，而这种能力是长期的以经验为依据的历史发展的结果。和数的概念一样，形的概念也完全是从外部世界得来的，而不是在头脑中由纯思维产生出来的。必须先存在具有一定形状的物体，把这些形状加以比较，然后才能构成形的概念。纯数学是以现实世界的空间形式和数量关系，也就是说，以非常现实的材料为对象的。这种材料以极度抽象的形式出现，这只能在表面上掩盖它起源于外部世界。但是，为了对这些形式和关系能够从它们的纯粹状态来进行研究，必须使它们完全脱离自己的内容，把内容作为无关重要的东西放在一边；这样就得到没有长宽高的点，没有厚度和宽度的线，a 和 b 与 x 和 y，常数和变数；只是在最后才得到知性自身的自由创造物和想象物，即虚数。甚至数学上各种数量的表面上的相互导出，也并不证明它们的先验的来源，而只是证明它们的合理的联系。矩形绕自己的一边旋转而得到圆柱形，在产生这样的观念以前，一定先研究了一些现实的矩形和圆柱形，即使它们在形状上还很不完全。和其他各门科学一样，数学是从人的需要中产生的，如丈量土地和测量容积，计算时间和制造器械。但是，正像在其他一切思维领域中一样，从现实世界抽象出来的规律，在一定的发展阶段上就和现实世界脱离，并且作为某种独立的东西，作为世界必须遵循的外来的规律而同现实世界相对立。社会和国家方面的情形是这样，纯数学也正是这样，它在以后被应用于世界，虽然它是从这个世界得出来的，并且只表现世界的构成形式的一部分——正是仅仅因为这样，它才是可以应用的。

但是杜林先生以为，他不需要任何经验的填加料，就可以从那些“按照纯粹逻辑的观点既不可能也不需要论证”的数学公理中推导出全部纯数学，然后把它应用于世界，同样，他以为，他可以先从头脑中制造出存在的基本形式、一切知识的简单的成分、哲学的公理，再从它们中推导出全部哲学或世界模式论，并把自己的这一宪法钦定赐给自然界和人类世界。可惜，自然界根本不是由 1850 年曼托伊费尔的普鲁士人①组成的，而人类世界也只有极其微小的一部分才是由他们组成的。

数学公理是数学不得不从逻辑学那里借用的极其贫乏的思想内容的表现。它们可以归结为以下两条：1. 整体大于部分。……2. 如果两个数量等于第三个数量，那么它们彼此相等。……

不论在数学中还是在别的领域中，这样贫乏的命题都是无济于事的。为了继续前进，我们必须引入真实的关系，来自现实物体的关系和空间形

① 暗指普鲁士人奴仆般的顺从态度，他们通过了 1848 年 12 月 5 日在解散普鲁士制宪议会的同时由国王钦定（“恩赐”）的宪法。这部由反动大臣奥·曼托伊费尔参与制定的宪法于 1850 年 1 月 31 日经弗里德里希-威廉四世最后批准。

式。线、面、角、多角形、立方体、球体等等观念都是从现实中得来的，只有陷入幼稚意识形态的人，才会相信数学家的话：第一条线是由点在空间的运动产生的，第一个面是由线的运动产生的，第一个立体是由面的运动产生的，如此等等。这种说法甚至也遭到语言的反驳。一个具有三维的数学图形叫做立体，corpus solidum，就是说在拉丁文中这个词甚至是指可以触摸到的物体，所以这个名称决不是从知性的自由想象中得来的，而是从确凿的现实中得来的。

恩格斯：《反杜林论》（1876 年 9 月—1878 年 6 月），《马克思恩格斯文集》第 9 卷，人民出版社 2009 年版，第 40—43 页。

**36. 企图以思维和存在的同一性去证明任何思维产物的现实性，这正是一个叫做黑格尔的人所说的最荒唐的热昏的胡话之一**

如果我们要原原本本地叙述他的思想过程，那么它就是：我从存在开始。因此我思考着存在。关于存在的思想是统一的。但是思维和存在必须互相协调，互相适应，“互相一致”。因此，在现实中存在也是统一的。因此，任何“彼岸性”都是不存在的。但是，如果杜林先生这样不加掩饰地说出来，而不用上述那些极端玄妙的话来款待我们，那么他的意识形态就昭然若揭了。企图以思维和存在的同一性去证明任何思维产物的现实性，这正是一个叫做黑格尔的人所说的最荒唐的热昏的胡话之一。

即使杜林先生的全部论证都是对的，他也没有从唯灵论者那里赢得一寸阵地。唯灵论者简短地回答他说：我们也认为世界是单一的；只有从我们的特殊世俗的、原罪的观点来看，才有此岸和彼岸之分；全部存在就其本身说来，就是说，在上帝那里，是统一的。他们将陪着杜林先生到他所喜爱的其他天体上去，指给他看一个或几个天体，那里没有原罪，所以那里也没有此岸和彼岸的对立，世界的统一性是信仰的要求。

在这个问题上最可笑的是，杜林先生为了用存在的概念去证明上帝不存在，却运用了证明上帝存在的本体论论证法。这种论证法说：当我们思考着上帝时，我们是把他作为一切完美性的总和来思考的。但是，归入一切完美性的总和的，首先是存在，因为不存在的东西必然是不完美的。因此我们必须把存在算在上帝的完美性之内。因此上帝一定存在。——杜林先生正是这样论证的：当我们思考着存在的时候，我们是把它作为一个概念来思考的。综合在一个概念中的东西是统一的。因此，如果存在不是统一的，那么它就不符合它本身的概念。所以它一定是统一的。所以上帝是不存在的，如此等等。

恩格斯：《反杜林论》（1876年9月—1878年6月），《马克思恩格斯文集》第9卷，人民出版社2009年版，第46—47页。

**37. 世界的真正的统一性在于它的物质性**

当我们说到存在，并且仅仅说到存在的时候，统一性只能在于：我们所说的一切对象都是存在的、实有的。它们被综合在这种存在的统一性中，而不在任何别的统一性中；说它们都是存在的这个一般性论断，不仅不能赋予它们其他共同的或非共同的特性，而且暂时排除了对所有这些特性的考虑。因为只要我们离开存在是所有这些事物的共同点这一简单的基本事实，哪怕离开一毫米，这些事物的差别就开始出现在我们眼前。至于这些差别是否在于一些是白的，另一些是黑的，一些是有生命的，另一些是无生命的，一些是所谓此岸的，另一些是所谓彼岸的，那我们是不能根据把单纯的存在同样地加给一切事物这一点来作出判断的。

世界的统一性并不在于它的存在，尽管世界的存在是它的统一性的前提，因为世界必须先存在，然后才能是统一的。在我们的视野的范围之外，存在甚至完全是一个悬而未决的问题。世界的真正的统一性在于它的物质性，而这种物质性不是由魔术师的三两句话所证明的，而是由哲学和自然科学的长期的和持续的发展来证明的。

恩格斯：《反杜林论》（1876年9月—1878年6月），《马克思恩格斯文集》第9卷，人民出版社2009年版，第47页。

**38. 所以现实哲学在这里也是纯粹的意识形态，它不是从现实本身推导出现实，而是从观念推导出现实**

我们已经不止一次地领教了杜林先生的方法。他的方法就是：把每一类认识对象分解成它们的所谓最简单的要素，把同样简单的所谓不言而喻的公理应用于这些要素，然后再进一步运用这样得出的结论。社会生活领域内的问题也

> “应当从单个的、简单的基本形式上，按照公理来解决，正如对待简单的……数学基本形式一样。”

这样，数学方法在历史、道德和法方面的应用，应当在这些领域内使所获结果的真理性也具有数学的确实性，使这些结果具有真正的不变的真理的性质。

这不过是过去有人爱用的意识形态的或者也称为先验主义的方法的另一种说法，这一方法是：不是从对象本身去认识某一对象的特性，而是从对象的概念中逻辑地推导出这些特性。首先，从对象构成对象的概念；然后颠倒过来，用对象的映象即概念去衡量对象。这时，不是概念应当和对象相适应，而是对象应当和概念相适应了。在杜林先生那里，他所能得到的最简单的要素，终极的抽象，执行着概念的职能，可是这丝毫没有改变事情的实质；这种最简单的要素，最多只带有纯粹概念的性质。所以现实哲学在这里也是纯粹的意识形态，它不是从现实本身推导出现实，而是从观念推导出现实。

当这样一位意识形态家不是从他周围的人们的现实社会关系中，而是从"社会"的概念或所谓最简单的要素中构造出道德和法的时候，可用于这种构造的材料是什么呢？显然有两种：第一，是在那些被当做基础的抽象中可能存在的现实内容的一点点残余，第二，是我们这位意识形态家从他自己的意识中再次带入的内容。而他在自己的意识中发现了什么呢？绝大部分是道德和法的观点，这些观点或多或少地是他所处的社会关系和政治关系的相应表现——肯定的或否定的，得到赞同的或遭到反对的；其次或许是从有关的文献上抄来的看法；最后，可能还有个人的狂想。我们的意识形态家可以随心所欲地要花招，他从大门扔出去的历史现实，又从窗户进来了，而当他以为自己制定了适用于一切世界和一切时代的伦理学说和法的学说的时候，他实际上是为他那个时代的保守潮流或革命潮流制作了一幅因脱离现实基础而扭曲的、像在凹面镜上反映出来的头足倒置的画像。

恩格斯：《反杜林论》（1876 年 9 月—1878 年 6 月），《马克思恩格斯文集》第 9 卷，人民出版社 2009 年版，第 101—102 页。

### 39. 一个社会的分配总是同这个社会的物质生存条件相联系

可是分配并不仅仅是生产和交换的消极的产物；它反过来也影响生产和交换。每一种新的生产方式或交换形式，在一开始的时候都不仅受到旧的形式以及与之相适应的政治设施的阻碍，而且也受到旧的分配方式的阻碍。新的生产方式和交换形式必须经过长期的斗争才能取得和自己相适应的分配。但是，某种生产方式和交换方式越是活跃，越是具有成长和发展的能力，分配也就越快地达到超过它的母体的阶段，达到同当时的生产方式和交换方式发生冲突的阶段。前面已经说过的古代自然形成的公社，在同外界的交往使它们内部产生财产上的差别从而发生解体以前，可以存在几千年，例如在印度人和斯拉夫人那里直到现在还是这样。现代资本主义生产则相反，它存在还不到300年，而且只是从大工业出现以来，即100年以来，才占据统治地位，而在这个短短的时期内它已经造成了分配上的对立——一方面，资本积聚于少数人手中，另一方面，一无所有的群众集中在大城市——，因此它必然要走向灭亡。

一个社会的分配总是同这个社会的物质生存条件相联系，这如此合乎事理，以致经常在人民的本能上反映出来。当一种生产方式处在自身发展的上升阶段的时候，甚至在和这种生产方式相适应的分配方式下吃了亏的那些人也会欢迎这种生产方式。大工业兴起时期的英国工人就是如此。不仅如此，当这种生产方式对于社会还是正常的时候，满意于这种分配的情绪，总的来说，会占支配的地位；那时即使发出了抗议，也只是从统治阶级自身中发出来（圣西门、傅立叶、欧文），而在被剥削的群众中恰恰得不到任何响应。只有当这种生产方式已经走完自身的没落阶段的颇大一段行程时，当它多半已经过时的时候，当它的存在条件大部分已经消失而它的后继者已经在敲门的时候——只有在这个时候，这种越来越不平等的分配，才被认为是非正义的，只有在这个时候，人们才开始从已经过时的事实出发诉诸所谓永恒正义。这种诉诸道德和法的做法，在科学上丝毫不能把我们推向前进；道义上的愤怒，无论多么入情入理，经济科学总不能把它看做证据，而只能看做象征。相反，经济科学的任务在于：证明现在开始显露出来的社会弊病是现存生产方式的必然结果，同时也是这一生产方式快要瓦解的征兆，并且从正在瓦解的经济运动形式内部发现未来的、能够消除这些弊病的、新的生产组织和交换组织的因素。

恩格斯：《反杜林论》（1876年9月—1878年6月），《马克思恩格斯文集》第9卷，人民出版社2009年版，第155—156页。

**40. 只是通过“经济状况”的改变，而政治状态的改变则是或早或迟，或自愿或经过斗争随之发生的**

历史地说，这个进程是资产阶级的发展史。如果“政治状态是经济状况的决定性的原因”，那么，现代资产阶级就不应当是在反对封建制度的斗争中发展起来的，而应当是封建制度自愿生产的宠儿。任何人都知道，实际情形正好相反。资产阶级起初是一个被压迫的等级，它不得不向进行统治的封建贵族交纳贡税，它由各种各样的依附农和农奴补充自己的队伍，它在反对贵族的不断斗争中占领了一个又一个的阵地，最后，在最发达的国家中取代了贵族的统治；在法国它直接推翻了贵族，在英国它逐步地使贵族资产阶级化，并把贵族同化，作为它自己装潢门面的上层。它是怎样达到这个地步的呢？只是通过“经济状况”的改变，而政治状态的改变则是或早或迟，或自愿或经过斗争随之发生的。资产阶级反对封建贵族的斗争是城市反对乡村、工业反对地产、货币经济反对自然经济的斗争，在这一斗争中，资产者的决定性的武器是他们的经济上的权力手段，这些手段由于工业（起初是手工业，后来扩展成为工场手工业）的发展和商业的扩展而不断增长起来。在这整个斗争中，政治暴力始终在贵族方面，只有一个时期是例外，那时王权利用资产阶级反对贵族，以便利用一个等级去控制另一个等级；但是，自从政治上还软弱无力的资产阶级因其经济力量的增长而开始变得危险起来的时候起，王权又和贵族联合起来，因而起初在英国随后在法国引起了资产阶级的革命。在法国，在“政治状态”还没有发生变化的时候，“经济状况”已经发展得超过它了。就政治状态来说，贵族拥有一切，资产者一无所有；可是就社会状况来说，那时资产者是国家里最重要的阶级，而贵族已经丧失了他们的全部社会职能，他们只是继续取得固定收入，以作为失去这些职能的补偿。不仅如此，资产阶级在他们的全部生产中，还受到早已被这种生产（不但被工场手工业，而且甚至被手工业）所超过的中世纪封建政治形式的箝制，受到所有那些已经成为生产的障碍和桎梏的无数行会特权以及各地和各省的关税壁垒的箝制。资产阶级的革命结束了这种状况。但是，革命不是按照杜林先生的原则，使经济状况适应政治状态（贵族和王权在长时期内正是枉费心机地企图这样做的），而是相反，把陈腐的政治废物抛开，并造成使新的“经济状况”能够存在和发展的政治状态。“经济状况”在这个与之适合的政治和法的氛围中蓬勃地发展起来，以致资产阶级已经接近贵族在 1789 年所处的地位了：它不仅日益成为社会的多余，而且日益成为社会的障碍；它日益脱离生产活动，日益像旧时的贵族那样成为一个只收取固定收入的阶级；它不是用任何暴力的戏法，而是以纯经济的方法，实现了它自己的地位的变革，并造成了新的阶级，即无产阶级。此外，它决不愿意它自己的行为和活动产生这样的结果，相反，这种结果是在违背它的意志和愿望的情况下以不可抗拒的力量实现的；它拥有的生产力发展得超过了它的驾驭能力，好似以自然的必然性把整个资产阶级社会推向毁灭，或者推向变革。资产者现在求助于暴力，以挽救日趋瓦解的"经济状况"免于崩溃，他们这样做只是证明：他们陷入了杜林先生陷入的那条迷途，以为"政治状态是经济状况的决定性的原因"，他们完全和杜林先生一样想入非非，以为用"本原的东西"，用"直接的政治暴力"就能改造那些"次等的事实"，即经济状况及其不可避免的发展，用克虏伯炮和毛瑟枪就能把蒸汽机和由它推动的现代机器的经济结果，把世界贸易以及现代银行和信用的发展的经济结果从世界上消除掉。

恩格斯：《反杜林论》（1876 年 9 月—1878 年 6 月），《马克思恩格斯文集》第 9 卷，人民出版社 2009 年版，第 171—173 页。

**41. 暴力还是由经济状况来决定的，经济状况给暴力提供配备和保持暴力工具的手段**

目前，暴力是陆军和海军，而我们大家遗憾地知道，这两者需要"巨额的金钱"。但是暴力不能铸造金钱，它最多只能夺取已经铸造出来的金钱，而我们从法国的数十亿法郎①中同样遗憾地知道，这也没有起多大作用。因此，归根到底，金钱必须通过经济的生产才能取得；就是说，暴力还是由经济状况来决定的，经济状况给暴力提供配备和保持暴力工具的手段。但是还不仅如此。没有什么东西比陆军和海军更依赖于经济前提。装备、编成、编制、战术和战略，首先依赖于当时的生产水平和交通状况。这里起变革作用的，不是天才统帅的"知性的自由创造"，而是更好的武器的发明和士兵成分的改变；天才统帅的影响最多只限于使战斗的方式适合于新的武器和新的战士。

恩格斯：《反杜林论》（1876 年 9 月—1878 年 6 月），《马克思恩格斯文集》第 9 卷，人民出版社 2009 年版，第 174 页。

---

① 指法国在 1870—1871 年普法战争失败后根据 1871 年 5 月 10 日签订的法兰克福和约的规定，于 1871—1873 年向德国交付的 50 亿法郎赔款。

**42. 总之，在任何地方和任何时候，都是经济条件和经济上的权力手段帮助“暴力”取得胜利，没有它们，暴力就不成其为暴力**

这是我们的现代步兵史上的第一个教训。另一个教训使我们又回到杜林先生那里，这个教训是：军队的全部组织和作战方式以及与之有关的胜负，取决于物质的即经济的条件：取决于人和武器这两种材料，也就是取决于居民的质和量以及技术。只有像美国人这样的狩猎民族才能够发明散兵战，而他们之所以曾经是猎人，是由于纯经济的原因，正如今天由于纯经济的原因，旧有各州的同样的美国人已转变为农民、工业家、航海家和商人，他们不再在原始森林中进行散兵战，而是在投机的战场上更干练地进行散兵战，在那里他们在使用众多兵力方面也大有进展。——只有像在经济上解放了资产者，特别是解放了农民的法国革命那样的革命，才能找到人数众多的军队，同时给这种军队找到自由的运动形式，这种运动形式打破了旧的呆板的线式队形——它所保卫的专制主义在军事上的反映。我们在上面已经——看到，一旦技术上的进步可以用于军事目的并且已经用于军事目的，它们便立刻几乎强制地，而且往往是违反指挥官的意志而引起作战方式上的改变甚至变革。此外，战争的进行对后方的和战区的生产率和交通工具依赖到多大程度，关于这个问题，现在每一个肯用功的军士都能够向杜林先生讲清楚。总之，在任何地方和任何时候，都是经济条件和经济上的权力手段帮助“暴力”取得胜利，没有它们，暴力就不成其为暴力。谁要是想依据杜林的原则从相反的观点来改革军事，那么他除了挨揍是不会有别的结果的①。

恩格斯：《反杜林论》（1876 年 9 月—1878 年 6 月），《马克思恩格斯文集》第 9 卷，人民出版社 2009 年版，第 178—179 页。

**43. 暴力本身的“本原的东西”是经济力量**

因此，在这里我们也非常清楚地看到，决不能说“本原的东西必须从直接的政治暴力中去寻找，而不是从间接的经济力量中去寻找”。恰恰相反。暴力本身的“本原的东西”是什么呢？是经济力量，是支配大工业这一权力手段。以现代军舰为基础的海上政治暴力，表明它自己完全不是

① 在普鲁士总参谋部内，人们都已经清楚地知道这一点。总参谋部的上尉麦克斯·耶恩斯先生在一个学术报告中指出：“军事的基础首先就是人民的经济生活状况。”（1876 年 4 月 20 日《科隆日报》第 3 版）

“直接的”，而正是借助于经济力量，即冶金术的高度发展、对熟练技术人员和丰富的煤矿的支配。

恩格斯：《反杜林论》（1876 年 9 月—1878 年 6 月），《马克思恩格斯文集》第 9 卷，人民出版社 2009 年版，第 181 页。

**44. 经济发展总是毫无例外地和无情地为自己开辟道路**

由此可以清楚地看到，对于经济的发展，暴力在历史中起着什么样的作用。第一，一切政治权力起先都是以某种经济的、社会的职能为基础的，随着社会成员由于原始公社的瓦解而变为私人生产者，因而和社会公共职能的执行者更加疏远，这种权力不断得到加强。第二，政治权力在对社会独立起来并且从公仆变为主人以后，可以朝两个方向起作用。或者它按照合乎规律的经济发展的精神和方向发生作用，在这种情况下，它和经济发展之间没有任何冲突，经济发展加快速度。或者它违反经济发展而发生作用，在这种情况下，除去少数例外，它照例总是在经济发展的压力下陷于崩溃。这少数例外就是个别的征服事件：比较野蛮的征服者杀光或者驱逐某个地方的居民，并且由于不会利用生产力而使生产力遭到破坏或衰落下去。例如在摩尔西班牙，基督徒就是这样对待摩尔人赖以从事高度发展的农业和园艺业的大部分灌溉工程的。由比较野蛮的民族进行的每一次征服，不言而喻，都阻碍了经济的发展，摧毁了大批的生产力。但是在长时期的征服中，比较野蛮的征服者，在绝大多数情况下，都不得不适应由于征服而面临的比较高的“经济状况”；他们为被征服者所同化，而且多半甚至不得不采用被征服者的语言。但是，如果撇开征服的情况不谈，当某一个国家内部的国家政权同它的经济发展处于对立地位的时候——直到现在，几乎一切政治权力在一定的发展阶段上都是这样——，斗争每次总是以政治权力被推翻而告终。经济发展总是毫无例外地和无情地为自己开辟道路，最近这方面最显著的例子，就是我们已经提到过的法国大革命。如果根据杜林先生的学说，某个国家的经济状况以及与此相关的经济制度完全依赖于政治暴力，那就根本不能理解，为什么弗里德里希-威廉四世在 1848 年之后，尽管有“英勇军队”①，却不能把中世纪的行会制度和其他浪漫的狂

① 引自弗里德里希-威廉四世给普鲁士军队的新年文告（1849 年 1 月 1 日）。1849 年以来，这一用语就在革命的工人运动中被用来表示普鲁士德意志的军国主义行为。对这一文告的批判，见马克思《新年贺词》（《马克思恩格斯全集》中文第 1 版第 6 卷第 186—192 页）。

念，嫁接到本国的铁路、蒸汽机以及刚刚开始发展的大工业上去；或者为什么强暴得多的俄国沙皇①不但不能偿付他的债务，而且如果不利用西欧的“经济状况”不断借债，甚至不能保持他的“暴力”。

恩格斯：《反杜林论》（1876年9月—1878年6月），《马克思恩格斯文集》第9卷，人民出版社2009年版，第190—191页。

**45. 一切社会变迁和政治变革的终极原因，不应当到人们的头脑中，到人们对永恒的真理和正义的日益增进的认识中去寻找，而应当到生产方式和交换方式的变更中去寻找；不应当到有关时代的哲学中去寻找，而应当到有关时代的经济中去寻找**

唯物主义历史观从下述原理出发：生产以及随生产而来的产品交换是一切社会制度的基础；在每个历史地出现的社会中，产品分配以及和它相伴随的社会之划分为阶级或等级，是由生产什么、怎样生产以及怎样交换产品来决定的。所以，一切社会变迁和政治变革的终极原因，不应当到人们的头脑中，到人们对永恒的真理和正义的日益增进的认识中去寻找，而应当到生产方式和交换方式的变更中去寻找；不应当到有关时代的哲学中去寻找，而应当到有关时代的经济中去寻找。对现存社会制度的不合理性和不公平、对“理性化为无稽，幸福变成苦痛”② 的日益觉醒的认识，只是一种征兆，表示在生产方法和交换形式中已经不知不觉地发生了变化，适合于早先的经济条件的社会制度已经不再同这些变化相适应了。同时这还说明，用来消除已经发现的弊病的手段，也必然以或多或少发展了的形式存在于已经发生变化的生产关系本身中。这些手段不应当从头脑中发明出来，而应当通过头脑从生产的现成物质事实中发现出来。

那么，照此看来，现代社会主义是怎么回事呢？

现在大家几乎都承认，现存的社会制度是由现在的统治阶级即资产阶级创立的。资产阶级所固有的生产方式（从马克思以来称为资本主义生产方式），是同封建制度的地方特权、等级特权以及相互的人身束缚不相容的；资产阶级摧毁了封建制度，并且在它的废墟上建立了资产阶级的社会制度，建立了自由竞争、自由迁徙、商品占有者平等的王国，以及其他一切资产阶级的美妙东西。资本主义生产方式现在可以自由发展

---

① 亚历山大二世。

② 歌德《浮士德》第1部第4场《书斋》。

了。自从蒸汽和新的工具机把旧的工场手工业变成大工业以后，在资产阶级领导下造成的生产力，就以前所未闻的速度和前所未闻的规模发展起来了。但是，正如从前工场手工业以及在它影响下进一步发展了的手工业同封建的行会桎梏发生冲突一样，大工业得到比较充分的发展时就同资本主义生产方式对它的种种限制发生冲突了。新的生产力已经超过了这种生产力的资产阶级利用形式；生产力和生产方式之间的这种冲突，并不是像人的原罪和神的正义的冲突那样产生于人的头脑中，而是存在于事实中，客观地、在我们之外，甚至不依赖于引起这种冲突的那些人的意志或行动而存在着。现代社会主义不过是这种实际冲突在思想上的反映，是它在头脑中，首先是在那个直接吃到它的苦头的阶级即工人阶级的头脑中的观念上的反映。

恩格斯：《反杜林论》（1876 年 9 月—1878 年 6 月），《马克思恩格斯文集》第 9 卷，人民出版社 2009 年版，第 283—285 页。

**46. 这种解决只能是在事实上承认现代生产力的社会本性，因而也就是使生产、占有和交换的方式同生产资料的社会性质相适应**

这种解决只能是在事实上承认现代生产力的社会本性，因而也就是使生产、占有和交换的方式同生产资料的社会性质相适应。而要实现这一点，只有由社会公开地和直接地占有已经发展到除了适于社会管理之外不适于任何其他管理的生产力。现在，生产资料和产品的社会性质反过来反对生产者本身，周期性地突破生产方式和交换方式，并且只是作为盲目起作用的自然规律强制性地和破坏性地为自己开辟道路，而随着社会占有生产力，这种社会性质就将为生产者完全自觉地运用，并且从造成混乱和周期性崩溃的原因变为生产本身的最有力的杠杆。

恩格斯：《反杜林论》（1876 年 9 月—1878 年 6 月），《马克思恩格斯文集》第 9 卷，人民出版社 2009 年版，第 295—296 页。

**47. 甚至达尔文学派的唯物主义自然科学家们对于人类的产生也不能提出明确的看法，因为他们在那种意识形态的影响下，认识不到劳动在这中间所起的作用**

由于手、说话器官和脑不仅在每个人身上，而且在社会中发生共同作用，人才有能力完成越来越复杂的动作，提出并达到越来越高的目的[1]。劳动本身经过一代又一代变得更加不同、更加完善和更加多方面了。除打猎和畜牧外，又有了农业，农业以后又有了纺纱、织布、冶金、制陶和航海。伴随着商业和手工业，最后出现了艺术和科学；从部落发展成了民族和国家。法和政治发展起来了，而且和它们一起，人间事物在人的头脑中的虚幻的反映——宗教，也发展起来了。在所有这些起初表现为头脑的产物并且似乎支配着人类社会的创造物面前，劳动的手的较为简陋的产品退到了次要地位；何况能作出劳动计划的头脑在社会发展的很早的阶段上（例如，在简单的家庭中），就已经能不通过自己的手而是通过别人的手来完成计划好的劳动了。迅速前进的文明完全被归功于头脑，归功于脑的发展和活动；人们已经习惯于用他们的思维而不是用他们的需要来解释他们的行为（当然，这些需要是反映在头脑中，是进入意识的）。这样，随着时间的推移，便产生了唯心主义世界观，这种世界观，特别是从古典古代世界没落时起，就支配着人的头脑。它现在还非常有力地支配着人的头脑，甚至达尔文学派的唯物主义自然科学家们对于人类的产生也不能提出明确的看法，因为他们在那种意识形态的影响下，认识不到劳动在这中间所起的作用。

恩格斯：《自然辩证法》（1873—1882 年），《马克思恩格斯文集》第 9 卷，人民出版社 2009 年版，第 557—558 页。

**48. 直接的物质的生活资料的生产，从而一个民族或一个时代的一定的经济发展阶段，便构成基础，人们的国家设施、法的观点、艺术以至宗教观念，就是从这个基础上发展起来的，因而，也必须由这个基础来解释**

正像达尔文发现有机界的发展规律一样，马克思发现了人类历史的发展规律，即历来为繁芜丛杂的意识形态所掩盖着的一个简单事实：人们首先必须吃、喝、住、穿，然后才能从事政治、科学、艺术、宗教等等；所以，直接的物质的生活资料的生产，从而一个民族或一个时代的一定的经济发展阶段，便构成基础，人们的国家设施、法的观点、艺术以至宗教观念，就是从这个基础上发展起来的，因而，也必须由这个基础来解释，而

[1] 恩格斯在此处手稿的页边上写着："感觉器官"。——编者注。

不是像过去那样做得相反。

恩格斯：《在马克思墓前的讲话》(1883 年 3 月 18 日前后)，《马克思恩格斯文集》第 3 卷，人民出版社 2009 年版，第 601 页。

**49. 历史中的决定性因素，归根结底是直接生活的生产和再生产**

根据唯物主义观点，历史中的决定性因素，归根结底是直接生活的生产和再生产。但是，生产本身又有两种。一方面是生活资料即食物、衣服、住房以及为此所必需的工具的生产；另一方面是人自身的生产，即种的繁衍。一定历史时代和一定地区内的人们生活于其下的社会制度，受着两种生产的制约：一方面受劳动的发展阶段的制约，另一方面受家庭的发展阶段的制约。劳动越不发展，劳动产品的数量，从而社会的财富越受限制，社会制度就越在较大程度上受血族关系的支配。

恩格斯：《家庭、私有制和国家的起源》(1884 年 3 月底—5 月底)，《马克思恩格斯文集》第 4 卷，人民出版社 2009 年版，第 15—16 页。

**50. 政治的、法律的、宗教的、哲学的体系，一般都是如此**

摩尔根说：

“家庭是一个能动的要素；它从来不是静止不动的，而是随着社会从较低阶段向较高阶段的发展，从较低的形式进到较高的形式。反之，亲属制度却是被动的；它只是把家庭经过一个长久时期所发生的进步记录下来，并且只是在家庭已经根本变化了的时候，它才发生根本的变化。”

“同样”，马克思补充说，“政治的、法律的、宗教的、哲学的体系，一般都是如此。”

恩格斯：《家庭、私有制和国家的起源》(1884 年 3 月底—5 月底)，《马克思恩格斯文集》第 4 卷，人民出版社 2009 年版，第 41 页。

**51. 什么是本原的，是精神，还是自然界？**

因此，思维对存在、精神对自然界的关系问题，全部哲学的最高问题，像一切宗教一样，其根源在于蒙昧时代的愚昧无知的观念。但是，这个问题，只是在欧洲人从基督教中世纪的长期冬眠中觉醒以后，才被十分清楚的提了出来，才获得了它的完全的意义。思维对存在的地位问题，这个在中世纪的经院哲学中也起过巨大作用的问题：什么是本原的，是精神，还是自然界？——这个问题以尖锐的形式针对着教会提了出来：世界是神创造的呢，还是从来就有的？

哲学家依照他们如何回答这个问题而分成了两大阵营。凡是断定精神对自然界说来是本原的，从而归根到底承认某种创世说的人（而创世说在哲学家那里，例如在黑格尔那里，往往比在基督教那里还要繁杂和荒唐得多)，组成唯心主义阵营。凡是认为自然界是本原的，则属于唯物主义的各种学派。

除此之外，唯心主义和唯物主义这两个用语本来没有任何别的意思，它们在这里也不是在别的意义上使用的。下面我们可以看到，如果给它们加上别的意义，就会造成怎样的混乱。

恩格斯：《路德维希·费尔巴哈和德国古典哲学的终结》(1886 年初)，《马克思恩格斯文集》第 4 卷，人民出版社 2009 年版，第 278 页。

### 52. 思维和存在的同一性问题：我们的思维能不能认识现实世界

但是，思维和存在的关系问题还有另一个方面：我们关于我们周围世界的思想对这个世界本身的关系是怎样的？我们的思维能不能认识现实世界？我们能不能在我们关于现实世界的表象和概念中正确地反映现实？用哲学的语言来说，这个问题叫做思维和存在的同一性问题，绝大多数哲学家对这个问题都作了肯定的回答。例如在黑格尔那里，对这个问题的肯定回答是不言而喻的，因为我们在现实世界中所认识的，正是这个世界的思想内容，也就是那种使世界成为绝对观念的逐步实现的东西，这个绝对观念是从来就存在的，是不依赖于世界并且先于世界而在某处存在的；但是思维能够认识那一开始就已经是思想内容的内容，这是十分明显的。同样明显的是，在这里，要证明的东西已经默默地包含在前提里面了。但是，这决不妨碍黑格尔从他的思维和存在的同一性的论证中作出进一步的结论：他的哲学因为对他的思维来说是正确的，所以也就是唯一正确的；而思维和存在的同一性要得到证实，人类就要马上把他的哲学从理论转移到实践中去，并按照黑格尔的原则来改造整个世界。这是他和几乎所有的哲学家所共有的幻想。

但是，此外，还有其他一些哲学家否认认识世界的可能性，或者至少是否认彻底认识世界的可能性。在近代哲学家中，休谟和康德就属于这一类，而他们在哲学的发展上是起过很重要的作用的。对驳斥这一观点具有决定性的东西，凡是从唯心主义观点出发所能说的，黑格尔都已经说了；费尔巴哈所增加的唯物主义的东西，与其说是深刻的，不如说是机智的。对这些以及其他一切哲学上的怪论的最令人信服的驳斥是实践，即实验和工业。既然我们自己能够制造出某一自然过程，按照它的条件把它生产出来，并使它为我们的目的服务，从而证明我们对这一过程的理解是正确的，那么康德的不可捉摸的“自在之物”就完结了。动植物体内所产生的化学物质，在有机化学开始把它们——制造出来以前，一直是这种“自在之物”；一旦把它们制造出来，“自在之物”就变成为我之物了，例如茜草的色素——茜素，我们已经不再从地里的茜草根中取得，而是用便宜得多、简单得多的方法从煤焦油里提炼出来了。哥白尼的太阳系学说有300年之久一直是一种假说，这个假说尽管有99%、99.9%、99.99%的可靠性，但毕竟是一种假说；而当勒维烈从这个太阳系学说所提供的数据中，不仅推算出必定存在一个尚未知道的行星，而且还推算出这个行星在太空中的位置的时候，当后来加勒确实发现了这个行星①的时候，哥白尼的学说就被证实了。如果新康德主义者企图在德国复活康德的观点，而不可知论者企图在英国复活休谟的观点（在那里休谟的观点从来没有绝迹），那么，鉴于这两种观点在理论上和实践上早已被驳倒，这种企图在科学上就是开倒车，而在实践上只是一种暗中接受唯物主义而当众又加以拒绝的羞羞答答的做法。

恩格斯：《路德维希·费尔巴哈和德国古典哲学的终结》（1886年初），《马克思恩格斯文集》第4卷，人民出版社2009年版，第278—280页。

**53. 归根结底，黑格尔的体系只是一种就方法和内容来说唯心主义地倒置过来的唯物主义**

但是，在从笛卡儿到黑格尔和从霍布斯到费尔巴哈这一长时期内，推动哲学家前进的，决不像他们所想象的那样，只是纯粹思想的力量。恰恰相反，真正推动他们前进的，主要是自然科学和工业的强大而日益迅速的进步。在唯物主义者那里，这已经是一目了然的了，而唯心主义体系也越来越加进了唯物主义的内容，力图用泛神论来调和精神和物质的对立；因此，归根结底，黑格尔的体系只是一种就方法和内容来说唯心主义地倒置

① 德国天文学家约·加勒于1846年9月23日发现了海王星。

过来的唯物主义。

恩格斯：《路德维希·费尔巴哈和德国古典哲学的终结》（1886年初），《马克思恩格斯文集》第4卷，人民出版社2009年版，第280页。

**54. 物质不是精神的产物，而精神本身只是物质的最高产物**

费尔巴哈的发展进程是一个黑格尔主义者（诚然，他从来不是完全正统的黑格尔主义者）走向唯物主义的发展进程，这一发展使他在一定阶段上同自己的这位先驱者的唯心主义体系完全决裂了。他势所必然地终于认识到，黑格尔的“绝对观念”之先于世界的存在，在世界之前就有的“逻辑范畴的预先存在”，不外是对世界之外的造物主的信仰的虚幻残余；我们自己所属的物质的、可以感知的世界，是唯一现实的；而我们的意识和思维，不论它看起来是多么超感觉的，总是物质的、肉体的器官即人脑的产物。物质不是精神的产物，而精神本身只是物质的最高产物。这自然是纯粹的唯物主义。

恩格斯：《路德维希·费尔巴哈和德国古典哲学的终结》（1886年初），《马克思恩格斯文集》第4卷，人民出版社2009年版，第281页。

**55. 机械唯物主义的局限性**

上一世纪的唯物主义主要是机械唯物主义，因为那时在所有自然科学中只有力学，而且只有固体（天上的和地上的）力学，简言之，即重力的力学，达到了某种完善的地步。化学刚刚处于幼稚的燃素说的形态中。生物学尚在襁褓中；对植物和动物的机体只作过粗浅的研究，并用纯粹机械的原因来解释；正如在笛卡儿看来动物是机器一样，在18世纪的唯物主义者看来，人是机器。仅仅运用力学的尺度来衡量化学性质的和有机性质的过程（在这些过程中，力学定律虽然也起作用，但是被其他较高的定律排挤到次要地位），这是法国古典唯物主义的一个特有的，但在当时不可避免的局限性。

这种唯物主义的第二个特有的局限性在于：它不能把世界理解为一种过程，理解为一种处在不断的历史发展中的物质。这是同当时的自然科学状况以及与此相联系的形而上学的即反辩证法的哲学思维方法相适应的。人们已经知道，自然界处在永恒的运动中。但是根据当时的想法，这种运动是永远绕着一个圆圈旋转，因而始终不会前进；它总是产生同一结果。这种想法在当时是不可避免的。康德的太阳系起源理论刚刚提出，而且还只是被看做纯粹的奇谈。地球发展史，即地质学，还完全没有人知道，而关于现今的生物是由简单到复杂的长期发展过程的结果的看法，当时还根本不可能科学地提出来。因此，对自然界的非历史观点是不可避免的。根据这一点大可不必去责备18世纪的哲学家，因为连黑格尔也有这种观点。在黑格尔看来，自然界只是观念的“外化”，它不能在时间上发展，只能在空间扩展自己的多样性，因此，它把自己所包含的一切发展阶段同时地、并列地展示出来，并且注定永远重复始终是同一的过程。黑格尔把发展是在空间以内，但在时间（这是一切发展的基本条件）以外发生的这种谬论强加于自然界，恰恰是在地质学、胚胎学、植物和动物生理学以及有机化学都已经建立起来，并且在这些新科学的基础上到处都出现了对后来的进化论的天才预想（例如歌德和拉马克）的时候。但是，体系要求这样，于是，方法为了迎合体系就不得不背叛自己。

这种非历史观点也表现在历史领域中。在这里，反对中世纪残余的斗争限制了人们的视野。中世纪被看做是千年普遍野蛮状态造成的历史的简单中断；中世纪的巨大进步——欧洲文化领域的扩大，在那里一个挨着一个形成的富有生命力的大民族，以及14世纪和15世纪的巨大的技术进步，这一切都没有被人看到。这样一来，对伟大历史联系的合理看法就不可能产生，而历史至多不过是一部供哲学家使用的例证和图解的汇集罢了。

恩格斯：《路德维希·费尔巴哈和德国古典哲学的终结》（1886年初），《马克思恩格斯文集》第4卷，人民出版社2009年版，第282—283页。

**56. 问题在于使关于社会的科学，即所谓历史科学和哲学科学的总和，同唯物主义的基础协调起来，并在这个基础上加以改造**

费尔巴哈说得完全正确：纯粹自然科学的唯物主义虽然

“是人类知识的大厦的基础，但不是大厦本身”。

因为，我们不仅生活在自然界中，而且生活在人类社会中，人类社会同自然界一样也有自己的发展史和自己的科学。因此，问题在于使关于社会的科学，即所谓历史科学和哲学科学的总和，同唯物主义的基础协调起来，并在这个基础上加以改造。但是，这一点费尔巴哈是做不到的。他虽然有“基础”，但是在这里仍然受到传统的唯心主义的束缚，这一点他自己也是承认的，他说：

"向后退时，我同唯物主义者是一致的；但是往前进时就不一致了。"

恩格斯：《路德维希·费尔巴哈和德国古典哲学的终结》（1886 年初），《马克思恩格斯文集》第 4 卷，人民出版社 2009 年版，第 284 页。

## 57. 庸人对"唯物主义"的理解

庸人把唯物主义理解为贪吃、酗酒、娱目、肉欲、虚荣、爱财、吝啬、贪婪、牟利、投机，简言之，即他本人暗中迷恋着的一切龌龊行为；而把唯心主义理解为对美德、普遍的人类爱的信仰，总之，对"美好世界"的信仰。他在别人面前夸耀这个"美好世界"，但是他自己至多只是在这样的时候才相信这个"美好世界"，这时，他由于自己习以为常的"唯物主义的"放纵而必然感到懊丧或遭到破产，并因此唱出了他心爱的歌：人是什么？一半是野兽，一半是天使。

恩格斯：《路德维希·费尔巴哈和德国古典哲学的终结》（1886 年初），《马克思恩格斯文集》第 4 卷，人民出版社 2009 年版，第 286 页。

## 58. 归根到底，就是要发现那些作为支配规律在人类社会的历史上起作用的一般运动规律

这样，自然界也被承认为历史发展过程了。而适用于自然界的，同样适用于社会历史的一切部门和研究人类的（和神的）事物的一切科学。在这里，历史哲学、法哲学、宗教哲学等等也都是以哲学家头脑中臆造的联系来代替应当在事变中去证实的现实的联系，把全部历史及其各个部分都看做观念的逐渐实现，而且当然始终只是哲学家本人所喜爱的那些观念的逐渐实现。这样看来，历史是不自觉地，但必然是为了实现某种预定的理想目的而努力，例如在黑格尔那里，是为了实现他的绝对观念而努力，而力求达到这个绝对观念的坚定不移的意向就构成了历史事变中的内在联系。这样，人们就用一种新的——不自觉的或逐渐自觉的——神秘的天意来代替现实的、尚未知道的联系。因此，在这里也完全像在自然领域里一样，应该通过发现现实的联系来清除这种臆造的人为的联系；这一任务，归根到底，就是要发现那些作为支配规律在人类社会的历史上起作用的一般运动规律。

但是，社会发展史却有一点是和自然发展史根本不相同的。在自然界中（如果我们把人对自然界的反作用撇开不谈）全是没有意识的、盲目的动力，这些动力彼此发生作用，而一般规律就表现在这些动力的相互作用

中。在所发生的任何事情中，无论在外表上看得出的无数表面的偶然性中，或者在可以证实这些偶然性内部的规律性的最终结果中，都没有任何事情是作为预期的自觉的目的发生的。相反，在社会历史领域内进行活动的，是具有意识的、经过思虑或凭激情行动的、追求某种目的的人；任何事情的发生都不是没有自觉的意图，没有预期的目的的。但是，不管这个差别对历史研究，尤其是对各个时代和各个事变的历史研究如何重要，它丝毫不能改变这样一个事实：历史进程是受内在的一般规律支配的。因为在这一领域内，尽管各个人都有自觉预期的目的，总的说来在表面上好像也是偶然性在支配着。人们所预期的东西很少如愿以偿，许多预期的目的在大多数场合都互相干扰，彼此冲突，或者是这些目的本身一开始就是实现不了的，或者是缺乏实现的手段的。这样，无数的单个愿望和单个行动的冲突，在历史领域内造成了一种同没有意识的自然界中占统治地位的状况完全相似的状况。行动的目的是预期的，但是行动实际产生的结果并不是预期的，或者这种结果起初似乎还和预期的目的相符合，而到了最后却完全不是预期的结果。这样，历史事件似乎总的说来同样是由偶然性支配着的。但是，在表面上是偶然性在起作用的地方，这种偶然性始终是受内部的隐蔽着的规律支配的，而问题只是在于发现这些规律。

恩格斯：《路德维希·费尔巴哈和德国古典哲学的终结》（1886 年初），《马克思恩格斯文集》第 4 卷，人民出版社 2009 年版，第 301—302 页。

**59. 旧唯物主义在历史领域内自己背叛了自己，因为它认为在历史领域中起作用的精神的动力是最终原因，而不去研究隐藏在这些动力后面的是什么，这些动力的动力是什么**

无论历史的结局如何，人们总是通过每一个人追求他自己的、自觉预期的目的来创造他们的历史，而这许多按不同方向活动的愿望及其对外部世界的各种各样作用的合力，就是历史。因此，问题也在于，这许多单个的人所预期的是什么。愿望是由激情或思虑来决定的。而直接决定激情或思虑的杠杆是各式各样的。有的可能是外界的事物，有的可能是精神方面的动机，如功名心、“对真理和正义的热忱”、个人的憎恶，或者甚至是各种纯粹个人的怪想。但是，一方面，我们已经看到，在历史上活动的许多单个愿望在大多数场合下所得到的完全不是预期的结果，往往是恰恰相反的结果，因而它们的动机对全部结果来说同样地只有从属的意义。另一方面，又产生了一个新的问题：在这些动机背后隐藏着的又是什么样的动力？在行动者的头脑中以这些动机的形式出现的历史原因又是什么？

旧唯物主义从来没有给自己提出过这样的问题。因此，它的历史观——如果它有某种历史观的话——本质上也是实用主义的，它按照行动的动机来判断一切，把历史人物分为君子和小人，并且照例认为君子是受骗者，而小人是得胜者。旧唯物主义由此得出的结论是，在历史的研究中不能得到很多有教益的东西；而我们由此得出的结论是，旧唯物主义在历史领域内自己背叛了自己，因为它认为在历史领域中起作用的精神的动力是最终原因，而不去研究隐藏在这些动力后面的是什么，这些动力的动力是什么。不彻底的地方并不在于承认精神的动力，而在于不从这些动力进一步追溯到它的动因。相反，历史哲学，特别是黑格尔所代表的历史哲学，认为历史人物的表面动机和真实动机都决不是历史事变的最终原因，认为这些动机后面还有应当加以探究的别的动力；但是它不在历史本身中寻找这种动力，反而从外面，从哲学的意识形态把这种动力输入历史。例如黑格尔，他不从古希腊历史本身的内在联系去说明古希腊的历史，而只是简单地断定，古希腊的历史无非是“美好的个性形式”的制定，是“艺术作品”本身的实现。[①] 在这里，黑格尔关于古希腊人作了许多精彩而深刻的论述，但是这并不妨碍我们今天对那些纯属空谈的说明表示不满。

恩格斯：《路德维希·费尔巴哈和德国古典哲学的终结》（1886 年初），《马克思恩格斯文集》第 4 卷，人民出版社 2009 年版，第 302—303 页。

**60. 这三大阶级的斗争和它们的利益冲突是现代历史的动力，至少是这两个最先进国家的现代历史的动力**

因此，如果要去探究那些隐藏在——自觉地或不自觉地，而且往往是不自觉地——历史人物的动机背后并且构成历史的真正的最后动力的动力，那么问题涉及的，与其说是个别人物，即使是非常杰出的人物的动机，不如说是使广大群众、使整个整个的民族，并且在每一民族中间又是使整个整个阶级行动起来的动机；而且也不是短暂的爆发和转瞬即逝的火光，而是持久的、引起重大历史变迁的行动。探讨那些作为自觉的动机明显地或不明显地，直接地或以意识形态的形式，甚至以被神圣化的形式反映在行

① 参看黑格尔《历史哲学讲演录》第 2 部第 2 篇。

动着的群众及其领袖即所谓伟大人物的头脑中的动因——这是能够引导我们去探索那些在整个历史中以及个别时期和个别国家的历史中起支配作用的规律的唯一途径。使人们行动起来的一切，都必然要经过他们的头脑；但是这一切在人们的头脑中采取什么形式，这在很大程度上是由各种情况决定的。现在工人不再像 1848 年在莱茵地区那样简单地捣毁机器，但是，这决不是说，他们已经容忍按照资本主义方式应用机器。

但是，在以前的各个时期，对历史的这些动因的探究几乎是不可能的，因为它们和自己的结果的联系是混乱而隐蔽的，在我们今天这个时期，这种联系已经简化了，以致人们有可能揭开这个谜了。从采用大工业以来，就是说，至少从 1815 年签订欧洲和约以来，在英国，谁都知道，土地贵族（landed aristocracy）和资产阶级（middle class）这两个阶级争夺统治的要求，是英国全部政治斗争的中心。在法国，随着波旁王室的返国，同样的事实也被人们意识到了；复辟时期的历史编纂学家，从梯叶里到基佐、米涅和梯也尔，总是指出这一事实是理解中世纪以来法国历史的钥匙。而从 1830 年起，在这两个国家里，工人阶级即无产阶级，已被承认是为争夺统治而斗争的第三个战士。当时关系已经非常简化，只有故意闭起眼睛的人才看不见，这三大阶级的斗争和它们的利益冲突是现代历史的动力，至少是这两个最先进国家的现代历史的动力。

恩格斯：《路德维希·费尔巴哈和德国古典哲学的终结》（1886 年初），《马克思恩格斯文集》第 4 卷，人民出版社 2009 年版，第 304—305 页。

**61. 资产阶级和无产阶级这两个阶级是由于经济关系发生变化，确切些说，是由于生产方式发生变化而产生的**

但是，这些阶级是怎样产生的呢？初看起来，那种从前是封建的大土地占有制的起源，还可以（至少首先可以）归于政治原因，归于暴力掠夺，但是对于资产阶级和无产阶级，这就说不通了。在这里，显而易见，这两大阶级的起源和发展是由于纯粹经济的原因。而同样明显的是，土地占有制和资产阶级之间的斗争，正如资产阶级和无产阶级之间的斗争一样，首先是为了经济利益而进行的，政治权力不过是用来实现经济利益的手段。资产阶级和无产阶级这两个阶级是由于经济关系发生变化，确切些说，是由于生产方式发生变化而产生的。最初是从行会手工业到工场手工业的过渡，随后又是从工场手工业到使用蒸汽和机器的大工业的过渡，使这两个阶级发展起来了。在一定阶段上，资产阶级推动的新的生产力——首先是分工和许多局部工人在一个综合性手工工场里的联合——以及通过生产力发展起来的交换条件和交换需要，同现存的、历史上继承下来的而且被法律神圣化的生产秩序不相容了，就是说，同封建社会制度的行会特权以及许多其他的个人特权和地方特权（这些特权对于非特权等级来说都是桎梏）不相容了。资产阶级所代表的生产力起来反抗封建土地占有者和行会师傅所代表的生产秩序了；结局是大家都知道的：封建桎梏被打碎了，在英国是逐渐打碎的，在法国是一下子打碎的，在德国还没有完全打碎。但是，正像工场手工业在一定发展阶段上曾经同封建的生产秩序发生冲突一样，大工业现在已经同代替封建生产秩序的资产阶级生产秩序相冲突了。被这种秩序、被资本主义生产方式的狭隘范围所束缚的大工业，一方面使全体广大人民群众越来越无产阶级化，另一方面生产出越来越多的没有销路的产品。生产过剩和大众的贫困，两者互为因果，这就是大工业所陷入的荒谬的矛盾，这个矛盾必然要求通过改变生产方式来使生产力摆脱桎梏。

恩格斯：《路德维希·费尔巴哈和德国古典哲学的终结》（1886 年初），《马克思恩格斯文集》第 4 卷，人民出版社 2009 年版，第 305—306 页。

**62. 国家的意志，归根到底，是由生产力和交换关系的发展决定的**

因此，在现代历史中至少已经证明，一切政治斗争都是阶级斗争，而一切争取解放的阶级斗争，尽管它必然地具有政治的形式（因为一切阶级斗争都是政治斗争），归根到底都是围绕着经济解放进行的。因此，至少在这里，国家、政治制度是从属的东西，而市民社会、经济关系的领域是决定性的因素。从传统的观点看来（这种观点也是黑格尔所尊崇的），国家是决定的因素，市民社会是被国家决定的因素。表面现象是同这种看法相符合的。就单个人来说，他的行动的一切动力，都一定要通过他的头脑，一定要转变为他的意志的动机，才能使他行动起来，同样，市民社会的一切要求（不管当时是哪一个阶级统治着），也一定要通过国家的意志，才能以法律形式取得普遍效力。这是问题的形式方面，这方面是不言而喻的；不过要问一下，这个仅仅是形式上的意志（不论是单个人的或国家的）有什么内容呢？这一内容是从哪里来的呢？为什么人们所期望的正是这个而不是别的呢？在寻求这个问题的答案时，我们就发现，在现代历史中，国家的意志总的说来是由市民社会的不断变化的需要，是由某个阶级的优势地位，归根到底，是由生产力和交换关系的发展决定的。

但是，既然甚至在拥有巨量生产资料和交往手段的现代，国家都不是一个具有独立发展的独立领域，而它的存在和发展归根到底都应该从社会的经济生活条件中得到解释，那么，以前的一切时代就必然更是这样了，那时人们物质生活的生产还没有使用这样丰富的辅助手段来进行，因而这种生产的必要性必不可免地在更大程度上支配着人们。既然在今天这个大工业和铁路的时代，国家总的说来还只是以集中的形式反映了支配着生产的阶级的经济需要，那么，在以前的时代，国家就必然更加是这样了，那时每一代人都要比我们今天更多得多地耗费一生中的时间来满足自己的物质需要，因而要比我们今天更多地依赖于这种物质需要。对从前各个时代的历史的研究，只要在这方面是认真进行的，都会最充分地证实这一点；但是，在这里当然不能进行这种研究了。

恩格斯：《路德维希·费尔巴哈和德国古典哲学的终结》（1886年初），《马克思恩格斯文集》第4卷，人民出版社2009年版，第306—307页。

**63. 作为意识形态的国家、法、哲学和宗教**

国家作为第一个支配人的意识形态力量出现在我们面前。社会创立一个机关来保护自己的共同利益，免遭内部和外部的侵犯。这种机关就是国家政权。它刚一产生，对社会来说就是独立的，而且它越是成为某个阶级的机关，越是直接地实现这一阶级的统治，它就越独立。被压迫阶级反对统治阶级的斗争必然要变成政治的斗争，变成首先是反对这一阶级的政治统治的斗争；对这一政治斗争同它的经济基础的联系的认识，就日益模糊起来，并且会完全消失。即使在斗争参加者那里情况不完全是这样，但是在历史编纂学家那里差不多总是这样的。在关于罗马共和国内部斗争的古代史料中，只有阿庇安一人清楚而明确地告诉我们，这一斗争归根到底是为什么进行的，即为土地所有权进行的。

但是，国家一旦成了对社会来说是独立的力量，马上就产生了另外的意识形态。这就是说，在职业政治家那里，在公法理论家和私法法学家那里，同经济事实的联系就完全消失了。因为经济事实要以法律的形式获得确认，必须在每一个别场合都采取法律动机的形式，而且，因为在这里，不言而喻地要考虑到现行的整个法的体系，所以，现在法律形式就是一切，而经济内容则什么也不是。公法和私法被看做两个独立的领域，它们各有自己的独立的历史发展，它们本身都可以系统地加以说明，并需要通过彻底根除一切内部矛盾来作出这种说明。

更高的即更远离物质经济基础的意识形态，采取了哲学和宗教的形式。在这里，观念同自己的物质存在条件的联系，越来越错综复杂，越来越被一些中间环节弄模糊了。但是这一联系是存在着的。从15世纪中叶起的整个文艺复兴时期，本质上是城市的从而是市民阶级的产物，同样，从那时起重新觉醒的哲学也是如此。哲学的内容本质上仅仅是那些和中小市民阶级发展为大资产阶级的过程相适应的思想的哲学表现。在上一世纪的那些往往既是哲学家又是政治经济学家的英国人和法国人那里，这种情形是表现得很明显的，而在黑格尔学派那里，这一情况我们在上面已经说明了。

恩格斯：《路德维希·费尔巴哈和德国古典哲学的终结》（1886年初），《马克思恩格斯文集》第4卷，人民出版社2009年版，第307—309页。

**64. 现在无论在哪一个领域，都不再是从头脑中想出联系，而是从事实中发现联系了**

上面的叙述只能是对马克思的历史观的一个概述，至多还加了一些例证。证明只能由历史本身提供；而在这里我可以说，在其他著作中证明已经提供得很充分了。但是，这种历史观结束了历史领域内的哲学，正如辩证的自然观使一切自然哲学都成为不必要的和不可能的一样。现在无论在哪一个领域，都不再是从头脑中想出联系，而是从事实中发现联系了。这样，对于已经从自然界和历史中被驱逐出去的哲学来说，要是还留下什么的话，那就只留下一个纯粹思想的领域：关于思维过程本身的规律的学说，即逻辑和辩证法。

恩格斯：《路德维希·费尔巴哈和德国古典哲学的终结》（1886年初），《马克思恩格斯文集》第4卷，人民出版社2009年版，第312页。

**65. 自然神论对实际的唯物主义者来说不过是一种摆脱宗教的简便易行的方法罢了**

我很清楚，本书的内容将遭到颇大一部分英国公众的反对。但是，如果我们大陆上的人稍微顾及英国“体面人物”① 的偏见，那么我们的处境

① 发表在《新时代》杂志上的德译文，“体面人物”的后面加有“即英国庸人”。

也许更加糟糕。本书所捍卫的是我们称之为“历史唯物主义”的东西，而唯物主义这个名词是使大多数英国读者感到刺耳的。“不可知论”也许还可以容忍，但是唯物主义就完全不能容许了。

然而，从 17 世纪以来，全部现代唯物主义的发祥地正是英国。

“唯物主义是大不列颠本土的产儿，大不列颠的经院哲学家邓斯·司各脱就曾经问过自己：‘物质是否不能思维？’

为了使这种奇迹能够实现，他求助于上帝的万能，即迫使神学来宣讲唯物主义。此外，他还是一个唯名论者①。唯名论是唯物主义的最初形式，主要存在于英国经院哲学家中间。

英国唯物主义的真正始祖是培根。在他看来，自然哲学才是真正的哲学，而以感性经验为基础的物理学则是自然哲学的最重要的部分。提出种子说的阿那克萨哥拉②和提出原子论的德谟克利特，都常常被他当做权威来引证。按照他的学说，感觉是确实可靠的，是一切知识的源泉。科学都是以经验为基础的，科学就在于把理性的研究方法运用于感官所提供的材料。归纳、分析、比较、观察和实验是理性方法的主要形式。在物质固有的特性中，第一个特性而且是最重要的特性是运动，它不仅表现为物质的机械的和数学的运动，而且主要表现为物质的冲动、活力、张力，或者用雅科布·伯麦的话来说，是物质的‘痛苦’［‘Qual’］③。

唯物主义在它的第一个创始人培根那里，还包含着全面发展的萌芽。一方面，物质带着诗意的感性光辉对整个人发出微笑。另一方面，那种格言警句式的学说却还充满了神学的不彻底性。

唯物主义在以后的发展中变得片面了。霍布斯把培根的唯物主义

① 唯名论者代表中世纪哲学的一个派别。该派认为，一般的类概念只是名字，即人的思维和语言的产物，它们只能用来表明现存的单个事物。同中世纪的实在论者相反，唯名论者认为概念不是产生事物的原型，不是创造事物的源泉。因此，他们承认事物的第一性和概念的第二性。在这个意义上，唯名论是中世纪唯物主义的最初表现。

② 按照古希腊哲学家阿那克萨哥拉的学说的观点，种子是可以无限分割的、具有质的规定性的极小的物质粒子；种子是万物的本源，它们的结合构成各种不同的物体。

③ 恩格斯在这里加了一个注，而发表在《新时代》杂志上的德译文中此注被删去：“‘Qual’是哲学上的双关语。‘Qual’按字面的意思是苦闷，是一种促使人采取某种行动的痛苦；同时，神秘主义者伯麦把拉丁语‘qualitas’［质］的某些意义加进这个德国词；他的‘Qual’和外来的痛苦相反，是能动的本原，这种本原从受‘Qual’支配的事物、关系或个人的自发发展中产生出来，而反过来又推进这种发展。”

系统化了。以感觉为基础的知识失去了诗情画意，变成数学家的抽象经验；几何学被宣布为科学的女王。唯物主义变得漠视人了。为了能够在对手，即漠视人的、毫无血肉的唯灵论的领域制服这种唯灵论，唯物主义就不得不扼杀自己的肉欲，成为禁欲主义者。这样，它就从感性之物变成理智之物；可是，它因此也就发展了理智所特有的无所顾忌的全部彻底性。

作为培根的继承者，霍布斯声称，既然感性给人提供一切知识，那么我们的概念和观念就无非是摆脱了感性形式的现实世界的幻影。哲学只能为这些幻影命名。一个名称可以用于若干个幻影。甚至还可以有名称的名称。但是，一方面认为一切观念都起源于感性世界，另一方面又硬说一个词的意义不只是一个词，除了我们通过感官而知道的存在物，即全都是个别的存在物之外，还有一般的、非个别的存在物，这就是一个矛盾。无形体的实体和无形体的形体同样是荒唐的。形体、存在、实体只是同一种实在的不同名称。不能把思想同思维着的物质分开。物质是世界上发生的一切变化的基础。如果‘无限的’这个词不表示我们的精神具有无限增添补充的能力，这个词就毫无意义。因为只有物质的东西才是可以被我们感知的，所以我们对神的存在就一无所知了。只有我自己的存在才是确实可信的。人的一切激情都是有始有终的机械运动。欲求的对象是所谓的善。人和自然都服从于同样的规律。强力和自由是同一的。

霍布斯把培根的学说系统化了，但他没有论证培根关于人类的全部知识起源于感性世界的基本原理。洛克在他的《人类理智论》中对此作了论证。

霍布斯消除了培根唯物主义中的有神论的偏见；柯林斯、多德威尔、考尔德、哈特莱、普利斯特列也同样消除了洛克感觉论的最后的神学藩篱。无论如何，自然神论①对实际的唯物主义者来说不过是一种摆脱宗教的简

---

① 自然神论是一种推崇理性原则，把上帝解释为非人格的始因的宗教哲学理论，曾是资产阶级反对封建制度和正统宗教的一种理论武器，也是无神论在当时的一种隐蔽形式。这种理论反对蒙昧主义和神秘主义，认为上帝不过是“世界理性”或“有智慧的意志”，上帝在创世之后就不再干预世界事务，而让世界按它本身的规律存在和发展下去。在封建教会世界观统治的条件下，自然神论者往往站在理性主义的立场上批判中世纪的神学世界观，揭露僧侣们的寄生生活和招摇撞骗的行为。

便易行的方法罢了”[①]。

恩格斯：《〈社会主义从空想到科学的发展〉1892年英文版导言》（1892年4月20日），《马克思恩格斯文集》第3卷，人民出版社2009年版，第502—504页。

**66. 现代唯物主义起源于英国**

关于现代唯物主义起源于英国，卡尔·马克思就是这样写的。如果现在英国人对他这样赞许他们的祖先并不十分高兴，那真是太遗憾了。可是不能否认，培根、霍布斯和洛克都是杰出的法国唯物主义者学派的前辈，法国人在陆上和海上的历次战争中尽管败于德国人和英国人，但这些法国唯物主义者却使18世纪成为一个以法国为主角的世纪，这甚至比圆满结束那个世纪的法国革命还要早；这次革命的成果，我们这些身在英国和德国的局外人还总想移植哩。

这是无可否认的。在本世纪中叶，移居英国的有教养的外国人最惊奇的，是他必然会视为英国体面的中等阶级的宗教执迷和头脑愚蠢的那种现象。那时，我们都是唯物主义者，或者至少是很激进的自由思想者，我们不能理解，为什么英国几乎所有有教养的人都相信各种各样不可思议的奇迹，甚至一些地质学家，例如巴克兰和曼特尔也歪曲他们的科学上的事实，唯恐过分有悖于创世记的神话；要想找到敢于凭自己的智力思考宗教问题的人，就必须去寻访那些没有受过教育的人，当时所谓的“无知群氓”即工人，特别是去寻访那些欧文派的社会主义者。

但是从那时以来，英国已经“开化”了。1851年的博览会[②]给英国这个岛国的闭塞状态敲响了丧钟。英国在饮食、风尚和观念方面逐渐变得国际化了；这种变化之大，使我也希望英国的某些风尚和习惯能在大陆上传播，就像大陆上的其他习惯在英国传播那样。总之，随着色拉油（1851年以前只有贵族才知道）的传入，大陆上对宗教问题的怀疑论也必然传了进来，以致发展到这种地步：不可知论虽然还尚未像英国国教会那样被当做“头等货色”，但是就受人尊敬的程度而言，几乎和浸礼会是同等的，而且

① 马克思和恩格斯《神圣家族》1845年美因河畔法兰克福版第201—204页。

② 指1851年5—10月在伦敦举行的第一届世界工商业博览会。

肯定超过了“救世军”①。我时常这样想：许多人对这种越来越不信仰宗教的现象痛心疾首，咒骂谴责，可是他们如果知道这些“新奇的思想”并不是舶来品，不像其他许多日用品那样带有“德国制造”的商标，而无疑是老牌的英国货，而且他们的不列颠祖先在200年前已经走得比今天的后代子孙所敢于走的要远得多，那他们将会感到安慰吧。

恩格斯：《〈社会主义从空想到科学的发展〉1892年英文版导言》（1892年4月20日），《马克思恩格斯文集》第3卷，人民出版社2009年版，第504—505页。

**67. 不可知论是“羞羞答答的”唯物主义**

真的，不可知论如果不是（用兰开夏郡的一个富于表现力的字眼来说）“羞羞答答的”唯物主义，又是什么呢？不可知论者的自然观完全是唯物主义的。整个自然界是受规律支配的，绝对排除任何外来的干涉。可是，不可知论者又说，我们无法肯定或否定已知世界之外的某个最高存在物的存在。这种说法在拿破仑那个时代也许还有点价值，那时拿破仑曾问拉普拉斯这位伟大的天文学家，为何他的《论天体力学》② 只字不提造物主，对此，拉普拉斯曾骄傲地回答：“我不需要这个假说。”可是如今，在我们不断发展的关于宇宙的概念中绝对没有造物主或主宰者的位置；如果说，在整个现存世界之外还有一个最高存在物，这本身就是一种矛盾，而且我以为，这对信教者的情感也是一种不应有的侮辱。

我们的不可知论者也承认，我们的全部知识是以我们的感官向我们提供的报告为基础的。可是他又说：我们怎么知道我们的感官所给予我们的是感官所感知的事物的正确反映呢？然后他告诉我们：当他讲到事物或事物的特性时，他实际上所指的并不是这些他也不能确实知道的事物及其特性，而是它们对他的感官所产生的印象而已。这种论点，看来的确很难只凭论证予以驳倒。但是人们在论证之前，已经先有了行动。“起初是行动”③。在人类的才智虚构出这个难题以前，人类的行动早就解决了这个难

---

① 救世军是基督教新教的一个社会活动组织，1865年由传教士威·蒲斯创立于伦敦。1878年该组织模仿军队编制，教徒称“军兵”，教士称“军官”；1880年正式定名为“救世军”。该组织着重在下层群众中开展慈善活动，并吸收教徒。在资产阶级的大力支持下，该组织开展广泛的宗教活动，并建立了一整套慈善机构。

② 指皮·拉普拉斯《论天体力学》1799—1825年巴黎版第1—5卷。

③ 歌德《浮士德》第1部第3场《书斋》。

题。布丁的滋味一尝便知。当我们按照我们所感知的事物的特性来利用这些事物的时候，我们的感性知觉是否正确便受到准确无误的检验。如果这些知觉是错误的，我们关于能否利用这个事物的判断必然也是错误的，要想利用也决不会成功。可是，如果我们达到了我们的目的，发现事物符合我们关于该事物的观念，并产生我们所预期的效果，这就肯定地证明，在这一范围内，我们对事物及其特性的知觉符合存在于我们之外的现实。我们一旦发现失误，总是不需要很久就能找出失误的原因；我们会发现，我们的行动所依据的知觉，或者本身就是不完全的、肤浅的，或者是与其他知觉的结果不合理地混在一起——我们把这叫做有缺陷的推理。只要我们正确地训练和运用我们的感官，使我们的行动只限于正确地形成的和正确地运用的知觉所规定的范围，我们就会发现，我们行动的结果证明我们的知觉符合所感知的事物的客观本性。到目前为止，还没有一个例子迫使我们作出这样的结论：我们的经过科学检验的感性知觉，会在我们的头脑中造成一些在本性上违背现实的关于外部世界的观念；或者，在外部世界和我们关于外部世界的感性知觉之间，存在着天生的不一致。

恩格斯：《〈社会主义从空想到科学的发展〉1892 年英文版导言》（1892 年 4 月 20 日），《马克思恩格斯文集》第 3 卷，人民出版社 2009 年版，第 506—507 页。

**68. 只要你的感官使你明白这一事实，你也就完全掌握这一事物，掌握康德的那个著名的不可认识的“自在之物”了**

但是，新康德主义的不可知论者这时就说：我们可能正确地感知事物的特性，但是我们不能通过感觉过程或思维过程掌握自在之物。这个“自在之物”处于我们认识的彼岸。对于这一点，黑格尔早就回答了：如果你知道了某一事物的一切性质，你也就知道了这一事物本身；这时剩下来的便只是上述事物存在于我们之外这样一个事实；只要你的感官使你明白这一事实，你也就完全掌握这一事物，掌握康德的那个著名的不可认识的“自在之物”了。还可以补充一句：在康德的那个时代，我们对自然界事物的知识确实残缺不全，所以他可以去猜想在我们对于各个事物的少许知识背后还有一个神秘的“自在之物”。但是这些不可理解的事物，由于科学的长足进步，已经接二连三地被理解、分析，甚至重新制造出来了；我们当然不能把我们能够制造的东西当做是不可认识的。对于本世纪上半叶的化学来说，有机物正是这样的神秘的东西；现在我们不必借助有机过程，就能按照有机物的化学成分把它们一个一个地制造出来。近代化学家宣称：只要知道不管何种物体的化学结构，就可以按它的成分把它制造出来。我们现在还远没有准确地认识最高有机物即蛋白体的结构；但是没有理由说几个世纪以后我们仍不会有这种认识，并根据这种认识来制造人造蛋白。我们一旦能做到这一点，我们同时也就制造了有机生命，因为生命，从它的最低形式直到最高形式，只是蛋白体的正常的生存方式。

恩格斯：《〈社会主义从空想到科学的发展〉1892 年英文版导言》(1892 年 4 月 20 日)，《马克思恩格斯文集》第 3 卷，人民出版社 2009 年版，第 507—508 页。

**69. 不可知论者实际上也是唯物主义者**

然而，我们的不可知论者只要作出这些形式上的思想上的保留，他的言行就像十足的唯物主义者了，实际上他也是唯物主义者。他或许会说：就我们所知，物质和运动，或者如今所谓的能，是既不能创造也不能消灭的，但是我们无法证明它们不是在某一个时候创造出来的。可是，你要是想在某一特定场合下利用这种承认去反驳他，他立刻就会让你闭上嘴巴。他抽象地承认可能有唯灵论，但是他不想具体地知道是否有唯灵论。他会对你说：就我们所知道或所能知道的，并没有什么宇宙的造物主和主宰者；对我们来说，物质和能是既不能创造也不能消灭的；在我们看来，思维是能的一种形式，是脑的一种功能；我们只知道：支配物质世界的是一些不变的规律，等等。所以，当他是一个科学家的时候，当他还知道一些事情的时候，他是一个唯物主义者；可是，在他的科学以外，在他一无所知的领域中，他就把他的无知翻译成为希腊文，称之为不可知论。

恩格斯：《〈社会主义从空想到科学的发展〉1892 年英文版导言》(1892 年 4 月 20 日)，《马克思恩格斯文集》第 3 卷，人民出版社 2009 年版，第 508 页。

**70. 历史唯物主义认为，一切重要历史事件的终极原因和伟大动力是社会的经济发展，是生产方式和交换方式的改变，是由此产生的社会之划分为不同的阶级，是这些阶级彼此之间的斗争**

无论如何，这一点是清楚的：即使我是一个不可知论者，显然我也不能把这本小书概述的历史观称为“历史不可知论”。信教的人将会嘲笑我，不可知论者也将厉声质问我是否在嘲弄他们。因此，我在英语中如果也像在其他许多语言中那样用“历史唯物主义”这个名词来表达一种关于历史过程的观点，我希望英国的体面人物①不至于过分感到吃惊。这种观点认为，一切重要历史事件的终极原因和伟大动力是社会的经济发展，是生产方式和交换方式的改变，是由此产生的社会之划分为不同的阶级，是这些阶级彼此之间的斗争。

如果我证明历史唯物主义甚至对英国的体面人物也是有益的，人们对我或许还会更宽容一些。我已经说过：大约在四五十年以前，移居英国的有教养的外国人最惊奇的，是他必然会视为英国体面的中等阶级的宗教执迷和头脑愚蠢的那种现象。现在我就要证明，那时候的体面的英国中等阶级，并不像有知识的外国人所认为的那样愚蠢。这个阶级的宗教倾向是有其缘由的。

恩格斯：《〈社会主义从空想到科学的发展〉1892 年英文版导言》(1892 年 4 月 20 日)，《马克思恩格斯文集》第 3 卷，人民出版社 2009 年版，第 508—509 页。

**71. 从社会生活的各种领域中划分出经济领域，从一切社会关系中划分出生产关系，即决定其余一切关系的基本的原始的关系**

显而易见，马克思关于社会经济形态发展的自然历史过程这一基本思想，从根本上摧毁了这种以社会学自命的幼稚说教。马克思究竟是怎样得出这个基本思想的呢？他做到这一点所用的方法，就是从社会生活的各种领域中划分出经济领域，从一切社会关系中划分出生产关系，即决定其余一切关系的基本的原始的关系。

列宁：《什么是“人民之友”以及他们如何攻击社会民主党人?》(1894 年春夏)，《列宁专题文集·论辩证唯物主义和历史唯物主义》，人民出版社 2009 年版，第 158—159 页。

**72. 唯物主义提供了一个完全客观的标准，它把生产关系划为社会结构，并使人有可能把主观主义者认为不能应用到社会学上来的重复性这个一般科学标准，应用到这些关系上来**

社会成员把他们生活于其中的社会关系的总和，看做一个由某种原则所贯穿的一定的完整的东西，这是从来没有过而且现在也没有的事情；恰

---

① 在德译文中，“体面人物”后面加有“用德语来说叫做庸人”。

恰相反，大众是不自觉地适应这些关系的，而且根本不了解这些关系是特殊的历史的社会关系，例如人们在其中生活了很多世纪的交换关系，只是在最近才得到了解释。唯物主义继续深入分析，发现了人的这些社会思想本身的起源，也就消除了这个矛盾；因此，唯物主义关于思想进程取决于事物进程的结论，是唯一可与科学的心理学相容的。其次，再从另一方面说，这个假设第一次把社会学提高到科学的水平。在这以前，社会学家在错综复杂的社会现象中总是难于分清重要现象和不重要现象（这就是社会学中主观主义的根源），找不到这种划分的客观标准。唯物主义提供了一个完全客观的标准，它把生产关系划为社会结构，并使人有可能把主观主义者认为不能应用到社会学上来的重复性这个一般科学标准，应用到这些关系上来。当他们还局限于思想的社会关系（即通过人们的意识[①]而形成的社会关系）时，他们不能发现各国社会现象中的重复性和常规性，他们的科学至多不过是记载这些现象，收集素材。一分析物质的社会关系（即不通过人们的意识而形成的社会关系：人们在交换产品时彼此发生生产关系，甚至都没有意识到这里存在着社会生产关系），立刻就有可能看出重复性和常规性，把各国制度概括为社会形态这个基本概念。只有这种概括才使人有可能从记载（和从理想的观点来评价）社会现象进而以严格的科学态度去分析社会现象，譬如说，划分出一个资本主义国家和另一个资本主义国家的不同之处，研究一切资本主义国家的共同之处。

最后，第三，这个假设之所以第一次使科学的社会学的出现成为可能，还由于只有把社会关系归结于生产关系，把生产关系归结于生产力的水平，才能有可靠的根据把社会形态的发展看做自然历史过程。不言而喻，没有这种观点，也就不会有社会科学。（例如，主观主义者虽然承认历史现象的规律性，但不能把这些现象的演进看做自然历史过程，这是因为他们只限于指出人的社会思想和目的，而不善于把这些思想和目的归结于物质的社会关系。）

列宁：《什么是“人民之友”以及他们如何攻击社会民主党人?》（1894年春夏），《列宁专题文集·论辩证唯物主义和历史唯物主义》，人民出版社2009年版，第160—161页。

---

① 当然，这里说的始终是社会关系的意识，而不是其他什么关系的意识。

**73. 马克思也推翻了那种把社会看做可按长官意志（或者说按社会意志和政府意志，反正都一样）随便改变的、偶然产生和变化的、机械的个人结合体的观点，探明了作为一定生产关系总和的社会经济形态这个概念，探明了这种形态的发展是自然历史过程**

达尔文推翻了那种把动植物物种看做彼此毫无联系的、偶然的、“神造的”、不变的东西的观点，探明了物种的变异性和承续性，第一次把生物学放在完全科学的基础之上。同样，马克思也推翻了那种把社会看做可按长官意志（或者说按社会意志和政府意志，反正都一样）随便改变的、偶然产生和变化的、机械的个人结合体的观点，探明了作为一定生产关系总和的社会经济形态这个概念，探明了这种形态的发展是自然历史过程，从而第一次把社会学放在科学的基础之上。

列宁：《什么是“人民之友”以及他们如何攻击社会民主党人？》（1894年春夏），《列宁专题文集·论辩证唯物主义和历史唯物主义》，人民出版社2009年版，第162—163页。

**74. 唯物主义历史观已经不是假设，而是科学地证明了的原理**

现在，自从《资本论》问世以来，唯物主义历史观已经不是假设，而是科学地证明了的原理。在我们还没有看见另一种科学地解释某种社会形态（正是社会形态，而不是什么国家或民族甚至阶级等等的生活方式）的活动和发展的尝试以前，没有看见另一种像唯物主义那样能把“有关事实”整理得井然有序，能对某一社会形态作出严格的科学解释并给以生动描绘的尝试以前，唯物主义历史观始终是社会科学的同义词。唯物主义并不像米海洛夫斯基先生所想的那样，“多半是科学的历史观”，而是唯一科学的历史观。

列宁：《什么是“人民之友”以及他们如何攻击社会民主党人？》（1894年春夏），《列宁专题文集·论辩证唯物主义和历史唯物主义》，人民出版社2009年版，第163页。

**75. 马克思在哪一部著作中没有叙述过自己的唯物主义历史观呢**

他读了《资本论》，竟看不出这是用唯物主义方法科学地分析一个（而且是最复杂的一个）社会形态的范例，是大家公认的无与伦比的范例。于是他坐下来拼命思索这个深奥的问题：“马克思在哪一部著作中叙述了自己的唯物主义历史观呢？”

凡熟悉马克思的人，都会反问他：马克思在哪一部著作中没有叙述过自己的唯物主义历史观呢？米海洛夫斯基先生大概只有等到某个卡列耶夫的某本玄奥的历史著作在“经济唯物主义”这个条目内，用相应的号码标明马克思的唯物主义著作的时候，才会知道这些著作吧。

而最可笑的是，米海洛夫斯基先生责备马克思，说他没有“重新审查〈原文如此!〉一切关于历史过程的著名理论”。这简直可笑极了。试问这些理论十分之九都是些什么东西呢？都是一些关于什么是社会、什么是进步等等纯粹先验的、独断的、抽象的议论（我有意举出这些合乎米海洛夫斯基先生心意的例子）。要知道，这样的理论，就其存在来说，已是无用的，就其基本方法，就其彻头彻尾的暗淡无光的形而上学性来说，也是无用的。要知道，从什么是社会，什么是进步等问题开始，就等于从末尾开始。既然你连任何一个社会形态都没有研究过，甚至还未能确定这个概念，甚至还未能对任何一种社会关系进行认真的、实际的研究，进行客观的分析，那你怎么能得出关于一般社会和一般进步的概念呢？过去任何一门科学都从形而上学开始，其最明显的标志就是：还不善于着手研究事实时，总是先验地臆造一些永远没有结果的一般理论。形而上学的化学家还不善于实际研究化学过程时，就臆造什么是化学亲和力的理论。形而上学的生物学家谈论什么是生命，什么是生命力。形而上学的心理学家议论什么是灵魂。这种方法是很荒谬的。不分别说明各种心理过程，就不能谈论灵魂：在这里要想有所进步，就必须抛弃那些什么是灵魂的一般理论和哲学议论，并且能够把说明这种或那种心理过程的事实的研究放在科学的基础上。

列宁：《什么是“人民之友”以及他们如何攻击社会民主党人?》（1894年春夏），《列宁专题文集·论辩证唯物主义和历史唯物主义》，人民出版社2009年版，第163—165页。

**76. 马克思在这方面大大前进了一步：他抛弃了所有这些关于一般社会和一般进步的议论，而对一种社会（资本主义社会）和一种进步（资本主义进步）作了科学的分析**

在形而上学的社会学家看来，《资本论》自然同样是不相称的著作。他看不出什么是社会这种先验的议论毫无用处，不懂得这种方法并不是研究问题和说明问题，不过是把英国商人的资产阶级思想或俄国民主主义者的小市民社会主义理想充作社会概念罢了。正因为如此，这一切历史哲学理论就像肥皂泡一样，一出现就化为乌有，至多不过是当时社会思想和社会关系的征象，丝毫没有促进人们对社会关系，即使是个别的但是现实的（而不是那些“适合人的本性的”）社会关系的理解。马克思在这方面大大前进了一步：他抛弃了所有这些关于一般社会和一般进步的议论，而对一种社会（资本主义社会）和一种进步（资本主义进步）作了科学的分析。米海洛夫斯基先生却责备马克思，说他从头开始，而不从尾开始；从分析事实开始，而不从最终结论开始；从研究个别的、历史上一定的社会关系开始，而不从什么是一般社会关系的一般理论开始！

列宁：《什么是“人民之友”以及他们如何攻击社会民主党人?》（1894年春夏），《列宁专题文集·论辩证唯物主义和历史唯物主义》，人民出版社2009年版，第165页。

**77. 既然运用唯物主义去分析和说明一种社会形态就取得了这样辉煌的成果，那么，十分自然，历史唯物主义已不再是什么假设，而是经过科学检验的理论了**

如果我们这位主观哲学家，仅仅是对哪部著作论证过唯物主义这一问题疑惑不解，那也许还是小小的不幸。可是他，尽管在任何地方都没有找到对唯物主义历史观的论证，甚至没有找到对唯物主义历史观的叙述（也许正因为他没有找到），却开始把这个学说从未企求过的东西硬加到它的头上，他引证了布洛斯所说的马克思宣布了一种崭新的历史观的话，便毫不客气地推论下去，说这个理论企求“给人类解释其过去”，说明“人类的全部〈原文如此!!?〉过去”等等。这完全是捏造！这个理论所企求的只是说明资本主义一种社会组织，而不是任何别种社会组织。既然运用唯物主义去分析和说明一种社会形态就取得了这样辉煌的成果，那么，十分自然，历史唯物主义已不再是什么假设，而是经过科学检验的理论了；十分自然，这种方法也必然适用于其余各种社会形态，虽然这些社会形态还没有经过专门的实际研究和详细分析，正像已为充分事实所证实了的种变说思想适用于整个生物学领域一样，虽然对某些动植物物种来说，它们变化的事实还未能确切探明。种变说所企求的完全不是说明“全部”物种形成史，而只是把这种说明的方法提到科学的高度。同样，历史唯物主义也从来没有企求说明一切，而只企求指出“唯一科学的”（用马克思在《资本论》中的话来说）说明历史的方法。①

列宁：《什么是“人民之友”以及他们如何攻击社会民主党人?》（1894年春夏），《列宁专题文集·论辩证唯物主义和历史唯物主义》，人民出版社2009年版，第166页。

**78. 他们的基本思想（在摘自马克思著作的上述引文中也已表达得十分明确）是把社会关系分成物质的社会关系和思想的社会关系。思想的社会关系不过是物质的社会关系的上层建筑，而物质的社会关系是不以人的意志和意识为转移而形成的，是人维持生存的活动的（结果）形式**

后来，摩尔根在美洲搜集的丰富材料，使他有可能分析氏族组织的实质，并得出如下的结论：对氏族组织的说明，不要在思想关系（例如法的关系或宗教关系）中，而要在物质关系中去寻找。显然，这件事实光辉地证实了唯物主义方法，如此而已。所以，当米海洛夫斯基先生为了非难这个学说，而首先提到解开最困难的历史之谜的钥匙是由一个与经济唯物主义理论“完全无关”的人找到的时候，我们只能感到惊异，有些人多么不会辨别什么东西是在为自己辩护，什么东西是在痛斥自己。其次，我们的哲学家说，子女生产是非经济因素。可是您究竟在马克思或恩格斯的什么著作中读到他们一定是在谈经济唯物主义呢？他们在说明自己的世界观时，只是把它叫作唯物主义而已。他们的基本思想（在摘自马克思著作的上述引文中也已表达得十分明确）是把社会关系分成物质的社会关系和思想的社会关系。思想的社会关系不过是物质的社会关系的上层建筑，而物质的社会关系是不以人的意志和意识为转移而形成的，是人维持生存的活动的（结果）形式。马克思在上述引文中说，对政治法律形式的说明要在“物质生活关系”中去寻找。

列宁：《什么是“人民之友”以及他们如何攻击社会民主党人?》（1894年春夏），《列宁专题文集·论辩证唯物主义和历史唯物主义》，人民出版社2009年版，第171—172页。

**79. 历史必然性的思想也丝毫不损害个人在历史上的作用：全部历史正是由那些无疑是活动家的个人的行动构成的**

决定论思想确认人的行为的必然性，摒弃所谓意志自由的荒唐的神话，但丝毫不消灭人的理性、人的良心以及对人的行动的评价。恰巧相

① 参看《马克思恩格斯全集》第1版第23卷第409—410页脚注（89）。

反，只有根据决定论的观点，才能作出严格正确的评价，而不致把什么都推到自由意志上去。同样，历史必然性的思想也丝毫不损害个人在历史上的作用：全部历史正是由那些无疑是活动家的个人的行动构成的。在评价个人的社会活动时会发生的真正问题是：在什么条件下可以保证这种活动得到成功？有什么保证能使这种活动不致成为孤立的行动而沉没在相反行动的汪洋大海里？这也就是社会民主党人和俄国其他社会主义者解决得各不相同的另一个问题：以实现社会主义制度为目标的活动，应当怎样吸引群众参加才能取得重大的成果？显然，这个问题的解决，直接取决于对俄国社会力量的配置的看法，对构成俄国现实的阶级斗争的看法，——而米海洛夫斯基先生又是只围着问题兜圈子，甚至不打算明确提出这个问题并给以一定的解答。大家知道，社会民主党人解答这个问题时所持的观点是：俄国经济制度是资产阶级社会，要摆脱这个社会只能有一条从资产阶级制度本质中必然产生的出路，这就是无产阶级反对资产阶级的阶级斗争。

列宁：《什么是“人民之友”以及他们如何攻击社会民主党人?》（1894年春夏），《列宁专题文集·论辩证唯物主义和历史唯物主义》，人民出版社2009年版，第179—180页。

**80. 唯物主义者的任务是正确地和准确地描绘现实的历史过程**

谁都明白，恩格斯立论的重心在于：唯物主义者的任务是正确地和准确地描绘现实的历史过程；而坚持辩证法，选择例子证明三段式的正确，不过是科学社会主义由以长成的那个黑格尔主义的遗迹，是黑格尔主义表达方式的遗迹罢了。既然已经断然声明，用三段式“证明”任何事物都是荒谬的，说谁也没有打算这样做，那么，“辩证”过程的例子究竟能有什么意义呢？这不过是表露了学说的起源，难道还不明显吗？米海洛夫斯基先生自己也感觉到这一点，他说，不可把理论的起源当做理论的罪过。但是，要在恩格斯这段议论中发现超乎理论起源的东西，那显然就必须证明，至少有一个历史问题，唯物主义者不是根据有关事实，而是借三段式来解决的。

列宁：《什么是“人民之友”以及他们如何攻击社会民主党人?》（1894年春夏），《列宁专题文集·论辩证唯物主义和历史唯物主义》，人民出版社2009年版，第184页。

**81. 这个方法把社会看做处在不断发展中的活的机体，要研究这个机体，就必须客观地分析组成该社会形态的生产关系，研究该社会形态的活动规律和发展规律**

马克思和恩格斯称之为辩证方法（它与形而上学方法相反）的，不是别的，正是社会学中的科学方法，这个方法把社会看做处在不断发展中的活的机体（而不是机械地结合起来因而可以把各种社会要素随便配搭起来的一种什么东西），要研究这个机体，就必须客观地分析组成该社会形态的生产关系，研究该社会形态的活动规律和发展规律。

列宁：《什么是“人民之友”以及他们如何攻击社会民主党人?》（1894年春夏），《列宁专题文集·论辩证唯物主义和历史唯物主义》，人民出版社2009年版，第185页。

**82. 马克思把社会运动看做受一定规律支配的自然历史过程，这些规律不仅不以人的意志、意识和意图为转移，反而决定人的意志、意识和意图**

马克思为要更明白地叙述自己的方法，于是摘引了上述短评中描述这个方法的那一段话。短评说：在马克思看来，有一件事情是重要的，那就是要发现他所研究的那些现象的规律，而在他看来，特别重要的是这些现象的变化和发展的规律，这些现象由一种形式过渡到另一种形式、由一种社会关系制度过渡到另一种社会关系制度的规律。所以马克思竭力去做的只是一件事：通过精确的科学研究来证明一定的社会关系制度的必然性，同时尽可能完全地指出那些作为他的出发点和根据的事实。为了这个目的，他只要证明现有制度的必然性，同时证明另一制度不可避免地要从前一制度中生长出来的必然性就完全够了，而不管人们相信或不相信这一点，不管人们意识到或意识不到这一点。马克思把社会运动看做受一定规律支配的自然历史过程，这些规律不仅不以人的意志、意识和意图为转移，反而决定人的意志、意识和意图。（请那些因为人抱有自觉的“目的”，遵循一定的理想，而主张把社会演进从自然历史演进中划分出来的主观主义者先生们注意。）既然意识要素在文化史上只起着这样从属的作用，那么不言而喻，以这个文化为对象的批判，比任何事情更不能以意识的某种形式或某种结果为依据。换句话说，作为这种批判的出发点的不能是观念而只能是外部客观现象。批判应该是这样的：不是把一定的事实和观念比较对照，而是把它和另一种事实比较对照；对这种批判唯一重要的是，把两种事实尽量精确地研究清楚，使它们在相互关系上表现为不同的发展阶段，而且特别需要的是同样精确地把一系列已知的状态、它们的连贯性以及不同发展阶段之间的联系研究清楚。马克思所否定的正是这种思想：经济生活规律无论对于过去或现在都是一样的。恰恰相反，每个历史时期都有它自己的规律。经济生活是与生物学其他领域的发展史相类似的现象。旧经济学家不懂得经济规律的性质，他们把经济规律与物理学定律和化学定律相提并论。更深刻的分析表明，各种社会机体和各种动植物机体一样，彼此有很大的不同。马克思认为自己的任务是根据这种观点来研究资本主义的经济组织，因而严格科学地表述了对经济生活的任何精确的研究所应抱的目的。这种研究的科学意义，在于阐明调节这个社会机体的产生、生存、发展和死亡以及这一机体为另一更高的机体所代替的特殊规律（历史规律）。

列宁：《什么是"人民之友"以及他们如何攻击社会民主党人?》（1894年春夏），《列宁专题文集·论辩证唯物主义和历史唯物主义》，人民出版社2009年版，第186—187页。

**83. 正像以往小生产由于自身的发展而造成消灭自身的条件一样，现在资本主义生产方式也自己造成使自己必然走向灭亡的物质条件**

马克思历史地证明并在这里简略地概述：正像以往小生产由于自身的发展而造成消灭自身的条件一样，现在资本主义生产方式也自己造成使自己必然走向灭亡的物质条件。这是一个历史的过程，如果它同时又是辩证的过程，那么这不是马克思的罪过，尽管这对杜林先生说来好似命中注定的。

马克思只是在作了自己的历史的和经济的证明之后才继续说：'资本主义的生产方式和占有方式，从而资本主义的私有制，是对以自己劳动为基础的个人所有制的第一个否定。对资本主义生产的否定，是它自己由于自然历史过程的必然性而造成的。这是否定的否定'等等（如上面引证过的）。

因此，当马克思把这一过程称为否定的否定时，他并没有想到要以此来证明这一过程是历史地必然的。相反地，在他历史地证明了这一过程部分确已实现，部分还一定会实现以后，他才指出，这还是一个按一定的辩证规律完成的过程。这就是一切。由此可见，杜林先生断定，否定的否定不得不在这里执行助产婆的职务，因它之助，未来便从过去的怀中产生出来，或者断定，马克思要求人们凭着否定的否定的信誉来确信土地和资本

的公有的必然性，这些论断又都是杜林先生的纯粹的捏造。”（第125页）

读者可以看出，恩格斯这段驳斥杜林的出色议论，对于米海洛夫斯基先生也是完全适用的，因为米海洛夫斯基先生同样断言，马克思把未来纯粹维系在黑格尔链条的最末一环上，断言对于未来的必然性的信念只能建立在信仰上①。

列宁：《什么是“人民之友”以及他们如何攻击社会民主党人?》（1894年春夏），《列宁专题文集·论辩证唯物主义和历史唯物主义》，人民出版社2009年版，第193页。

**84. 所有的生产就融合成一个社会生产过程，同时每种生产又由资本家各自经营，以他的意愿为转移，把社会产品归他私人所有。于是生产形式就同占有形式发生不可调和的矛盾**

资本主义生产使劳动社会化，决不在于人们在一个场所内做工（这只是过程的一小部分），而在于随着资本集中而来的是社会劳动的专业化，每个工业部门的资本家人数的减少，单独的工业部门数目的增多；就是说，在于许多分散的生产过程融合成一个社会生产过程。例如，在手工纺织时代，小生产者自己纺纱并用它来织布，工业部门并不多（纺纱业和织布业合在一起）。一旦资本主义使生产社会化，单独的工业部门的数目就增加起来，纺纱业单独纺纱，织布业单独织布；这种生产单独化和生产集中使机器制造业、煤炭采掘业等等新部门相继出现。在每个现在已更加专业化的工业部门里，资本家的人数日益减少。这就是说，生产者之间的社会联系日益加强，生产者在结成一个整体。分散的小生产者各人兼干几种操作，所以不大依赖别人：例如一个手工业者自己种亚麻，自己纺麻和织布，几乎是不依赖别人的。正是在这种分散的小商品生产者的制度下（也只是在这种制度下），“人人为自己，上帝为大家”这句俗话，也就是说，市场波动的无政府状态，才是有根据的。当劳动已因资本主义而社会化，情形就完全不同了。织布厂老板依赖纺纱厂老板：后者又依赖种棉花的资本家，依赖机器制造厂老板，依赖煤矿老板等等。结果任何一个资本家离了别的资本家都不行。显然，“人人为自己”这句俗话完全不适用于这样一种制

① 说到这里，我以为不妨指出：恩格斯的全部解释是载在他谈论麦粒、卢梭学说和其他辩证过程实例的那一章里的。看来只要把这些实例拿来和恩格斯（以及马克思，因为这本著作的手稿预先读给马克思听过）这样明白肯定的声明——根本谈不到用三段式来证明什么东西，或把这三段式的“假设成分”塞到现实过程的描述中，——对照一下，就完全可以明白责难马克思主义是黑格尔辩证法，是荒谬绝伦的。

度：这里已经是一人为大家工作，大家为一人工作（上帝已没有立足之地，不管他是作为天空的幻影，还是作为人间的“金犊”）。制度的性质完全变了。在存在分散的小企业的制度下，其中某个企业停工了，只影响社会少数成员，并未造成普遍的混乱，因而不会引起大家的注意，不会激起社会的干涉。可是，如果一个属于非常专业化的工业部门，而且几乎是为全社会工作但又依赖全社会（为简单起见，我以社会化已达顶点时的情形为例）的大企业停工了，那么，社会其余一切企业都一定会停工，因为它们只能从这个企业取得必需的产品，只有有了这个企业的商品，才能实现自己的全部商品。这样，所有的生产就融合成一个社会生产过程，同时每种生产又由资本家各自经营，以他的意愿为转移，把社会产品归他私人所有。于是生产形式就同占有形式发生不可调和的矛盾，这难道还不清楚吗？后者不能不适应前者，不能不也变成社会的即社会主义的，这难道还不明显吗？而《祖国纪事》的机智的庸人却把一切归结为在一个场所内做工。真是胡说八道！（我所说的只是物质过程，只是生产关系的改变，没有涉及这一过程的社会方面，没有涉及工人的联合、团结和组织，因为这是派生的现象，第二位的现象。）

列宁：《什么是“人民之友”以及他们如何攻击社会民主党人?》（1894年春夏），《列宁专题文集·论辩证唯物主义和历史唯物主义》，人民出版社2009年版，第196—197页。

**85. 辩证方法要我们把社会看做活动着和发展着的活的机体**

这位哲学家纯粹形而上学地把社会关系看做是这些或那些制度的简单的机械的组合，看做是这些或那些现象的简单的机械的联结。他从这些现象中抽出一种现象，即中世纪形式中土地属于耕作者的现象，以为可以把它移植到任何别的形式中去，就像一所房子上的砖可以砌到另一所房子上一样。但这不是在研究社会关系，而是糟蹋应该研究的材料，因为在现实中这种土地属于耕作者的现象，并非像你所设想的那样单独和独立地存在着，这不过是当时生产关系中的一个环节，这种生产关系就是：土地为大土地占有者即地主所瓜分；地主把这种土地分给农民，以便剥削他们，于是土地好像是实物工资，它为农民提供必需品，使农民能够为地主生产剩余产品；它是一种使农民为地主服劳役的手段。为什么作者没有考察这种生产关系体系，而只抽出一种现象，因而使这种现象完全被歪曲了呢？这是因为作者不善于考察社会问题：他（再说一遍，我把米海洛夫斯基先生的议论只是当做例子，来批评整个俄国社会主义）根本没有打算说明当时的“劳动形式”，把这些形式看做一定的生产关系体系，看做一定的社会形态。用马克思的话来说，他根本不懂得辩证方法，而辩证方法要我们把社会看做活动着和发展着的活的机体。

列宁：《什么是“人民之友”以及他们如何攻击社会民主党人?》（1894年春夏），《列宁专题文集·论辩证唯物主义和历史唯物主义》，人民出版社2009年版，第208—209页。

**86. 科学的直接任务就是提出真正的斗争口号，也就是说，善于客观地说明这个斗争是一定生产关系体系的产物，善于了解这一斗争的必然性、它的内容、它的发展进程和条件**

因而在马克思看来，科学的直接任务就是提出真正的斗争口号，也就是说，善于客观地说明这个斗争是一定生产关系体系的产物，善于了解这一斗争的必然性、它的内容、它的发展进程和条件。要提出“斗争口号”，就必须十分详细地研究这一斗争的每种形式，考察它由一种形式转为另一种形式时的每一步骤，以便善于随时判定局势，不忽略斗争的总性质和总目的——完全地和彻底地消灭任何剥削和任何压迫。

列宁：《什么是“人民之友”以及他们如何攻击社会民主党人?》（1894年春夏），《列宁专题文集·论辩证唯物主义和历史唯物主义》，人民出版社2009年版，第214页。

**87. 马克思认为他的理论的全部价值在于这个理论“按其本质来说，它是批判的和革命的”**

马克思认为他的理论的全部价值在于这个理论“按其本质来说，它是批判的[①]和革命的”[②]。后一性质的确完全地和无条件地是马克思主义所固有的，因为这个理论公开认为自己的任务就是揭露现代社会的一切对抗和剥削形式，考察它们的演变，证明它们的暂时性和转变为另一种形式的必

① 请注意，马克思在这里说的是唯物主义的批判，他认为只有这种批判才是科学的批判，这种批判就是把政治、法律、社会和习俗等等方面的事实拿来同经济、生产关系体系，以及在一切对抗性社会关系基础上必然形成的各个阶级的利益加以对照。俄国的社会关系是对抗性的关系，这几乎是谁也不能怀疑的。可是还没有人试把这些关系当做根据来进行这种批判。

② 见马克思《资本论》第一卷第二版跋（《马克思恩格斯选集》第2卷第218页）。

然性，因而也就帮助无产阶级尽可能迅速地、尽可能容易地消灭任何剥削。这一理论对世界各国社会主义者所具有的不可遏止的吸引力，就在于它把严格的和高度的科学性（它是社会科学的最新成就）同革命性结合起来，并且不仅仅是因为学说的创始人兼有学者和革命家的品质而偶然地结合起来，而是把二者内在地和不可分割地结合在这个理论本身中。实际上，这里直接地提出理论的任务、科学的目的就是帮助被压迫阶级去进行他们已在实际进行的经济斗争。

列宁：《什么是“人民之友”以及他们如何攻击社会民主党人？》（1894年春夏），《列宁选集》第1卷，人民出版社2012年版，第82—83页。

**88. 他们用唯物主义观点观察世界和人类，看出一切自然现象都有物质原因作基础，同样，人类社会的发展也是受物质力量即生产力的发展所制约的**

与黑格尔和其他黑格尔主义者相反，马克思和恩格斯是唯物主义者。他们用唯物主义观点观察世界和人类，看出一切自然现象都有物质原因作基础，同样，人类社会的发展也是受物质力量即生产力的发展所制约的。生产力的发展决定人们在生产人类必须的产品时彼此所发生的关系。用这种关系才能解释社会生活中的一切现象，人的意向、观念和法律。

列宁：《弗里德里希·恩格斯》（1895年9月7日〔19日〕以后），《列宁专题文集·论马克思主义》，人民出版社2009年版，第54页。

**89. 社会意识反映社会存在，这就是马克思的学说**

社会存在和社会意识不是同一的，这正如一般存在和一般意识不是同一的一样。人们进行交往时，是作为有意识的生物进行的，但由此决不能得出结论说，社会意识和社会存在是同一的。在一切稍微复杂的社会形态中，特别是在资本主义的社会形态中，人们在交往时并没有意识到这是在形成什么样的社会关系，这些社会关系又是按照什么样的规律发展的，等等。例如，一个农民在出售谷物时，他就和世界市场上的世界谷物生产者发生“交往”，可是他没有意识到这一点，也没有意识到从交换中形成什么样的社会关系。社会意识反映社会存在，这就是马克思的学说。反映可能是对被反映者的近似正确的复写，可是如果说它们是同一的，那就荒谬了。意识总是反映存在的，这是整个唯物主义的一般原理。看不到这个原理与社会意识反映社会存在这一历史唯物主义的原理有着直接的和不可分割的联系，这是不可能的。

列宁：《唯物主义和经验批判主义》（1908 年 2—10 月），《列宁专题文集·论辩证唯物主义和历史唯物主义》，人民出版社 2009 年版，第 108—109 页。

**90. 所谓客观的，并不是指有意识的生物的社会（即人的社会）能够不依赖于有意识的生物的存在而存在和发展，而是指社会存在不依赖于人们的社会意识**

在世界经济中，每一个生产者都意识到自己给生产技术带来了某种变化，每一个货主都意识到他在用一些产品交换另一些产品，但是这些生产者和货主都没有意识到，他们这样做是在改变着社会存在。在资本主义的世界经济中，即使有 70 个马克思也不能够把握住所有这些错综复杂的变化的总和；至多是发现这些变化的规律，在主要的基本的方面指出这些变化及其历史发展的客观的逻辑。所谓客观的，并不是指有意识的生物的社会（即人的社会）能够不依赖于有意识的生物的存在而存在和发展（波格丹诺夫在自己的“理论”中所强调的仅仅是这些废话），而是指社会存在不依赖于人们的社会意识。你们过日子、经营事业、生儿育女、生产物品、交换产品等等，这些事实形成事件的客观必然的链条、发展的链条，这个链条不依赖于你们的社会意识，永远也不会为社会意识所完全把握。人类的最高任务，就是从一般的和基本的特征上把握经济演进（社会存在的演进）的这个客观逻辑，以便使自己的社会意识以及一切资本主义国家的先进阶级的意识尽可能清楚地、明确地、批判地与它相适应。

列宁：《唯物主义和经验批判主义》（1908 年 2—10 月），《列宁专题文集·论辩证唯物主义和历史唯物主义》，人民出版社 2009 年版，第 110—111 页。

**91. 历史唯物主义认为社会存在不依赖于人类的社会意识**

一般唯物主义认为客观真实的存在（物质）不依赖于人类的意识、感觉、经验等等。历史唯物主义认为社会存在不依赖于人类的社会意识。在这两种场合下，意识都不过是存在的反映，至多也只是存在的近似正确的（恰当的、十分确切的）反映。在这个由一整块钢铸成的马克思主义哲学中，决不可去掉任何一个基本前提、任何一个重要部分，不然就会离开客观真理，就会落入资产阶级反动谬论的怀抱。

列宁：《唯物主义和经验批判主义》（1908 年 2—10 月），《列宁专题文集·论辩证唯物主义和历史唯物主义》，人民出版社 2009 年版，第 111—112 页。

**92. 马克思和恩格斯在他们的著作中特别强调的是辩证唯物主义，而不是辩证唯物主义，特别坚持的是历史唯物主义，而不是历史唯物主义**

马克思和恩格斯的学说是从费尔巴哈那里产生出来的，是在与庸才们的斗争中发展起来的，自然他们所特别注意的是修盖好唯物主义哲学的上层，也就是说，他们所特别注意的不是唯物主义认识论，而是唯物主义历史观。因此，马克思和恩格斯在他们的著作中特别强调的是**辩证**唯物主义，而不是辩证**唯物主义**，特别坚持的是**历史**唯物主义，而不是历史**唯物主义**。我们那些想当马克思主义者的马赫主义者是在与此完全不同的历史时期接近马克思主义的，这时候资产阶级哲学已经专门从事认识论的研究了，并且片面地歪曲地接受了辩证法的若干组成部分（例如，相对主义），把主要的注意力集中于保护或恢复下半截的唯心主义，而不是集中于保护或恢复上半截的唯心主义。至少，一般实证论特别是马赫主义是在更多地从事对认识论的巧妙的伪造，冒充唯物主义，用似乎是唯物主义的术语来掩盖唯心主义，而对历史哲学却注意得比较少。我们的马赫主义者不理解马克思主义。因为他们可以说是**从另一个方面**接近马克思主义的，他们接受了——有时候与其说是接受了还不如说是背诵了——马克思的经济理论和历史理论，但并没有弄清楚它们的基础，即哲学唯物主义。……

日益巧妙地伪造马克思主义，日益巧妙地把各种反唯物主义的学说装扮成马克思主义，这就是现代修正主义在政治经济学上、策略问题上和一般哲学（认识论和社会学）上表现出来的特征。

列宁：《唯物主义和经验批判主义》（1908 年 2—10 月），《列宁专题文集·论辩证唯物主义和历史唯物主义》，人民出版社 2009 年版，第 115—116 页。

**93. 他们不是踏步不前，只重复那些已经解决了的认识论问题，而是把同样的唯物主义彻底地贯彻（而且表明了应当如何贯彻）在社会科学的领域中**

马克思和恩格斯的天才正是在于：他们在很长时期内，在差不多半个世纪里，发展了唯物主义，向前推进了哲学上的一个基本派别。他们不是踏步不前，只重复那些已经解决了的认识论问题，而是把同样的唯物主义彻底地贯彻（而且表明了应当如何贯彻）在社会科学的领域中，他们把胡言乱语、冠冕堂皇的谬论以及想在哲学上“发现”“新”路线和找出“新”方向等等的无数尝试当做垃圾毫不留情地清除掉。这类尝试的胡诌瞎说的性质，玩弄哲学上新“主义”的烦琐把戏，用诡辩辞令混淆问题的实质，不能了解和看清认识论上两个基本派别的斗争，——这一切正是马克思和恩格斯在其毕生活动中所抨击和痛斥的。

列宁：《唯物主义和经验批判主义》（1908 年 2—10 月），《列宁专题文集·论辩证唯物主义和历史唯物主义》，人民出版社 2009 年版，第 117—118 页。

**94. 马克思和恩格斯把自己的全部注意力集中于：不是重复旧的东西，而是认真地在理论上发展唯物主义，把唯物主义应用于历史，就是说，修盖好唯物主义哲学这所建筑物的上层，这是理所当然的**

马克思、恩格斯和约·狄慈根出现于哲学舞台上，都是当唯物主义在所有先进知识分子中间、特别是在工人中间已经占居优势的时候。因此，马克思和恩格斯把自己的全部注意力集中于：不是重复旧的东西，而是认真地在理论上发展唯物主义，把唯物主义应用于历史，就是说，修盖好唯物主义哲学这所建筑物的上层，这是理所当然的。他们在认识论领域中只限于改正费尔巴哈的错误，讥笑唯物主义者杜林的庸俗，批判毕希纳的错误（参看约·狄慈根的著作），强调这些在工人中间影响广名声大的著作家所特别缺少的东西，即辩证法，这是理所当然的。马克思、恩格斯和约·狄慈根并不担心叫卖者在几十种出版物中所叫卖的那些唯物主义的起码真理，而是把全部注意力集中于：不让这些起码真理庸俗化、过于简单化，导致思想僵化（“下半截是唯物主义，上半截是唯心主义”），导致忘却黑格尔的辩证法这个唯心主义体系的宝贵成果——华希纳之流和杜林之流（以及勒克列尔、马赫、阿芬那留斯等等）一群雄鸡所不能从绝对唯心主义粪堆中啄出的这颗珍珠①。

列宁：《唯物主义和经验批判主义》（1908 年 2—10 月），《列宁选集》第 2 卷，人民出版社 2012 年版，第 179—180 页。

---

① 此处是借用俄国作家伊·安·克雷洛夫的寓言《公鸡和珍珠》。寓言说，一只公鸡在粪堆上发现一颗珍珠，但它不知道珍珠的价值，却说这玩意儿还不如麦粒能填肚子。

**95. 马克思主义同“宗派主义”毫无相似之处，它绝不是离开世界文明发展大道而产生的一种故步自封、僵化不变的学说**

不仅如此，哲学史和社会科学史都十分清楚地表明：马克思主义同“宗派主义”毫无相似之处，它绝不是离开世界文明发展大道而产生的一种故步自封、僵化不变的学说。恰恰相反，马克思的全部天才正是在于他回答了人类先进思想已经提出的种种问题。他的学说的产生正是哲学、政治经济学和社会主义极伟大的代表人物的学说的直接继续。

列宁：《马克思主义的三个来源和三个组成部分》（1913 年 3 月），《列宁专题文集·论马克思主义》，人民出版社 2009 年版，第 66—67 页。

**96. 马克思的历史唯物主义是科学思想中的最大成果**

马克思加深和发展了哲学唯物主义，而且把它贯彻到底，把它对自然界的认识推广到对人类社会的认识。马克思的历史唯物主义是科学思想中的最大成果。过去在历史观和政治观方面占支配地位的那种混乱和随意性，被一种极其完整严密的科学理论所代替，这种科学理论说明，由于生产力的发展，如何从一种社会生活结构中发展出另一种更高级的结构，例如从农奴制中生长出资本主义。

正如人的认识反映不依赖于它而存在的自然界即发展着的物质那样，人的社会认识（即哲学、宗教、政治等等的不同观点和学说）反映社会的经济制度。政治设施①是经济基础的上层建筑。我们看到，例如现代欧洲各国的各种政治形式，都是为巩固资产阶级对无产阶级的统治服务的。

马克思的哲学是完备的哲学唯物主义，它把伟大的认识工具给了人类，特别是给了工人阶级。

列宁：《马克思主义的三个来源和三个组成部分》（1913 年 3 月），《列宁专题文集·论马克思主义》，人民出版社 2009 年版，第 68 页。

**97. 只有马克思的哲学唯物主义，才给无产阶级指明了如何摆脱一切被压迫阶级至今深受其害的精神奴役的出路**

只要人们还没有学会透过任何有关道德、宗教、政治和社会的言论、声明、诺言，揭示出这些或那些阶级的利益，那他们始终是而且会永远是政治上受人欺骗和自己欺骗自己的愚蠢的牺牲品。只要那些主张改良和改

---

① 原文为“учреждение”，是指和一定理论观点相适应的制度、组织和机构。

善的人还不懂得，任何一个旧设施，不管它怎样荒谬和腐败，都由某些统治阶级的势力在支撑着，那他们总是会受旧事物拥护者的愚弄。要粉碎这些阶级的反抗，只有一个办法，就是必须在我们所处的社会中找出一种力量，教育它和组织它去进行斗争，这种力量可以（而且按它的社会地位来说应当）成为能够除旧立新的力量。

只有马克思的哲学唯物主义，才给无产阶级指明了如何摆脱一切被压迫阶级至今深受其害的精神奴役的出路。只有马克思的经济理论，才阐明了无产阶级在整个资本主义制度中的真正地位。

列宁：《马克思主义的三个来源和三个组成部分》（1913 年 3 月），《列宁专题文集·论马克思主义》，人民出版社 2009 年版，第 71 页。

**98. 既然唯物主义总是用存在解释意识而不是相反，那么应用于人类社会生活时，唯物主义就要求用社会存在解释社会意识**

马克思认识到旧唯物主义的不彻底性、不完备性和片面性，确信必须"使关于社会的科学同唯物主义的基础协调起来，并在这个基础上加以改造"①。既然唯物主义总是用存在解释意识而不是相反，那么应用于人类社会生活时，唯物主义就要求用社会存在解释社会意识。

列宁：《卡尔·马克思》（1914 年 11 月），《列宁专题文集·论马克思主义》，人民出版社 2009 年版，第 12—13 页。

**99. 发现唯物主义历史观，或者更确切地说，把唯物主义贯彻和推广运用于社会现象领域，消除了以往的历史理论的两个主要缺点**

发现唯物主义历史观，或者更确切地说，把唯物主义贯彻和推广运用于社会现象领域，消除了以往的历史理论的两个主要缺点。第一，以往的历史理论至多只是考察了人们历史活动的思想动机，而没有研究产生这些动机的原因，没有探索社会关系体系发展的客观规律性，没有把物质生产的发展程度看做这些关系的根源；第二，以往的理论从来忽视居民群众的活动，只有历史唯物主义才第一次使我们能以自然科学的精确性去研究群众生活的社会条件以及这些条件的变更。马克思以前的"社会学"和历史学，至多是积累了零星收集来的未加分析的事实，描述了历史过程的个别方面。马克思主义则指出了对各种社会经济形态的产生、发展和衰落过程

① 见《马克思恩格斯选集》第 4 卷人民出版社 1972 年版第 226 页。

进行全面而周密的研究的途径，因为它考察了所有各种矛盾的趋向的总和，把这些趋向归结为可以准确测定的、社会各阶级的生活和生产的条件，排除了选择某种“主导”思想或解释这种思想时的主观主义和武断态度，揭示了物质生产力的状况是所有一切思想和各种不同趋向的根源。人们自己创造自己的历史，但人们即群众的动机是由什么决定的，各种矛盾的思想或意向间的冲突是由什么引起的，一切人类社会中所有这些冲突的总和是怎样的，构成人们全部历史活动基础的、客观的物质生活的生产条件是怎样的，这些条件的发展规律是怎样的，——马克思对这一切都注意到了，并且指出了科学地研究历史这一极其复杂、充满矛盾而又是有规律的统一过程的途径。

列宁：《卡尔·马克思》（1914 年 11 月），《列宁专题文集·论马克思主义》，人民出版社 2009 年版，第 14—15 页。

**100. 先进阶级只有客观地考虑到某个社会中一切阶级相互关系的全部总和，因而也考虑到该社会发展的客观阶段，考虑到该社会和其他社会之间的相互关系，才能据以制定正确的策略**

早在 1844—1845 年，马克思就判明了旧唯物主义的根本缺陷之一，就是未能理解革命实践活动的情况和正确评价这一活动的意义，所以，马克思后来在从事理论写作的同时，毕生都十分注意无产阶级阶级斗争的策略问题。马克思的**全部**著作，特别是 1913 年出版的四卷本马克思和恩格斯通信集，都在这方面提供了大量的材料。这些材料还远远没有收齐，没有汇集在一起，没有加以研究和整理。因此，我们在这里只能作一个最一般最简短的评介，着重说明，马克思正确地认为，唯物主义缺少**这一**方面，就是不彻底的、片面的、毫无生气的唯物主义。马克思是严格根据他的辩证唯物主义世界观的一切前提确定无产阶级策略的基本任务的。先进阶级只有客观地考虑到某个社会中一切阶级相互关系的全部总和，因而也考虑到该社会发展的客观阶段，考虑到该社会和其他社会之间的相互关系，才能据以制定正确的策略。这就是说，不应当把各个阶级和各个国家看做是静态的，而应当看做是动态的，即不应当看做是处于不动的状态，而应当看做是处于运动之中（运动的规律是从每个阶级的存在的经济条件中产生的）。而对运动，不仅要从过去的观点来看，而且要从将来的观点来看，并且不是像“进化论者”那样庸俗地理解，只看到缓慢的变化，而是要辩证地理解："在这种伟大的发展中，二十年等于一天，虽然以后可能又会有一天等于二十年的时期"——马克思在给恩格斯的信中这样写道（《通信集》第3卷第127页）①。在每个发展阶段，在每一时刻，无产阶级的策略都要考虑到人类历史的这一客观必然的辩证法，一方面要利用政治消沉时代或龟行发展即所谓"和平"龟行发展的时代来发展先进阶级的意识、力量和战斗力，另一方面要把这种利用工作全部引向这个阶级的运动的"最终目的"，并使这个阶级在"一天等于二十年"的伟大日子到来时有能力实际完成各项伟大的任务。

列宁：《卡尔·马克思》（1914年11月），《列宁专题文集·论马克思主义》，人民出版社2009年版，第33—34页。

**101. 经济发展是社会生活的"物质基础"，是它的内容，而法律、政治的和宗教、哲学的发展是这个内容的"思想形式"，是它的"上层建筑"**

因为在马克思看来，经济发展是社会生活的"物质基础"，是它的内容，而法律、政治的和宗教、哲学的发展是这个内容的"思想形式"，是它的"上层建筑"，所以马克思作出结论说："随着经济基础的改变，全部庞大的上层建筑也会相当迅速地发生变革。"

斯大林：《无政府主义还是社会主义?》（1906年12月），《斯大林全集》第1卷，人民出版社1953年版，第291页。

**102. 任何基础都有同它相适应的自己的上层建筑**

基础是社会在其一定发展阶段上的经济制度。上层建筑是社会的政治、法律、宗教、艺术、哲学的观点，以及同这些观点相适应的政治、法律等设施。

任何基础都有同它相适应的自己的上层建筑。封建制度的基础有自己的上层建筑，自己的政治、法律等等观点，以及同这些观点相适应的设施；资本主义的基础有自己的上层建筑；社会主义的基础也有自己的上层建筑。如果基础发生变化和被消灭，那么它的上层建筑也就会随着发生变化和被消灭。如果产生新的基础，那就会随着产生同它相适应的上层建筑。

斯大林：《马克思主义和语言学问题》（1950年6月20日），《斯大林选集》下卷，人民出版社1979年版，第501—502页。

---

① 见《马克思恩格斯选集》第4卷人民出版社1972年版第348页。

## 二　科学无神论与宗教有神论批判

### （一）科学无神论的立场与意义

**1. 我痛恨所有的神**

只要哲学还有一滴血在自己那颗要征服世界的、绝对自由的心脏里跳动着，它就将永远用伊壁鸠鲁的话向它的反对者宣称：

> “渎神的并不是那抛弃众人所崇拜的众神的人，而是把众人的意见强加于众神的人。”

哲学并不隐瞒这一点。普罗米修斯的自白

> “总而言之，我痛恨所有的神”

就是哲学自己的自白，是哲学自己的格言，表示它反对不承认人的自我意识是最高神性的一切天上的和地上的神。不应该有任何神同人的自我意识相并列。①

马克思：《德谟克利特的自然哲学和伊壁鸠鲁的自然哲学的差别》（约1841年7月—1842年3月），《马克思恩格斯全集》第1卷，人民出版社1995年版，第12页。

**2. 社会主义是人的不再以宗教的扬弃为中介的积极的自我意识，正像现实生活是人的不再以私有财产的扬弃即共产主义为中介的积极的现实一样**

因为对社会主义的人来说，整个所谓世界历史不外是人通过人的劳动而诞生的过程，是自然界对人来说的生成过程，所以关于他通过自身而诞生、关于他的形成过程，他有直观的、无可辩驳的证明。因为人和自然界的实在性，即人对人来说作为自然界的存在以及自然界对人来说作为人的存在，已经成为实际的、可以通过感觉直观的，所以关于某种异己的存在物、关于凌驾于自然界和人之上的存在物的问题，即包含着对自然界的和人的非实在性的承认的问题，实际上已经成为不可能的了。无神论，作为

---

① 此时马克思尚未摆脱黑格尔唯心主义的藩篱，只是从自我意识出发批判神灵观念。

对这种非实在性的否定，已不再有任何意义，因为无神论是对神的否定，并且正是通过这种否定而设定人的存在；但是，社会主义作为社会主义已经不再需要这样的中介；它是从把人和自然界看做本质这种理论上和实践上的感性意识开始的。社会主义是人的不再以宗教的扬弃为中介的积极的自我意识，正像现实生活是人的不再以私有财产的扬弃即共产主义为中介的积极的现实一样。共产主义是作为否定的否定的肯定，因此，它是人的解放和复原的一个现实的、对下一段历史发展来说是必然的环节。共产主义是最近将来的必然的形态和有效的原则，但是，这样的共产主义并不是人类发展的目标，并不是人类社会的形态。

马克思：《1844年经济学哲学手稿》（1844年4—8月），《马克思恩格斯文集》第1卷，人民出版社2009年版，第113页。

**3. 共产主义是径直从无神论开始的**

私有财产的运动——生产和消费——是迄今为止全部生产的运动的感性展现，就是说，是人的实现或人的现实。宗教、家庭、国家、法、道德、科学、艺术等等，都不过是生产的一些特殊的方式，并且受生产的普遍规律的支配。因此，对私有财产的积极的扬弃，作为对人的生命的占有，是对一切异化的积极的扬弃，从而是人从宗教、家庭、国家等等向自己的人的存在即社会的存在的复归。宗教的异化本身只是发生在意识领域、人的内心领域中，而经济的异化是现实生活的异化，——因此对异化的扬弃包括两个方面。不言而喻，在不同的民族那里，运动从哪个领域开始，这要看一个民族的真正的、公认的生活主要是在意识领域中还是在外部世界中进行，这种生活更多地是观念的生活还是现实的生活。共产主义是径直从无神论开始的（欧文）①，而无神论最初还根本不是共产主义；那种无神论主要还是一个抽象。——因此，无神论的博爱最初还只是哲学的、抽象的博爱，而共产主义的博爱则径直是现实的和直接追求实效的。

马克思：《1844年经济学哲学手稿》（1844年4—8月），《马克思恩格斯文集》第1卷，人民出版社2009年版，第186—187页。

---

① 指罗·欧文对一切宗教的批判言论。用欧文的话来说，宗教给人以危险的和可悲的前提，在社会中培植人为的敌对。欧文指出，宗教的偏狭性是达到普遍的和谐和快乐的直接障碍；欧文认为任何宗教观念都是极端谬误的。

**4. 无神论、共产主义才是人的本质的现实的生成，是人的本质对人来说的真正的实现，或者说，是人的本质作为某种现实的东西的实现**

扬弃是把外化收回到自身的、对象性的运动。——这是在异化之内表现出来的关于通过扬弃对象性本质的异化来占有对象性本质的见解；这是异化的见解，它主张人的现实的对象化，主张人通过消灭对象世界的异化的规定、通过在对象世界的异化存在中扬弃对象世界而现实地占有自己的对象性本质，//正像无神论作为神的扬弃就是理论的人道主义的生成，而共产主义作为私有财产的扬弃就是要求归还真正人的生命即人的财产，就是实践的人道主义的生成一样；或者说，无神论是以扬弃宗教作为自己的中介的人道主义，共产主义则是以扬弃私有财产作为自己的中介的人道主义。只有通过对这种中介的扬弃——但这种中介是一个必要的前提——积极地从自身开始的即积极的人道主义才能产生。

然而，无神论、共产主义决不是人所创造的对象世界的消逝、舍弃和丧失，决不是人的采取对象形式的本质力量的消逝、舍弃和丧失，决不是返回到非自然的、不发达的简单状态去的贫困。恰恰相反，无神论、共产主义才是人的本质的现实的生成，是人的本质对人来说的真正的实现，或者说，是人的本质作为某种现实的东西的实现。

马克思：《1844年经济学哲学手稿》（1844年4—8月），《马克思恩格斯文集》第1卷，人民出版社2009年版，第216—217页。

**5. 一个值得注意的现象是，非宗教观念已降临到了法国无产阶级的队伍里**

一个值得注意的现象是，与18世纪相反，现在宗教观念是在中间等级和上层阶级中传播，而非宗教观念——那种感到自己是人的人所固有的非宗教观念——却降临到了法国无产阶级的队伍里。

马克思：《致路德维希·费尔巴哈》（1844年8月），《马克思恩格斯文集》第10卷，人民出版社2009年版，第14页。

**6. 费尔巴哈在理论领域体现了和人道主义相吻合的唯物主义，而法国和英国的社会主义和共产主义则在实践领域体现了这种和人道主义相吻合的唯物主义**

“在直白的意义上明确地说”，18世纪的法国启蒙运动，特别是法国唯物主义，不仅是反对现存政治制度的斗争，同时是反对现存宗教和神学的斗争，而且还是反对17世纪的形而上学和反对一切形而上学，特别是反对笛卡儿、马勒伯朗士、斯宾诺莎和莱布尼茨的形而上学的公开的、旗帜鲜明的斗争。人们用哲学来对抗形而上学，正像费尔巴哈在他第一次坚决地站出来反对黑格尔时以清醒的哲学来对抗醉醺醺的思辨一样。被法国启蒙运动特别是18世纪的法国唯物主义所击败的17世纪的形而上学，在德国哲学中，特别是在19世纪的德国思辨哲学中，曾经历过胜利的和富有内容的复辟。在黑格尔天才地把17世纪的形而上学同后来的一切形而上学以及德国唯心主义结合起来并建立了一个形而上学的包罗万象的王国之后，对思辨的形而上学和一切形而上学的进攻，就像在18世纪那样，又同对神学的进攻再次配合起来。这种形而上学将永远屈服于现在为思辨本身的活动所完善化并和人道主义相吻合的唯物主义。费尔巴哈在理论领域体现了和人道主义相吻合的唯物主义，而法国和英国的社会主义和共产主义则在实践领域体现了这种和人道主义相吻合的唯物主义。

马克思、恩格斯：《神圣家族，或对批判的批判所做的批判。驳布鲁诺·鲍威尔及其伙伴》（1844年9—11月），《马克思恩格斯文集》第1卷，人民出版社2009年版，第327页。

**7. 17世纪至18世纪的唯物论与无神论思想**

伏尔泰指出，18世纪法国人对耶稣会派和詹森派的争论漠不关心，与其说这是由哲学造成的，还不如说是由罗的财政投机造成的。可见，人们之所以能用18世纪的唯物主义理论来解释17世纪的形而上学的衰败，仅仅是因为人们对这种理论运动本身是用当时法国生活的实践形态来解释的。这种生活所关注的是直接的现实，是世俗的享乐和世俗的利益，是尘俗的世界。同它那反神学的、反形而上学的、唯物主义的实践相适应的，必然是反神学的、反形而上学的、唯物主义的理论。形而上学在实践上已经威信扫地。在这里我们只需大略地叙述一下这种理论的发展过程。

17世纪的形而上学（请大家想一想笛卡儿、莱布尼茨等人）还具有实证的、世俗的内容。它在数学、物理学以及其他一些表面看来从属于它的特定科学领域都有所发现。但是在18世纪初这种表面现象就已经被消除了。实证科学脱离了形而上学，给自己划定了独立的活动范围。全部形而上学的财富只剩下思想之类的东西和天国的事物，而正是在这个时候，实在的东西和尘俗的事物却开始吸引人们的全部注意力。形而上学变得枯燥乏味了。在 17 世纪最后两位伟大的法国形而上学者马勒伯朗士和阿尔诺逝世的那一年，爱尔维修和孔狄亚克诞生了。

使 17 世纪的形而上学和一切形而上学在理论上威信扫地的人是皮埃尔·培尔。他的武器是用形而上学本身的符咒锻造而成的怀疑论。他本人起初是从笛卡儿的形而上学出发的。正像反对思辨神学的斗争把费尔巴哈推向反对思辨哲学的斗争，就是因为他认为思辨是神学的最后支柱，因为他不得不迫使神学家从伪科学逃回到粗野的、可恶的信仰，同样，对宗教的怀疑引起了培尔对作为这种信仰的支柱的形而上学的怀疑。因此，他批判了形而上学的整个历史发展过程。他为了撰写形而上学的灭亡史而成了形而上学的历史编纂学家。他主要是驳斥了斯宾诺莎和莱布尼茨。

皮埃尔·培尔不仅用怀疑论摧毁了形而上学，从而为在法国接受唯物主义和合乎健全理智的哲学作了准备，而且他还证明，由清一色的无神论者所组成的社会是能够存在的，无神论者能够成为可敬的人，玷辱人的尊严的不是无神论，而是迷信和偶像崇拜，通过这种证明，他宣告了不久将要开始存在的无神论社会的来临。

用一位法国作家的话来说，皮埃尔·培尔“是 17 世纪意义上的最后一个形而上学者，也是 18 世纪意义上的第一个哲学家。”

那时，人们除了要对神学和 17 世纪形而上学进行否定性的批驳之外，还需要有一个肯定性的、反形而上学的体系。人们需要一部把当时的生活实践归纳为一个体系并从理论上加以论证的书。这时，洛克关于人类理智起源的著作[①]适时地在海峡那边出现了，这部著作就像人们翘首以待的客人一样受到了热烈的欢迎。

试问：难道洛克是斯宾诺莎的学生吗？“尘世的”历史可以回答这个问题：

唯物主义是大不列颠本土的产儿。大不列颠的经院哲学家邓斯·司各脱就曾经问过自己“物质是否不能思维？”

为了使这种奇迹能够实现，他求助于上帝的万能，即迫使神学本身来宣讲唯物主义。此外，他还是一个唯名论者。唯名论是英国唯物主义者理论的主要成分之一，而且一般说来它是唯物主义的最初表现。

① 约·洛克：《人类理智论》，1690 年伦敦版。

英国唯物主义和整个现代实验科学的真正始祖是培根。在他看来，自然科学是真正的科学，而感性的物理学则是自然科学的最重要的部分。提出种子说的阿那克萨哥拉和提出原子论的德谟克利特，都常常被他当做权威来引证。按照他的学说，感觉是确实可靠的，是一切知识的源泉。科学是经验的科学，科学就在于把理性方法运用于感性材料。归纳、分析、比较、观察和实验是理性方法的主要条件。在物质固有的特性中，第一个特性而且是最重要的特性是运动，——不仅是物质的机械的和数学的运动，而且更是物质的冲动、活力、张力，或者用雅科布·伯麦的话来说，是物质的痛苦［*Qual*］。物质的原始形式是物质内部所固有的、活生生的、本质的力量，这些力量使物质获得个性，并造成各种特殊的差异。

唯物主义在它的第一个创始人培根那里，还以朴素的形式包含着全面发展的萌芽。物质带着诗意的感性光辉对整个人发出微笑。但是，那种格言警句式的学说本身却还充满了神学的不彻底性。

唯物主义在以后的发展中变得片面了。霍布斯把培根的唯物主义系统化了。感性失去了它的鲜明色彩，变成了几何学家的抽象的感性。物理运动成为机械运动或数学运动的牺牲品；几何学被宣布为主要的科学。唯物主义变得漠视人了。为了能够在漠视人的、毫无血肉的精神的领域制服这种精神，唯物主义本身就不得不扼杀自己的肉欲，成为禁欲主义者。它以理智之物的面目出现，同时又发展了理智的无所顾忌的彻底性。

霍布斯根据培根的观点声称，既然感性给人提供一切知识，那么观点、思想、观念等等，就无非是多少摆脱了感性形式的物体世界的幻影。科学只能为这些幻影命名。一个名称可以用于若干个幻影。甚至还可以有名称的名称。但是，一方面认为一切观念都起源于感性世界，另一方面又硬说一个词的意义不只是一个词，除了我们想象的永远是个别的存在物之外，还有一般的存在物，这就是一个矛盾。实际上，无形体的实体和无形体的形体，是一个同样的矛盾。形体、存在、实体是同一种实在的观念。不能把思想同思维着的物质分开。物质是一切变化的主体。如果“无限的”这个词不表示我们的精神具有无限增添补充的能力，这个词就毫无意义。因为只有物质的东西才是可以被感知、被认识的，所以人们对神的存在就一无所知了。只有我自己的存在才是确实可信的。人的一切激情都是有始有终的机械运动。欲求的对象是善。人和自然都服从于同样的规律。强力和自由是同一的。

霍布斯把培根的学说系统化了，但他没有更详尽地论证培根关于知识和观念起源于感性世界的基本原理。

洛克在他试论人类理智的起源的著作中，论证了培根和霍布斯的原理。

霍布斯消除了培根唯物主义中的有神论的偏见，而柯林斯、多德威尔、考尔德、哈特莱、普利斯特列等人则消除了洛克感觉论的最后的神学藩篱。自然神论至少对唯物主义者来说不过是一种摆脱宗教的简便易行、凑合使用的方法罢了。

我们已经提到过，洛克的著作的出现对于法国人是多么适时。洛克论证了 bon sens 的哲学，即合乎健全理智的哲学，也就是说，他间接地指出不可能有与人的健全的感觉和以这种感觉为依据的理智不同的哲学。

直接受教于洛克并将他的著作译成法文的孔狄亚克立即用洛克的感觉论去反对 17 世纪的形而上学。他证明，法国人把这种形而上学当做幻想力和神学偏见的拙劣作品加以抛弃，是有理由的。他发表了驳斥笛卡儿、斯宾诺莎、莱布尼茨和马勒伯朗士等人的体系的著作。

他在他的著作《人类知识起源论》[①] 中详细阐述了洛克的思想，他证明，不仅灵魂，而且感觉，不仅创造观念的艺术，而且感性知觉的艺术，都是经验和习惯的事情。因此，人的全部发展都取决于教育和外部环境。只是折中主义哲学把孔狄亚克从法国各学派中排挤出去了。

法国唯物主义和英国唯物主义的区别就是这两个民族的区别。法国人赋予英国唯物主义以机智，使它有血有肉，能言善辩。他们使英国唯物主义具有从未有过的气质和优雅风度。他们使它文明化了。

爱尔维修同样也是以洛克的学说为出发点的，在他那里唯物主义获得了真正法国的性质。爱尔维修立即把唯物主义运用到社会生活方面（爱尔维修《论人》[②] ）。感性的特性和自尊、享乐和正确理解的个人利益，是全部道德的基础。人的智力的天然平等、理性的进步和工业的进步的一致、人的天然的善良和教育的万能，这就是他的体系中的几个主要因素。

拉美特利的著作是笛卡儿唯物主义和英国唯物主义的结合。拉美特利

---

① 埃·孔狄亚加：《人类知识起源论》，1746 年阿姆斯特丹版。

② 爱尔维修：《论人的理智能力和教育》，1775 年伦敦版。第 1 版于 1773 年在海牙出版。

详尽地利用了笛卡儿的物理学。他的《人是机器》① 一书是仿照笛卡儿的动物是机器的模式写成的。在霍尔巴赫的《自然体系》② 中，物理学部分也是由法国唯物主义和英国唯物主义的结合构成的，而道德部分实质上则是以爱尔维修的道德论为依据的。还同形而上学保持着最密切联系并为此受到黑格尔赞许的法国唯物主义者罗比耐（《自然论》③ ），与莱布尼茨的学说有着明显的关系。

在我们既证明了法国唯物主义的两重起源，即起源于笛卡儿的物理学和英国的唯物主义，又证明了法国唯物主义同17世纪的形而上学的对立，即同笛卡儿、斯宾诺莎、马勒伯朗士和莱布尼茨的形而上学的对立以后，我们就既没有必要再来谈论沃尔涅、杜毕伊、狄德罗等人的观点，也没有必要再来谈论重农学派的观点了。自从德国人自己处于同思辨的形而上学的对立中以后，他们才有可能看到这种对立。

笛卡儿的唯物主义汇入了真正的自然科学，而法国唯物主义的另一派则直接汇入社会主义和共产主义。

马克思、恩格斯：《神圣家族，或对批判的批判所做的批判。驳布鲁诺·鲍威尔及其伙伴》（1844年9—11月），《马克思恩格斯文集》第1卷，人民出版社2009年版，第329—334页。

**8. 我自己是无神论者**

我自己是无神论者。在英国听到这样坦率承认无疑会令人吃惊，但是想到在德国或者法国不必悄悄这样做则感到欣慰一些。

《卡·马克思同〈世界报〉记者谈话的记录》（1871年7月），《马克思恩格斯文集》第3卷，人民出版社2009年版，第609页。

**9. 社会主义者则被称为实践的无神论者**

但是，在社会主义者当中也有理论家，或者，像共产主义者称呼他们的那样，**十足的**无神论者，而社会主义者则被称为**实践的**无神论者。

恩格斯：《伦敦来信》（1843年5月15日—6月1日之间），《马克思恩格斯全集》第3卷，人民出版社2002年版，第433页。

---

① 茹·拉美特利：《人是机器》，1751年伦敦版。

② 保·霍尔巴赫：《自然体系，或物质世界和精神世界的规律》，1770年伦敦版。

③ 让·巴·罗比耐：《自然论》，1763—1766年阿姆斯特丹新版第1—4卷。

**10. 资产者从无产者那里把钱拿走，从而把他们变成实际的无神论者**

金钱是这个世界的上帝。资产者从无产者那里把钱拿走，从而把他们变成实际的无神论者。如果无产者证实了他们的无神论，不再尊重这个人间上帝的神圣性和威力，那有什么奇怪的呢。当无产者穷到完全不能满足最起码的生活需要，穷到处境悲惨和食不果腹的时候，那就会更加促使他们蔑视一切社会秩序。这一点资产阶级自己多半也是知道的。

恩格斯：《英国工人阶级状况》（1844 年 9 月—1845 年 3 月），《马克思恩格斯文集》第 1 卷，人民出版社 2009 年版，第 429 页。

**11. 社会主义同时又是工人不信仰宗教的最坚决的表现**

社会主义同时又是工人不信仰宗教的最坚决的表现，这种表现是这样坚决，以致那些不自觉地纯粹由于实际原因而不信仰宗教的工人往往被这种表现的尖锐性所吓退。但是在这里，贫困也将迫使工人抛弃信仰，他们会越来越认识到，这种信仰只能使他们变得软弱，使他们屈服于自己的命运，对榨取他们脂膏的有产阶级俯首帖耳。

恩格斯：《英国工人阶级状况》（1844 年 9 月—1845 年 3 月），《马克思恩格斯文集》第 1 卷，人民出版社 2009 年版，第 472—473 页。

**12. 马克思主义的哲学基础是辩证唯物主义，它完全继承了法国 18 世纪和德国 19 世纪上半叶费尔巴哈的唯物主义历史传统，即绝对无神论的、坚决反对一切宗教的唯物主义的历史传统**

社会民主党的整个世界观是以科学社会主义即马克思主义为基础的。马克思和恩格斯曾多次声明，马克思主义的哲学基础是辩证唯物主义，它完全继承了法国 18 世纪和德国 19 世纪上半叶费尔巴哈的唯物主义历史传统，即绝对无神论的、坚决反对一切宗教的唯物主义的历史传统。我们要指出，恩格斯的《反杜林论》（马克思看过该书的手稿），通篇都是揭露唯物主义者和无神论者杜林没有坚持唯物主义，给宗教和宗教哲学留下了后路。必须指出，恩格斯在论路德维希 · 费尔巴哈的著作中责备费尔巴哈，说他反对宗教不是为了消灭宗教而是为了革新宗教，为了创造出一种新的、“高尚的”宗教等等。

列宁：《论工人政党对宗教的态度》（1909 年 5 月 13 日〔26 日〕），《列宁专题文集 · 论无产阶级政党》，人民出版社 2009 年版，第 171 页。

**13. 宗教是人民的鸦片，——马克思的这一句名言是马克思主义在宗教问题上的全部世界观的基石**

宗教是人民的鸦片①，——马克思的这一句名言是马克思主义在宗教问题上的全部世界观的基石。马克思主义始终认为现代所有的宗教和教会、各式各样的宗教团体，都是资产阶级反动派用来捍卫剥削制度、麻醉工人阶级的机构。

列宁：《论工人政党对宗教的态度》（1909 年 5 月 13 日〔26 日〕），《列宁专题文集·论无产阶级政党》，人民出版社 2009 年版，第 171—172 页。

**14. 根据“无产阶级的真正利益”获得“社会主义世界观的胜利”**

例如社会民主党的党纲上有信教自由一条。按照这一条，任何一群人都有权信奉任何一种宗教：天主教、正教等。社会民主党反对一切宗教压制，反对压制正教徒、天主教徒和新教徒。这是否就意味着天主教和新教等和党纲“原意并不抵触”呢？不，不是这个意思。社会民主党始终反对压制天主教和新教，始终维护各民族有信奉任何一种宗教的权利，但同时它要根据无产阶级的真正利益去进行反对天主教、反对新教和反对正教的宣传，以便获得社会主义世界观的胜利。

社会民主党之所以要这样做，在于新教、天主教和正教等等无疑是和党纲“原意抵触”的，即和无产阶级的真正利益抵触的。

斯大林：《马克思主义和民族问题》（1913 年 1 月），《斯大林全集》第 2 卷，人民出版社 1953 年版，第 315—316 页。

**15. 科学所以叫作科学，正是因为它不承认偶像，不怕推翻过时的旧事物，很仔细地倾听经验和实践的呼声**

科学所以叫作科学，正是因为它不承认偶像，不怕推翻过时的旧事物，很仔细地倾听经验和实践的呼声。否则，我们就根本不会有科学，譬如说，不会有天文学，而直到现在还会信奉陈腐不堪的托勒密体系了；那我们就不会有生物学，而直到现在还会迷信上帝造人的神话了；那我们就不会有化学，而直到现在还会相信炼金术士的预言了。

斯大林：《在全苏斯达汉诺夫工作者第一次会议上的讲话》（1935 年 11 月 17 日），《斯大林选集》下卷，人民出版社 1979 年版，第 384 页。

---

① 见《马克思恩格斯选集》第 1 卷人民出版社 1972 年版第 2 页。

## （二）唯心论与有神论批判

### 1. 对神的存在的证明不外是空洞的同义反复

为了在这里顺便提一下一个几乎已经声名狼藉的题目，即关于神的存在的证明，必须指出，黑格尔曾经把这一神学的证明完全弄颠倒了，也就是说，他推翻了这一证明，以便替它作辩护。假如有这样一些诉讼委托人，辩护律师除非亲自把他们杀死，否则便无法使他们免于被判刑，那么这究竟应当算什么样的诉讼委托人呢？譬如，黑格尔就对由世界的存在到神的存在的推论作了这样的解释："因为偶然的东西不存在，所以神或绝对者存在。"但是，神学的证明恰恰相反："因为偶然的东西有真实的存在，所以神存在。"神是偶然世界的保证。不言而喻，这样一来，相反的命题也被设定了。

或者，对神的存在的证明不外是空洞的同义反复，例如，本体论的证明无非是："我现实地（实在地）想象的东西，对于我来说就是现实的表象"，这东西作用于我，就这种意义上说，一切神，无论异教的还是基督教的神，都曾具有一种实在的存在。古代的摩洛赫不是曾经主宰一切吗？德尔斐的阿波罗不曾经是希腊人生活中的一种现实的力量吗？在这里康德的批判也毫无意义。如果有人想象自己有一百个塔勒①，如果这个表象对他来说不是任意的、主观的，如果他相信这个表象，那么对他来说这一百个想象出来的塔勒就与一百个现实的塔勒具有同等价值。譬如，他就会根据他的想象去借债，这个想象就会起这样的作用，正像整个人类曾经欠他们的神的债一样。与此相反，康德所举的例子反而会加强本体论的证明。现实的塔勒与想象中的众神具有同样的存在。难道一个现实的塔勒除了存在于人们的表象中，哪怕是人们的普遍的或者无宁说是共同的表象中之外，还存在于别的什么地方吗？要是你把纸币带到一个不知道纸的这种用途的国家里去，那每个人都会嘲笑你的主观表象。要是你把你所信仰的神带到信仰另一些神的国家去，人们就会向你证明，你是受到幻想和抽象概念的支配。这是公正的。如果有人把温德人②的某

---

① 德国旧银币，根据普鲁士当时的币制，1 塔勒等于 30 银格罗申，1 银格罗申等于 12 分尼。

② 斯拉夫人的古称。

个神带给古代希腊人，那他就会发现这个神不存在的证明。因为对希腊人来说，它是不存在的。一个特定的国家对于外来的特定的神来说，就同理性的国家对于一般的神来说一样，是神停止其存在的地方。

或者，对神的存在的证明不外是对人的本质的自我意识存在的证明，对自我意识存在的逻辑说明①。例如，本体论的证明。当我们思索存在的时候，什么存在是直接的呢？自我意识

在这个意义上说，对神的存在的一切证明都是对神不存在的证明，都是对一切关于神的观念的驳斥。现实的证明必须倒过来说："因为自然安排得不好，所以神才存在。""因为非理性的世界存在，所以神才存在。""因为思想不存在，所以神才存在。"但这岂不是说：谁觉得世界是非理性的，因而谁本身也是非理性的，对他来说神就存在。换句话说，非理性就是神的存在。

马克思：《德谟克利特的自然哲学和伊壁鸠鲁的自然哲学的差别·附注》（约 1841 年 7 月—1842 年 3 月），《马克思恩格斯全集》第 1 卷，人民出版社 1995 年版，第 100—102 页。

**2. 历史现在仍然指派神学这个历来的哲学的溃烂区本身来显示哲学的消极解体，即哲学的腐烂过程**

仔细考察起来，神学的批判——尽管在运动之初曾是一个真正的进步因素——归根结底不外是旧哲学的、特别是黑格尔的超验性被歪曲为神学漫画的顶点和结果。历史现在仍然指派神学这个历来的哲学的溃烂区本身来显示哲学的消极解体，即哲学的腐烂过程。

马克思：《1844 年经济学哲学手稿》（1844 年 4—8 月），《马克思恩格斯文集》第 1 卷，人民出版社 2009 年版，第 113 页。

**3. 在作为宗教的宗教中得到确证的不是我的自我意识，而是我的外化的自我意识**

如果我知道宗教是外化的人的自我意识，那么我也就知道，在作为宗教的宗教中得到确证的不是我的自我意识，而是我的外化的自我意识。这就是说，我知道我的属于自身的、属于我的本质的自我意识，不是在宗教中，倒是在被消灭、被扬弃的宗教中得到确证的。

---

① 此时马克思尚未摆脱黑格尔唯心主义的藩篱，只是从自我意识出发批判神灵观念。

因此，在黑格尔那里，否定的否定不是通过否定假本质来确证真本质，而是通过否定假本质来确证假本质或同自身相异化的本质，换句话说，否定的否定是否定作为在人之外的、不依赖于人的对象性本质的这种假本质，并使它转化为主体。

马克思：《1844年经济学哲学手稿》（1844年4—8月），《马克思恩格斯文集》第1卷，人民出版社2009年版，第214页。

**4. 黑格尔既同现实的本质相对立，也同直接的、非哲学的科学或这种本质的非哲学的概念相对立**

因此，从一方面来说，黑格尔在哲学中扬弃的存在，并不是现实的宗教、国家、自然界，而是已经成为知识的对象的宗教本身，即教义学；法学、国家学、自然科学也是如此。因此，从一方面来说，黑格尔既同现实的本质相对立，也同直接的、非哲学的科学或这种本质的非哲学的概念相对立。因此，黑格尔是同它们的通用的概念相矛盾的。

马克思：《1844年经济学哲学手稿》（1844年4—8月），《马克思恩格斯文集》第1卷，人民出版社2009年版，第216页。

**5. 在黑格尔那里，知道自己是绝对自我意识的主体，就是神，绝对精神，就是知道自己并且实现自己的观念**

但是，撇开上述的颠倒说法不谈，或者更正确地说，作为上述颠倒说法的结果，在黑格尔那里，这种行动，第一，仅仅是形式的，因为它是抽象的，因为人的本质本身仅仅被看做抽象的、思维着的本质，即自我意识，而

第二，因为这种观点是形式的和抽象的，所以外化的扬弃成为外化的确证，或者说，在黑格尔看来，自我产生、自我对象化的运动，作为自我外化和自我异化的运动，是绝对的因而也是最后的、以自身为目的的、安于自身的、达到自己本质的人的生命表现。因此，这个运动在其抽象形式上，作为辩证法，被看成真正人的生命；而因为它毕竟是人的生命的抽象、异化，所以它被看成神性的过程，然而是人的神性的过程，——人的与自身有区别的、抽象的、纯粹的、绝对的本质本身所经历的过程。

第三，这个过程必须有一个承担者、主体；但主体只作为结果出现；因此，这个结果，即知道自己是绝对自我意识的主体，就是神，

绝对精神，就是知道自己并且实现自己的观念。现实的人和现实的自然界不过是成为这个隐蔽的非现实的人和这个非现实的自然界的谓语、象征。因此，主语和谓语之间的关系被绝对地相互颠倒了：这就是神秘的主体—客体，或笼罩在客体上的主体性，作为过程的绝对主体，作为使自身外化并且从这种外化返回到自身的、但同时又把外化收回到自身的主体，以及作为这一过程的主体；这就是在自身内部的纯粹的、不停息的旋转。

马克思：《1844 年经济学哲学手稿》（1844 年 4—8 月），《马克思恩格斯文集》第 1 卷，人民出版社 2009 年版，第 217—218 页。

**6. 全部逻辑学都证明，抽象思维本身是无，绝对观念本身是无，只有自然界才是某物**

然而，绝对观念究竟是什么呢？如果绝对观念不想再去从头经历全部抽象行动，不想再满足于充当种种抽象的总体或充当理解自我的抽象，那么绝对观念也要再一次扬弃自身。但是，把自我理解为抽象的抽象，知道自己是无；它必须放弃自身，放弃抽象，从而达到那恰恰是它的对立面的本质，达到自然界。因此，全部逻辑学都证明，抽象思维本身是无，绝对观念本身是无，只有自然界才是某物。

马克思：《1844 年经济学哲学手稿》（1844 年 4—8 月），《马克思恩格斯文集》第 1 卷，人民出版社 2009 年版，第 219 页。

**7. 费尔巴哈完成了对宗教的批判**

只有费尔巴哈才立足于黑格尔的观点之上而结束和批判了黑格尔的体系，因为费尔巴哈消解了形而上学的绝对精神，使之变为"以自然为基础的现实的人"费尔巴哈完成了对宗教的批判，因为他同时也为批判黑格尔的思辨以及全部形而上学拟定了博大恢宏、堪称典范的纲要。

马克思、恩格斯：《神圣家族，或对批判的批判所做的批判。驳布鲁诺·鲍威尔及其伙伴》（1844 年 9—11 月），《马克思恩格斯文集》第 1 卷，人民出版社 2009 年版，第 342 页。

**8. 鲍威尔神学批判的实质**

鲍威尔先生最初是一个神学家，但不是一个普普通通的神学家，而是一个批判的神学家或神学的批判家。早在他还是一个老黑格尔正统派的最极端的代表，一个一切宗教胡说和神学胡说的思辨炮制者的时候，他就不断地宣称批判是他的私有财产。那时，他就已经把施特劳斯的批判看做是人的批判，而同这种批判相反，他十分明确地要求享有神的批判的权利。后来，他从宗教的外壳中剥出了这种神性的隐秘的内核，即伟大的自我感觉或自我意识，使其独立化，变成独立的存在物，并在"无限的自我意识"的幌子下把它提升为批判的原则。接着，他在他本身的运动中完成了被"自我意识的哲学"描述为绝对的生命行为的那种运动。他又扬弃了"创造物"即无限的自我意识与创造者即他自己之间的"差别"并认识到，无限的自我意识在自己的运动中"只是"鲍威尔"他自己"所以宇宙的运动只有在它本身的观念的自我运动中才能成为真正的和现实的。

神的批判在返回自身时，以合理的、自觉的、批判的方式复活了，自在的存在变成了自在自为的存在，而且只有在最后才会变成完成了的、实现了的、显现出来的开端。和人的批判不同，神的批判是作为批判、作为纯粹的批判、作为批判的批判显现出来的。对鲍威尔先生的新旧著作的辩护代替了对新旧约全书的辩护。神与人、精神与肉体、无限性与有限性之间的神学的对立，变成了精神、批判或鲍威尔先生与物质、群众或世俗世界之间的批判的神学的对立。信仰与理性之间的神学的对立变成了健全的理智与纯粹批判的思维之间的批判的神学的对立。《思辨神学杂志》变成了批判的《文学报》。最后，宗教的救世主终于显化为批判的救世主鲍威尔先生了。

鲍威尔先生的最后阶段并不是他发展中的反常现象，这个阶段是他的发展从外化向自身的返回。不言而喻，神的批判使自己外化并超出自身范围的那一瞬间，是与它部分地背弃自己而创造某种人的东西的那一瞬间相吻合的。

马克思、恩格斯：《神圣家族，或对批判的批判所做的批判。驳布鲁诺·鲍威尔及其伙伴》（1844 年 9—11 月），《马克思恩格斯文集》第 1 卷，人民出版社 2009 年版，第 346—347 页。

**9. 费尔巴哈把宗教世界归结于它的世俗基础**

费尔巴哈是从宗教上的自我异化，从世界被二重化为宗教世界和世俗世界这一事实出发的。他做的工作是把宗教世界归结于它的世俗基础。但是，世俗基础使自己从自身中分离出去，并在云霄中固定为一个独立王国，这只能用这个世俗基础的自我分裂和自我矛盾来说明。因此，对于这个世俗基础本身应当在自身中、从它的矛盾中去理解，并且在实践中使之发生革命。因此，例如，自从发现神圣家族的秘密在于世俗家庭之后，世俗家庭本身就应当在理论上和实践中被消灭。

马克思：《关于费尔巴哈的提纲》(1845年春)，《马克思恩格斯文集》第1卷，人民出版社2009年版，第500页。

**10. 费尔巴哈把宗教的本质归结于人的本质。但是，人的本质不是单个人所固有的抽象物，在其现实性上，它是一切社会关系的总和**

费尔巴哈把宗教的本质归结于人的本质。但是，人的本质不是单个人所固有的抽象物，在其现实性上，它是一切社会关系的总和。

费尔巴哈没有对这种现实的本质进行批判，因此他不得不：

(1) 撇开历史的进程，把宗教感情固定为独立的东西，并假定有一种抽象的——孤立的——人的个体。

(2) 因此，本质只能被理解为"类"，理解为一种内在的、无声的、把许多个人自然地联系起来的普遍性。

马克思：《关于费尔巴哈的提纲》(1845年春)，《马克思恩格斯文集》第1卷，人民出版社2009年版，第501页。

**11. 费尔巴哈没有看到"宗教感情"本身是社会的产物，而他所分析的抽象的个人，是属于一定的社会形式的**

因此，费尔巴哈没有看到"宗教感情"本身是社会的产物，而他所分析的抽象的个人，是属于一定的社会形式的。

马克思：《关于费尔巴哈的提纲》(1845年春)，《马克思恩格斯文集》第1卷，人民出版社2009年版，第501页。

**12. 希腊神话是已经通过人民的幻想用一种不自觉的艺术方式加工过的自然和社会形式本身**

大家知道，希腊神话不只是希腊艺术的武库，而且是它的土壤。成为希腊人的幻想的基础、从而成为希腊［艺术］的基础的那种对自然的观点和对社会关系的观点，能够同走锭精纺机、铁道、机车和电报并存吗？在罗伯茨公司①面前，武尔坎又在哪里？在避雷针面前，丘必特又在哪里？

---

① 曼彻斯特的罗伯茨公司，是英国发明家理·罗伯茨从1843年起主持生产各种工具、机器和机车的公司。罗伯茨是19世纪机械方面的发明家之一，自动走锭纺纱机就是他发明的。

在动产信用公司[①]面前，海尔梅斯又在哪里？任何神话都是用想象和借助想象以征服自然力，支配自然力，把自然力加以形象化，因而，随着这些自然力实际上被支配，神话也就消失了。在印刷所广场[②]旁边，法玛还成什么？希腊艺术的前提是希腊神话，也就是已经通过人民的幻想用一种不自觉的艺术方式加工过的自然和社会形式本身。这是希腊艺术的素材。不是随便一种神话，就是说，不是对自然（这里指一切对象的东西，包括社会在内）的随便一种不自觉的艺术加工。埃及神话决不能成为希腊艺术的土壤或母胎。但是无论如何总得是一种神话。因此，决不是这样一种社会发展，这种发展排斥一切对自然的神话态度，一切把自然神话化的态度；因而要求艺术家具备一种与神话无关的幻想。

从另一方面看：阿基里斯能够同火药和铅弹并存吗？或者，《伊利亚特》能够同活字盘甚至印刷机并存吗？随着印刷机的出现，歌谣、传说和诗神缪斯岂不是必然要绝迹，因而史诗的必要条件岂不是要消失吗？

但是，困难不在于理解希腊艺术和史诗同一定社会发展形式结合在一起。困难的是，它们何以仍然能够给我们以艺术享受，而且就某方面说还是一种规范和高不可及的范本。

一个成人不能再变成儿童，否则就变得稚气了。但是，儿童的天真不使成人感到愉快吗？他自己不该努力在一个更高的阶梯上把儿童的真实再现出来吗？在每一个时代，它固有的性格不是以其纯真性又活跃在儿童的天性中吗？为什么历史上的人类童年时代，在它发展得最完美的地方，不

---

① 动产信用公司是法国的一家大股份银行，由埃·贝列拉和伊·贝列拉兄弟俩于1852年创办并为1852年11月18日法令所批准。动产信用公司的主要目的是充当信贷的中介及参与工业企业和其他企业的创立。该公司广泛地参与了法国、奥地利、匈牙利、瑞士、西班牙和俄国的铁路建设。公司的收入主要来源于自己所开办的股份公司在交易所进行的有价证券投机买卖。动产信用公司用发行本公司的股票得来的资金收买各种公司的股票，它自己的股票只是以它持有的其他企业的有价证券作担保，而其他各公司的股票则是以它们本身的财产价值作担保。因此，同一项实际财产产生了双倍的虚拟资本。一种形式是该企业的股票，另一种形式是拨款给该企业并收买其股票的动产信用公司的股票。该公司同拿破仑第三的政府关系密切，并在其庇护下进行投机活动。1867年该公司破产，1871年清算完毕。动产信用公司在19世纪50年代作为新型金融企业出现，是当时这一反动时期特有的产物。在这个时期，交易所买空卖空、投机倒把活动异常猖獗。中欧的其他国家也效仿动产信用公司纷纷建立类似的机构。

② 印刷所广场（PrintingHouseSquare）是伦敦一个不大的广场，英国最大的日报《泰晤士报》编辑部和印刷所所在地，因此印刷所广场也就成了以优秀报业组织闻名于19世纪中叶的该报编辑部和印刷所的代名词。

该作为永不复返的阶段而显示出永久的魅力呢？有粗野的儿童和早熟的儿童。古代民族中有许多是属于这一类的。希腊人是正常的儿童。他们的艺术对我们所产生的魅力，同这种艺术在其中生长的那个不发达的社会阶段并不矛盾。这种艺术倒是这个社会阶段的结果，并且是同这种艺术在其中产生而且只能在其中产生的那些未成熟的社会条件永远不能复返这一点分不开的。

马克思：《1857—1858年经济学手稿》（1857—1858年），《马克思恩格斯文集》第8卷，人民出版社2009年版，第35—36页。

**13. 因此，难怪近年来以几个远非最差的人物为代表的英国经验主义，看来竟不可救药地迷恋于从美国输入的招魂术和降神术**

深入人民意识的辩证法有一个古老的命题：两极相联。根据这个道理，我们在寻找幻想、轻信和迷信的极端表现时，如果不是面向像德国自然哲学那样竭力把客观世界嵌入自己主观思维框子内的自然科学派别，而是面向与此相反的派别，即一味吹捧经验、极端蔑视思维而实际上思想极度贫乏的派别，我们就不致于犯什么错误。后一个学派在英国占据统治地位。它的始祖，备受称颂的弗兰西斯·培根就已经渴望他的新的经验归纳法能够付诸应用，并首先做到：延年益寿，在某种程度上使人返老还童，改形换貌，易身变体，创造新种，腾云驾雾，呼风唤雨。他抱怨这种研究无人问津，他在他的自然史中开出了制取黄金和创造种种奇迹的正式的丹方。[①] 同样，伊萨克·牛顿在晚年也热衷于注释《约翰启示录》[②]。因此，难怪近年来以几个远非最差的人物为代表的英国经验主义，看来竟不可救药地迷恋于从美国输入的招魂术和降神术。

属于这一行列的第一位自然科学家，是功勋卓著的动物学家兼植物学家阿尔弗勒德·拉塞尔·华莱士，此人曾和达尔文同时提出物种通过自然选择发生变异的理论。他在1875年由伦敦白恩士出版社出版的小册子《论奇迹和现代唯灵论》里面说，他在自然知识的这个分支中的最初实验是在

---

① 指弗·培根计划写的百科全书式的著作《伟大的复兴》，特别是它的第三部分。培根的计划未能完全实现。该著作第三部分的材料以《自然现象，或可作为哲学基础的自然的和实验的历史》为标题于1622年在伦敦出版。

② 伊·牛顿以神学为题材的最著名的著作是他逝世六年后于1733年在伦敦出版的《评但以理书和圣约翰启示录》。

1844年开始取得的，那时他听到斯宾塞·霍尔先生关于麦斯默术①的讲演，因此他在他的学生身上做了同样的实验。

“我对这个问题非常感兴趣，并且有热心〈ardour〉进行研究。”[第119页]

他不仅使人进入催眠状态并发生四肢僵硬和局部丧失知觉的现象，而且也证实了加尔颅骨图②的正确，因为在触摸任何一个加尔器官的时候，相应的活动就在已受催眠的人身上发生，并以灵活的动作按规定演示出来。其次，他断言，他的被催眠者只要被他触摸一下，就会产生催眠者的一切感觉；他只要把一杯水说成白兰地酒，就可以让被催眠者喝得酩酊大醉。他能使一个年轻人甚至在清醒的时候糊涂得忘记自己的姓名，然而这是其他教员不用麦斯默术也可以办到的。如此等等。

恩格斯：《自然辩证法》（1873—1882年），《马克思恩格斯文集》第9卷，人民出版社2009年版，第442—443页。

**14. 霍尔先生的催眠颅相学表演**

1843—1844年冬季，我也适逢其会在曼彻斯特见到了这位斯宾塞·霍尔先生。他是一个很普通的江湖术士，在几个教士的赞助下在国内跑来跑去，用一个少女做催眠颅相学的表演，借以证明上帝的存在，证明灵魂不死，证明当时欧文主义者在各大城市中所宣传的唯物主义毫无价值。少女被催眠后，催眠者只要摸一摸她的颅骨上的任何一个加尔器官，她就像演戏一样做出各种表示相应器官活动的动作和姿势；例如，摸一下爱孩子（philoprogenitiveness）的器官，她就爱抚和亲吻所幻想的婴孩，如此等等。

---

① 麦斯默术是关于某种“动物的磁性”的理论，据说可用于治疗疾病，以其创立者奥地利医生弗·麦斯默（1734—1815）的名字命名。麦斯默术在18世纪末广为流传，是降神术的前导之一。

② 19世纪初奥地利医生弗·加尔创立了颅相学，认为人大脑的一定部位上生长有各种心理特征的器官，某种心理特性和能力的发展会引起大脑相应部位的发育并使颅骨的相应部位隆起。因此，根据颅骨的外形就可以判断人的心理特性。颅相学的结论曾被各式各样的江湖术士包括降神术士广为利用。

此外，这位堂堂的霍尔还用一个新的巴拉塔里亚岛①丰富了加尔的颅骨地理学：他在颅骨顶上发现了一个敬神的器官，只要摸一摸这里，他的那位受了催眠的小姐就跪下去，把双手合在一起，并且在惊讶的庸人观众面前做出一副虔敬地祈祷的天使的样子。表演到此结束并达到高潮。上帝的存在得到了证明。

恩格斯：《自然辩证法》（1873—1882 年），《马克思恩格斯文集》第 9 卷，人民出版社 2009 年版，第 443 页。

**15. 但是十分清楚：如果不使被催眠者明白人们希望他做些什么，那么任何器官都不能显示任何作用**

我和我的一个熟人也同华莱士先生一样，对这些现象颇感兴趣，并且想试一下，我们能在什么程度上再现这些现象。我们选择了一个 12 岁的活泼的男孩来作对象。安详的凝视和轻柔的抚摩就轻而易举地使他进入催眠状态。但是，因为我们对这套把戏不像华莱士先生那样虔诚，那样热心，所以我们也就得到完全不同的结果。除了很容易产生的肌肉僵硬和丧失知觉状态以外，我们还发现了一种意志完全被动而感觉又异常过敏的状态。被催眠者一旦由于任何外部刺激而从昏睡中醒过来，他就显得比清醒的时候更活跃得多。被催眠者同催眠者没有任何神秘的感应关系；任何其他的人都同样可以很容易地使被催眠者动作起来。让加尔颅骨器官起作用，在我们看来是太容易了；我们的花样还更多：我们不仅能使这些器官互相置换，把它们配置在整个身体的任何地方，而且还能造出不拘数目的其他器官，如唱歌、吹口哨、吹笛、跳舞、拳击、缝纫、补鞋、抽烟等等的器官，这些器官我们希望安在什么地方都可以。华莱士用水使他的被催眠者酩酊大醉，而我们却在大脚趾上发现了醉酒的器官，只要摸它一下，被催眠者就会演出最妙的喝醉酒的滑稽戏。但是十分清楚：如果不使被催眠者明白人们希望他做些什么，那么任何器官都不能显示任何作用。这个小孩经过实际练习很快便熟练到这样的程度：只要多少有一点暗示就够了。这样造成的器官只要不用同样的方法加以改变，对于以后的催眠是永远有效的。这个被催眠者也就有双重的记忆，一种是清醒时的记忆，另一种是催眠状

---

① 巴拉塔里亚岛（源于西班牙语 barato——廉价的）是塞万提斯的小说《唐·吉诃德》中虚构的一个岛。在该书第 2 部第 45—53 章中，唐·吉诃德的侍从桑乔·潘萨被任命为该岛的总督。

态中的完全独立的记忆。至于说到意志的被动性，说到对第三者的意志的绝对服从，只要我们不忘记整个状态是在被催眠者的意志服从催眠者的意志的情况下开始的，而且没有这种服从就形成不了这种状态，那么这种被动性，这种绝对服从就没有什么奇怪的了。只要被催眠者同催眠者开个玩笑，那就连世界上最有魔力的催眠术家也无计可施了。

恩格斯：《自然辩证法》（1873—1882 年），《马克思恩格斯文集》第 9 卷，人民出版社 2009 年版，第 444—445 页。

**16. 华莱士先生对于这些奇迹在科学上的确证是处理得何等轻率**

这样，我们不过随便怀疑了一下，便发现催眠颅相学的江湖骗术的老底，这是一系列与清醒状态时的现象多半只有程度差异、无须作任何神秘主义解释的现象，而华莱士先生的热心（ardour）却使他一再地欺骗自己，靠了这种自我欺骗去在各种细节上证实加尔颅骨图，确定催眠者和被催眠者之间的神秘的感应关系。① 在华莱士先生的天真得有些稚气的谈话中，到处都可以看到：他所关心的并不是探究这种江湖骗术的真相，而是不惜任何代价去再现所有的现象。只要有了这种心态，就可以在很短的时间内使刚入门的研究者靠简便易行的自我欺骗变成一位行家。华莱士先生终于相信了催眠颅相学的奇迹，这时他已经有一只脚踏进神灵世界中去了。

到 1865 年，他的另一只脚也跟着踏进去了。当他在热带地方旅行了 12 年回来以后，桌子跳舞的降神术实验促使他加入了各种“神媒”的团体。他进步得多么快，他对这套把戏掌握得多么纯熟，上述小册子就可以证明。他希望我们不仅要当真相信霍姆、达文波特兄弟以及其他看来多少是为了钱并且大多一再暴露出骗子面目的“神媒”的一切所谓的奇迹，而且要当真相信许多从很古的时候起就被信以为真的神灵故事。希腊神托所的女占卜者、中世纪的女巫便都是“神媒”，而扬布利柯在他的《论预言》中已经十分确切地描绘了

“现代唯灵论中最令人惊异的现象”［第 229 页］。

---

① 如前所述，被催眠者是通过练习而熟练起来的。因此，当意志的服从变成习惯以后，两个当事者之间的关系会越来越密切，某些个别现象会越来越强化，甚至在清醒状态中也有微弱的反映，这是完全可能的。

我们只举一个例子来表明，华莱士先生对于这些奇迹在科学上的确证是处理得何等轻率。如果有人要我们相信神灵会让人给它们照相，那么这的确是一个奢望，而我们在认定这种神灵照片是真实的以前，当然有权要求以最真实可信的方式对它们加以证明。但华莱士先生在第 187 页上说：1872 年 3 月，主神媒古比太太（父姓为尼科尔斯）跟她的丈夫和小儿子在诺丁山①的赫德森先生那里一起照了相，而在两张不同的照片上都看得出她背后有一个身材高高的女人的形象，优雅地（finely）披着白纱，面貌略带东方韵味，摆出祝福的姿势。

> “所以，在这里，两件事中必有一件是绝对确实的②。要不是眼前有一个活生生的、聪敏的、然而肉眼看不见的存在物，就是古皮先生夫妇、摄影师和某一第四者筹划了一桩卑劣的〈wicked〉骗局，而且一直隐瞒着这一骗局。但是我非常了解古皮先生夫妇，所以我绝对相信：他们像自然科学领域中任何真挚的真理探求者一样，是不会干这种骗人的勾当的。”［第 188 页］

这样看来，要么是骗人的勾当，要么是神灵的照片。对极了。如果是骗人的勾当，那么，不是神灵早已印在照片底版上，就是有四个人参与其事，或者有三个人参与其事，如果我们把活到 84 岁于 1875 年 1 月去世的对自己的行为不能负责的或易受愚弄的古皮老先生撇开不谈的话（只要把他送到作为背景的屏风后面就行了）。一位摄影师要替神灵找个“模特儿”是没有什么困难的，我们对此无须多费唇舌。但是摄影师赫德森不久就因一贯伪造神灵照片而被公开检举，而华莱士先生却安慰人们说：

> “有一件事情是明白的：如果发生了骗人的勾当，那立刻就会被唯灵论者自己看破的。”［第 189 页］

---

① 诺丁山是伦敦西城的一个区。

② 原文是“Here, then, one of two things are absolutely certain”。神灵世界是超越于语法的。有一次，一位爱开玩笑的人让神媒把语法家林德利·默里的灵魂召来。问他来了没有，他回答道：“I are”［我来了］（美国人的说法，不说“I am”）。这位神媒是在美国出生的。

这也就是说，摄影师也不大可信了。剩下的是古皮太太，而对她，我们的朋友华莱士表示“绝对相信”，此外再没有别的。再没有别的吗？决不是这样。表明古皮太太的绝对可靠的，还有她自己的如下说法：1871 年 6 月初的一个晚上，她在不省人事的状态中从汉伯里山公园她的家里，由空中被摄到兰布斯·康第特街 69 号——两地的直线距离是三英里——并且被弄到上述 69 号房子中正在举行降神仪式的一张桌子上。房门是关着的，虽然古皮太太是一个极肥胖的伦敦女人（这的确很重要），可是她突然闯到屋里来，在门上或天花板上连个小小的窟窿都没有留下来（1871 年 6 月 8 日伦敦《回声报》上的报道）。现在谁还不相信神灵照片是真的，那真是不可救药了。

恩格斯：《自然辩证法》（1873—1882 年），《马克思恩格斯文集》第 9 卷，人民出版社 2009 年版，第 445—447 页。

**17. 克鲁克斯先生是否带来了主要的仪器，即一颗抱怀疑态度的有批判力的头脑，他是否使这颗头脑始终保持工作能力，我们是会看到的**

英国自然科学家中的第二位著名的行家，是威廉·克鲁克斯先生，化学元素铊的发现者和辐射计（在德国也叫做光转车辐射计）的发明者。[①] 克鲁克斯先生大约从 1871 年起开始研究唯灵论者的表演，为了这个目的应用了许多物理学仪器和力学仪器，如弹簧秤、电池等等。他是否带来了主要的仪器，即一颗抱怀疑态度的有批判力的头脑，他是否使这颗头脑始终保持工作能力，我们是会看到的。无论如何，在一个不长的时期内，克鲁克斯先生就象华莱士先生一样完全被俘虏了。华莱士叙述道：

“几年的工夫，一个年轻的女人，弗洛伦斯·库克小姐，就显示出值得注意的神媒的特性，而且最近已经登峰造极，化成一个肯定是来自神灵世界的完美的女性形象，赤着脚，披着飘洒的白色长袍，而这时神媒却穿着深色的衣服，被捆缚着，沉睡在一间密室<cabinet>或邻室里。”［第 181 页］

---

① 铊是威·克鲁克斯 1861 年发现的。辐射计也叫光转车辐射计，是一种测量光能的仪器：在一个真空玻璃球内装一根垂直或水平线轴，上面装几个轻质的小翼，小翼在光或热辐射的作用下旋转，使线轴折弯而产生偏向角，用测定偏向角的方法来测量光能。辐射计是 1873—1874 年由克鲁克斯设计成功的。

这个神灵自称凯蒂，看起来非常像库克小姐。一天晚上，沃尔克曼先生，古皮太太现在的丈夫，突然拦腰把它抱住，紧紧搂住不放，看它到底是不是库克小姐的化身。这个神灵显示出是一个结结实实的女人，它竭力反抗，观众们来干预，瓦斯灯被熄灭，撕扯了一阵以后，重新安静下来，屋子里点起了灯，这时神灵已经不见了，而库克小姐仍然被捆着，不省人事地躺在原来的角落里。但是，据说沃尔克曼先生直到现在还坚持认为，他抱住的是库克小姐而不是别人。为了从科学上来确证这件事情，一位著名的电学家瓦利先生做了一次新的实验，把电池的电流通到神媒库克小姐身上，使得她不切断电流就不能扮演神灵的角色。然而神灵还是出现了。所以它的确是和库克小姐不同的存在物。而进一步确证这件事情便是克鲁克斯先生的任务。他第一步是要取得这位神灵小姐的信任。

> 这种信任，如他自己在1874年6月5日的《灵学家报》中所说的，“逐渐加深，直到除非由我来安排，不然她就拒绝降神。她说她希望我一直在她近旁，就在内室的隔壁；我发现，在这种信任已经建立而且她确信我决不对她食言以后，各种现象的表现程度大大加强了，用其他方法得不到的证据也如意地得到了。她常常和我商量参加降神仪式的人以及他们的席位，因为她最近变得非常不安<nervous>，原因是她感到有人曾不怀好意地向她暗示，除了使用其他的比较科学的研究方法以外，有人可能使用武力。”①

这位神灵小姐对这种既亲切又科学的信任给了最充分的回报。她甚至出现——现在这使我们不会再感到吃惊——在克鲁克斯先生家里，和他的孩子们玩耍，给他们讲“她在印度冒险的趣闻”，向克鲁克斯先生讲述“她过去生活中的一些痛苦的经历”，让他拥抱她，好让他相信她的结结实实的物质性，并让他察看她每分钟的脉搏次数和呼吸次数，最后她自己还和克鲁克斯先生并排照相。华莱士先生说：

> “这个形象在人们看见她，摸到她，给她照相，并且和她谈话以

① 威·克鲁克斯《“凯蒂·金”的最后出现》，载于1874年6月5日《灵学家报》第23号。

后，就从一个小屋子里面绝对地消失了，这个小屋子除了通往挤满观众的隔壁一间屋子，是没有其他出口的。”［第 183 页］

假若观众们十分有礼貌，信任发生事情的房子的主人克鲁克斯先生，就像克鲁克斯先生信任神灵一样，这也就不是什么了不起的把戏了。

可惜这些“完全被证实了的现象”，甚至在唯灵论者看来也不是随随便便就可以相信的。我们在前面已经看到，十分相信唯灵论的沃尔克曼先生怎样采取了非常物质的突然下手的办法。现在又有一个教士，“不列颠全国灵学家协会”委员，也出席了库克小姐的降神仪式，而且毫无困难地发现：神灵从门进到里面并在里面消失的那间屋子，是有第二道门通往外界的。当时也在场的克鲁克斯先生的举动，“使我原以为这些表演中也许有点什么玩意儿的信念受到了最后的致命打击”（查·莫里斯·戴维斯牧师《神秘的伦敦》，伦敦廷斯利兄弟出版社版）。此外，人们怎样使“凯蒂们”“现身”的事，在美国也真相大白了。有一对姓霍姆斯的夫妇在费城举行表演，当时也出现了一个“凯蒂”，她得到信徒们丰厚的馈赠。但是，这位凯蒂有一次竟因为报酬不够多而罢了工，这就引起一个怀疑者下决心非要探查出她的踪迹不可；他发现她住在一个 boarding house（公寓）里，是一个毫无疑问有血有肉的年轻女人，占有了赠送给神灵的一切礼物。

恩格斯：《自然辩证法》（1873—1882 年），《马克思恩格斯文集》第 9 卷，人民出版社 2009 年版，第 447—449 页。

**18. 欧洲大陆也有自己的科学界的降神者**

同时，欧洲大陆也有自己的科学界的降神者。彼得堡的一个学术团体——我不大清楚是大学或者甚至是研究院——曾委托枢密官阿克萨科夫和化学家布特列罗夫探究降神现象，但似乎并没有多少结果。① 另一方面——如果可以相信唯灵论者的喧嚣的声明——德国现在也推出自己的唯灵论者，这就是莱比锡教授策尔纳先生。

---

① 圣彼得堡大学物理学会于 1875 年 5 月 6 日设立了降神现象考察委员会。这个委员会的成员有德·伊·门捷列夫和其他许多著名的科学家，委员会要求在俄国传播降神术的亚·尼·阿克萨科夫、亚·米·布特列罗夫和尼·彼·瓦格纳对降神术进行介绍，按要求进行演示并在实验报告上签字。委员会在圣彼得堡《呼声报》（1876 年 3 月 25 日第 85 号）上发表了总结性报告，报告作出结论，认为降神现象发生于无意识的动作或有意识的欺骗，而降神说是迷信。与此同时考察纪要和其他材料由门捷列夫出版。委员会的工作到 1876 年 3 月 21 日结束。

大家知道，策尔纳先生多年来埋头研究空间的“第四维”，发现在三维空间里不可能出现的许多事情，在四维空间里却是不言而喻的。例如，在四维空间里，一个全封闭的金属球，不在上面钻一个孔，就可以像翻手套一样地翻过来；同样，在一条两端各无尽头或两端都被系住的线上可以打结，两个相互分离的闭合的圆环，不锯开其中的任何一个就可以套在一起，还有许多这一类的把戏。根据神灵世界最近传来的捷报，策尔纳教授先生曾请求一个或几个神媒帮助他确定第四维空间中的各种细节。结果据说是惊人的。他把自己的手臂架在椅子的扶手上，而手掌按在桌子上不动，降神仪式一开始，椅子的扶手就和他的手臂套在一起了；一条两端用火漆固定在桌子上的线，竟在中间打了四个结，如此等等。一句话，神灵是可以极其容易地完成第四维空间的一切奇迹的。但是必须注意：我是在转述别人的说法。我不能保证这个神灵通报的正确性，如果它有什么不确实的地方，策尔纳先生应当感谢我给他提供了一个更正的机会。但是，如果这个通报不是虚假地报道策尔纳先生的经历，那么这些经历显然会在神灵科学和数学方面开辟一个新纪元。神灵证明第四维空间的存在，而第四维空间则为神灵的存在作担保。而这一点一经发现，便给科学开辟出一个崭新的广阔的天地。对于第四维和更高维的空间的数学来说，对于待在这种高维空间中的神灵们的力学、物理学、化学和生理学来说，过去的全部数学和自然科学都不过是一种预备科目罢了。克鲁克斯先生不是已经在科学上确证桌子和其他家具在移到——我们现在可以这样说——第四维空间的过程中会损失多少重量，而华莱士先生不是也声称他已经证明在第四维空间中火不会伤害人体吗！现在甚至已经有神体生理学了！神灵们会呼吸，有脉搏，这就是说，它们有肺脏、心脏和循环器官，因而在身体的其他器官方面至少是和我们一样齐全的。因为要呼吸就要有碳水化合物在肺里被转化，而这些碳水化合物又只能由外界供给，于是要有胃、肠及其附属器官，而这一切一经确定，其余的就毫无困难地都跟着有了。但是这些器官的存在就使得神灵们有生病的可能，这样一来，微耳和先生也许就不得不写一部神灵世界的细胞病理学了。而因为这些神灵大多是非常漂亮的年轻女人，除了她们的超凡的美丽，她们和世间的女人没有什么不同，完完全全没有什么不同，所以用不了多久她们就会出现在“爱上她们的男人”[1] 的身边；而且，既然克鲁克斯先生通过脉搏已经断定，她们“并不缺少女性的心”，所以对于自然选择来说，也同样会出现一个第四维空间，在那个空间里，再也用不着担心人们会把自然选择和万恶的社会民主主义混淆起来。[2]

恩格斯：《自然辩证法》（1873—1882 年），《马克思恩格斯文集》第 9 卷，人民出版社 2009 年版，第 449—451 页。

**19. 蔑视一切理论、怀疑一切思维的最肤浅的经验是从自然科学走向神秘主义的最可靠的道路**

够了。这里已经看得一清二楚，究竟什么是从自然科学走向神秘主义的最可靠的道路。这并不是过度滋蔓的自然哲学理论，而是蔑视一切理论、怀疑一切思维的最肤浅的经验。证明神灵存在的并不是那种先验的必然性，而是华莱士先生、克鲁克斯先生之流的经验的观察。既然我们相信克鲁克斯利用光谱分析进行的观察（铊这种金属就是由此发现的），或者相信华莱士在马来群岛所获得的动物学上的丰富的发现，人们就要求我们同样去相信这两位研究者在唯灵论方面的经验和发现。而如果我们认为，在这里毕竟有一个小小的区别，即前一种发现可以验证，而后一种却不能，那么降神者就会反驳我们说：不是这么回事，他们是乐于给我们提供机会来验证这些神灵现象的。

实际上，蔑视辩证法是不能不受惩罚的。对一切理论思维尽可以表示那么多的轻视，可是没有理论思维，的确无法使自然界中的两件事实联系起来，或者洞察二者之间的既有的联系。在这里，问题只在于思维正确或不正确，而轻视理论显然是自然主义地进行思维，因而是错误地进行思维的最可靠的道路。但是，根据一个自古就为人们所熟知的辩证法规律，错误的思维贯彻到底，必然走向原出发点的反面。所以，经验主义者蔑视辩证法便受到惩罚：连某些最清醒的经验主义者也陷入最荒唐的迷信中，陷入现代唯灵论中去了。

恩格斯：《自然辩证法》（1873—1882 年），《马克思恩格斯文集》第 9 卷，人民出版社 2009 年版，第 451—452 页。

---

① 莫扎特《魔笛》第 1 幕第 14 场《帕米纳和巴巴盖诺的二重唱》。

② 暗指 1871 年巴黎公社以后在德国特别流行的对达尔文主义的反动攻击。甚至像鲁·微耳和这样的大科学家，曾经是达尔文主义的信徒，也在 1877 年慕尼黑德国自然科学家和医生第五十次代表大会上公开发表反对达尔文主义的言论。

**20. 平庸的形而上学的数学家，都十分高傲地夸耀他们的科学成果是绝对无法推翻的**

数学方面的情形也一样。平庸的形而上学的数学家，都十分高傲地夸耀他们的科学成果是绝对无法推翻的。但是这些成果也包括虚数在内，从而这些虚数也就带有某种实在性。如果我们已习惯于给$\sqrt{-1}$或第四维硬加上我们的头脑以外的某种实在性，那么我们是否再前进一步，承认神媒的神灵世界，这也就不是什么重要问题了。这正如凯特勒谈到德林格尔时所说的：

> “这个人一生中曾为那么多的谬论作辩护，就连教皇永无谬误①的说法他也真能接受了！”

恩格斯：《自然辩证法》（1873—1882年），《马克思恩格斯文集》第9卷，人民出版社2009年版，第452页。

**21. 单凭经验是对付不了唯灵论者的**

事实上，单凭经验是对付不了唯灵论者的。第一，那些“高级的”现象，只有当有关的“研究者”已经着迷到像克鲁克斯自己天真无比地描绘的那样，只能看到他应看到或他想看到的东西的时候，才能够显现出来。第二，唯灵论者并不在乎成百件的所谓事实被揭露为骗局，成打的所谓神媒被揭露为下流的江湖骗子。只要所谓的奇迹还没有被逐一揭穿，唯灵论者就仍然有足够的活动地盘，华莱士在伪造神灵照片的事件中就一清二楚地说明了这一点。伪造物的存在，正好证明了真实物的真实。

这样，经验要摆脱降神者的纠缠，就不得不借助于理论的思考，而不再靠经验性的实验；用赫胥黎的话说：

> “我认为从证明唯灵论是真理这件事当中所能得到的唯一好处，就是给反对自杀提供一个新论据。与其死后借每举行一次降神仪式赚一

---

① 教皇“永无谬误”的教义是1870年7月18日在罗马公布的。德国的天主教神学家约·德林格尔拒绝承认这一教义。美因茨的主教威·凯特勒最初也反对宣布新教义，但是很快就接受了这一教义而且成为它的热烈拥护者。

个基尼[①]的神媒的嘴巴说一大堆废话，还不如活着做清道夫好。”[②]

恩格斯：《自然辩证法》（1873—1882 年），《马克思恩格斯文集》第 9 卷，人民出版社 2009 年版，第 452—453 页。

**22. 费尔巴哈决不希望废除宗教，他希望使宗教完善化**

我们一接触到费尔巴哈的宗教哲学和伦理学，他的真正的唯心主义就显露出来了。费尔巴哈决不希望废除宗教，他希望使宗教完善化。哲学本身应当融化在宗教中。

“人类的各个时期仅仅由于宗教的变迁而彼此区别开来。某一历史运动，只有在它深入人心的时候，才是根深蒂固的。心不是宗教的形式，因而不应当说宗教也存在于心中；心是宗教的本质。”[③]（引自施达克的书，第 168 页）

按照费尔巴哈的看法，宗教是人与人之间的感情的关系、心灵的关系，过去这种关系是在现实的虚幻映象中（借助于一个神或许多神，即人类特性的虚幻映象）寻找自己的真理，现在却直接地而不是间接地在我和你之间的爱中寻找自己的真理了。归根到底，在费尔巴哈那里，性爱即使不是他的新宗教借以实现的最高形式，也是最高形式之一。

人与人之间的，特别是两性之间的感情关系，是自从有人类以来就存在的。而性爱在最近 800 年间获得了这样的发展和地位，竟成了这个时期中一切诗歌必须环绕着旋转的轴心了。现存的通行的宗教只限于使国家对性爱的管理即婚姻立法神圣化；这些宗教也许明天就会完全消失，但是爱情和友谊的实践并不会发生丝毫变化。在法国，从 1793 年到 1798 年，基

① 基尼是英国从前的一种金币，合 21 先令。

② 这段话引自托·赫胥黎 1869 年 1 月 29 日给伦敦逻辑学会的信。该学会邀请他参加降神现象研究委员会的工作。赫胥黎拒绝邀请，并发表了许多讽刺降神术的意见。赫胥黎的这封信曾两度公开，一次是在伦敦《每日新闻》1871 年 10 月 17 日第 7946 号上，另一次是查·戴维斯在《神秘的伦敦》1875 年伦敦版第 389 页上引用了这封信。

③ 这段引文摘自路德维希·费尔巴哈的著作《哲学原理。变化的必然性》，见卡·格律恩《路德维希·费尔巴哈的书简、遗稿及其哲学特征的阐述》1874 年莱比锡—海德堡版第 1 卷第 407 页。

督教的确曾经消失到这种程度，连拿破仑去恢复它也不能不遇到抵抗和困难，但是在这一期间，并没有感觉到需要用费尔巴哈意义上的宗教去代替它。

恩格斯：《路德维希·费尔巴哈和德国古典哲学的终结》（1886 年初），《马克思恩格斯文集》第 4 卷，人民出版社 2009 年版，第 287—288 页。

**23. 费尔巴哈想以一种本质上是唯物主义的自然观为基础建立真正的宗教，这就等于把现代化学当做真正的炼金术**

在这里，费尔巴哈的唯心主义就在于：他不是抛开对某种在他看来也已成为过去的特殊宗教的回忆，直截了当地按照本来面貌看待人们彼此间以相互倾慕为基础的关系，即性爱、友谊、同情、舍己精神等等，而是断言这些关系只有在用宗教名义使之神圣化以后才会获得自己的完整的意义。在他看来，主要的并不是存在着这种纯粹人的关系，而是要把这些关系看做新的、真正的宗教。这些关系只是在盖上了宗教的印记以后才被认为是完满的。宗教一词是从 religare 一词来的，本来是联系的意思。因此，两个人之间的任何联系都是宗教。这种词源学上的把戏是唯心主义哲学的最后一着。这个词的意义，不是按照它的实际使用的历史发展来决定，而竟然按照来源来决定。因此，仅仅为了使宗教这个对唯心主义回忆很宝贵的名词不致从语言中消失，性爱和性关系竟被尊崇为“宗教”。在 40 年代，巴黎的路易·勃朗派改良主义者正是这样说的，他们也认为不信宗教的人只是一种怪物，并且对我们说：因此，无神论就是你们的宗教！费尔巴哈想以一种本质上是唯物主义的自然观为基础建立真正的宗教，这就等于把现代化学当做真正的炼金术。如果无神的宗教可以存在，那么没有哲人之石的炼金术也可以存在了。况且，炼金术和宗教之间是有很紧密的联系的。哲人之石有许多类似神的特性，公元头两世纪埃及和希腊的炼金术士在基督教学说的形成上也出了一份力量。柯普和拜特洛所提供的材料就证明了这一点。

恩格斯：《路德维希·费尔巴哈和德国古典哲学的终结》（1886 年初），《马克思恩格斯文集》第 4 卷，人民出版社 2009 年版，第 288 页。

**24. 中世纪的历史只知道一种形式的意识形态，即宗教和神学**

重大的历史转折点有宗教变迁相伴随，只是就迄今存在的三种世界宗教——佛教、基督教和伊斯兰教而言。古老的自发产生的部落宗教和民族宗教是不传布的，一旦部落或民族的独立遭到破坏，它们便失掉任何抵抗力；拿日耳曼人来说，甚至他们一接触正在崩溃的罗马世界帝国以及它刚刚采用的，适应于它的经济、政治、精神状态的世界基督教，这种情形就发生了。仅仅在这些多少是人工造成的世界宗教，特别是基督教和伊斯兰教那里，我们才发现比较一般的历史运动带有宗教的色彩，甚至在基督教传播的范围内，具有真正普遍意义的革命也只有在资产阶级解放斗争的最初阶段即从 13 世纪起到 17 世纪，才带有这种宗教色彩；而且，这种色彩不能像费尔巴哈所想的那样，用人的心灵和人的宗教需要来解释，而要用以往的整个中世纪的历史来解释，中世纪的历史只知道一种形式的意识形态，即宗教和神学。但是到了 18 世纪，资产阶级已经强大得足以建立他们自己的、同他们的阶级地位相适应的意识形态了，这时他们才进行了他们的伟大而彻底的革命——法国革命，而且仅仅诉诸法律的和政治的观念，只是在宗教挡住他们的道路时，他们才理会宗教；但是他们没有想到要用某种新的宗教来代替旧的宗教；大家知道，罗伯斯比尔在这方面曾遭受了怎样的失败。

恩格斯：《路德维希·费尔巴哈和德国古典哲学的终结》（1886 年初），《马克思恩格斯文集》第 4 卷，人民出版社 2009 年版，第 289 页。

**25. 基督教的神只是人的虚幻的反映、映像**

费尔巴哈认真地研究过的唯一的宗教是基督教，即以一神教为基础的西方的世界宗教。他指出，基督教的神只是人的虚幻的反映、映像。但是，这个神本身是长期的抽象过程的产物，是以前的许多部落神和民族神集中起来的精华。与此相应，被反映为这个神的人也不是一个现实的人，而同样是许多现实的人的精华，是抽象的人，因而本身又是一个思想上的形象。费尔巴哈在每一页上都宣扬感性，宣扬专心研究具体的东西、研究现实，可是这同一个费尔巴哈，一谈到人们之间纯粹的性关系以外的某种关系，就变成完全抽象的了。

恩格斯：《路德维希·费尔巴哈和德国古典哲学的终结》（1886 年初），《马克思恩格斯文集》第 4 卷，人民出版社 2009 年版，第 290 页。

**26. 就形式讲，费尔巴哈是实在论的，他把人作为出发点；但是，关于这个人生活的世界却根本没有讲到，因而这个人始终是在宗教哲学中出现的那种抽象的人**

他在这种关系中仅仅看到一个方面——道德。在这里，同黑格尔比较起来，费尔巴哈的惊人的贫乏又使我们诧异。黑格尔的伦理学或关于伦理的学说就是法哲学，其中包括：(1) 抽象的法，(2) 道德，(3) 伦理，其中又包括家庭、市民社会、国家。在这里，形式是唯心主义的，内容是实在论的。法、经济、政治的全部领域连同道德都包括进去了。在费尔巴哈那里情况恰恰相反。就形式讲，他是实在论的，他把人作为出发点；但是，关于这个人生活的世界却根本没有讲到，因而这个人始终是在宗教哲学中出现的那种抽象的人。这个人不是从娘胎里生出来的，他是从一神教的神羽化而来的，所以他也不是生活在现实的、历史地发生和历史地确定了的世界里面；虽然他同其他的人来往，但是任何一个其他的人也和他本人一样是抽象的。在宗教哲学里，我们终究还可以看到男人和女人，但是在伦理学里，连这最后一点差别也消失了。的确，在费尔巴哈那里间或也出现这样的命题：

> "皇宫中的人所想的，和茅屋中的人所想的是不同的。"① ——"如果你因为饥饿、贫困而身体内没有养料，那么你的头脑中、你的感觉中以及你的心中便没有供道德用的养料了。"② ——"政治应当成为我们的宗教"③，等等。

恩格斯：《路德维希·费尔巴哈和德国古典哲学的终结》(1886 年初)，《马克思恩格斯文集》第 4 卷，人民出版社 2009 年版，第 290 页。

**27. 对抽象的人的崇拜，即费尔巴哈的新宗教的核心，必定会由关于现实的人及其历史发展的科学来代替**

因为费尔巴哈不能找到从他自己所极端憎恶的抽象王国通向活生生的现实世界的道路。他紧紧地抓住自然界和人；但是，在他那里，自然界和

---

① 引自路德维希·费尔巴哈《驳躯体和灵魂、肉体和精神的二元论》，见《费尔巴哈全集》1846 年莱比锡版第 2 卷。

② 这段引文在卡·施达克《路德维希·费尔巴哈》1885 年斯图加特版第 254 页上引用过。引文摘自路德维希·费尔巴哈的著作《贫穷操纵并取消所有法律》，见卡·格律恩《路德维希·费尔巴哈的书简、遗稿及其哲学特征的阐述》1874 年莱比锡—海德堡版第 2 卷，第 285—286 页。

③ 这段引文在卡·施达克《路德维希·费尔巴哈》1885 年斯图加特版第 280 页上引用过。因为摘自路德维希·费尔巴哈的著作《哲学原理。变化的必然性》，见卡·格律恩《路德维希·费尔巴哈的书简、遗稿及其哲学特征的阐述》1874 年莱比锡—海德堡版第 1 卷第 409 页。

人都只是空话。无论关于现实的自然界或关于现实的人，他都不能对我们说出任何确定的东西。要从费尔巴哈的抽象的人转到现实的、活生生的人，就必须把这些人作为在历史中行动的人去考察。而费尔巴哈反对这样做，因此，他所不了解的1848年对他来说只意味着和现实世界最后分离，意味着退入孤寂的生活。在这方面，主要又要归咎于德国的状况，这种状况使他落得这种悲惨的结局。

但是，费尔巴哈没有走的一步，必定会有人走的。对抽象的人的崇拜，即费尔巴哈的新宗教的核心，必定会由关于现实的人及其历史发展的科学来代替。这个超出费尔巴哈而进一步发展费尔巴哈观点的工作，是由马克思于1845年在《神圣家族》中开始的。

恩格斯：《路德维希·费尔巴哈和德国古典哲学的终结》（1886年初），《马克思恩格斯文集》第4卷，人民出版社2009年版，第294—295页。

**28. 在唯物主义者看来，自然界是第一性的，精神是第二性的；在唯心主义者看来则相反**

在这里，英国的贝克莱主义者弗雷泽从他的彻底唯心主义的观点出发，接触到唯物主义者恩格斯非常清楚地说明了的最基本的哲学“路线”。恩格斯在他的《路德维希·费尔巴哈》一书中把哲学家分为“两大阵营”：唯物主义者和唯心主义者。同弗雷泽比较起来，恩格斯注意了这两个派别的更发展、更多样、内容更丰富的理论，认为两个派别之间的基本差别就在于：在唯物主义者看来，自然界是第一性的，精神是第二性的；在唯心主义者看来则相反。恩格斯把休谟和康德的信徒放在这两者之间，称他们为不可知论者，因为他们否认认识世界的可能性，或者至少是否认彻底认识世界的可能性①。

列宁：《唯物主义和经验批判主义》（1908年2—10月），《列宁选集》第2卷，人民出版社2012年版，第27—28页。

**29. 唯物主义承认“自在客体”或心外客体，认为观念和感觉是这些客体的复写或反映。与此相反的学说（唯心主义）认为：客体不存在于“心外”；客体是“感觉的组合”**

贝克莱在否定客体的“绝对”存在即物在人类认识之外的存在时，直

① 见《马克思恩格斯选集》第4卷第221页。

截了当地说明他的敌人的观点是承认“自在之物”。在第 24 节里，贝克莱加上着重标记写道，他所驳斥的那种看法承认“**自在的感性客体**（objects in themselves）或**心外的感性客体的绝对存在**”。在这里，哲学观点的两条基本路线被直率、清楚、明确地描绘出来了。这一点是古典哲学著作家不同于当代“新”体系的制造者的地方。唯物主义承认“自在客体”或心外客体，认为观念和感觉是这些客体的复写或反映。与此相反的学说（唯心主义）认为：客体不存在于“心外”；客体是“感觉的组合”。

这是在 1710 年即在伊曼努尔·康德诞生前 14 年写的，而我们的马赫主义者却根据所谓“最新的”哲学发现了：承认“自在之物”，这是唯物主义受到康德主义的感染或歪曲的结果！马赫主义者的“新”发现，是他们对基本哲学派别的历史惊人无知的结果。

列宁：《唯物主义和经验批判主义》（1908 年 2—10 月），《列宁选集》第 2 卷，人民出版社 2012 年版，第 20—21 页。

**30. 唯物主义对空间和时间的看法一直是“无害的”，也就是说跟过去一样，和自然科学是一致的，而马赫之流所持的相反的看法却是对信仰主义的“有害的”投降**

这位信仰主义的毫不掩饰的维护者在自己的哲学著作中公开宣扬信仰主义，他一看到马赫的那些话，就立刻宣称马赫是个伟大的哲学家、“最好的革命者”（第 252 页）；他这样做是完全对的。马赫的论断是从自然科学阵营向信仰主义阵营的转移。不论在 1872 年或在 1906 年，自然科学都曾经在三维空间中探求，而且现在还在探求和发现（至少在摸索）电的原子即电子。自然科学毫不怀疑它所研究的物质只存在于三维空间中，因而这个物质的粒子虽然小到我们不能看见，也“必定”存在于同一个三维空间中。从 1872 年起，30 多年来科学在物质构造问题上获得了巨大的辉煌的成就，唯物主义对空间和时间的看法一直是“无害的”，也就是说跟过去一样，和自然科学是一致的，而马赫之流所持的相反的看法却是对信仰主义的“有害的”投降。

列宁：《唯物主义和经验批判主义》（1908 年 2—10 月），《列宁专题文集·论辩证唯物主义和历史唯物主义》，人民出版社 2009 年版，第 81 页。

**31. 唯物主义者既然承认现实世界、我们感觉到的物质是客观实在，也就有权利由此得出结论说，任何超出时间和空间界限的人类臆想，不管它的目的怎样，都不是现实的**

马赫说道，现代数学提出了 n 维空间，即设想出来的空间这个十分重要而有用的问题，可是只有三维空间才是“现实的”（ein wirklicher Fall）（第 3 版第 483—485 页）。因此，“由于不知道把地狱安放在什么地方而感到为难的许多神学家”以及一些降神术者想从第四维空间得到好处，那是白费心思。（同上）

很好！马赫不愿意加入神学家和降神术者的队伍。但是他在自己的认识论中怎样和他们划清界限呢？他说，只有三维空间才是现实的！如果你不承认空间和时间具有客观实在性，那又怎么能防范神学家及其同伙呢？原来，当你需要摆脱降神术者的时候，你就采用不声不响地剽窃唯物主义的方法。因为，唯物主义者既然承认现实世界、我们感觉到的物质是客观实在，也就有权利由此得出结论说，任何超出时间和空间界限的人类臆想，不管它的目的怎样，都不是现实的。而你们呢，马赫主义者先生们，当你们和唯物主义进行斗争的时候，你们就否认“现实”具有客观实在性，可是当你们要同彻底的、毫无顾忌的、公开的唯心主义进行斗争的时候，你们又偷运这个客观实在性！如果在时间和空间的相对的概念里除了相对性之外没有任何东西，如果这些相对的概念所反映的客观（=既不依存于单个人，也不依存于全人类的）实在并不存在，那么为什么人类，为什么人类的大多数不能有时间和空间以外的存在物的概念呢？如果马赫有权在三维空间以外探求电的原子或一般原子，那么为什么人类的大多数无权在三维空间以外探求原子或道德基础呢？

列宁：《唯物主义和经验批判主义》（1908 年 2—10 月），《列宁专题文集·论辩证唯物主义和历史唯物主义》，人民出版社 2009 年版，第 81—82 页。

**32. 想象没有物质的运动的这种意图偷运着和物质分离的思想，而这就是哲学唯心主义**

那些为了“经济”而要想象没有物质的运动的人们向来就是这样，因为只要他们议论下去，他们就默默地承认了在物质消失之后思想还存在。而这就是说，一种非常简单的，或者说非常复杂的哲学唯心主义被当成基础了。如果公开地把问题归结为唯我论（我存在着，整个世界只是我的感觉)，那就是非常简单的哲学唯心主义；如果用僵死的抽象概念，即用不属于任何人的思想、不属于任何人的表象、不属于任何人的感觉、一般的思想（绝对观念、普遍意志等等）、作为不确定的“要素”的感觉、代换整个物理自然界的“心理的东西”等等，来代替活人的思想、表象、感觉，那就是非常复杂的哲学唯心主义。哲学唯心主义的变种可能有1000种色调，并且随时可以创造出第1001种色调来。而这个第1001种的小体系(例如，经验一元论）和其余体系的差别，对于它的创造者说来，也许是重要的。在唯物主义看来，这些差别完全是不重要的。重要的是出发点。重要的是：想象没有物质的运动的这种意图偷运着和物质分离的思想，而这就是哲学唯心主义。

列宁：《唯物主义和经验批判主义》(1908年2—10月)，《列宁选集》第2卷，人民出版社2012年版，第199页。

**33. 人和自然界只存在于时间和空间中，僧侣们所创造的、为人类中无知而又受压制的群众的臆想所支持的时间和空间以外的存在物，是一种病态的幻想，是哲学唯心主义的谬论**

把恩格斯关于时间和空间的客观实在性的学说同他关于“自在之物”转化为“为我之物”的学说分开来，同他对客观真理和绝对真理的承认(就是承认我们通过感觉感知的客观实在）分开来，同他对自然界的客观规律性、因果性、必然性的承认分开来，这就等于把完整的哲学变为杂烩。巴扎罗夫像一切马赫主义者一样糊涂，他把人类的时空概念的可变性，即这些概念的纯粹相对的性质，同下列事实的不变性混淆起来，这个事实就是：人和自然界只存在于时间和空间中，僧侣们所创造的、为人类中无知而又受压制的群众的臆想所支持的时间和空间以外的存在物，是一种病态的幻想，是哲学唯心主义的谬论，是不良社会制度的不良产物。关于物质的构造、食物的化学成分、原子和电子的科学学说会陈旧，并且正在日益陈旧；但是，人不能拿思想当饭吃、不能单靠精神恋爱生育孩子这一真理是不会陈旧的。否定时间和空间的客观实在性的哲学，正如否定上述真理一样，是荒诞的、内部腐朽的、虚伪的。

列宁：《唯物主义和经验批判主义》(1908年2—10月)，《列宁专题文集·论辩证唯物主义和历史唯物主义》，人民出版社2009年版，第85—86页。

**34. 把外部世界、自然界看做是神在我们心中所唤起的“感觉的组合”，不要在意识之外，在人之外去探索这些感觉的“基础”，这正确地表达了唯心主义哲学的本质及其社会意义的思想**

让我们把外部世界、自然界看做是神在我们心中所唤起的“感觉的组合”吧！承认这一点吧！吧！这样我将在我的唯心主义认识论的范围内承认全部自然科学，承认它的结论的全部意义和可靠性。为了我的结论有利于“和平和宗教”，我需要的正是这个范围，而且只是这个范围。这就是贝克莱的思想。这个唯心主义哲学的本质及其社会意义的思想，我们以后在谈到马赫主义对自然科学的态度时还会碰到。

列宁：《唯物主义和经验批判主义》（1908年2—10月），《列宁选集》第2卷，人民出版社2012年版，第24—25页。

**35. 如果不承认那种认为人的意识反映客观实在的外部世界的唯物主义理论，就必然会主张不属于任何人的感觉，不属于任何人的心理，不属于任何人的精神，不属于任何人的意志**

只有瞎子才看不出，在卢那察尔斯基的“人类最高潜在力的神化”和波格丹诺夫的心理东西对整个物理自然界的“普遍代换”之间有着思想上的血缘关系。这是同一种思想，不过前者主要是用美学观点来表达的，而后者主要是用认识论观点来表达的。“代换说”默默地从另一个方面来处理问题，它把“心理的东西”跟人分割开来，用无限扩大了的、抽象的、神化了的、僵死的、“一般心理的东西”来代换整个物理自然界，这样就把“人类最高潜在力”神化了。而尤什凯维奇的导入“非理性的知觉流”的“逻各斯”又怎样呢？

一爪落网。全身被缚。我们的马赫主义者全部落到了唯心主义即冲淡了的精巧的信仰主义的网里去了；从他们认为“感觉”不是外部世界的映象而是特殊“要素”的时候起，他们就落网了。如果不承认那种认为人的意识反映客观实在的外部世界的唯物主义理论，就必然会主张不属于任何人的感觉，不属于任何人的心理，不属于任何人的精神，不属于任何人的意志。

列宁：《唯物主义和经验批判主义》（1908年2—10月），《列宁专题文集·论辩证唯物主义和历史唯物主义》，人民出版社2009年版，第128页。

## 36. 那些著作家用各种不同的调子一再重复的马赫主义者反对唯物主义的论据

凡是多少读过一些哲学著作的人都应该知道，未必能找到一个不直接或间接地驳斥唯物主义的现代哲学（以及神学）教授。他们曾经一百次、一千次地宣告唯物主义已被驳倒，可是直到现在，他们还在一百零一次、一千零一次地继续驳斥它。我们的修正主义者全都在驳斥唯物主义，同时又装出一副样子，好像他们驳斥的本来只是唯物主义者普列汉诺夫，而不是唯物主义者恩格斯，不是唯物主义者费尔巴哈，不是约·狄慈根的唯物主义观点，并且他们是从“最新的”“现代的”实证论[①]、自然科学等等角度来驳斥唯物主义的。我不引证他们的话了，谁只要愿意，都可以从前面提到的著作中引证几百段话。我只提一提巴扎罗夫、波格丹诺夫、尤什凯维奇、瓦连廷诺夫、切尔诺夫[②]以及其他马赫主义者用来攻击唯物主义的那些论据。马赫主义者这个名词比较简短，而且在俄国的著作中已经通用，我将到处把它作为“经验批判主义者”的同义语来使用。恩斯特·马赫是现在最有名望的经验批判主义的代表，这在哲学著作中是公认的；至于波格丹诺夫和尤什凯维奇同“纯粹的”马赫主义背离之处则完全是次要的，这一点将在后面说明。

---

① 实证论是19世纪30年代产生于法国的哲学流派，是对18世纪法国唯物主义和无神论的反动。实证论者自命为“科学的哲学家”，只承认“实证的”、“确实的”事实，实际是只承认主观经验，认为科学只是主观经验的描写。实证论的创始人奥·孔德把实证论等同于科学的思维，而科学思维的任务，在他看来，就是描述和简化经验材料的联系。孔德反对神学，但同时又认为必须有“新的宗教”。他把所有承认客观现实的存在和可知性的理论都宣布为“形而上学”，企图证明实证论既“高于”唯物主义也“高于”唯心主义。实证论在英国传播甚广，其主要代表人物是约·斯·穆勒和赫·斯宾塞。穆勒的著作突出地表现了实证论哲学的经验主义，表现了这一哲学拒绝对现实作哲学的解释。斯宾塞用大量自然科学材料来论证实证论。他认为进化是万物的最高法则，但他形而上学地理解进化，否认自然和社会中质的飞跃的可能性，认为进化的目标是确立普遍的“力量均衡”。在社会学方面斯宾塞主张“社会有机论”，宣称各个社会集团类似生物机体的不同器官，各自担任严格规定的职能，而为社会的不平等作辩护。在19世纪下半叶，实证论在欧洲其他国家和美洲也相当流行。恩·马赫和理·阿芬那留斯的经验批判主义是实证论的进一步发展。马赫主义者同早期实证论者有所不同的是更露骨地宣扬主观唯心主义。他们的共同点是反对唯物主义，主张一种“摆脱了形而上学”（即摆脱了唯物主义）的“纯粹经验”的哲学。20世纪20年代产生的新实证论是实证论发展的新阶段。新实证论宣称哲学的基本问题是“妄命题”，而哲学科学的任务只是对科学语言作“句法的”和“语义的”分析。

② 维·切尔诺夫《哲学和社会学论文集》1907年莫斯科版。作者像巴扎罗夫之流一样，是阿芬那留斯的热诚的信徒和辩证唯物主义的敌人。

这些人对我们说，唯物主义者承认某种不可想象的和不可认识的东西——“自在之物”，即“经验之外的”、我们认识之外的物质。唯物主义者由于承认彼岸的、在“经验”和认识范围之外的某种东西而陷入了真正的神秘主义。当唯物主义者说什么物质作用于我们的感官而产生感觉的时候，他们是以“未知的东西”、“无”作为基础的，因为他们自己就声明我们的感觉是认识的唯一泉源。唯物主义者陷入了“康德主义”（普列汉诺夫就是这样，他承认“自在之物”即在我们意识之外的物的存在），他们把世界“二重化”，宣扬“二元论”，因为他们认为在现象后面还有自在之物，在直接的感觉材料后面还有某种其他的东西、某种物神、“偶像”、绝对者、“形而上学”的泉源、宗教的孪生兄弟（如巴扎罗夫所说的“神圣的物质”）。

这就是上述那些著作家用各种不同的调子一再重复的马赫主义者反对唯物主义的论据。

列宁：《唯物主义和经验批判主义》（1908 年 2—10 月），《列宁选集》第 2 卷，人民出版社 2012 年版，第 16—17 页。

**37. 贝克莱等反对物质的客观实在性是因为“无神论的和反宗教的一切渎神体系是建立在物质学说或有形实体学说的基础上的”**

贝克莱写道：“我们对它们〈观念或物〉的认识被弄得异常模糊、异常混乱，而且由于设想感性客体有二重（twofold）存在，即一个是**心智的**或心内的存在，一个是**实在的**、心外的〈即意识之外的〉存在，因而陷入非常危险的谬误。”于是贝克莱嘲笑起那种认为能够思维不可想象的东西的“荒谬”见解来了！“荒谬”的根源当然在于区分“物”和“观念”（第 87 节），在于“设想有外部客体”。就是这个根源产生了对物神和偶像的信仰，这一点贝克莱在 1710 年就发现了，而波格丹诺夫在 1908 年又发现了。贝克莱说：“物质或未被感知的物体的存在不仅是无神论者和宿命论者的主要支柱，而且也是各色各样的偶像崇拜所依据的原则。”（第 94 节）

在这里，我们就接触到了从关于外部世界的存在的“荒谬”学说中得出的“有害”结论，这些结论使得贝克莱主教不仅从理论上驳斥这个学说，而且把这个学说的信奉者当做敌人大肆攻击。他说：“无神论的和反宗教的一切渎神体系是建立在物质学说或有形实体学说的基础上的……物质的实体对于各时代的无神论者是一个多么伟大的朋友，这是用不着说的。

他们的一切怪异体系之依存于物质的实体，是如此明显、如此必要，以致一旦把这个基石抽掉，整个建筑物就一定倒塌。因此，我们不必特别注意无神论者的各个可怜宗派的荒谬学说。”（上引书第92节第203—204页）

“物质一旦被逐出自然界，就会带走很多怀疑论的和渎神的看法，带走无数的争论和纠缠不清的问题〈马赫在19世纪70年代发现的“思维经济原则”！1876年阿芬那留斯发现的“哲学——按照费力最小的原则对世界的思维”!〉，这些争论和问题使神学家和哲学家如坐针毡。物质使人类费了那么多无谓的劳动[①]，因此，即使我们提出来反驳物质的那些论据没有被认为是有充分说服力的（而我则认为它们是十分清楚的），我还是相信，真理、和平和宗教之友都有理由希望这些论据被认为是这样的。”（第96节）

贝克莱主教在直言不讳地议论，傻里傻气地议论！现在，同样的一些主张把“物质”“经济地”赶出哲学的思想却具有狡猾得多的、被“新”术语弄得更混乱得多的形式，使得幼稚的人把这些思想当做“最新的”哲学！

列宁：《唯物主义和经验批判主义》（1908年2—10月），《列宁选集》第2卷，人民出版社2012年版，第22—23页。

**38. 贝克莱从神对人心的作用中引出“观念”，这样他就接近了客观唯心主义**

由此可见，不能把贝克莱的主观唯心主义理解为：似乎他忽视个人的知觉和集体的知觉之间的区别。恰恰相反，他企图靠这个区别来确立实在性的标准。贝克莱从神对人心的作用中引出“观念”，这样他就接近了客观唯心主义：世界不是我的表象，而是一个至高无上的精神原因的结果，这个精神原因既创造“自然规律”，也创造那些把“比较实在的”观念和不大实在的观念区分开来的规律等等。

列宁：《唯物主义和经验批判主义》（1908年2—10月），《列宁选集》第2卷，人民出版社2012年版，第26—27页。

**39. 休谟所谓的怀疑论，是指不用物、精神等等的作用来说明感觉，即一方面不用外部世界的作用来说明知觉，另一方面不用神或未知的精神的作用来说明知觉**

请看休谟在《人类理性研究》一书的怀疑论哲学那一章（第12

---

① 此处引用俄译文与原文英文有出人，按英文应译为：“这些争论和问题使神学家和哲学家如坐针毡，使人类费了那么多无谓的劳动。”

章）中的论述："人们为自然本能或偏见所驱使，喜欢相信自己的感觉；我们总是不加思索地，甚至在思索之前，就设想有一个外部世界（external universe），它不依赖于我们的知觉，而且即使在我们和其他一切有感觉的创造物都不存在了或被消灭了的时候，它也会存在着，这可以说是很明显的。连动物也为类似的见解所支配，在它们的一切意图、计划和行动中都保持着这种对外部客体的信仰……但是一切人的这种普遍的最初的见解很快就被最粗浅的（slightest）哲学摧毁了。这种哲学教导我们说：除映象或知觉之外，任何东西都不能呈现于我们心中；感官只不过是这些映象输入进来的入口（inlets），它们不能在心和客体之间建立任何直接的关系（intercourse）。我们离桌子远一些，我们所看到的桌子好像就小一些。可是，不依赖我们而存在的实在的桌子并没有变化。因此，呈现于我们心中的只不过是桌子的映象（image）。这些显然是理性的指示。任何一个能思考的人从来都不会怀疑：当我们说'这张桌子'和'这棵树'的时候所指的那些东西（existences），不外是我们心中的知觉……用什么论据可以证明：我们心中的知觉一定是由那些虽和这些知觉相似（如果这是可能的）然而又完全不同的外在物引起的，而不是由心本身的能力，或者是由某种看不见的、无人知道的精神的作用，或者是由我们更加无从知道的一种别的原因产生的呢？……这个问题怎样才能解决呢？当然，也像其他一切类似的问题一样，由经验来解决。可是经验在这里却沉默了，而且也不能不沉默。我们心中从来只有知觉，而没有任何其他的东西，并且无论如何也不会获得有关知觉和客体的关系的任何经验。因此，设想有这种关系，是没有任何逻辑根据的。为了证明我们感觉的真实性而乞援于上帝的真实性，无疑是兜一个很出人意料的圈子……我们如果怀疑外部世界，我们就失掉了可以用来证明那个上帝的存在的一切论据。"①

休谟在《人性论》第4篇第2章《对于感觉的怀疑论》中也讲了同样的话。"我们的知觉是我们的唯一对象。"（雷努维埃和毕雍的法泽本，1878年版第281页）休谟所谓的怀疑论，是指不用物、精神等等的作用来说明感觉，即一方面不用外部世界的作用来说明知觉，另一方面不用神或

① 大卫·休谟：《人类理性研究》（论文集）1822年伦敦版第2卷第150—153页。

未知的精神的作用来说明知觉。

列宁：《唯物主义和经验批判主义》（1908 年 2—10 月），《列宁选集》第 2 卷，人民出版社 2012 年版，第 28—29 页。

**40. 把相对主义作为认识论的基础，就必然使自己不是陷入绝对怀疑论、不可知论和诡辩，就是陷入主观主义**

因为，把相对主义作为认识论的基础，就必然使自己不是陷入绝对怀疑论、不可知论和诡辩，就是陷入主观主义。作为认识论基础的相对主义，不仅承认我们知识的相对性，并且还否定任何为我们的相对认识所逐渐接近的、不依赖于人类而存在的、客观的准绳或模特儿。从赤裸裸的相对主义的观点出发，可以证明任何诡辩都是正确的，可以认为拿破仑是否死于 1821 年 5 月 5 日这件事是"有条件的"，可以纯粹为了人或人类的"方便"，在承认科学思想体系（它在一方面是"方便"的）的同时，又承认宗教思想体系（它在另一方面也是很"方便"的），等等。

列宁：《唯物主义和经验批判主义》（1908 年 2—10 月），《列宁专题文集·论辩证唯物主义和历史唯物主义》，人民出版社 2009 年版，第 43 页。

**41. 不可知论者就否定客观真理，并且小市民式地、庸俗地、卑怯地容忍有关鬼神、天主教圣徒以及诸如此类东西的教义**

一切知识来自经验、感觉、知觉。这是对的。但试问："属于知觉"的，也就是说，作为知觉的泉源的是**客观实在**吗？如果你回答说是，那你就是唯物主义者。如果你回答说不是，那你就是不彻底的，你不可避免地会陷入主观主义，陷入不可知论；不论你是否认自在之物的可知性和时间、空间、因果性的客观性（像康德那样），还是不容许关于自在之物的思想（像休谟那样），反正都一样。在这种情况下，你的经验论、经验哲学的不彻底性就在于：你否定经验中的客观内容，否定经验认识中的客观真理。

康德和休谟路线的维护者（马赫和阿芬那留斯包括在休谟路线的维护者之内，因为他们不是纯粹的贝克莱主义者）把我们唯物主义者叫作"形而上学者"，因为我们承认我们在经验中感知的客观实在，承认我们感觉的客观的、不依赖于人的泉源。我们唯物主义者，继恩格斯之后，把康德主义者和休谟主义者叫做不可知论者，因为他们否定客观实在是我们感觉的泉源。不可知论者这个词来自希腊文：在希腊文里 α 是**不**的意思，**gnosis** 是**知**的意思。不可知论者说：**我不知道**是否有我们的感觉所反映、模写的客观实在；我宣布，要知道这点是不可能的（见上面恩格斯关于不可知论者的立场的叙述）。因此，不可知论者就否定客观真理，并且小市民式地、庸俗地、卑怯地容忍有关鬼神、天主教圣徒以及诸如此类东西的教义。

列宁：《唯物主义和经验批判主义》（1908 年 2—10 月），《列宁专题文集 · 论辩证唯物主义和历史唯物主义》，人民出版社 2009 年版，第 33—34 页。

**42. 康德哲学的基本特征是调和唯物主义和唯心主义**

康德哲学的基本特征是调和唯物主义和唯心主义，使二者妥协，使不同的相互对立的哲学派别结合在一个体系中。当康德承认在我们之外有某种东西、某种自在之物同我们表象相符合的时候，他是唯物主义者；当康德宣称这个自在之物是不可认识的、超验的、彼岸的时候，他是唯心主义者。康德在承认经验、感觉是我们知识的唯一泉源时。他就把自己的哲学引向感觉论。并且通过感觉论，在一定的条件下又引向唯物主义。康德在承认空间、时间、因果性等等的先验性时，他就把自己的哲学引向唯心主义。由于康德的这种不彻底性，不论是彻底的唯物主义者，或是彻底的唯心主义者（以及“纯粹的”不可知论者即休谟主义者），都同他进行了无情的斗争。唯物主义者责备康德的唯心主义，驳斥他的体系的唯心主义特征，证明自在之物是可知的、此岸的，证明自在之物和现象之间没有原则的差别，证明不应当从先验的思维规律中而应当从客观现实中引出因果性等等。不可知论者和唯心主义者责备康德承认自在之物，认为这是向唯物主义，向“实在论”或“素朴实在论”让步。

费尔巴哈谴责康德，不是因为他承认自在之物，而是因为他不承认自在之物的现实性即客观实在性，因为他认为自在之物是单纯的思想、“想象的本质”，而不是“具有实存的本质”即实在的、实际存在着的本质。费尔巴哈谴责康德，是因为他离开了唯物主义。

恩格斯谴责康德，是因为康德是不可知论者，而不是因为他离开了彻底的不可知论。

可见，费尔巴哈、马克思、恩格斯的整个学派，从康德那里向左走，走向完全否定一切唯心主义和一切不可知论。

列宁：《唯物主义和经验批判主义》（1908 年 2—10 月），《列宁选集》第 2 卷，人民出版社 2012 年版，第 161—168 页。

**43. 马克思和恩格斯在哲学上自始至终都是有党性的，他们善于发现一切“最新”流派对唯物主义的背弃，对唯心主义和信仰主义的纵容**

马克思和恩格斯在哲学上自始至终都是有党性的，他们善于发现一切“最新”流派对唯物主义的背弃，对唯心主义和信仰主义的纵容。因此他们对赫胥黎的评价完全是从彻底坚持唯物主义的观点出发的。因此他们责备费尔巴哈没有把唯物主义贯彻到底，责备他因个别唯物主义者犯有错误而拒绝唯物主义，责备他同宗教作斗争是为了革新宗教或创立新宗教，责备他在社会学上不能摆脱唯心主义的空话而成为唯物主义者。

列宁：《唯物主义和经验批判主义》（1908 年 2—10 月），《列宁专题文集·论辩证唯物主义和历史唯物主义》，人民出版社 2009 年版，第 121 页。

**44. 我们的这些要把辩证唯物主义消灭的人，以所有这些所谓最新的学说为依据，竟肆无忌惮地谈起公开的信仰主义来了**

唯物主义看来被我们的勇士们驳倒了，他们自豪地印证“现代认识论”，引证“最新哲学”（或“最新实证论”），引证“现代自然科学的哲学”，或者甚至引证“20 世纪的自然科学的哲学”。我们的这些要把辩证唯物主义消灭的人，以所有这些所谓最新的学说为依据，竟肆无忌惮地谈起公开的信仰主义[①]来了（卢那察尔斯基最为明显，但决不只是他一个人![②]），可是到了要对马克思和恩格斯明确表态时，他们的全部勇气和对自己信念的任何尊重立即消失了。在事实上，他们完全背弃了辩证唯物主义即马克思主义。在口头上，他们却百般狡辩，企图避开问题的实质，掩饰他们的背弃行为，用某一个唯物主义者来代替整个唯物主义，根本不去直接分析马克思和恩格斯的无数唯物主义言论。按照一位马克思主义者的

---

① 信仰主义是一种以信仰代替知识或一般地赋予信仰以一定意义的学说。

② 这里说的是在俄国 1905—1907 年革命失败后俄国社会民主工党内一部分知识分子中产生的一种宗教哲学思潮——造神说。这一思潮的主要代表人物是阿·瓦·卢那察尔斯基、弗·亚·巴扎罗夫等人。造神派主张把马克思主义和宗教调和起来，使科学社会主义带有宗教信仰的性质，鼓吹创立一种“无神的”新宗教，即“劳动宗教”。他们认为马克思主义的整个哲学就是宗教哲学，社会民主运动本身是“新的伟大的宗教力量”，无产者应成为“新宗教的代表”。马·高尔基也曾一度追随造神派。

1909 年 6 月召开的《无产者报》扩大编辑部会议谴责了造神说，指出它是一种背离马克思主义原理的思潮，声明布尔什维克派同这种对科学社会主义的歪曲毫无共同之处。列宁在《唯物主义和经验批判主义》一书以及 1908 年 2—4 月、1913 年 11—12 月间给高尔基的信（见《列宁全集》第 2 版第 18、45、46 卷）中揭露了造神说的反马克思主义本质。

公正说法，这真是“跪着造反”。这是典型的哲学上的修正主义，因为只有修正主义者违背马克思主义的基本观点，而又不敢或者是没有能力公开、直率、坚决、明确地“清算”被他们抛弃的观点，才获得了这种不好的名声。

列宁：《唯物主义和经验批判主义》（1908 年 2—10 月），《列宁专题文集·论辩证唯物主义和历史唯物主义》，人民出版社 2009 年版，第 2—3 页。

**45. 唯心主义哲学的“科学的僧侣主义”，不过是通向公开的僧侣主义的前阶**

唯心主义哲学的“科学的僧侣主义”，不过是通向公开的僧侣主义的前阶。这一点在约·狄慈根看来是毫无疑义的。他写道：“科学的僧侣主义极力想帮助宗教的僧侣主义。”（上引书第 51 页）“尤其是认识论的领域，对人类精神的无知”，是这两种僧侣主义在其中“产卵”的“虱巢（Lausgrube）”。约·狄慈根眼里的哲学教授是“高谈‘理想财富’、用生造的（geschraubter）唯心主义来愚弄人民的有学位的奴仆”（第 53 页）。“正如魔鬼是上帝的死对头一样，唯物主义者是僧侣教授（Kathederpfaffen）的死对头。”唯物主义认识论是“反对宗教信仰的万能武器”（第 55 页），它不仅反对“僧侣所宣传的那种人所共知的、正式的、普通的宗教，而且反对沉醉的（benebelter）唯心主义者所宣传的清洗过的高尚的教授宗教”（第 58 页）。

列宁：《唯物主义和经验批判主义》（1908 年 2—10 月），《列宁专题文集·论辩证唯物主义和历史唯物主义》，人民出版社 2009 年版，第 122—123 页。

**46. 凡是说物理自然界本身是派生的东西的哲学，就是最纯粹的僧侣主义哲学**

凡是说物理自然界本身是派生的东西的哲学，就是最纯粹的僧侣主义哲学。它的这种性质决不会因为波格丹诺夫本人极力否认一切宗教而有所改变。杜林也是一个无神论者；他甚至提议在他的“共同社会的”制度里禁止宗教。尽管这样，恩格斯完全正确地指出，杜林的“体系”如果没有宗教便不能自圆其说。① 波格丹诺夫也完全是这样，不过有一个重大的差

---

① 参看《马克思恩格斯全集》第 20 卷第 341—343 页。

别：上面引的一段话不是偶然的自相矛盾，而是他的“经验一元论”和他的全部“代换说”的本质。如果自然界是派生的，那么不用说，它只是由某种比自然界更巨大、更丰富、更广阔、更有力的东西派生出来的，只是由某种存在着的东西派生出来的，因为要“派生”自然界，就必须有一个不依赖于自然界而存在的东西。这就是说，有某种存在于自然界以外、并且能派生出自然界的东西。用俄国话说，这种东西叫作神。唯心主义哲学家总是想方设法改变神这个名称，使它更抽象，更模糊，同时（为了显得更真实）更接近于“心理的东西”，如“直接的复合”、无须证明的直接存在的东西。绝对观念，普遍精神，世界意志，心理的东西对物理的东西的“普遍代换”，——这些都是同一个观念，只是说法不同而已。任何人都知道，而且自然科学也在研究，观念、精神、意志、心理的东西是进行正常活动的人脑的机能；把这种机能同按一定方式组成的物质分开，把这种机能变为普遍的抽象概念，用这个抽象概念“代换”整个物理自然界，这是哲学唯心主义的妄想，这是对自然科学的嘲弄。

唯物主义说，“生物的社会地组织起来的经验”是由物理自然界派生出来的，是物理自然界长期发展的结果，是从没有而且也不可能有社会性、组织性、经验和生物的那种状态的物理自然界中发展出来的。唯心主义说，物理自然界是由生物的这种经验派生出来的。唯心主义这样说，就是把自然界和神相提并论（如果不是使自然界隶属于神）。因为神无疑是由生物的社会地组织起来的经验派生出来的。不管怎样考察波格丹诺夫的哲学，除了反动的混乱思想，它没有任何别的内容。

列宁：《唯物主义和经验批判主义》（1908 年 2—10 月），《列宁选集》第 2 卷，人民出版社 2012 年版，第 171—173 页。

**47. 为旧物理学自发地接受的唯物主义认识论被唯心主义的和不可知论的认识代替了，不管唯心主义者和不可知论者的意愿如何，信仰主义利用了这种代替**

在法国，凡是把信仰置于理性之上的人都被称为信仰主义者（来自拉丁文 fides，信仰）。否认理性的权力或要求的学说被称为反理智主义。因此，在哲学方面，“现代物理学的危机”的实质就在于：旧物理学认为自己的理论是“对物质世界的实在的认识”，就是说，是对客观实在的反映。物理学中的新思潮认为理论只是供实践用的符号、记号、标记，就是说，它否定不依赖于我们的意识所反映的客观实在的存在。如果莱伊使用正确的哲学用语，他就一定会这样说：为旧物理学自发地接受的唯物主义认识论被唯心主义的和不可知论的认识代替了，不管唯心主义者和不可知论者的意愿如何，信仰主义利用了这种代替。

……

现代物理学危机的实质就是：旧定律和基本原理被推翻，意识之外的客观实在被抛弃，这就是说，唯物主义被唯心主义和不可知论代替了。

列宁：《唯物主义和经验批判主义》（1908 年 2—10 月），《列宁选集》第 2 卷，人民出版社 2012 年版，第 187—189 页。

**48. 唯心主义不过是信仰主义的一种精巧圆滑的形态**

唯心主义不过是信仰主义的一种精巧圆滑的形态，信仰主义全副武装，它拥有庞大的组织，继续不断地影响群众，并利用哲学思想上的最微小的动摇来为自己服务。经验批判主义的客观的、阶级的作用完全是在于替信仰主义者效劳，帮助他们反对一般唯物主义，特别是反对历史唯物主义。

列宁：《唯物主义和经验批判主义》（1908 年 2—10 月），《列宁专题文集·论辩证唯物主义和历史唯物主义》，人民出版社 2009 年版，第 130 页。

**49. 唯心主义观点向信仰主义敞开了大门**

关于唯物主义观点无害的这种天真说法，使马赫露出了马脚！首先，说唯心主义者“很久”没有批判这种观点，是不确实的；马赫简直无视唯心主义认识论和唯物主义认识论在这个问题上的斗争；他回避直截明了地叙述这两种观点。其次，马赫承认他所反驳的唯物主义观点是“无害”的，实质上也就是承认它们是正确的。因为不正确的东西怎么能够在许多世纪以来都是无害的呢？马赫曾经向之递送秋波的实践标准到哪儿去了？唯物主义关于时间和空间的客观实在性的观点之所以是“无害的”，只是因为自然科学没有超出时间和空间的界限，即没有超出物质世界的界限，而把这件事让给反动哲学的教授们去做了。这种“无害”也就是正确。

“有害的”是马赫对空间和时间的唯心主义观点。因为，第一，它向信仰主义敞开了大门；第二，它引诱马赫本人作出反动的结论。

列宁：《唯物主义和经验批判主义》（1908 年 2—10 月），《列宁专题文集·论辩证唯物主义和历史唯物主义》，人民出版社 2009 年版，第 79 页。

**50. 哲学唯心主义不过是隐蔽起来的、修饰过的鬼神之说**

我们将会在下面看到，马赫主义还不只是替内在论者服务。哲学唯心主义不过是隐蔽起来的、修饰过的鬼神之说。请看一看这个哲学流派的那些不大像德国经验批判主义代表那样矫饰的法国代表和英国代表吧！彭加勒说，时空概念是相对的，因而（对于非唯物主义者来说的确是“因而”）“不是自然界把它们〈这些概念〉给予〈或强加于，impose〉我们，而是我们把它们给予自然界，因为我们认为它们是方便的”（上引书第6页）。这不是证明德国康德主义者兴高采烈是有道理的吗？这不是证实了恩格斯的话吗？恩格斯说，彻底的哲学学说必须或者把自然界当做第一性的，或者把人的思维当做第一性的。

列宁：《唯物主义和经验批判主义》（1908年2—10月），《列宁专题文集·论辩证唯物主义和历史唯物主义》，人民出版社2009年版，第83页。

**51. 唯心主义这种最初的“心理的东西”始终是把冲淡了的神学掩盖起来的僵死的抽象概念**

唯心主义的实质在于：把心理的东西作为最初的出发点；从心理的东西引出自然界，然后再从自然界引出普通的人的意识。因此，这种最初的“心理的东西”始终是把冲淡了的神学掩盖起来的僵死的抽象概念。例如，任何人都知道什么是人的观念，但是脱离了人的和在人出现以前的观念、抽象的观念、绝对观念，却是唯心主义者黑格尔的神学的虚构。任何人都知道什么是人的感觉，但是脱离了人的、在人出现以前的感觉，却是胡说、僵死的抽象概念、唯心主义的谬论。

列宁：《唯物主义和经验批判主义》（1908年2—10月），《列宁选集》第2卷，人民出版社2012年版，第169页。

**52. 这完全是胡说的“复合”，它只适宜于推出灵魂不死或神的观念等等**

波格丹诺夫写道：“代换的领域是和物理现象的领域相合的；用不着以任何东西代换心理现象，因为它们是直接的复合。”（第XXXIX页）

这就是唯心主义，因为心理的东西，即意识、表象、感觉等等，被认为是直接的东西，而物理的东西是从其中引出来的，是代换它的。费希特说，世界是我们的自我所创造的非我。黑格尔说，世界是绝对观念。叔本华说，世界是意志。内在论者雷姆克说，世界是概念和表象。内在论者舒佩说，存在是意识。波格丹诺夫说，物理的东西是心理的东西的代换。只有瞎子才看不出这些不同的说法所包含的相同的唯心主义实质。波格丹诺夫在《经验一元论》第1卷第128—129页写道："让我们向自己提这样一个问题：什么是'生物'，譬如说，什么是'人'？"他回答道："'人'首先是'直接体验'的一定复合"。请注意"首先"二字！"然后，在经验的进一步发展中，'人'对自己和别人来说才是其他许多物理物体中的一个物理物体。"

这完全是胡说的"复合"，它只适宜于推出灵魂不死或神的观念等等。人首先是直接体验的复合，而在进一步发展中才是物理物体！这就是说，有脱离了物理物体的、在物理物体出现以前的"直接体验"。真可惜，我们的正教中学还没有讲授这种卓绝的哲学；在那里，它的全部价值是会受到珍视的。

列宁：《唯物主义和经验批判主义》（1908年2—10月），《列宁选集》第2卷，人民出版社2012年版，第170—171页。

**53. 这些认识论的诡计所起的客观作用却只有一个，就是给唯心主义和信仰主义扫清道路，替它们忠实服务**

现在我们从哲学的党派观点来看一看马赫、阿芬那留斯以及他们的学派。这些先生们以无党性自夸；如果说他们有什么死对头，那么只有一个，只有……唯物主义者。在一切马赫主义者的一切著作中，像一根红线那样贯穿着一种愚蠢奢望："凌驾"于唯物主义和唯心主义之上、超越它们之间"陈旧的"对立。而事实上这帮人每时每刻都在陷入唯心主义，同唯物主义进行不断的和始终不渝的斗争。像阿芬那留斯这类人精心制造出来的认识论的怪论，不过是教授们的虚构，创立"自己的"哲学小宗派的企图而已。其实，在现代社会的各种思想和派别互相斗争的总的形势下，这些认识论的诡计所起的客观作用却只有一个，就是给唯心主义和信仰主义扫清道路，替它们忠实服务。因此，华德之流的英国唯灵论者、赞扬马赫攻击唯物主义的法国新批判主义者以及德国的内在论者，都拼命地抓住这个小小的经验批判主义者学派，这实在不是偶然的！约·狄慈根所谓的"信仰主义的有学位的奴仆"这一说法，正是击中了马赫、阿芬那留斯以及他们的整个学派的要害。

……总的说来，经济学教授们不过是资产阶级手下的有学问的帮办；而哲学教授们不过是神学家手下的有学问的帮办。

列宁：《唯物主义和经验批判主义》（1908 年 2—10 月），《列宁专题文集·论辩证唯物主义和历史唯物主义》，人民出版社 2009 年版，第 123—124 页。

**54. 信仰主义却从每一次这样的迷恋中得到好处，并千方百计地变换自己的花招，以利于哲学唯心主义**

对经验批判主义和“物理学”唯心主义的迷恋，正像对新康德主义和“生理学”唯心主义的迷恋一样，很快就会消逝，而信仰主义却从每一次这样的迷恋中得到好处，并千方百计地变换自己的花招，以利于哲学唯心主义。

对宗教的态度和对自然科学的态度，最好地说明了资产阶级反动派确实为了本阶级的利益而在利用经验批判主义。

列宁：《唯物主义和经验批判主义》（1908 年 2—10 月），《列宁专题文集·论辩证唯物主义和历史唯物主义》，人民出版社 2009 年版，第 125—126 页。

**55. 任何客观实在都和宗教的教义不相符合**

时间像空间一样，“是各种人的经验的社会一致的形式”（同上①，第 34 页），它们的“客观性”就在于“具有普遍意义”（同上）。

这完全是骗人的话。宗教也是具有普遍意义的，因为它表现出人类大多数的经验的社会一致。但是，任何客观实在都和宗教的教义（例如，关于地球的过去和世界的创造的教义）不相符合。科学学说认为，地球存在于任何社会性出现以前、人类出现以前、有机物质出现以前，存在于一定的时间内和一定的（对其他行星说来）空间内。客观实在和这种科学学说（虽然，像宗教发展的每一阶段是相对的一样，它在科学发展的每一阶段上也是相对的）是相符合的。在波格丹诺夫看来，空间和时间的各种形式适应人们的经验和人们的认识能力。事实上，恰好相反，我们的“经验”和我们的认识日益正确而深刻地反映着客观的空间和时间，并日益适应它们。

列宁：《唯物主义和经验批判主义》（1908 年 2—10 月），《列宁专题文集·论辩证唯物主义和历史唯物主义》，人民出版社 2009 年版，第 87 页。

**56. 只要你们否定我们通过感觉感知的客观实在，你们就失去了任何反对信仰主义的武器**

只要你们否定我们通过感觉感知的客观实在，你们就失去了任何反对

① 即《经验一元论》第 1 卷。

信仰主义的武器，因为你们已经陷入不可知论或主观主义，而这正是信仰主义所需要的。如果说感性世界就是客观实在，那么其他的任何“实在”或冒牌实在（请回想一下，巴扎罗夫曾相信那些把神说成是“实在概念”的内在论者的“实在论”），就没有立足的余地了。如果说世界是运动着的物质，那么我们可以而且应该从这个运动、即这个物质的运动的无限错综复杂的表现来对物质进行无止境的研究；在物质之外，在每一个人所熟悉的“物理的”外部世界之外，不可能有任何东西存在。对唯物主义的仇视，对唯物主义者的种种诽谤，所有这一切在文明的民主的欧洲都是司空见惯的，而且直到今天还依然如此。

列宁：《唯物主义和经验批判主义》（1908 年 2—10 月），《列宁专题文集·论辩证唯物主义和历史唯物主义》，人民出版社 2009 年版，第 126—127 页。

**57. 如果没有客观真理，真理（也包括科学真理）只是人类经验的组织形式，那么，这就是承认僧侣主义的基本前提，替僧侣主义大开方便之门，为宗教经验的“组织形式”开拓地盘**

波格丹诺夫自己“不把”关于鬼神等等的社会经验“包括”在客观经验之内，我们当然是很高兴的。但是，以否定信仰主义的精神来作出的这种善意修正，丝毫没有改正波格丹诺夫的整个立场的根本错误。波格丹诺夫给客观性和物理世界所下的定义无疑是站不住脚的，因为宗教教义比科学学说具有更大的“普遍意义”，人类的大部分至今还信奉宗教教义。天主教由于许多世纪的发展已经是“社会地组织起来、协调起来和一致起来的”；它无可争辩地可以“列入”“因果性的链条”中，因为宗教的产生不是无缘无故的，在现代条件下宗教得到人民群众的信奉，决不是偶然的，而哲学教授们迎合宗教的意旨，也是完全“合乎规律的”。如果说这种无疑具有普遍意义的和无疑高度组织起来的社会宗教的经验与科学的“经验”“不协调”，那么就是说，二者之间存在着原则的根本的差别，而波格丹诺夫在否认客观真理时却把这种差别抹杀了。无论波格丹诺夫怎样“修正”，说信仰主义或僧侣主义是和科学不协调的，然而有一个事实毕竟是无可怀疑的，即波格丹诺夫对客观真理的否定是和信仰主义完全“协调”的。现代信仰主义决不否认科学；它只否认科学的“过分的奢望”，即对客观真理的奢望。如果客观真理存在着（如唯物主义者所认为的那样），如果只有那在人类“经验”中反映外部世界的自然科学才能给我们提供客观真理，那么一切信仰主义就无条件地被否定了。如果没有客观真理，真理（也包括科学真理）只是人类经验的组织形式，那么，这就是承认僧侣主义的基本前提，替僧侣主义大开方便之门，为宗教经验的“组织形式”开拓地盘。

列宁：《唯物主义和经验批判主义》（1908 年 2—10 月），《列宁专题文集·论辩证唯物主义和历史唯物主义》，人民出版社 2009 年版，第 30—31 页。

**58. 他们不承认客观的、不依赖于人的实在是我们感觉的泉源。他们不把感觉看做是这个客观实在的正确摄影，因而直接和自然科学发生矛盾，为信仰主义大开方便之门**

其实，马赫主义者是主观主义者和不可知论者，因为他们不充分相信我们感官的提示，不彻底贯彻感觉论。他们不承认客观的、不依赖于人的实在是我们感觉的泉源。他们不把感觉看做是这个客观实在的正确摄影，因而直接和自然科学发生矛盾，为信仰主义大开方便之门。

列宁：《唯物主义和经验批判主义》（1908 年 2—10 月），《列宁专题文集·论辩证唯物主义和历史唯物主义》，人民出版社 2009 年版，第 34 页。

**59. 科学在唯物主义反对唯心主义和宗教的斗争中是无党性的，这不仅是马赫一个人所喜爱的思想，而且是现代所有的资产阶级教授们所喜爱的思想**

真的，不仅荒唐的梦是事实，而且荒唐的哲学也是事实。只要知道了恩斯特·马赫的哲学，对这点就不可能有什么怀疑。马赫是一个登峰造极的诡辩论者，他把对人们的谬误、人类的种种“荒唐的梦”（如相信鬼神之类）的科学史的和心理学的研究，同真理和“荒唐”在认识论上的区分混淆起来了。这正好像一位经济学家说：西尼耳所谓资本家的全部利润是由工人的“最后一小时”的劳动所创造的理论①和马克思的理论同样都是事实，至于哪一种理论反映客观真理以及哪一种理论表现资产阶级的偏见和资产阶级教授们的卖身求荣的问题，从科学的观点看来是没有意义的。

---

① 指英国庸俗经济学家纳·威·西尼耳为反对缩短工作日而编造的“理论”。他在《关于工厂法对棉纺织业的影响的书信》（1837 年伦敦版）这本小册子中声称，工厂的全部纯利润是由最后一小时提供的；劳动时间每天缩短 1 小时，纯利润就会消失。马克思在《资本论》中批判了西尼耳的这种谬论（见《马克思恩格斯全集》第 23 卷第 251—256 页）。

制革匠约·狄慈根认为科学的即唯物主义的认识论是"反对宗教信仰的万能武器"（《短篇哲学著作集》[①] 第55页），而正教授恩斯特·马赫却认为，唯物主义认识论和主观唯心主义认识论的差别，"从科学的观点看来是没有意义的"！科学在唯物主义反对唯心主义和宗教的斗争中是无党性的，这不仅是马赫一个人所喜爱的思想，而且是现代所有的资产阶级教授们所喜爱的思想，这些教授，按照约·狄慈根的公正的说法，就是"用生造的唯心主义来愚弄人民的有学位的奴仆"（同上，第53页）。

列宁：《唯物主义和经验批判主义》（1908年2—10月），《列宁专题文集·论辩证唯物主义和历史唯物主义》，人民出版社2009年版，第45—46页。

**60. "人把规律给予自然界"这个康德主义-马赫主义的公式是信仰主义的公式**

我们的这位马赫主义者（恩·马赫"本人"曾一再表示和他完全一致）就这样顺利地达到了纯粹康德主义的唯心主义：人把规律给予自然界，而不是自然界把规律给予人！问题不在于重复康德的先验性学说，因为这一点所决定的不是哲学上的唯心主义路线，而是这条路线的一个特殊说法。问题在于：理性、思维、意识在这里是第一性的，自然界是第二性的。理性并非自然界的一小部分、它的最高产物之一、它的过程的反映，而自然界倒是理性的一小部分。理性便这样自然而然地从普通的、单纯的、谁都知道的人的理性扩张成像约·狄慈根所说的"无限的"、神秘的、神的理性。"人把规律给予自然界"这个康德主义-马赫主义的公式是信仰主义的公式。如果我们的马赫主义者在恩格斯的书中读到唯物主义的基本特征是把自然界而不是把精神当做第一性，因而就非常惊异，这只是表明他们在分辨真正重要的哲学派别同教授们的故弄玄虚、咬文嚼字方面无能到了什么地步。

列宁：《唯物主义和经验批判主义》（1908年2—10月），《列宁专题文集·论辩证唯物主义和历史唯物主义》，人民出版社2009年版，第66页。

---

① 《短篇哲学著作集》于1903年由狄茨出版社在斯图加特出版，共收入约·狄慈根1870—1878年发表在德国《人民国家报》和《前进报》上的7篇文章，还收入了他在1887年出版的一本小册子《一个社会主义者在认识论领域中的漫游》。

**61. “最新实证论”的最新成就，就是费尔巴哈早已揭露过的那个陈旧的信仰主义公式**

我们面前是一个穿着用斑驳陆离、刺人眼目的“最新”术语作成的小丑服装的主观唯心主义者。在他看来，外部世界、自然界和自然规律都是我们认识的符号。知觉流是没有理性、秩序、规律性的，是我们的认识把理性导入其中的。天体是人类认识的符号，地球也在其内。尽管自然科学教导我们说，地球在人类和有机物质可能出现以前就早已存在了，而我们却把这一切都改了①！行星运动的秩序是我们给予的，是我们认识的产物。当尤什凯维奇先生感到人类理性被这种哲学扩张为自然界的创造主、缔造者时，便在理性旁边写上“逻各斯”，即抽象的理性——这不是一般的理性，而是特殊的理性；这不是人脑的机能，而是一种先于任何头脑而存在的东西、一种神灵的东西。“最新实证论”的最新成就，就是费尔巴哈早已揭露过的那个陈旧的信仰主义公式。

列宁：《唯物主义和经验批判主义》（1908 年 2—10 月），《列宁专题文集 · 论辩证唯物主义和历史唯物主义》，人民出版社 2009 年版，第 73 页。

**62. 自然科学家先生们，我们把科学让给你们，请你们把认识论、哲学让给我们，——这就是“先进的”资本主义国家的神学家和教授同居的条件**

所谓唯物主义断言意识具有“更少”实在性，或者断言作为运动着的物质的世界的图景一定是“机械”图景，而不是电磁图景或某种复杂得多的图景，这当然完全是胡说八道。但是露骨的毫不掩饰的唯心主义者华德，确实很巧妙地、比我们的马赫主义者（即糊涂的唯心主义者）高明得多地抓住了“自发的”自然科学的唯物主义的弱点，例如，不能阐明相对真理和绝对真理的相互关系。华德反过来说，既然真理是相对的、近似的，只是“探索”事情的本质，那就是说，它不能反映实在！但是唯灵论者却非常准确地提出了原子等等是“作业假说”的问题。现代的有文化的信仰主义（华德是从自己的唯灵论中直接引出这种信仰主义的），除了宣布自然科学的概念是“作业假说”之外，再也不想要求什么了。自然科学家先生们，我们把科学让给你们，请你们把认识论、哲学让给我们，——这就是

---

① 这里是借用法国作家让 · 巴 · 莫里哀的喜剧《打出来的医生》中的一句台词。在该剧中。一个樵夫冒充医生给财主女儿治病，竟把心脏和肝脏的位置说颠倒了。在事情败露之后，他又说什么“以前确是心在左面，肝在右面，不过我们把这一切都改了”。

"先进的"资本主义国家的神学家和教授同居的条件。

列宁:《唯物主义和经验批判主义》(1908 年 2—10 月),《列宁全集》第 18 卷,人民出版社 1988 年版,第 293—294 页。

**63. 他们劝读者相信"信仰"外部世界的真实性就是"神秘主义"(巴扎罗夫),他们把唯物主义同康德主义混淆得不成样子(巴扎罗夫和波格丹诺夫),他们宣传不可知论的变种(经验批判主义)和唯心主义的变种(经验一元论),交给工人"宗教无神论"和"崇拜"人类最高潜在力(卢那察尔斯基),宣布恩格斯的辩证法学说为神秘主义(别尔曼)**

现在《关于马克思主义哲学的论丛》已经出版。除了苏沃洛夫那篇文章(我正在看)之外,其余的我都看了,每篇文章都使我气得简直要发疯。不,这不是马克思主义!我们的经验批判论者、经验一元论者和经验符号论者都在往泥潭里爬。他们劝读者相信"信仰"外部世界的真实性就是"神秘主义"(巴扎罗夫),他们把唯物主义同康德主义混淆得不成样子(巴扎罗夫和波格丹诺夫),他们宣传不可知论的变种(经验批判主义)和唯心主义的变种(经验一元论),交给工人"宗教无神论"和"崇拜"人类最高潜在力(卢那察尔斯基),宣布恩格斯的辩证法学说为神秘主义(别尔曼),从法国某些"实证论者"(主张"符号认识论"的该死的不可知论者或形而上学者)的臭水沟里汲取东西(尤什凯维奇)!不,这太不像话了。当然,我们是普通的马克思主义者,对哲学没有研究,但是为什么要这样欺侮我们,竟要把这些东西当作马克思主义哲学奉送给我们!我宁愿受车裂之刑,也不愿加入宣传这类东西的机关报或编委会。

列宁:《致阿·马·高尔基》(1908 年 2 月 25 日),《列宁全集》第 45 卷,人民出版社 1990 年版,第 182 页。

**64. "信仰主义"是一种以信仰代替知识或一般地赋予信仰一定意义的学说**

此外,如果书报检查机关的检查很严格,可以把各处的"僧侣主义"一次改为"信仰主义",并在注解中加以说明("信仰主义是一种以信仰代替知识或一般地赋予信仰一定意义的学说")。

列宁:《致安·伊·乌里扬诺娃-叶利扎罗娃》(1908 年 11 月 8 日),《列宁全集》第 53 卷,人民出版社 1988 年版,第 316 页。

**65. 哲学中的唯心主义是在或多或少巧妙地维护僧侣主义，僧侣主义则是一种认为信仰高于科学或者同科学平分秋色，或者总是给信仰让出一席之地的学说**

约·狄慈根在强调人的认识的相对性时往往陷入混乱，以至错误地想唯心主义和不可知论作了让步。哲学中的唯心主义是在或多或少巧妙地维护僧侣主义，僧侣主义则是一种认为信仰高于科学或者同科学平分秋色，或者总是给信仰让出一席之地的学说。不可知论（来自希腊文，“α”是不的意思，“γιγυωσχω”是知的意思）是在唯物主义和唯心主义之间摇摆，实际上也就是在唯物主义科学和僧侣主义之间摇摆。

列宁：《纪念约瑟夫·狄慈根逝世二十五周年》（1913 年 5 月 5 日〔18 日〕），《列宁专题文集·论辩证唯物主义和历史唯物主义》，人民出版社 2009 年版，第 240—241 页。

**66. 寻神说同造神说、建神说或者创神说等等的差别，丝毫不比黄鬼同蓝鬼的差别大**

寻神说同造神说、建神说或者创神说等等的差别，丝毫不比黄鬼同蓝鬼的差别大。谈寻神说不是为了反对一切的鬼神，不是为了反对任何思想上的奸尸(信仰任何神都是奸尸，即使是最纯洁的、最理想的、不是寻来而且创造出来的神，也是如此)，而是要蓝鬼不要黄鬼，这比根本不谈还要坏一百倍。

列宁：《致阿·马·高尔基》（1913 年 11 月 13 或 14 日），《列宁选集》第 2 卷，人民出版社 2012 年版，第 365 页。

**67. 一切从事造神的人，甚至只是容许这种做法的人，都是在以最坏的方式侮辱自己**

可是，造神说难道不就是一种最坏的自我侮辱吗？？一切从事造神的人，甚至只是容许这种做法的人，都是在以最坏的方式侮辱自己，他们所从事的不是“实际活动”，而恰巧是自我直观，自我欣赏，而且，这种人“直观”的是自“我”身上种种被造神说所神化了的最肮脏、最愚蠢、最富有奴才气的特点。

不从个人角度而从社会角度来看，一切造神说都正是愚蠢的小市民和脆弱的庸人的心爱的自我直观，是“悲观疲惫的”庸人和小资产者在幻想中“自我侮辱”的那种心爱的自我直观（您关于灵魂的说法很正确，只是不应当说“俄国的”，而应当说小市民的，因为无论犹太的、意大利的、英国的，都是同一个鬼，卑鄙的小市民在任何地方都同样丑恶，而在思想上奸尸的“民主派小市民”则加倍丑恶)。

列宁:《致阿·马·高尔基》(1913年11月13或14日),《列宁选集》第2卷，人民出版社2012年版，第366—367页。

**68. 神首先（就历史和生活来说）是由人的麻木的受压抑状态以及外部自然界和阶级压迫所产生的那些观念的复合，是巩固这种受压抑状态和使阶级斗争瘫痪的那些观念的复合**

说神是那些在激发和组织社会感情的观念的复合，这不对。这是抹杀观念的物质起源的波格丹诺夫的唯心主义。神首先（就历史和生活来说）是由人的麻木的受压抑状态以及外部自然界和阶级压迫所产生的那些观念的复合，是巩固这种受压抑状态和使阶级斗争瘫痪的那些观念的复合。历史上曾有过这样一个时期，当时尽管神的观念的起源和真实作用是这样的，但是民主派以及无产阶级的斗争都采取了以一种宗教观念反对另一种宗教观念的斗争形式。

但是这样的时期早已过去了。

列宁:《致阿·马·高尔基》(1913年11月14日以后),《列宁全集》第46卷，人民出版社1990年版，第367—368页。

**69. “人民”关于神和替神行道的概念，完全同“人民”关于沙皇、妖怪、揪妻子的头发的“概念”一样，都是“人民的”愚蠢、闭塞、无知**

野蛮的济良人等（半野蛮人的也是一样）的神的观念是一回事，司徒卢威的神的观念是另一回事。在这两种情况下这种观念都受到阶级统治的支持（这种观念也支持阶级统治)。“人民”关于神和替神行道的概念，完全同“人民”关于沙皇、妖怪、揪妻子的头发的“概念”一样，都是“人民的”愚蠢、闭塞、无知。我根本不能理解，您怎么可以把“人民”关于神的“概念”说成“民主主义的概念”呢。

列宁:《致阿·马·高尔基》(1913年11月14日以后),《列宁全集》第46卷，人民出版社1990年版，第368页。

**70. 您美化了神的观念，也就是美化了他们用来束缚落后的工人和农民的锁链**

由于这种对比，事情的结果（违背了您的意志并且不依从于您的意识）就成了这样，您粉饰了，美化了教权派、普利什凯维奇分子、尼古拉二世和司徒卢威先生之流的观念，因为在事实上神的观念是帮助他们奴役人民的。您美化了神的观念，也就是美化了他们用来束缚落后的工人和农民的锁链。僧侣之流将会说：瞧，民主派先生们，连“你们的”领袖也都承认，这是一种多么好的深刻的观念（神的观念），——而我们（僧侣之流）正是为这个观念服务的呀。

列宁：《致阿·马·高尔基》（1913年11月14日以后），《列宁全集》第46卷，人民出版社1990年版，第367页。

**71. 任何（甚至最精巧的、最善意的）捍卫或庇护神的观念的行为都是庇护反动派的行为**

现在无论在欧洲或者在俄国，任何（甚至最精巧的、最善意的）捍卫或庇护神的观念的行为都是庇护反动派的行为。

列宁：《致阿·马·高尔基》（1913年11月14日以后），《列宁全集》第46卷，人民出版社1990年版，第368页。

**72. 这种哲学是巧妙地为宗教辩护的哲学唯心主义的一种变种**

“马赫主义”是经过波格丹诺夫修改的马赫和阿芬那留斯的哲学，是波格丹诺夫、卢那察尔斯基、沃尔斯基所维护的哲学，也就是用“无产阶级的哲学”的假名称隐藏在“前进”集团的纲领里的哲学。实际上，这种哲学是巧妙地为宗教辩护的哲学唯心主义的一种变种，因此卢那察尔斯基从这种哲学滚到鼓吹把科学社会主义同宗教结合起来的主张并不是偶然的。

列宁：《关于“前进派分子”和“前进”集团》（1914年6月28日〔7月11日〕），《列宁全集》第25卷，人民出版社1988年版，第370页。

**73. 马克思不但坚决驳斥了始终这样或那样地同宗教相连的唯心主义，而且坚决驳斥了现时特别流行的休谟观点和康德观点，即形形色色的不可知论、批判主义和实证论**

从1844—1845年马克思的观点形成时起，他就是一个唯物主义者，首先是路·费而巴哈的信奉者，就是到后来他还认为，费而巴哈的弱点仅仅在于他的唯物主义不够彻底和全面。马克思认为费而巴哈的“划时代的”世界历史作用，就在于他坚决同黑格尔的唯心主义决裂，宣扬了唯物主义，这种唯物主义早“在18世纪，特别是在法国，就不仅是反对现存政治制度的斗争，同时是反对现存宗教和神学的斗争，而且还是……反对一切形而上学〈意即与“清醒的哲学”相反的“醉醺醺的思辨”〉……的斗争”(《遗著》中的《神圣家族》)①。……马克思不但坚决驳斥了始终这样或那样地同宗教相连的唯心主义，而且坚决驳斥了现时特别流行的休谟观点和康德观点，即形形色色的不可知论、批判主义和实证论，认为这类哲学是对唯心主义的一种“反动的”让步。充其量是“把当中拒绝的唯物主义又羞羞答答地暗中接收过来”②。

列宁：《卡尔·马克思》(1914年11月)，《列宁专题文集·论马克思主义》，人民出版社2009年版，第7—9页。

**74. 哲学唯心主义是经过人的无限复杂的(辩证的)认识的一个成分而通向僧侣主义的道路**

辩证法是活生生的、多方面的(方面的数目永远增加着的)认识，其中包含着无数的各式各样观察现实、接近现实的成分(包含着从每个成分发展成整体的哲学体系)，——这就是它比起“形而上学的”唯物主义来所具有的无比丰富的内容，而形而上学的唯物主义的根本缺陷就是不能把辩证法应用于反映论，应用于认识的过程和发展。

从粗陋的、简单的、形而上学的唯物主义的观点看来，哲学唯心主义不过是胡说。相反地，从辩证唯物主义的观点看来，哲学唯心主义是把认识的某一特征、某一方面、某一侧面，片面地、夸大地、überschwengliches(狄慈根)③发展(膨胀、扩大)为脱离了物质、脱离了自然的、神化了的绝对。唯心主义就是僧侣主义。这是对的。但(“更确切些”和“除此而

---

① 见《马克思恩格斯全集》第1版第2卷第159页。

② 见《马克思恩格斯选集》第4卷人民出版社1972年版第222页。

③ überschwenglich可译为“过分的”、“过度的”、“无限的”、“过火”等等。这个词是约·狄慈根在分析绝对真理和相对真理、物质和精神等等之间的关系时使用的一个字眼(例如，见《列宁全集》第2版第55卷第419—420、423页)。列宁也在自己的一些著作中使用它来揭示对概念的辩证法的唯物主义的理解。例如，在《唯物主义和经验批判主义》中，列宁发展了恩格斯对哲学基本问题所作的表述，他写道：“狄慈根在《漫游》中重复说，物质这个概念也应当包括思想。这是胡涂思想。因为这样一来，狄慈根自己所坚持的那种物质和精神、唯物主义和唯心主义在认识论上的对立就会失去意义。至于说到这种对立不应当是‘无限的’、夸大的、形而上学的，这是不容争辩的(强调这一点是辩证唯物主义者狄慈根的巨大功绩)。这种相对对立的绝对必要性和绝对真理性的界限，正是确定认识论研究的方向的界限。如果在这些界限之外，把物质和精神即物理的东西和心理的东西的对立当做绝对的对立，那就是极大的错误。”(见《列宁全集》第2版第18卷第257页)列宁在《共产主义运动中的“左派”幼稚病》中也谈到真理的辩证性质(同上，第39卷第42页)。

外”）哲学唯心主义是经过人的无限复杂的（辩证的）认识的一个成分而通向僧侣主义的道路。

人的认识不是直线（也就是说，不是沿着直线进行的），而是无限地近似于一串圆圈、近似于螺旋的曲线。这一曲线的任何一个片断、碎片、小段都能被变成（被片面地变成）独立的完整的直线，而这条直线能把人们（如果只见树木不见森林的话）引到泥坑里去，引到僧侣主义那里去（在那里统治阶级的阶级利益就会把它巩固起来）。直线性和片面性，死板和僵化，主观主义和主观盲目性就是唯心主义的认识论根源。而僧侣主义（=哲学唯心主义）当然有认识论的根源，它不是没有根基的，它无疑是一朵无实花，然而却是生长在活生生的、结果实的、真实的、强大的、全能的、客观的、绝对的人类认识这棵活树上的一朵无实花。

列宁：《谈谈辩证法问题》（1915 年），《列宁选集》第 2 卷，人民出版社 2012 年版，第 559—560 页。

**75. 神奇的预言是童话。科学的预言却是事实**

谢天谢地，现在大家都不相信神奇的事了。神奇的预言是童话。科学的预言却是事实。如今在我们周围时常可以看到一种可耻的灰心丧气甚至绝望的情绪，在这种时候提一提下面一段已经得到证实的科学预言是有好处的。

列宁：《预言》（1918 年 6 月 29 日），《列宁选集》第 3 卷，人民出版社 2012 年版，第 551 页。

**76. 恩格斯借助辩证方法同形而上学斗争过，也同神学斗争过**

形而上学者蒲鲁东的格鲁吉亚的门徒却出来“证明”说，“辩证法就是形而上学”，形而上学承认“不可认识的东西”和“自在之物”，归根到底也就变为毫无内容的神学。与蒲鲁东和斯宾塞相反，恩格斯借助辩证方法同形而上学斗争过，也同神学斗争过（见恩格斯“费尔巴哈论”和“反杜林论”）。他证明了它们那种可笑的空洞性。我们的无政府主义者却“证明”说：蒲鲁东和斯宾塞是科学家，而马克思和恩格斯是形而上学者。

斯大林：《附录：无政府主义还是社会主义？》（1906 年 6 月），《斯大林全集》第 1 卷，人民出版社 1953 年版，第 345—246 页。

**77. 形而上学承认各种含糊不清的教条，归根到底也就变为毫无内容的神学**

形而上学承认各种含糊不清的教条，例如所谓“不可认识的东西”和

“自在之物”，归根到底也就变为毫无内容的神学。

斯大林：《无政府主义还是社会主义？》（1906 年 12 月），《斯大林全集》第 1 卷，人民出版社 1953 年版，第 280 页。

**78. 马克思主义的出现及其形成为确定的世界观，并不是和宗教成分结合的结果，而是和宗教成分进行无情斗争的结果**

作为一个文学流派的所谓“造神派”，以及一般地把宗教成分注入社会主义的东西，它的产生，是对马克思主义基础作了非科学的因而是有害于无产阶级的解释的结果。巴库委员会着重指出，马克思主义的出现及其形成为确定的世界观，并不是和宗教成分结合的结果，而是和宗教成分进行无情斗争的结果。

斯大林：《党的生活》（1909 年 8 月 2 日），《斯大林全集》第 2 卷，人民出版社 1953 年版，第 159 页。

**79. 僵化的宗教仪式和日渐磨灭的心理残余不会比这些犹太人所处的活的社会经济和文化的环境更强烈地影响到他们的“命运”**

这些犹太人无疑地和格鲁吉亚人、达格斯坦人、俄罗斯人以及美利坚人过着共同的经济生活和政治生活，受着共同文化的熏陶，这就不能不给他们的民族性格打上烙印；如果他们中间还有什么相同之处，那就是宗教、共同的起源和民族性格的某些残余。这一切是用不着怀疑的。可是，怎能认真地说，僵化的宗教仪式和日渐磨灭的心理残余会比这些犹太人所处的活的社会经济和文化的环境更强烈地影响到他们的“命运”呢？要知道，只有在这样的假定下，才可以说犹太人一般地是个统一的民族。

斯大林：《马克思主义和民族问题》（1913 年 1 月），《斯大林全集》第 2 卷，人民出版社 1953 年版，第 297—298 页。

**80. 把“鞑靼人组织”成民族文化联盟，就是让毛拉站在他们头上，就是任凭反动的毛拉去宰割他们，就是替鞑靼群众的死敌建立一座在精神上奴役这些群众的新堡垒**

例如拿南高加索那些识字人数的百分比少到最低限度、学校由万能的毛拉主持、文化渗透了宗教精神的鞑靼人来说吧……不难了解，把他们“组织”成民族文化联盟，就是让毛拉站在他们头上，就是任凭反动的毛拉去宰割他们，就是替鞑靼群众的死敌建立一座在精神上奴役这些群众的新堡垒。

斯大林：《马克思主义和民族问题》（1913 年 1 月），《斯大林全集》第 2 卷，人民出版社 1953 年版，第 343—344 页。

**81. 我觉得汉逊在党内思想斗争的问题上是在宣扬某种完全不适合于共产党的僧侣道德**

我觉得汉逊在党内思想斗争的问题上是在宣扬某种完全不适合于共产党的僧侣道德。

斯大林:《关于反对右倾和“极左”倾的斗争》(1926 年 2 月 18 日),《斯大林全集》第 8 卷,人民出版社 1954 年版,第 6 页。

**82. “马克思主义者是不相信‘命运’的”,“不相信神秘主义的”**

……布尔什维克,马克思主义者是不相信“命运”的。命运这个概念,即“希克查尔”① 这个概念本身就是偏见,就是胡说,就是古希腊人的神话这一类东西的残余,古希腊人认为命运之神支配着人们的命运。

……

“命运”是一种不合乎规律的东西,是一种神秘的东西。我是不相信神秘主义的。当然,我避开了危险是有原因的。但是当时也可能发生一些会引起完全相反的结果的其他偶然事件和其他原因。这和所谓命运是毫不相干的。

斯大林:《和德国作家艾米尔·路德维希的谈话》(1931 年 12 月 13 日),《斯大林全集》第 13 卷,人民出版社 1956 年版,第 106 页。

**83. 马克思和恩格斯是从费尔巴哈唯物主义中采取了它的“基本的内核”,把它进一步发展成为科学的哲学唯物主义理论,而屏弃了它那些唯心主义的和宗教伦理的杂质**

马克思和恩格斯在说明自己的唯物主义的时候,通常援引费尔巴哈,认为他是恢复了唯物主义应有权威的哲学家。但这并不是说,马克思和恩格斯的唯物主义和费尔巴哈的唯物主义是一样的。其实,马克思和恩格斯是从费尔巴哈唯物主义中采取了它的“基本的内核”,把它进一步发展成为科学的哲学唯物主义理论,而屏弃了它那些唯心主义的和宗教伦理的杂质。大家知道,费尔巴哈虽然在基本上是唯物主义者,但是他竭力反对唯物主义这个名称。恩格斯屡次说过:费尔巴哈“虽然有唯物主义的基础,但是在这里还没有摆脱传统的唯心主义束缚”,“我们一接触到费尔巴哈的宗教哲学和伦理学,他的真正的唯

① “希克查尔”系德文“Schicksal”的译音,作命运解。

心主义就显露出来了”。(《马克思恩格斯全集》俄文第1版第14卷第652—654页)

斯大林:《论辩证唯物主义和历史唯物主义》(1938年9月),《斯大林选集》下卷,人民出版社1979年版,第425页。

### (三) 宗教的本质与社会作用

**1. 宗教本身是没有内容的,它的根源不是在天上,而是在人间,随着以宗教为理论的被歪曲了的现实的消失,宗教也将自行消亡**

我还要求他们①更多地在批判政治状况当中来批判宗教,而不是在宗教当中来批判政治状况,因为这样做才更符合报纸的本质和读者的教育水平,因为宗教本身是没有内容的,它的根源不是在天上,而是在人间,随着以宗教为理论的被歪曲了的现实的消失,宗教也将自行消亡。最后,我向他们建议,如果真要谈论哲学,那么最好少炫耀“无神论”招牌(这看起来就像有些小孩向一切愿意听他们讲话的人保证自己不怕鬼怪一样),而多向人民宣传哲学的内容。

马克思:《致阿尔诺德·卢格》(1842年11月),《马克思恩格斯文集》第10卷,人民出版社2009年版,第3—4页。

**2. 正如宗教是人类的理论斗争的目录一样,政治国家是人类的实际斗争的目录**

正如宗教是人类的理论斗争的目录一样,政治国家是人类的实际斗争的目录。

马克思:《致阿尔诺德·卢格》(1843年9月),《马克思恩格斯文集》第10卷,人民出版社2009年版,第8—9页。

**3. 我们的全部意图只能是使宗教问题和政治问题具有自觉的人的形态,像费尔巴哈在批判宗教时所做的那样**

意识的改革只在于使世界认清本身的意识,使它从对于自身的迷梦中

① 这里指“自由人”。“自由人”是19世纪40年代上半期由柏林一些著作家组成的青年黑格尔派小组的名称,该小组的核心是布·鲍威尔、埃·鲍威尔、爱·梅因、路·布尔、麦·施蒂纳等人。“自由人”脱离现实生活,醉心于抽象的哲学争论,在1843—1844年抛弃了激进民主主义,陷入了主观主义和无政府主义。马克思任《莱茵报》编辑时便开始了与“自由人”的斗争,此后,这种斗争日趋激烈。马克思和恩格斯在他们合写的第一部著作《神圣家族》中针对“自由人”进行了批判。

惊醒过来，向它说明它自己的行动。我们的全部意图只能是使宗教问题和政治问题具有自觉的人的形态，像费尔巴哈在批判宗教时所做的那样。

因此，我们的口号必须是：意识改革不是靠教条，而是靠分析连自己都不清楚的神秘的意识，不管这种意识是以宗教的形式还是以政治的形式出现。那时就可以看出，世界早就在幻想一种只要它意识到便能真正掌握的东西了。那时就可以看出，问题不在于将过去和未来断然隔开，而在于实现过去的思想。最后还会看到，人类不是在开始一项新的工作，而是在自觉地完成自己原来的工作。

马克思：《致阿尔诺德·卢格》（1843 年 9 月），《马克思恩格斯文集》第 10 卷，人民出版社 2009 年版，第 9—10 页。

**4. 反宗教的批判的根据是：人创造了宗教，而不是宗教创造人**

就德国来说，对宗教的批判基本上已经结束；而对宗教的批判是其他一切批判的前提。

谬误在天国为神祇所作的雄辩［oratio pro aria et focis①］一经驳倒，它在人间的存在就声誉扫地了。一个人，如果曾在天国的幻想现实性中寻找超人，而找到的只是他自身的反映，他就再也不想在他正在寻找和应当寻找自己的真正现实性的地方，只去寻找他自身的假象，只去寻找非人了。

反宗教的批判的根据是：人创造了宗教，而不是宗教创造人。就是说，宗教是还没有获得自身或已经再度丧失自身的人的自我意识和自我感觉。但是，人不是抽象的蛰居于世界之外的存在物。人就是人的世界，就是国家，社会。这个国家、这个社会产生了宗教，一种颠倒的世界意识，因为它们就是颠倒的世界。宗教是这个世界的总理论，是它的包罗万象的纲要，它的具有通俗形式的逻辑，它的唯灵论的荣誉问题［Point-d'honneur］，它的狂热，它的道德约束，它的庄严补充，它借以求得慰藉和辩护的总根据。宗教是人的本质在幻想中的实现，因为人的本质不具有真正的现实性。因此，反宗教的斗争间接地就是反对以宗教为精神抚慰的那个世界的斗争。

马克思：《〈黑格尔法哲学批判〉导言》（约 1843 年 10 月中—12 月中），《马克思恩格斯文集》第 1 卷，人民出版社 2009 年版，第 3 页。

---

① 见西塞罗《论神之本性》，直译是：为保卫祭坛和炉灶所作的雄辩；转义是：为保卫社稷和家园所作的雄辩。

**5. 宗教是人民的鸦片**

宗教里的苦难既是现实的苦难的表现，又是对这种现实的苦难的抗议。宗教是被压迫生灵的叹息，是无情世界的情感。正像它是无精神活力的制度的精神一样。宗教是人民的鸦片。

废除作为人民的虚幻幸福的宗教，就是要求人民的现实幸福。要求抛弃关于人民处境的幻觉，就是要求抛弃那需要幻觉的处境。因此，对宗教的批判就是对苦难尘世——宗教是它的神圣光环——的批判的胚芽。

这种批判撕碎锁链上那些虚幻的花朵，不是要人依旧戴上没有幻想没有慰藉的锁链，而是要人扔掉它，采摘新鲜的花朵。对宗教的批判使人不抱幻想，使人能够作为不抱幻想，使人能够作为不抱幻想而具有理智的人来思考，来行动，来建立自己的现实，使他能够围绕着自身和自己现实的太阳转动。宗教只是虚幻的太阳，当人没有围绕自身转动的时候，它总是围绕着人转动。

因此，真理的彼岸世界消逝以后，历史的任务就是确立此岸世界的真理。人的自我异化的神圣形象被揭穿以后，揭露具有非神圣形象的自我异化，就成了为历史服务的哲学的迫切任务。于是，对天国的批判变成对尘世的批判，对宗教的批判变成对法的批判，对神学的批判变成对政治的批判。

马克思：《〈黑格尔法哲学批判〉导言》（约 1843 年 10 月中—12 月中），《马克思恩格斯文集》第 1 卷，人民出版社 2009 年版，第 4 页。

**6. 德国理论是从坚决积极废除宗教出发的。对宗教的批判最后归结为人是人的最高本质这样一个学说，从而也归结为这样的绝对命令：必须推翻那些使人成为被侮辱、被奴役、被遗弃和被蔑视的东西的一切关系**

批判的武器当然不能代替武器的批判，物质力量只能用物质力量来摧毁；但是理论一经掌握群众，也会变成物质力量。理论只要说服人[ad hominem]，就能掌握群众；而理论只要彻底，就能说服人[ad hominem]。所谓彻底，就是抓住事物的根本。但是，人的根本就是人本身。德国理论的彻底性从而其实践能力的明证就是：德国理论是从坚决积极废除宗教出发的。对宗教的批判最后归结为人是人的最高本质这样一个学说，从而也归结为这样的绝对命令：必须推翻那些使人成为被侮辱、被奴役、被遗弃和被蔑视的东西的一切关系，一个法国人对草拟中的养犬税发出的呼声，再恰当不过地刻画了这种关系，他说："可怜的狗啊！人家要把你们当人看哪！"

即使从历史的观点来看，理论的解放对德国也有特殊的实践的意义。德国的革命的过去就是理论性的，这就是宗教改革。正像当时的革命是从僧侣的头脑开始一样，现在的革命则从哲学家的头脑开始。

的确，路德战胜了虔信造成的奴役制，是因为他用信念造成的奴役制代替了它。他破除了对权威的信仰，是因为他恢复了信仰的权威。他把僧侣变成了世俗人，是因为他把世俗人变成了僧侣。他把人从外在的宗教笃诚解放出来，是因为他把宗教笃诚变成了人的内在世界。他把肉体从锁链中解放出来，是因为他给人的心灵套上了锁链。

但是，新教即使没有正确解决问题，毕竟正确地提出了问题。现在问题已经不再是世俗人同世俗人以外的僧侣进行斗争，而是同他自己内心的僧侣进行斗争，同他自己的僧侣本性进行斗争。如果说新教把德国世俗人转变为僧侣，就是解放了世俗教皇即王公，以及他们的同伙即特权者和庸人，那么哲学把受僧侣精神影响的德国人转变为人，就是解放人民。但是，正像解放不应停留于王公的解放，财产的收归俗用也不应停留于剥夺教会财产，而这种剥夺是由伪善的普鲁士最先实行的。当时，农民战争，这个德国历史上最彻底的事件，因碰到神学而失败了。今天，神学本身遭到失败，德国历史上不自由的实际状况——我们的现状——也会因碰到哲学而土崩瓦解。宗教改革之前，官方德国是罗马最忠顺的奴仆。而在德国发生革命之前，它则是小于罗马的普鲁士和奥地利的忠顺奴仆，是土容克和庸人的忠顺奴仆。

马克思：《〈黑格尔法哲学批判〉导言》（约1843年10月中—12月中），《马克思恩格斯文集》第1卷，人民出版社2009年版，第11—12页。

**7. 只有对政治解放本身的批判，才是对犹太人问题的最终批判，也才能使这个问题真正变成"当代的普遍问题"**

只是探讨谁应当是解放者？谁应当得到解放？这无论如何是不够的。批判还应该做到第三点。它必须提出问题：这里指的是哪一类解放？人们所要求的解放的本质要有哪些条件？只有对政治解放本身的批判，才是对犹太人问题的最终批判，也才能使这个问题真正变成“当代的普遍问题”。[①]

鲍威尔并没有把问题提到这样的高度，因此陷入了矛盾。他提供了一些条件，这些条件并不是以政治解放本身的本质引起的。他提出的是一些不包括在他的课题以内的问题，他解决的是一些没有回答他的问题的课题。当鲍威尔在谈到那些对犹太人的解放持反对意见的人时说：“他们的错误只在于：他们把基督教国家假设为惟一真正的国家，而没有像批判犹太教那样给以批判。”（第 3 页）我们认为，鲍威尔的错误在于：他批判的只是“基督教国家”，而不是“国家本身”，他没有探讨政治解放对人的解放的关系，因此，他提供的条件只能表明他毫无批判地把政治解放和普遍的人的解放混为一谈。如果鲍威尔问犹太人：根据你们的观点，你们就有权利要求政治解放？[②] 那我们要反问：政治解放的观点有权利要求犹太人废除犹太教，要求一般人废除宗教吗？

犹太人问题依据犹太人所居住的国家而有不同的表述。在德国，不存在政治国家，不存在作为国家的国家，犹太人问题就是纯粹神学的问题。犹太人同承认基督教为自己基础的国家处于宗教对立之中。这个国家是职业神学家。在这里，批判是对神学的批判，是双刃的批判——既是对基督教神学的批判，又是对犹太教神学的批判。不管我们在神学中批判起来可以多么游刃有余，我们毕竟是在神学中转动。

在法国这个立宪国家中，犹太人问题是个立宪制的问题，是政治解放不彻底的问题。因为这里还保存着国教的外观，——虽然这是毫无意义而且自相矛盾的形式，并且以多数人的宗教的形式保存着，——所以犹太人对国家的关系也保持着宗教对立、神学对立的外观。

只有在实行共和制的北美各州——至少在其中一部分——犹太人问题才失去其神学的意义而成为真正世俗的问题。只有在政治国家十分发达的地方，犹太教徒和一般教徒对政治国家的关系，就是说，宗教对国家的关系，才呈现其本来的、纯粹的形式。一旦国家不再从神学的角度对待宗教，一旦国家是作为国家即从政治的角度来对待宗教，对这种关系的批判就不

① 布・鲍威尔《犹太人问题》，1843 年不伦瑞克版第 3 页和第 61 页。

② 布・鲍威尔：《犹太人问题》，1843 年不伦瑞克版第 19—21 页。

再是对神学的批判了。这样，批判就成了对政治国家的批判。在问题不再是神学问题的地方，鲍威尔的批判就不再是批判的批判了。

马克思：《论犹太人问题》(1843 年 10 月中—12 月中)，《马克思恩格斯文集》第 1 卷，人民出版社 2009 年版，第 25—26 页。

**8. 我们不把世俗问题化为神学问题。我们要把神学问题化为世俗问题。相当长的时期以来，人们一直用迷信来说明历史，而我们现在是用历史来说明迷信**

尽管如此，正像博蒙、托克维尔和英国人汉密尔顿异口同声保证的那样[①]，北美主要还是一个笃信宗教的国家。不过，在我们看来，北美各州只是一个例子。问题在于：完成了的政治解放怎样对待宗教？既然我们看到，甚至在政治解放已经完成了的国家，宗教不仅仅存在，而且是生气勃勃的、富有生命力的存在，那么这就证明，宗教的定在和国家的完成是不矛盾的。但是，因为宗教的定在是一种缺陷的定在，那么这种缺陷的根源就只能到国家自身的本质中去寻找。在我们看来，宗教已经不是世俗局限性的原因，而只是它的现象。因此，我们用自由公民的世俗约束来说明他们的宗教约束。我们并不宣称：他们必须消除他们的宗教局限性，才能消除他们的世俗限制。我们宣称：他们一旦消除了世俗限制，就能消除他们的宗教局限性。我们不把世俗问题化为神学问题。我们要把神学问题化为世俗问题。相当长的时期以来，人们一直用迷信来说明历史，而我们现在是用历史来说明迷信。在我们看来，政治解放对宗教的关系问题已经成了政治解放对人类解放的关系问题。我们撇开政治国家在宗教上的软弱无能，而去批判政治国家的世俗结构，这样也就批判了它在宗教上的软弱无能。我们从人的角度来看，国家和某一特定宗教例如和犹太教的矛盾，就是国家和特定世俗要素的矛盾；而国家和一般宗教的矛盾，也就是国家和它的一般前提的矛盾。

犹太教徒、基督徒、一般宗教信徒的政治解放，是国家从犹太教、基督教和一般宗教中解放出来。当国家从国教中解放出来，就是说，当国家作为一个国家，不信奉任何宗教，确切地说，信奉作为国家的自身时，国

---

① 古·德·博蒙：《玛丽或美国的奴隶制》1835 年巴黎版第 1 卷第 218—221 页，亚·德·托克维尔《美国的民主制》1835 年巴黎第 2 版第 2 卷第 209—234 页，托·汉密尔顿《美国人和美国风俗习惯》1834 年曼海姆版第 2 卷第 241—244 页。

家才以自己的形式，以自己本质所固有的方式，作为一个国家，从宗教中解放出来。摆脱了宗教的政治解放，不是彻头彻尾、没有矛盾地摆脱了宗教的解放，因为政治解放不是彻头彻尾、没有矛盾的人的解放方式。

马克思：《论犹太人问题》（1843 年 10 月中—12 月中），《马克思恩格斯文集》第 1 卷，人民出版社 2009 年版，第 27—28 页。

**9. 正像基督是中介者，人把自己的全部神性、自己的全部宗教束缚都加在他身上一样，国家也是中介者，人把自己的全部非神性、自己的全部人的自由寄托在它身上**

不过，国家，尤其是共和国对宗教的态度，毕竟是组成国家的人对宗教的态度。由此可以得出结论：人通过国家这个中介得到解放，他在政治上从某种限制中解放出来，就是在与自身的矛盾中超越这种限制，就是以抽象的、有限的、局部的方式超越了这种限制。其次，可以得出这样的结论：人在政治上得到解放，就是用间接的方法，通过一个中介，尽管是一个必不可少的中介而使自己得到解放。最后，还可以得出这样的结论：人即使已经通过国家的中介作用宣布自己是无神论者，就是说，他宣布国家是无神论者，这时他总还是受到宗教的约束，这正是因为他仅仅以间接的方法承认自己，仅仅通过中介承认自己。宗教正是以间接的方法承认人。通过一个中介者。国家是人和人的自由之间的中介者。正像基督是中介者，人把自己的全部神性、自己的全部宗教束缚都加在他身上一样，国家也是中介者，人把自己的全部非神性、自己的全部人的自由寄托在它身上。

人对宗教的政治超越，具有一般政治超越所具有的一切缺点和优点。例如，像北美许多州所发生的情形那样，一旦国家取消了选举权和被选举权的财产资格限制，国家作为国家就宣布私有财产无效，人就以政治方式宣布私有财产已被废除。汉密尔顿从政治观点出发，对这个事实作了完全正确的解释：

“广大群众战胜了财产所有者和金钱财富。”①

既然非占有者已经成了占有者的立法者，那么私有财产岂不是在观念

① 托·汉密尔顿《美国人和美国风俗习惯》1834 年曼海姆版第 1 卷第 146 页。

上被废除了吗？财产资格限制是承认私有财产的最后一个政治形式。

尽管如此，从政治上废除私有财产不仅没有废除私有财产，反而以私有财产为前提。当国家宣布出身、等级、文化程度、职业为非政治的差别，当它不考虑这些差别而宣告人民的每一成员都是人民主权的平等享有者，当它从国家的观点来观察人民现实生活的一切要素的时候，国家是以自己的方式废除了出身、等级、文化程度、职业的差别。尽管如此，国家还是让私有财产、文化程度、职业以它们固有的方式，即作为私有财产、作为文化程度、作为职业来发挥作用并表现出它们的特殊本质。国家根本没有废除这些实际差别，相反，只有以这些差别为前提，它才存在，只有同自己的这些要素处于对立的状态，它才感到自己是政治国家，才会实现自己的普遍性。

马克思：《论犹太人问题》(1843 年 10 月中—12 月中)，《马克思恩格斯文集》第 1 卷，人民出版社 2009 年版，第 28—30 页。

**10. 人作为特殊宗教的信徒，同自己的公民身份，同作为共同体成员的他人所发生的冲突，归结为政治国家和市民社会之间的世俗分裂**

完成了的政治国家，按其本质来说，是人的同自己物质生活相对立的类生活。这种利己生活的一切前提继续存在于国家范围以外，存在于市民社会之中，然而是作为市民社会的特性存在的。在政治国家真正形成的地方，人不仅在思想中，在意识中，而且在现实中，在生活中，都过着双重的生活——天国的生活和尘世的生活。前一种是政治共同体中的生活，在这个共同体中，人把自己看做社会存在物；后一种是市民社会中的生活，在这个社会中，人作为私人进行活动，把他人看做工具，把自己也降为工具，并成为异己力量的玩物。政治国家对市民社会的关系，正像天国对尘世的关系一样，也是唯灵论的。政治国家和市民社会也处于同样的对立之中，它用以克服后者的方式也同宗教克服尘世局限性的方式相同，就是说，即它同样不得不重新承认市民社会，恢复市民社会，服从市民社会的统治。人在其最直接的现实中，在市民社会中，是尘世存在物。在这里，即在人把自己并把别人看做是现实的个人的地方，人是一种不真实的现象。相反，在国家中，即在人被看做是类存在物的地方，人是想象的主权中虚构的成员；在这里，他被剥夺了自己现实的个人生活，却充满了非现实的普遍性。

人作为特殊宗教的信徒，同自己的公民身份，同作为共同体成员的他人所发生的冲突，归结为政治国家和市民社会之间的世俗分裂。对于作为 bourgeois［市民社会的成员］的人来说："在国家中的生活只是一种外观，或者是违反本质和通则的一种暂时的例外。"① 的确，bourgeois，像犹太人一样，只是按照诡辩始终存在于国家生活中，正像 citoyen［公民］只是按照诡辩始终是犹太人或 bourgeois 一样。可是，这种诡辩不是个人性质的。它是政治国家本身的诡辩。宗教信徒和公民之间的差别，就是商人和公民、短工和公民、土地占有者和公民、活生生的个人和公民之间的差别。宗教信徒和政治人之间的矛盾，是 bourgeois 和 citoyen 之间、是市民社会的成员和他的政治狮皮之间的同样的矛盾。

马克思：《论犹太人问题》（1843 年 10 月中—12 月中），《马克思恩格斯文集》第 1 卷，人民出版社 2009 年版，第 30—31 页。

**11. 人把宗教从公法领域驱逐到私法领域中去，这样人就在政治上从宗教中解放出来**

政治解放当然是一大进步；尽管它不是普遍的人的解放的最后形式，但在迄今为止的世界制度内，它是人的解放的最后形式。不言而喻，我们这里指的是现实的、实际的解放。

人把宗教从公法领域驱逐到私法领域中去，这样人就在政治上从宗教中解放出来。宗教不再是国家的精神，因为在国家中，人——虽然只是以有限的方式，以特殊的形式，在特殊的领域内，——是作为类存在物和他人共同行动的；宗教成了市民社会的、利己主义领域的、一切人反对一切人的战争的精神。它已经不再是共同性的本质，而是差别的本质。它成了人同自己的共同体、同自身并同他人分离的表现——它最初就是这样的。它只不过是特殊的颠倒、私人的奇想和任意行为的抽象教义。例如，宗教在北美的不断分裂，使宗教在表面上具有纯粹个人事务的形式。它被推到许多私人利益中去，并且被驱逐出作为共同体的共同体。但是，我们不要对政治解放的限度产生错觉。人分为公人和私人，宗教从国家向市民社会的转移，这不是政治解放的一个阶段，这是它的完成；因此，政治解放并没有消除人的实际的宗教笃诚，也不力求消除这种笃诚。

人分解为犹太教徒和公民、新教徒和公民、宗教信徒和公民，这种分

① 布·鲍威尔《现代犹太人和基督徒获得自由的能力》，见《来自瑞士的二十一印张》1843 年苏黎世—温特图尔版第 1 卷第 57 页。

解不是针对公民身份而制造的谎言，不是对政治解放的回避，这种分解是政治解放本身，是使自己从宗教解放出来的政治方式。当然，在政治国家作为政治国家通过暴力从市民社会内部产生的时期，在人的自我解放力求以政治自我解放的形式进行的时期，国家是能够而且必定会做到废除宗教、根除宗教的。但是，这只有通过废除私有财产、限定财产最高额、没收财产、实行累进税，通过消灭生命、通过断头台，才能做到。当政治生活感到特别自信的时候，它试图压制自己的前提——市民社会及其要素，使自己成为人的现实的、没有矛盾的类生活。但是，它只有同自己的生活条件发生暴力矛盾，只有宣布革命是不间断的，才能做到这一点，因此，正像战争以和平告终一样，政治戏剧必然要以宗教、私有财产和市民社会的一切要素的恢复而告终。

马克思：《论犹太人问题》（1843 年 10 月中—12 月中），《马克思恩格斯文集》第 1 卷，人民出版社 2009 年版，第 32—33 页。

**12. 民主制国家，真正的国家则不需要宗教从政治上充实自己。确切地说，它可以撇开宗教，因为它已经用世俗方式实现了宗教的人的基础**

的确，那种把基督教当做自己的基础、国教，因而对其他宗教抱排斥态度的所谓基督教国家，并不就是完成了的基督教国家，相反，无神论国家、民主制国家，即把宗教归为市民社会的其他要素的国家，才是这样的国家。那种仍旧持神学家观点、仍旧正式声明自己信奉基督教、仍旧不敢宣布自己成为国家的国家，在其作为国家这一现实性中，还没有做到以世俗的、人的形式来反映人的基础，而基督教是这种基础的过分的表现。所谓基督教国家只不过是非国家，因为通过现实的人的创作所实现的，并不是作为宗教的基督教，而只是基督教的人的背景。

所谓基督教国家，是基督教对国家的否定，但决不是通过国家来实现基督教。仍然以宗教形式信奉基督教的国家，还不是以国家形式信奉基督教，因为它仍然从宗教的角度对待宗教，就是说，它不是宗教的人的基础的真正实现，因为它还诉诸非现实性，诉诸这种人的实质的虚构形象。所谓基督教国家，就是不完善的国家，而且基督教对它来说是它的不完善性的补充和神圣化。因此，宗教对基督教国家来说必然成为手段，基督教国家是伪善的国家。完成了的国家由于国家的一般本质所固有的缺陷而把宗教列入自己的前提，未完成的国家则由于自己作为有缺陷的国家的特殊存在所固有的缺陷而声称宗教是自己的基础，二者之间是有很大差别的。在后一种情况下，宗教成了不完善的政治。在前一种情况下，甚至完成了的政治具有的不完善性也在宗教中显露出来。所谓基督教国家需要基督教，是为了充实自己而成为国家。民主制国家，真正的国家则不需要宗教从政治上充实自己。确切地说，它可以撇开宗教，因为它已经用世俗方式实现了宗教的人的基础。而所谓基督教国家则相反，既从政治的角度对待宗教，又从宗教的角度对待政治。当它把国家形式降为外观时，也就同样把宗教降为外观。

马克思：《论犹太人问题》（1843 年 10 月中—12 月中），《马克思恩格斯文集》第 1 卷，人民出版社 2009 年版，第 33—34 页。

**13. 在所谓基督教国家中，实际上起作用的是异化，而不是人**

在所谓基督教国家中，实际上起作用的是异化，而不是人。惟一起作用的人，即国王，是同别人特别不一样的存在物，而且还是笃信宗教的存在物，同天国、同上帝直接联系着的存在物。这里占统治的关系还是信仰的关系。可见，宗教精神并没有真正世俗化。

但是，宗教精神也不可能真正世俗化，因为宗教精神本身除了是人的精神某一发展阶段的非世俗形式还能是什么呢？只有当人的精神的这一发展阶段——宗教精神是这一阶段的宗教表现——以其世俗形式出现并确立的时候，宗教精神才能实现。在民主制国家就出现这种情形。这种国家的基础不是基督教，而是基督教的人的基础。宗教仍然是这种国家的成员的理想的、非世俗的意识，因为宗教是在这种国家中实现的人的发展阶段的理想形式。

政治国家的成员信奉宗教，是由于个人生活和类生活之间、市民社会生活和政治生活之间的二元性；他们信奉宗教是由于人把处于自己的现实个性彼岸的国家生活当做他的真实生活；他们信奉宗教是由于宗教在这里是市民社会的精神，是人与人分离和疏远的表现。政治民主制之所以是基督教的，是因为在这里，人，不仅一个人，而且每一个人，是享有主权的，是最高的存在物，但这是具有无教养的非社会形式的人，是具有偶然存在形式的人，是本来样子的人，是由于我们整个社会组织而堕落了的人，丧失了自身的人，外化了的人，是受非人的关系和自然力控制的人，一句话，人还不是现实的类存在物。基督教的幻象、幻梦和基本要求，即人的主权——不过人是作为一种不同于现实人的、异己的存在物——在民主制中，却是感性的现实性、现代性、世俗准则。

马克思：《论犹太人问题》（1843年10月中—12月中），《马克思恩格斯文集》第1卷，人民出版社2009年版，第36—37页。

**14. 国家从宗教中解放出来并不等于现实的人从宗教中解放出来**

在完成了的民主制中，宗教意识和神学意识本身之所以自认为更富有宗教意义、神学意义，这是因为从表面上看来，它没有政治意义、没有世俗目的，而只是关系到厌世情绪，只是理智有局限性的表现，只是任意和幻想的产物，这是因为它是真正彼岸的生活。在这里，基督教实际表现出自己包罗一切宗教的作用，因为它以基督教形式把纷繁至极的世界观汇总排列，何况它根本不向别人提出基督教的要求，只提出一般宗教而不管是什么宗教的要求（参看前面引证的波蒙的著作[①]）。宗教意识沉浸在大量的宗教对立和宗教多样性之中。

可见，我们已经表明，摆脱了宗教的政治解放让宗教持续存在，虽然不是享有特权的宗教。任何一种特殊宗教的信徒同自己的公民身份的矛盾，只是政治国家和市民社会之间的普遍世俗矛盾的一部分。基督教国家的完成，就是国家表明自己是国家，并且不理会自己成员信奉的宗教。国家从宗教中解放出来并不等于现实的人从宗教中解放出来。

马克思：《论犹太人问题》（1843年10月中—12月中），《马克思恩格斯文集》第1卷，人民出版社2009年版，第37—38页。

**15. 信仰自由被明确承认为一种人权，或者被明确承认为人权之一——自由——的结果**

我们现在就来看看所谓人权，确切地说，看看人权的真实形式，即它们的发现者北美人和法国人所享有的人权的形式吧。这种人权一部分是政治权利，只是与别人共同行使的权利。这种权利的内容就是参加共同体，确切地说，就是参加政治共同体，参加国家。这些权利属于政治自由的范畴，属于公民权利的范畴；而公民权利，如上所述，决不以毫无异议地和实际地废除宗教为前提，因此也不以废除犹太教为前提。另一部分人权，即与 *droitsdu citoyen*［公民权］不同的 *droitsde l'homme*［人

---

① 古·德·博蒙《玛丽或美国的奴隶制》1835年巴黎版第1卷第181—182、196—197和224页。

权],有待研究。

信仰自由就属于这些权利之列,即履行任何一种礼拜的权利。信仰的特权或者被明确承认为一种人权,或者被明确承认为人权之一——自由——的结果。

马克思:《论犹太人问题》(1843年10月中—12月中),《马克思恩格斯文集》第1卷,人民出版社2009年版,第39页。

**16. 信仰的特权是普遍的人权**

在人权这一概念中并没有宗教和人权互不相容的含义。相反,信奉宗教、用任何方式信奉宗教、履行自己特殊宗教的礼拜的权利,都被明确列入人权。信仰的特权是普遍的人权。

马克思:《论犹太人问题》(1843年10月中—12月中),《马克思恩格斯文集》第1卷,人民出版社2009年版,第40页。

**17. 犹太人的一神教,在其现实性上是许多需要的多神教,一种把厕所也变成神律的对象的多神教**

犹太教之所以能保持与基督教同时存在,不仅因为它是对基督教的宗教批判,不仅因为它体现了对基督教的宗教起源的怀疑,而且因为犹太人的实际精神——犹太精神——在基督教社会本身中保持了自己的地位,甚至得到高度的发展。犹太人作为市民社会的特殊成员,只是市民社会的犹太精神的特殊表现。

犹太精神不是违反历史,而是通过历史保持下来的。

市民社会从自己的内部不断产生犹太人。

犹太人的宗教的基础本身是什么呢?实际需要,利己主义。

因此,犹太人的一神教,在其现实性上是许多需要的多神教,一种把厕所也变成神律的对象的多神教。实际需要、利己主义是市民社会的原则;只要市民社会完全从自身产生出政治国家,这个原则就赤裸裸地显现出来。实际需要和自私自利的神就是金钱。

金钱是以色列人的妒忌之神;在他面前,一切神都要退位。金钱贬低了人所崇奉的一切神,并把一切神都变成商品。金钱是一切事物的普遍的、独立自在的价值。因此它剥夺了整个世界——人的世界和自然界——固有的价值。金钱是人的劳动和人的存在的同人相异化的本质;这种异己的本质统治了人,而人则向它顶礼膜拜。

犹太人的神世俗化了，它成了世界的神。票据是犹太人的现实的神。犹太人的神只是幻想的票据。

马克思：《论犹太人问题》（1843 年 10 月中—12 月中），《马克思恩格斯文集》第 1 卷，人民出版社 2009 年版，第 51—52 页。

**18. 犹太精神随着市民社会的完成而达到自己的顶点，但是市民社会只有在基督教世界才能完成**

犹太精神随着市民社会的完成而达到自己的顶点，但是市民社会只有在基督教世界才能完成。基督教把一切民族的、自然的、伦理的、理论的关系变成对人来说是外在的东西，因此只有在基督教的统治下，市民社会才能完全从国家生活分离出来，扯断人的一切类联系，代之以利己主义和自私自利的需要，使人的世界分解为原子式的相互敌对的个人的世界。

马克思：《论犹太人问题》（1843 年 10 月中—12 月中），《马克思恩格斯文集》第 1 卷，人民出版社 2009 年版，第 54 页。

**19. 犹太人的社会解放就是社会从犹太精神中解放出来**

基督徒的天堂幸福的利己主义，通过自己完成了的实践，必然要变成犹太人的肉体的利己主义，天国的需要必然要变成尘世的需要，主观主义必然要变成自私自利。我们不是用犹太人的宗教来说明犹太人的顽强性，而是相反，用犹太人的宗教的人的基础、实际需要、利己主义来说明这种顽强性。

因为犹太人的真正本质在市民社会得到了普遍实现，并已普遍地世俗化，所以市民社会不能使犹太人相信他的宗教本质——这种本质只是实际需要在观念中的表现——的非现实性。因此，不仅在摩西五经或塔木德中，而且在现代社会中，我们都看到现代犹太人的本质不是抽象本质，而是高度的经验本质，它不仅是犹太人的狭隘性，而且是社会的犹太人狭隘性。

社会一旦消除了犹太精神的经验本质，即经商牟利及其前提，犹太人就不可能存在，因为他的意识将不再有对象，因为犹太精神的主观基础即实际需要将会人化，因为人的个体感性存在和类存在的矛盾将被消除。

犹太人的社会解放就是社会从犹太精神中解放出来。

马克思：《论犹太人问题》（1843 年 10 月中—12 月中），《马克思恩格斯文集》第 1 卷，人民出版社 2009 年版，第 54—55 页。

**20. 鲍威尔先生之所以用宗教和神学的方式来考察宗教和神学问题，就是因为他把现代的“宗教”问题看做“纯粹宗教的”问题**

根据同样的道理，《德法年鉴》曾对批判说过：宗教的焦点问题在当前具有社会意义。关于宗教利益本身再也没有什么可谈的了。只有这位神学家还会认为，这里涉及的是作为宗教的宗教。不过，《德法年鉴》也做了不合道理的事情，它竟不满足于单单使用“社会的”这个词。它还描述了犹太教在现代市民社会中的现实地位。在剥掉了犹太教的宗教外壳，使它只剩下经验的、世俗的、实际的内核之后，才能够指明那种可以消除这个内核的实际的、真正社会的方式。鲍威尔先生却心安理得地认为“宗教问题”就是“宗教问题”。

《德法年鉴》决没有否认犹太人问题也是宗教问题，那只是鲍威尔先生故意制造的假象。相反，该杂志曾经指出，鲍威尔先生只了解犹太教的宗教本质，但不了解这一宗教本质的世俗的现实的基础。他把宗教意识当做某种独立的本质来反对。所以，鲍威尔先生不是用现实的犹太人去说明犹太人的宗教的秘密，而是用犹太人的宗教去说明现实的犹太人。因此，鲍威尔先生对犹太人的理解仅限于犹太人是神学的直接对象或犹太人是神学家。

因此，鲍威尔先生就没有意识到，现实的世俗的犹太精神，因而也连同宗教的犹太精神，是由现今的市民生活所不断地产生出来的，并且是在货币制度中最终形成的。他之所以未能意识到这一点，是因为他没有认识到犹太精神是现实世界的一环，而只把它当做是他的世界即神学的一环；是因为他作为一个虔诚的、忠实于上帝的人，不是把进行工作的、从事日常劳动的犹太人，而是把在安息日里假装正经的犹太人视为现实的犹太人。在这位笃信基督的神学家鲍威尔先生看来，犹太教的世界历史意义已经必不可免地从基督教诞生的那一时刻起荡然无存。所以，他必然要重复那种认为犹太教是违反历史而保存下来的陈旧的正统观点；而认为犹太教只是作为神的诅咒的确证，作为基督启示的明证而存在的陈旧的神学偏见，则必然要在鲍威尔那里以批判的神学的形式屡屡出现。根据这种形式，犹太教现在和过去都只是作为在宗教上对基督教的超世俗起源的肆无忌惮的怀疑而存在，也就是作为反抗基督启示的明证而存在。

与此相反，《德法年鉴》曾经证明，犹太精神是通过历史、在历史中并且同历史一起保存下来和发展起来的，然而，这种发展不是用神学家的眼睛，而是只有用世俗人的眼睛才能看到，因为这种发展不是在宗教学说中，而是只有在工商业的实践中才能看到。《德法年鉴》曾经说明，为什么实际的犹太精神只有在完备的基督教世界里才达到完备的程度；不仅如此，那里还指出，这种实际的犹太精神正是基督教世界本身的完备的实践。《德法年鉴》不是用犹太人的宗教——这种宗教竟然被认为是一种特殊的自为地存在的本质——来说明现代犹太人的生活，而是用那些在犹太人的宗教中得到幻想反映的市民社会的实际要素来说明犹太人宗教的顽强生命力。因此，在《德法年鉴》中，犹太人解放成为人，或者说人从犹太精神中获得解放，不是像在鲍威尔先生笔下那样，被理解为犹太人的特殊任务，而是被理解为彻头彻尾渗透着犹太精神的现代世界的普遍的实践任务。《德法年鉴》已经证明，消除犹太本质的任务实际上就是消除市民社会中的犹太精神的任务，就是消除现代生活实践中的非人性的任务，这种非人性的最高表现就是货币制度。

鲍威尔先生虽然是批判的神学家或者说是神学的批判家，但却是名副其实的神学家，他并没有能够超越宗教的对立。他把犹太人对基督教世界的关系仅仅看做是犹太人的宗教对基督徒的宗教的关系。他甚至不得不在犹太人和基督徒与批判的宗教——无神论、有神论的最后阶段、对神的否定性的承认——的对立中批判地恢复宗教对立。最后，他由于自己的神学狂热，不得不把"现代犹太人和基督徒"即现代世界"获得自由"的能力，仅仅局限于他们理解并亲自从事神学"批判"的能力。在正统的神学家看来，整个世界都应归结为"宗教和神学"（他也可以同样成功地把世界归结为政治学、国民经济学等等，并且给神学加上天国的国民经济学之类的名称，因为，它是一门关于"精神财富"和天国财宝的生产、分配、交换和消费的学说!），同样，在激进的批判的神学家看来，世界获得解放的能力就应归结为把"宗教和神学"作为"宗教和神学"加以批判的唯一的抽象能力。他所知道的唯一的斗争是反对自我意识的宗教局限性的斗争，然而自我意识的批判的"纯粹性"和"无限性"也同样是神学的局限性。

可见，鲍威尔先生之所以用宗教和神学的方式来考察宗教和神学问题，就是因为他把现代的"宗教"问题看做"纯粹宗教的"问题。他那种"对问题的正确提法"只不过使问题获得了一种同他回答问题的"特有能力"

相符合的“正确”提法！

马克思、恩格斯：《神圣家族，或对批判的批判所做的批判。驳布鲁诺·鲍威尔及其伙伴》（1844 年 9—11 月），《马克思恩格斯文集》第 1 卷，人民出版社 2009 年版，第 307—309 页。

**21. 当国家摆脱了国教，而在市民社会范围内则让宗教自由行事时，国家就从宗教中解放出来了，同样，当单个的人不再把宗教当做公共事务而当做自己的私人事务来对待时，他在政治上也就从宗教中解放出来了**

自由？这里指的是政治自由。《德法年鉴》已经向鲍威尔先生指出，犹太人要求自由而又不想放弃自己的宗教，这就是在“从事政治”而不是在提出任何与政治自由相抵触的条件。《德法年鉴》已经向鲍威尔先生指出，把人划分为不信宗教的公民和信奉宗教的私人，这同政治解放毫不矛盾。《德法年鉴》已经向他指出，当国家摆脱了国教，而在市民社会范围内则让宗教自由行事时，国家就从宗教中解放出来了，同样，当单个的人不再把宗教当做公共事务而当做自己的私人事务来对待时，他在政治上也就从宗教中解放出来了。最后，《德法年鉴》已经指出，法国革命对宗教采取的恐怖行动远没有驳倒这种看法，相反倒证实了这种看法。

鲍威尔先生没有去研究现代国家对宗教的现实关系，就必然要幻想出一个批判的国家来，这样的国家其实无非就是那种在自己的幻想中狂妄地自认为体现着国家的神学批判家。每当鲍威尔先生陷入政治的时候，他总是重新把政治当做自己的信仰即批判的信仰的俘虏。只要他研究国家，他总是把它变成对付“敌人”即非批判的宗教和神学的论据。国家以批判神学的心愿的实现者身份来效力尽职。

马克思、恩格斯：《神圣家族，或对批判的批判所做的批判。驳布鲁诺·鲍威尔及其伙伴》（1844 年 9—11 月），《马克思恩格斯文集》第 1 卷，人民出版社 2009 年版，第 310—311 页。

**22. 人权并不是使人摆脱宗教，而是使人有信仰宗教的自由；人权并不是使人摆脱财产，而是使人有占有财产的自由；人权并不是使人摆脱牟利的龌龊行为，反而是赋予人以经营的自由**

《德法年鉴》已经向鲍威尔先生阐明，这种“自由的人性”和对它的“承认”无非是对利己的市民个体的承认，也是对构成这些个体的生活状况的内容，即构成现代市民生活内容的那些精神要素和物质要素的失去控制的运动的承认，因此，人权并不是使人摆脱宗教，而是使人有信仰宗教的自由；人权并不是使人摆脱财产，而是使人有占有财产的自由；人权并不是使人摆脱牟利的龌龊行为，反而是赋予人以经营的自由。

马克思、恩格斯：《神圣家族，或对批判的批判所做的批判。驳布鲁诺·鲍威尔及其伙伴》（1844 年 9—11 月），《马克思恩格斯文集》第 1 卷，人民出版社 2009 年版，第 312 页。

**23. 国家宣布，宗教，正像其他的市民生活要素一样，只有当国家宣布它们是非政治的因而让它们自行其是的时候，它们才开始获得充分的存在**

国家宣布，宗教，正像其他的市民生活要素一样，只有当国家宣布它们是非政治的因而让它们自行其是的时候，它们才开始获得充分的存在。取消这些要素的政治存在，比如说，通过废除选举资格限制来取消财产的政治存在，通过废除国教来取消宗教的政治存在，正是这种宣告这些要素对国家的隶属关系已经消亡的做法，才能使这些要素保持最强有力的生命，这个生命从此便顺利无阻地服从于自身的规律，并且充分扩展其生存的空间。

马克思、恩格斯：《神圣家族，或对批判的批判所做的批判。驳布鲁诺·鲍威尔及其伙伴》（1844 年 9—11 月），《马克思恩格斯文集》第 1 卷，人民出版社 2009 年版，第 312 页。

**24. 大工业尽可能地消灭意识形态、宗教、道德等等**

大工业通过普遍的竞争迫使所有个人的全部精力处于高度紧张状态。它尽可能地消灭意识形态、宗教、道德等等，而在它无法做到这一点的地方，它就把它们变成赤裸裸的谎言。

马克思、恩格斯：《德意志意识形态。对费尔巴哈、布·鲍威尔和施蒂纳所代表的现代德国哲学以及各式各样先知所代表的德国社会主义的批判》（1845 年秋—1846 年 5 月），《马克思恩格斯文集》第 1 卷，人民出版社 2009 年版，第 566 页。

**25. 宗教从一开始就是超验性的意识，这种意识是从现实的力量中产生的**

宗教从一开始就是超验性的意识，这种意识是从现实的力量中产生的。

马克思、恩格斯：《德意志意识形态。对费尔巴哈、布·鲍威尔和施蒂纳所代表的现代德国哲学以及各式各样先知所代表的德国社会主义的批判》（1845 年秋—1846 年 5 月），《马克思恩格斯文集》第 1 卷，人民出版社 2009 年版，第 587 页。

**26. 经济学家很像那些把宗教也分为两类的神学家。一切异教都是人们臆造的，而他们自己的宗教则是神的启示**

经济学家们①的论证方式是非常奇怪的。他们认为只有两种制度：一种是人为的，一种是天然的。封建制度是人为的，资产阶级制度是天然的。在这方面，经济学家很像那些把宗教也分为两类的神学家。一切异教都是人们臆造的，而他们自己的宗教则是神的启示。经济学家所以说现存的关系（资产阶级生产关系）是天然的，是想以此说明，这些关系正是使生产财富和发展生产力得以按照自然规律进行的那些关系。因此，这些关系是不受时间影响的自然规律。这是应当永远支配社会的永恒规律。于是，以前是有历史的，现在再也没有历史了。以前所以有历史，是由于有过封建制度，由于在这些封建制度中有一种和经济学家称为自然的、因而是永恒的资产阶级社会生产关系完全不同的生产关系。

马克思：《哲学的贫困。答蒲鲁东先生的〈贫困的哲学〉》（1847 年上半年），《马克思恩格斯文集》第 1 卷，人民出版社 2009 年版，第 612—613 页。

**27. 资产阶级用公开的、无耻的、直接的、露骨的剥削代替了由宗教幻想和政治幻想掩盖着的剥削**

资产阶级在它已经取得了统治的地方把一切封建的、宗法的和田园诗般的关系都破坏了。它无情地斩断了把人们束缚于天然尊长的形形色色的封建羁绊，它使人和人之间除了赤裸裸的利害关系，除了冷酷无情的"现金交易"，就再也没有任何别的联系了。它把宗教虔诚、骑士热忱、小市民伤感这些情感的神圣发作，淹没在利己主义打算的冰水之中。它把人的尊严变成了交换价值，用一种没有良心的贸易自由代替了无数特许的和自力挣得的自由。总而言之，它用公开的、无耻的、直接的、露骨的剥削代替了由宗教幻想和政治幻想掩盖着的剥削。

马克思、恩格斯：《共产党宣言》（1847 年 12 月—1848 年 1 月底），《马克思恩格斯文集》第 2 卷，人民出版社 2009 年版，第 33—34 页。

---

① "经济学家们"（économists）原先是对重农学派的称呼。大约在 19 世纪中叶，这个名词广泛用于各种经济学说的著作家，不再只用于说明某一经济学说的特点。而且，弗·魁奈及其门徒杜邦·德奈穆尔已经给自己加上了"重农学派"这一称谓。

**28. 法律、道德、宗教在无产者看来全都是资产阶级偏见，隐藏在这些偏见后面的全都是资产阶级利益**

现代的工业劳动，现代的资本压迫，无论在英国或法国，无论在美国或德国，都是一样的，都使无产者失去了任何民族性。法律、道德、宗教在他们看来全都是资产阶级偏见，隐藏在这些偏见后面的全都是资产阶级利益。

马克思、恩格斯：《共产党宣言》（1847 年 12 月—1848 年 1 月底），《马克思恩格斯文集》第 2 卷，人民出版社 2009 年版，第 42 页。

**29. 信仰自由和宗教自由的思想，不过表明自由竞争在信仰领域里占统治地位罢了**

当古代世界走向灭亡的时候，古代的各种宗教就被基督教战胜了。当基督教思想在 18 世纪被启蒙思想击败的时候，封建社会正在同当时革命的资产阶级进行殊死的斗争。信仰自由和宗教自由的思想，不过表明自由竞争在信仰领域里占统治地位罢了。

马克思、恩格斯：《共产党宣言》（1847 年 12 月—1848 年 1 月底），《马克思恩格斯文集》第 2 卷，人民出版社 2009 年版，第 51 页。

**30. 基督教的社会主义，只不过是僧侣用来使贵族的怨愤神圣化的圣水罢了**

要给基督教禁欲主义涂上一层社会主义的色彩，是再容易不过了。基督教不是也激烈反对私有财产，反对婚姻，反对国家吗？它不是提倡用行善和求乞、独身和禁欲、修道和礼拜来代替这一切吗？基督教的社会主义，只不过是僧侣用来使贵族的怨愤神圣化的圣水罢了。

马克思、恩格斯：《共产党宣言》（1847 年 12 月—1848 年 1 月底），《马克思恩格斯文集》第 2 卷，人民出版社 2009 年版，第 56 页。

**31. 资产阶级经济学对于封建经济的批判，是与基督教对异教的批判或者新教对旧教的批判相似的**

基督教只有在它的自我批判在一定程度上，可说是在可能范围内完成时，才有助于对早期神话作客观的理解。同样，资产阶级经济学只有在资产阶级社会的自我批判已经开始时，才能理解封建的、古代的和东方的经济。在资产阶级经济学没有用编造神话的办法把自己同过去的经济完全等同起来时，它对于以前的经济，特别是它曾经还不得不与之直接斗争的封建经济的批判，是与基督教对异教的批判或者新教对旧教的批判相似的。

马克思：《1857—1858 年经济学手稿》（1857—1858 年），《马克思恩格斯文集》第 8 卷，人民出版社 2009 年版，第 30 页。

**32. 对安逸的否定，作为单纯的否定，作为禁欲主义的牺牲，不创造任何东西**

对安逸的否定，作为单纯的否定，作为禁欲主义的牺牲，不创造任何东西。一个人可以像僧侣之类那样整天灭绝情欲，自己折磨自己等等，但是他所作出的这些牺牲不会提供任何东西。

马克思：《1857—1858 年经济学手稿》（1857—1858 年），《马克思恩格斯文集》第 8 卷，人民出版社 2009 年版，第 177 页。

**33. 劳动产品一旦作为商品来生产，就带上拜物教性质，因此拜物教是同商品生产分不开的**

商品形式和它借以得到表现的劳动产品的价值关系，是同劳动产品的物理性质以及由此产生的物的关系完全无关的。这只是人们自己的一定的社会关系，但它在人们面前采取了物与物的关系的虚幻形式。因此，要找一个比喻，我们就得逃到宗教世界的幻境中去。在那里，人脑的产物表现为赋有生命的、彼此发生关系并同人发生关系的独立存在的东西。在商品世界里，人手的产物也是这样。我把这叫做拜物教。劳动产品一旦作为商品来生产，就带上拜物教性质，因此拜物教是同商品生产分不开的。

马克思：《资本论。政治经济学批判》第一卷（1863—1865 年），《马克思恩格斯文集》第 5 卷，人民出版社 2009 年版，第 89—90 页。

**34. 对于商品生产者的社会来说，崇拜抽象人的基督教，特别是资产阶级发展阶段的基督教，如新教、自然神教等等，是最适当的宗教形式**

在商品生产者的社会里，一般的社会生产关系是这样的：生产者把他们的产品当做商品，从而当做价值来对待，而且通过这种物的形式，把他们的私人劳动当做等同的人类劳动来互相发生关系。对于这种社会来说，崇拜抽象人的基督教，特别是资产阶级发展阶段的基督教，如新教、自然神教等等，是最适当的宗教形式。在古亚细亚的、古代的等等生产方式①下，产品转化为商品，从而人作为商品生产者而存在的现象，处于从属地位，但是共同体越是走

① 关于亚细亚的、古代的等等生产方式，在 1857—1858 年经济学手稿中已有论述，见《马克思恩格斯文集》第 8 卷，第 145—146 页和《马克思恩格斯全集》中文第 2 版第 31 卷，第 413 页。

向没落阶段，这种现象就越是重要。真正的商业民族只存在于古代世界的空隙中，就像伊壁鸠鲁的神只存在于世界的空隙中①，或者犹太人只存在于波兰社会的缝隙中一样。这些古老的社会生产有机体比资产阶级的社会生产有机体简单明了得多，但它们或者以个人尚未成熟，尚未脱掉同其他人的自然血缘联系的脐带为基础，或者以直接的统治和服从的关系为基础。它们存在的条件是：劳动生产力处于低级发展阶段，与此相应，人们在物质生活生产过程内部的关系，即他们彼此之间以及他们同自然之间的关系是很狭隘的。这种实际的狭隘性，观念地反映在古代的自然宗教和民间宗教中。只有当实际日常生活的关系，在人们面前表现为人与人之间和人与自然之间极明白而合理的关系的时候，现实世界的宗教反映才会消失。只有当社会生活过程即物质生产过程的形态，作为自由联合的人的产物，处于人的有意识有计划的控制之下的时候，它才会把自己的神秘的纱幕揭掉。但是，这需要有一定的社会物质基础或一系列物质生存条件，而这些条件本身又是长期的、痛苦的发展史的自然产物。

马克思：《资本论。政治经济学批判》第一卷（1863—1865年），《马克思恩格斯文集》第5卷，人民出版社2009年版，第97页。

**35. 政治经济学对待资产阶级以前的社会生产有机体形式，就像教父对待基督教以前的宗教一样**

政治经济学对待资产阶级以前的社会生产有机体形式，就像教父②对待基督教以前的宗教一样。

马克思：《资本论。政治经济学批判》第一卷（1863—1865年），《马克思恩格斯文集》第5卷，人民出版社2009年版，第99页。

**36. 和欧洲各个旧神并列于祭坛上的"一位外来的神"，有一天一下子把所有的旧神都打倒了**

现在，工业上的霸权带来商业上的霸权。在真正的工场手工业时期，却是商业上的霸权造成了工业上的优势。所以殖民制度在当时起着决定性

① 古希腊哲学家伊壁鸠鲁认为有无数的世界。这些世界是按照它们本身的自然规律产生和存在的。神虽然存在，但存在于世界之外，存在于世界之间的空隙中，对宇宙的发展和人的生活没有任何影响。

② 教父是公元2—6世纪基督教界最早的希腊语和拉丁语作家的泛称，意为教会父老。他们的著作大都对后世基督教教义和神学有较深影响。教父的观点中最根本的是贬低知识和智力，颂扬无条件的信仰，敌视非基督教的宗教和哲学，特别是古代唯物主义思想。

作用。和欧洲各个旧神并列于祭坛上的“一位外来的神”，有一天一下子把所有的旧神都打倒了。殖民制度宣布，赚钱是人类最终的和唯一的目的。

马克思：《资本论。政治经济学批判》第一卷（1863—1865年），《马克思恩格斯文集》第5卷，人民出版社2009年版，第864页。

**37. 资本家个人只应该和工人一样消费，这种说教在形式上和内容上往往使人想起教父们类似的禁欲戒条**

我们在重商主义体系（这个体系以G—W…P…W′—G′公式作为基础）的辩护人那里，发现了这样冗长的说教：资本家个人只应该和工人一样消费，资本家国家应该把它们的商品让给其他比较愚昧的国家去消费和进行消费过程，而相反地应该把生产消费当做自己的终生事业。这种说教在形式上和内容上往往使人想起教父们类似的禁欲戒条。

马克思：《资本论。政治经济学批判》第二卷（1863—1865年），《马克思恩格斯文集》第6卷，人民出版社2009年版，第70页。

**38. 在生息资本的形式上，资本拜物教的观念完成了**

在生息资本的形式上，资本拜物教的观念完成了。按照这个观念，积累的劳动产品，而且是作为货币固定下来的劳动产品，由于它天生的秘密性质，作为纯粹的自动体，具有按几何级数生产剩余价值的能力，以致像《经济学家》所认为的那样，这种积累的劳动产品，早已对自古以来世界所有的财富进行了贴现，依法据为己有。过去的劳动的产品，过去的劳动，在这里本身就孕育着现在的或未来的活的剩余劳动的一部分。不过我们知道，过去劳动的产品的价值保存下来，也就是说再生产出来，这实际上只是它们同活劳动接触的结果；其次，过去劳动的产品对于活的剩余劳动的支配权，恰好只是在存在着资本关系——一定的社会关系，在这种社会关系中，过去劳动独立地同活劳动相对立，并支配着活劳动——的时期内才存在。

马克思：《资本论。政治经济学批判》第三卷（1863—1865年），《马克思恩格斯文集》第7卷，人民出版社2009年版，第449页。

**39. 货币主义本质上是天主教的；信用主义本质上是基督教的**

货币主义本质上是天主教的；信用主义本质上是基督教的。“苏格兰人讨厌金子”。作为纸币，商品的货币存在只是一种社会存在。信仰使人得救。[①] 这

① “信仰使人得救”是套用了圣经中的一句话。见《新约全书·马可福音》第16章第16节“信而受洗的必然得救”。

是对作为商品内在精神的货币价值的信仰，对生产方式及其预定秩序的信仰，对只是作为自行增殖的资本的人格化的各个生产当事人的信仰。但是，正如基督教没有从天主教的基础上解放出来一样，信用主义也没有从货币主义的基础上解放出来。

马克思：《资本论。政治经济学批判》第三卷（1863—1865年），《马克思恩格斯文集》第7卷，人民出版社2009年版，第670页。

**40. 宗教的革命和非宗教的革命，只要它们始终是政治性的，那么最终仍然会归结为一回事**

英国人身上具有推动大陆上历史发展的两种成分，因此，尽管他们同大陆的联系不很密切，可是他们仍然跟上运动的步伐，有时甚至走在运动的前面。17世纪英国革命恰恰是1789年法国革命的先声。在“长期国会”① 里，很容易识别相当于法国制宪议会②、立法议会③和国民公会④的三个阶段。从立宪君主制到民主制、军事专制制度、复辟和中庸革命⑤这个转变过程，在英国革命中也鲜明地显现出来。克伦威尔集

---

① 长期国会指英国资产阶级革命时期长达13年（1640—1653）没有改选的一届英国国会。它是英王查理一世为筹集政府经费于1640年11月召开，是英国资产阶级革命期间的立法机构和领导机构。该国会于1649年宣布处死国王，成立共和国；1653年4月，奥·克伦威尔建立军事专政后将其解散。

② 制宪议会是18世纪末法国资产阶级革命第一阶段（1789年7月14日—1792年8月10日）的革命领导机关和国家立法机关，从1789年7月存在到1791年9月，立宪君主派在议会中起主要作用。它曾于1789年8月4—11日通过法令，宣布废除封建制度，取消教会和贵族特权。1789年8月26日通过了《人权和公民权宣言》，确立了资产阶级的人权、法制、公民自由和私有财产权等原则。

③ 立法议会是18世纪末法国资产阶级革命第二阶段（1792年8月—1793年6月）的国家立法机关，从1791年10月存在到1792年9月。在此期间法国革命的政治领导权转到吉伦特派手中，但他们未能彻底废除封建制度和坚决抗击外国武装干涉。

④ 国民公会是18世纪末法国资产阶级革命时期建立的最高立法机关，从1792年9月存在到1795年10月。在雅各宾专政期间，即革命的第三阶段（1793年6月2日—1794年7月27—28日），作为最高权力机关，国民公会颁布了一系列法令，废除封建所有制，公布了法国第一部共和制的民主宪法，并同国内外反革命势力进行了坚决的斗争；1794年7月27日热月政变后，国民公会遵循大资产阶级意旨，取消了雅各宾派颁布的主要革命措施。1795年10月国民公会被解散。

⑤ 中庸革命指七月革命，即1830年7月爆发的法国资产阶级革命。1814年拿破仑第一帝国垮台后，代表大土地贵族利益的波旁王朝复辟，竭力恢复封建专制统治，压制资本主义发展，限制言论自由和新闻出版自由，加剧了资产阶级同贵族地主的矛盾，激起人民的反抗。1830年7月27—29日巴黎爆发革命，推翻了波旁王朝。金融资产阶级攫取了革命果实，建立了以奥尔良公爵路易-菲力浦为首的代表金融贵族和大资产阶级利益的“七月王朝”。

罗伯斯比尔和拿破仑于一身；长老派[①]相当于吉伦特派[②]，独立派[③]相当于山岳派[④]，平等派[⑤]相当于阿贝尔派[⑥]和巴贝夫派[⑦]。两次革命在政治上的结果都相当可怜；整个这一类似现象——本来可以描写得更详尽一些——同时也说明：宗教的革命和非宗教的革命，只要它们始终是政治性的，那么最终仍然会归结为一回事。当然，英国人只是暂时领先于大陆，慢慢地又与大陆处于同一水平了；英国的革命以中庸和两个全国性政党的建立而告终，可是法国的革命还没有结束，并且在没有达到德国哲学革命和英国社会革命应该达到的结果以前，它是不可能结束的。

恩格斯：《英国状况（十八世纪）》（大约写于1844年1月初—2月初），《马克思恩格斯文集》第1卷，人民出版社2009年版，第91页。

**41. 僧侣是中世纪封建主义意识形态的代表**

僧侣是中世纪封建主义意识形态的代表，他们也同样感受到了这种历

① 长老派是英国清教徒中的一派，产生于16世纪下半叶，主张设立长老管理教会；初期不脱离国教，只要求依据加尔文的教会组织原则对国教进行改革；后来发展成为英国长老会。17世纪英国资产阶级革命时期，长老派在长期国会中是代表大资产阶级和上层新贵族利益的温和派，主张与国王妥协。1640—1648年该派一度构成长期国会中的多数派，最后被独立派清洗出英国国会。

② 吉伦特派是18世纪末法国资产阶级革命时期的一个政治集团，代表大工商业资产阶级和在革命时期产生的地主资产阶级的利益。该派的许多领导人在立法议会和国民公会中代表吉伦特省，因此而得名。吉伦特派借口保卫各省实行自治和成立联邦的权利，反对雅各宾政府以及拥护政府的革命群众。

③ 独立派是英国清教徒中的激进派，16世纪末开始形成，反对专制主义和英国国教会，反对设立国教，更不赞成教会从属于国家政权。这一宗教政治派别代表中等工商业资产阶级和资产阶级化了的中小贵族的利益，在17世纪英国资产阶级革命开始后，他们单独成立了一个政党，主张推翻并处决君主，成立共和国。1648年在奥·克伦威尔领导下，该派取得了政权，1649年共和国成立后，镇压平等派和掘地派的人民群众运动，并于1653年建立了军事专政的“护国政府”。

④ 1793—1795年的山岳派，亦称山岳党，指法国资产阶级革命时期代表中小资产阶级利益的革命民主派，因其在国民公会开会时坐在大厅左侧的最高处而得名，代表人物有马·罗伯斯比尔、让·马拉、若·丹东等。其成员大都参加了雅各宾俱乐部。1792年10月，代表大工商业资产阶级利益的吉伦特派退出雅各宾俱乐部后，山岳派实际上成为雅各宾派的同义词。

⑤ 这里的平等派全称是真正平等派，又称掘地派。他们是17世纪英国资产阶级革命时期的激进派，代表城乡贫民阶层的利益，要求消灭土地私有制，宣传原始的平均共产主义思想，并企图通过集体开垦公有土地来实现这种思想。

⑥ 阿贝尔派是18世纪末法国资产阶级革命时期从雅各宾派分离出来的左翼政治派别，以资产阶级革命活动家雅·阿贝尔的名字命名。在雅各宾专政时期，该派主张坚决镇压反革命，彻底实行全面限价法以及没收嫌疑犯的财产平均分给农民的嫌疑犯法。

⑦ 巴贝夫派是法国空想的平均共产主义流派之一，18世纪末由法国革命家弗·巴贝夫及其拥护者创立。他们主张以密谋方式策动工人、贫民和士兵进行革命，推翻现存制度，消灭私有制，建立财产公有、人人平等的劳动人民共和国。

史转折的影响。书刊印刷业的兴起和商业发展的需要，不仅打破了僧侣对读书写字的垄断，而且也打破了他们对较高层次的文化教育的垄断。在知识领域也出现了分工。新兴的法学家等级把僧侣从一系列最有影响的职位中排挤出去了。这部分僧侣从此也就成了多余的人；他们自己也承认这一事实，因为他们日益变得无所事事、愚昧无知。但是，这些人越是显得多余，其人数也就越是增多，这是由于他们拥有巨大的财富，而且还在用一切手段不断增殖财富。

僧侣中有两个极其不同的阶级。僧侣中的封建教权等级构成了贵族阶级，包括主教和大主教，修道院院长、副院长以及其他高级教士。这些教会显贵或者本身就是帝国诸侯，或者在其他诸侯手下以封建主身份控制着大片土地，拥有许多农奴和依附农。他们不仅像贵族和诸侯一样肆无忌惮地榨取自己属下的人民，而且采取了更加无耻的手段。他们除了使用残酷的暴力，还玩弄一切宗教上的刁钻伎俩，除了用严刑拷打来威胁，还用革除教籍和拒绝赦罪来威胁，此外还利用忏悔室来玩弄形形色色诡谲的花招，总之是要从他们的臣民身上榨取最后一文钱，以增添教会的产业。伪造文书是这些道貌岸然的人经常乐于使用的欺骗手段。虽然他们除了通常的封建贡赋和地租以外还要征收什一税①，但是，所有这些收入还是不够挥霍。于是他们便求助于其他各种手段，通过制造灵验的圣像和圣徒遗物、组织超度礼拜场、贩卖赦罪符，从人民身上榨取更多的财物，而且在长时期内收到了极好的效果。

这些高级教士及其人数众多的、随着政治煽动和宗教煽动的扩大而日益强横的修道士打手队伍，不仅引起了人民，而且也引起了贵族的切齿痛恨。只要他们还直属于帝国，他们就总是诸侯前进的障碍。脑满肠肥的主教、修道院院长以及他们的修道士走卒的奢侈生活引起了贵族的忌妒，激起了人民的愤怒。人民不得不承担他们这种生活的耗费；他们的奢侈生活越是同他们的说教形成鲜明的对照，人民就越是怒不可遏。

僧侣中的平民集团是由农村传教士和城市传教士组成的。他们不

① 什一税是中世纪的一种宗教捐税，由天主教会向居民征收其收成或收入的十分之一。18世纪末至19世纪什一税逐渐被废除。

属于教会的封建教权等级，不能分享教会的财富。他们的工作不大有人过问；虽然他们的工作对教会十分重要，可是在当时却远不像兵营内的修道士警察活动那样不可缺少。因此，他们的报酬就少得多，其薪俸多半都很菲薄。他们出身于市民或平民，生活状况同群众十分接近，因此他们尽管身为僧侣，还是保持着市民和平民的思想感情。参加当时的运动，在修道士中间只是例外，而在传教士中间却很普通。他们为运动贡献出理论家和思想家，其中许多人都成了平民和农民的代表，并为此而牺牲在断头台上。人民对僧侣的憎恨只是在极个别的情况下才指向他们。

正如在诸侯和贵族之上有皇帝一样，在高级僧侣和低级僧侣之上也有教皇。正如对皇帝要纳“公捐”①，即帝国税一样，对教皇也要纳一般教会税，而教皇就是用教会税去支付罗马教廷的豪华生活费用的。德国由于僧侣人多势众，因此这种教会税比任何其他国家都征收得更加认真和严格。特别是在主教出缺后新任者要向教皇交纳上任年贡②时，就更是如此。随着需要的日益增长，搜刮钱财的新花样也相继发明出来了，诸如贩卖圣徒遗物、收取赎罪金和庆祝费等等。大宗钱财就这样年复一年地从德国流入罗马；由此而增加的沉重负担不仅加深了人们对僧侣的憎恨，而且激发了民族感情，特别是激起了贵族们的民族感情，贵族们在当时是最有民族意识的等级。

恩格斯：《德国农民战争》（1850 年夏秋），《马克思恩格斯文集》第 2 卷，人民出版社 2009 年版，第 225—227 页。

**42. 16 世纪的所谓宗教战争首先也是为着十分实际的物质的阶级利益而进行的**

16 世纪的所谓宗教战争首先也是为着十分实际的物质的阶级利益而进行的。这些战争同后来英国和法国的国内冲突完全一样，都是阶级斗争。如果说这些阶级斗争当时是在宗教的标志下进行的，如果说各阶级的利益、

---

① “公捐”即帝国税，是 15—16 世纪德意志封建国家的一种捐税，其征收形式是将人头税和财产税合并在一起，直接向农民征收。

② 上任年贡是 14 世纪以来教皇要求征收的一种贡赋。被教皇任命担任教会职务（有俸圣职）的人须向罗马教廷缴纳一次性贡赋。此项贡赋在大多数情况下相当于恩赐职位的一年收益；担任此职务的人则向居民横征暴敛，百倍地收回他上任时所缴纳的贡赋。

需要和要求都还隐蔽在宗教外衣之下，那么，这并没有改变事情的实质，而且也不难用时代条件来加以解释。

恩格斯：《德国农民战争》（1850 年夏秋），《马克思恩格斯文集》第 2 卷，人民出版社 2009 年版，第 235 页。

**43. 一切针对封建制度发出的全面攻击必然首先就是对教会的攻击，而一切革命的、社会和政治的理论大体上必然同时就是神学异端**

中世纪完全是从野蛮状态发展而来的。它把古代文明、古代哲学、政治和法学一扫而光，以便一切都从头做起。它从没落的古代世界接受的唯一事物就是基督教和一些残破不全而且丧失文明的城市。其结果正如一切原始发展阶段的情形一样，僧侣获得了知识教育的垄断地位，因而教育本身也渗透了神学的性质。在僧侣手中，政治和法学同其他一切科学一样，不过是神学的分支，一切都按照神学中适用的原则来处理。教会的教条同时就是政治信条，圣经词句在各个法庭都具有法律效力。甚至在法学家已经形成一个等级的时候，法学还久久处于神学控制之下。神学在知识活动的整个领域的这种至高无上的权威，同时也是教会在当时封建统治下万流归宗的地位的必然结果。

显然，这种情况下，一切针对封建制度发出的全面攻击必然首先就是对教会的攻击，而一切革命的、社会和政治的理论大体上必然同时就是神学异端。为了有可能触犯当时的社会关系，就必须抹掉笼罩在这些关系上的灵光圈。

恩格斯：《德国农民战争》（1850 年夏秋），《马克思恩格斯文集》第 2 卷，人民出版社 2009 年版，第 235—236 页。

**44. 反封建的革命反对派活跃于整个中世纪。随着时代条件的不同，他们或者是以神秘主义的形式出现，或者是以公开的异教的形式出现，或者是以武装起义的形式出现**

反封建的革命反对派活跃于整个中世纪。随着时代条件的不同，他们或者是以神秘主义[①]的形式出现，或者是以公开的异教的形式出现，或者是以武装起义的形式出现。说到神秘主义，大家知道，16 世纪的宗教改

① 神秘主义是一种宗教唯心主义的世界观，主张人和神或超自然界之间直接交往，并能从这种交往关系中领悟到宇宙的“秘密”。在某些历史条件下神秘主义是反对教阶制和社会等级制的一种形式。这种信仰宣传耶稣再生并在世上建立公正、平等和幸福的“千年王国”。德国的神秘主义从 13 世纪以来在基督教中广泛传播，分为激进和保守两派。神秘主义曾被用来维护平民利益，是闵采尔教理的重要源泉。

革派同它有着很深的依赖关系；就连闵采尔也从神秘主义中吸取了许多东西。至于各种异教，其中一部分是实行宗法制的阿尔卑斯山牧民反对封建势力侵入他们生活的表现（韦尔登派[①]）；一部分是越出封建制度的城市同封建制度对抗的表现（阿尔比派[②]、布雷西亚的阿尔诺德[③]等等）；一部分是农民直接暴动的表现（约翰·保尔[④]、皮卡第地方的匈牙利牧师[⑤]等等）。韦尔登派的宗法制异端，同瑞士人的暴动完全一样，无论就形式还是就内容来看，都是阻碍历史运动的一种反动企图，而且只有地方性的意义，所以在这里不必多谈。在其余的两种中世纪异教形态中，我们看到，早在12世纪就已经出现了市民反对派和农民平民反对派大规模对立的先兆，农民战争后来就是由于这种对立而归于失败的。这一对立贯穿于整个中世纪末期。

恩格斯：《德国农民战争》（1850年夏秋），《马克思恩格斯文集》第2卷，人民出版社2009年版，第236页。

**45. 另一种异教则有完全不同的性质，这种异教是农民和平民的要求的直接表现，并且几乎总是同起义结合在一起的**

另一种异教则有完全不同的性质，这种异教是农民和平民的要求的直接表现，并且几乎总是同起义结合在一起的。这种异教虽然也同意市民异教关于僧侣、教皇权力以及恢复原始基督教教规的一切要求，但是它却走得更远。它要求在教区成员间恢复原始基督教的平等关系，要求承认这种

---

① 韦尔登派又称里昂穷人派，是12世纪末产生于法国南部下层城市平民中的一个教派。韦尔登派主张放弃私产，认为贫穷是灵魂得救的必要条件；反对天主教教会聚敛财富和神职人员奢侈享乐；号召恢复基督教早期的习俗。16世纪欧洲宗教改革运动时期，该派的信徒大部分参加了新教，成为新教中的一派。

② 阿尔比派是基督教的一个教派，12—13世纪广泛传播于法国南部和意大利北部的城市，其主要发源地是法国南部阿尔比城。该派反对天主教的豪华仪式和教阶制度，以宗教的形式反映了城市商业和手工业居民对封建制度的反抗。法国北部的封建主和教皇称该派为南方法兰西的“异教徒”。1209年教皇英诺森三世曾组织十字军征讨阿尔比派。经过20年战争和残酷镇压，阿尔比派运动终于失败。

③ 阿尔诺德于12世纪初生于意大利的布雷西亚，是法国早期唯名论哲学家阿伯拉尔的弟子，1136年参加布雷西亚反对高级僧侣的斗争，要求僧侣放弃世俗权力，并将财产交给世俗统治者。1146年阿尔诺德在罗马参加城市民主派反对教皇的斗争，1155年在罗马被判为异端并被处死。

④ 约翰·保尔是英国肯特郡的神父，是罗拉德派出色的传教士。1381年瓦·泰勒起义时他还在狱中，农民把他从狱中解救出来后，他立即成为起义农民的领袖之一，起义失败后被杀。

⑤ 皮卡第地方的匈牙利牧师名叫雅科布，据说出生在匈牙利。他是1251年法国农民反封建起义的领袖之一。

关系也是市民间的准则。它从"上帝儿女的平等"得出有关市民平等的结论，甚至已经部分地得出有关财产平等的结论。它要求贵族同农民平等，要求城市贵族和享有特权的市民同平民平等，它要求取消徭役、地租、捐税、特权，要求至少消除那些极其悬殊的贫富差别——这些要求，都是带着或多或少的明确性提出来的，而且被说成是原始基督教教义的必然结论。这种农民平民异教，在封建制度全盛时期，例如在阿尔比派中，还不易同市民异教相区别，但是到了14和15世纪，它就发展成一种与市民异教截然不同的派别见解了，这时，农民平民异教通常总是完全独立地出现，同市民异教并立。例如在英国，在威克利夫运动之外有瓦特·泰勒起义[①]的传教者约翰·保尔。又如在波西米亚，在加里克斯廷派之外有塔博尔派[②]。在塔博尔派里，甚至已经在神权政治的掩饰下出现了共和制的倾向，而在15世纪末、16世纪初，德国的平民代表人物又进一步发展了这种倾向。

有些神秘主义宗派的狂想就同上述这种异教形式结合在一起，例如鞭笞派[③]、罗拉德派[④]等等的狂想就是如此。这些宗派在被迫害时期还继续保持着革命传统。

恩格斯：《德国农民战争》（1850年夏秋），《马克思恩格斯文集》第2卷，人民出版社2009年版，第237—238页。

**46. 路德和闵采尔，无论就其理论来说，还是就其性格和行动来说，都不折不扣地代表着他们各自的派别**

在三大营垒中的第一营垒即保守的天主教营垒中，集结了所有希望维

---

① 1381年的瓦特·泰勒起义是中世纪英国最大的一次反封建的农民起义。领导人除泰勒之外还有传教者约翰·保尔。起义席卷全国大部分郡。6月，起义者在城市平民支持下进入伦敦。起义领袖泰勒在与国王谈判时被谋杀。起义虽遭镇压，但对农奴制和徭役制的废除起到了促进作用。

② 塔博尔派是15世纪上半叶同德国封建主和天主教会进行斗争的波西米亚胡斯派民族解放运动和宗教改革运动中革命的、民主的一翼。该派建立了自己的军队，领袖之一是扬·杰士卡，基本群众是农民和城市平民。该派曾联合胡斯运动中的温和派——圣杯派，多次击退教皇和德意志皇帝对波西米亚的征讨，后来由于圣杯派与天主教势力妥协，塔博尔派于1437年遭到失败，胡斯运动也随之被镇压下去。

③ 鞭笞派是一个宗教禁欲主义派别，11世纪出现于欧洲，盛行于13世纪到15世纪。鞭笞派宣称自我折磨能够赎免罪恶。最初该派曾被利用作为反对皇室、增强教会势力的工具，15世纪由于该派揭露僧侣罪恶，要求教会改革，开始遭到教会的迫害。

④ 罗拉德派是英国和欧洲其他一些国家的宗教派别。罗拉德（Lollard）一词源于中古荷兰文Lollaert，意为"喃喃的祈祷者"。罗拉德派传教士穿粗制袈裟，活动于城乡下层人民中间，曾参加1381年的瓦特·泰勒起义。从14世纪末叶起这一宗教派别遭受到残酷的迫害。1414年英国的罗拉德派又发动起义，起义失败后不少信徒迁往欧洲大陆和苏格兰。罗拉德派的活动对16世纪英国宗教改革产生了一定的影响。

持现状的势力，即帝国政府、僧侣诸侯以及一部分世俗诸侯、富裕贵族、高级教士、城市贵族；而聚集在市民阶级温和派路德改革旗帜下的是反对派中的有产者势力，即大量的下层贵族、市民阶级，甚至还包括一部分希望通过没收教会财产中饱私囊并想乘机脱掉帝国羁绊而扩大独立地位的世俗诸侯。至于农民和平民则组成了革命派，其要求和理论都由闵采尔作了极其鲜明的表述。

路德和闵采尔，无论就其理论来说，还是就其性格和行动来说，都不折不扣地代表着他们各自的派别。

恩格斯：《德国农民战争》（1850 年夏秋），《马克思恩格斯文集》第 2 卷，人民出版社 2009 年版，第 239 页。

**47. 官方宗教改革的市侩性质在这类交易中表现得最为露骨**

当路德在 1517 年开始反对天主教会的教条和制度的时候，他的反对立场还根本没有明确的性质。这种反对立场没有超出以往的市民异教所提出的要求的范围，可是，它没有也不可能排斥任何一种更为激进的思潮。因为在最初它不能不把一切反对派势力团结起来，不能不表现出最坚决的革命魄力，不能不代表迄今所有的异教去同天主教正宗信仰对抗。我们的自由派资产者恰恰就是这样，他们在 1847 年还是革命的，还自命为社会主义者和共产主义者，还热衷于工人阶级解放事业。路德在他活动的最初阶段，以无比激烈的方式表现出他那强健有力的农民本性。

“如果他们〈罗马僧侣〉还要继续逞凶肆虐，我以为只有请国王和诸侯采用暴力，武装自己，讨伐这些毒害整个世界的恶人，不用语言而用武器去制止他们的罪行，除此而外，简直没有更好的办法和药方来遏制这种暴虐行径。我们既然用刀剑惩治盗贼，用绞索惩治杀人犯，用烈火惩治异教徒，为什么不运用一切武器来讨伐这些身为教皇、红衣主教、大主教而又伤风败俗、教人作恶的丑类，以及罗马罪恶城中的所有奸邪之徒，并用他们的血来洗净我们的双手呢？”①

但是早期的这种火一般的革命热情并没有维持多久。路德放出的

① 威·戚美尔曼：《伟大农民战争通史》1841 年斯图加特版第 1 卷第 364—365 页。

闪电引起了燎原烈火。全体德国人民都投入了运动。一方面，农民与平民把路德反对僧侣的号召和关于基督教自由的说教看成是起义的信号；另一方面，较温和的市民和一大部分下层贵族也站到了路德一边，甚至诸侯也被卷进了这个潮流。农民与平民认为向一切压迫他们的人进行清算的日子来到了；而市民、贵族和诸侯只想剥夺僧侣的权力，摆脱对罗马的依附，废除天主教教阶制度，并且没收教会财产而大发横财。两派势力壁垒分明，并且各自找到了自己的代表人物。路德不得不在两派中进行抉择。这个受到萨克森选帝侯①保护的人，这个维滕贝格的名教授，这个一鸣惊人、声势煊赫而被一群趋炎附势之徒簇拥着的大人物，毫不踌躇地抛弃了运动中的下层人民，倒向了市民、贵族和诸侯一边。剿灭罗马的号召销声匿迹了；现在路德吹起了和平发展和消极抵抗的调子（见1520年《给德意志基督教贵族的公开信》等文件）。当胡登邀请路德前往贵族密谋反对僧侣和诸侯的中心埃伯恩堡去同他本人和济金根见面时，路德回答道：

> “我不希望人们靠暴力和流血来维护福音。世界是靠圣经来征服的，教会是靠圣经来维持的，也还是要靠圣经来复兴。反基督的人们不用暴力而取得一切，同样，他们也将在不施暴力的情况下自取灭亡。”②

从路德发生了这样的转变时起，或者更确切些说，从路德比较清楚地确定了方向时起，就开始了那一场讨价还价的争论，以决定教会机构和教条哪些需要保留，哪些需要改革；就开始了那一场施展权术、妥协变通、玩弄阴谋和握手成交的丑恶把戏，其结果就是奥格斯堡告白③，也就是经过讨价还价而最终

---

① 弗里德里希三世。

② 威·戚美尔曼：《伟大农民战争通史》1841年斯图加特版第1卷第366页。

③ 奥格斯堡告白是新教路德宗的信仰纲要，由路德授意其亲信菲·梅兰希顿起草，于1530年提交神圣罗马帝国皇帝查理五世在奥格斯堡召开的帝国议会。这一纲要从市民“廉价教会”的理想出发，规定宗教仪式（废除豪华的仪式，简化教会的等级等等），确立教会从属于世俗统治的原则，宣布以领主王公取代教皇作为教会的首脑。皇帝拒绝接受奥格斯堡告白。赞同路德新教改革的王公与皇帝进行的战争于1555年以缔结奥格斯堡宗教和平协定而告结束。根据这一协定，每个王公有权自行决定其臣民的宗教信仰。

议定的改革后的市民教会的章程。正是这种肮脏的交易，近来又令人作呕地以政治形式在德国国民议会、协商议会、宪法审查会议以及爱尔福特议会中重演。官方宗教改革的市侩性质在这类交易中表现得最为露骨。

恩格斯：《德国农民战争》（1850 年夏秋），《马克思恩格斯文集》第 2 卷，人民出版社 2009 年版，第 240—242 页。

**48. 路德通过翻译圣经给平民运动提供了一种强有力的武器**

路德通过翻译圣经给平民运动提供了一种强有力的武器。他在圣经译本中使公元最初几个世纪的纯朴基督教同当时已经封建化了的基督教形成鲜明的对照，提供了一幅没有层层叠叠的、人为的封建等级制度的社会图景，同正在崩溃的封建社会形成鲜明的对照。农民利用这种武器从各方面反对诸侯、贵族、僧侣。而现在路德竟把这一武器掉转过来反对农民，他从圣经中拼凑了真正的赞美诗去歌颂那些由上帝委派的当权者，这是任何一个舔食专制君主残羹的臣仆从来没有能够做到的。神授君权、唯命是从，甚至农奴制度都由圣经认可了。在这方面，不仅农民起义，就连路德本人对教会权威和世俗权威的反抗活动也被全盘否定；这样，路德不仅把下层人民的运动，而且连市民阶级的运动也出卖给诸侯了。

恩格斯：《德国农民战争》（1850 年夏秋），《马克思恩格斯文集》第 2 卷，人民出版社 2009 年版，第 244 页。

**49. 闵采尔的思想越来越犀利，也越来越果敢，于是他坚决地同市民阶级宗教改革分道扬镳，从此之后他就同时直接以政治鼓动家的姿态出现了**

现在让我们把平民革命家闵采尔和市民宗教改革家路德作一番对比。

托马斯·闵采尔大约在 1498 年①生于哈茨山麓的施托尔贝格。相传他的父亲死在绞刑架下，成了施托尔贝格伯爵淫威的牺牲品。闵采尔早在 15 岁时就在哈雷中学组织秘密团体反对马格德堡大主教②，并反对整个罗马教会。他在当时神学领域的渊博知识使他早就获得了博士学位，并取得了哈雷的一个女修道院神父助手的职位。在这里，他已经以极端蔑视的态度

① 托·闵采尔的出生年月不详。在威·戚美尔曼《伟大农民战争通史》1842 年斯图加特第 1 版中，闵采尔的出生年份是 1498 年。但是根据 1506 年 10 月莱比锡大学学生名册的记录来看，他应当生于 1490 年前后，因为 16 世纪初大学生首次注册入学的普遍年龄是 16 岁。

② 恩斯特第二。

对待教会教条和仪式；在举行弥撒的时候，他根本不朗诵把圣餐酒饼化为基督血肉的祷词，照路德描写他的话来说，他是以不信教的态度把圣体吃掉了①。他研究的主要对象是中世纪神秘主义者，特别是卡拉布里亚人约雅敬撰写的论述锡利亚教义②的著作。在闵采尔看来，约雅敬所宣告和描绘的千年王国③以及对堕落教会和腐败世界的末日审判，随着宗教改革以及当时遍及各地的风潮而即将来临。他的布道在周围地区受到了热烈欢迎。1520年，他作为第一个宣讲新教教义的布道者前往茨维考。在那里，他遇到了狂热的锡利亚教派中的一支，这个教派在许多地区秘密地坚持活动，过去，他们一度做出卑微恭顺、与世无争的姿态，以掩盖最下层社会对现状的日益强烈的反抗；而现在，随着鼓动工作不断加强，他们已经越来越公开而顽强地出现在大庭广众之中了。这个教派就是再洗礼派④，其领导者是尼克拉斯·施托儿希⑤。他们宣称末日审判和千年王国的实现已为期不远，他们能够“见神、通神并且传达神谕”。不久他们就同茨维考市政会发生冲突；虽然闵采尔从未无条件地参加这一派，相反，倒是这一派受了他的影响，但闵采尔仍然出来保护他们。市政会采取坚决行动反对他们；他们不得不离开这座城市。闵采尔也同他们一道离去。这些事发生在1521年底。

闵采尔来到布拉格，同胡斯运动的余部取得联系，力图在这里立足。他发表了宣言⑥，但结果只是使他不得不又逃出波西米亚。1522年他在图林根的阿尔施泰特城担任布道者。他在这里开始对礼拜仪式进行改革。路

---

① 《马丁·路德论温克尔麦斯的信》，见威·戚美尔曼《伟大农民战争通史》1842年斯图加特版第2卷第55页。

② 锡利亚教义产生于奴隶制度解体时期，宣传基督复临，在世上建立公正、平等和幸福的“千年王国”的宗教神秘主义学说，反映了农民和城市平民的心态。恩格斯把这种信仰称为“锡利亚式狂想”。在基督教早期，这种信仰流传很广，后来经常出现在中世纪各种教派的教义中。

③ 千年王国是基督教用语，指世界末日到来之前，基督将再次降临，在人间为王统治一千年。届时魔鬼将暂时被捆锁，福音将传遍世界。

④ 再洗礼派是欧洲中世纪基督教的一个教派。该派不承认为婴儿所施的洗礼，主张成年后需再洗礼。该派在16世纪宗教改革运动中出现在德国、瑞士和荷兰等地。其主要成员是农民和城市平民，信仰“千年王国”的宗教神秘主义学说。该派积极参加了1524—1525年的德国农民战争，后来被统治阶级残酷镇压。

⑤ 尼·施托儿希是茨维考的裁缝，以宣传锡利亚教义而著名，是再洗礼派的领袖。闵采尔曾受其影响，认为他对圣经的理解高出所有的牧师。1522年施托儿希在图林根和闵采尔一起成为农民战争的领袖。

⑥ 托·闵采尔：《布拉格宣言》，见威·戚美尔曼《伟大农民战争通史》1842年斯图加特版第2卷第64—67页。

德还不敢做的事他已经付诸实施。他完全不用拉丁文，而且在规定宣读礼拜日福音书和使徒书信的时候，他也不只宣读这两部分而是宣读全部圣经。同时他又组织了附近地区的宣传工作。人民从四面八方来归附他，不久阿尔施泰特就成为整个图林根下层民众反对僧侣的运动的中心。

当时闵采尔主要还是神学家；他所攻击的对象几乎还只是僧侣。但是，他却不像路德当时所做的那样，提倡平心静气的辩论与和平的进步，而是把路德早期那种激烈的布道继续下去，并号召萨克森诸侯和人民起来用武力对付罗马僧侣。

> “基督说过：我不是带着和平，而是带着刀剑来的。但是你们〈萨克森诸侯〉要刀剑干什么呢？你们如果要做主的仆役，那就没有别的选择，只有去驱除妨害福音的恶魔。基督十分严肃地下了命令（见《路加福音》第19章27节）：把我那些仇敌拉来，在我面前杀了吧……不要有这种浅陋的看法，认为此事应靠主的力量去完成，而不需要你们手持刀剑予以协助，果真如此，你们的刀剑就要在鞘中生锈了。凡是违背主的启示的人，都必须消灭掉，而不予任何宽赦，就像希西家、居鲁士、约西亚、但以理和以利亚消灭侍奉巴尔的僧侣们一样，否则基督教会就不会恢复本来面目。我们必须在收获的时节在主的葡萄园里拔除莠草。主在摩西《申命记》第7章说过：你们不可怜恤不跟从主，而去侍奉其他神的人，拆毁他们的祭坛，打碎他们的柱像，用火焚烧他们的偶像，这样我才不会怒斥你们。”①

但是，对诸侯提出的这些要求并无结果，而与此同时，人民中的革命激情却一天比一天高涨。闵采尔的思想越来越犀利，也越来越果敢，于是他坚决地同市民阶级宗教改革分道扬镳，从此之后他就同时直接以政治鼓动家的姿态出现了。

恩格斯：《德国农民战争》（1850年夏秋），《马克思恩格斯文集》第2卷，人民出版社2009年版，第244—247页。

---

① 托·闵采尔：《对诸侯讲道。解释〈但以理书〉第二章，由上帝的代言者托马斯·闵采尔在阿尔施泰特宫对积极的、可敬的诸侯们和萨克森的执政者们进行讲解》。

**50. 闵采尔利用基督教形式宣讲一种泛神论，这种泛神论同近代的思辨观点有着惊人的相似之处，有些地方甚至已经接近无神论**

他的神学—哲学理论不仅攻击天主教的一切主要论点，而且也攻击整个基督教的一切主要论点。他利用基督教形式宣讲一种泛神论，这种泛神论同近代的思辨观点①有着惊人的相似之处，有些地方甚至已经接近无神论。他既否认圣经是唯一的启示，也否认圣经是无误的启示。照他看来，真正的、生动活泼的启示是理性，这种启示曾经存在于一切时代和一切民族之中，而且现在依然存在。他认为，如果把圣经同理性对立起来，那就意味着以经文扼杀圣灵。因为圣经所宣讲的圣灵并不是我们身外的存在物；圣灵本来就是理性。信仰无非是理性在人身上的复苏，因此非基督徒同样可以有信仰。通过这种信仰，通过这种复苏的理性，人人可以有神性，人人可以升入天堂。因此天堂并不是什么彼岸世界的事物，天堂必须在此生中寻找，信徒的使命就是要把天堂即天国在人世间建立起来。既然无所谓彼岸的天堂，当然也就无所谓彼岸的阴间或地狱。同样，也就没有什么魔鬼，有的只是人的邪念和贪欲。基督同我们一样也曾是人，不过他是先知和师长，他的圣餐其实只是简单的纪念宴会，在宴会上大家享用的饼和酒并没有加入任何神秘的佐料。

近代哲学曾经在一段时期里不得不以基督教辞令作掩饰，闵采尔宣讲上述这些教义也大半是以同样的基督教辞令为掩饰。但他的著作到处都流露出他那极端异教的基本思想，可以看出，闵采尔对这件圣经外衣的态度远不像近代某些黑格尔门徒那样郑重。然而在闵采尔与近代哲学之间却相隔 300 年之久。

恩格斯：《德国农民战争》（1850 年夏秋），《马克思恩格斯文集》第 2 卷，人民出版社 2009 年版，第 247 页。

**51. 闵采尔的政治理论是同他的革命的宗教观紧密相连的；正如他的神学远远超出了当时流行的看法一样，他的政治理论也远远超出了当时的社会政治条件**

闵采尔的政治理论是同他的革命的宗教观紧密相连的；正如他的神学远远超出了当时流行的看法一样，他的政治理论也远远超出了当时的社会

---

① 指德国唯心主义哲学家大·施特劳斯和其他青年黑格尔派的观点。他们在自己的早期著作中宣传了一种将神与整个世界等同的宗教哲学，与中世纪异端的神秘主义一样均属泛神论。

政治条件。正如他的宗教哲学接近无神论一样，他的政治纲领也接近共产主义。甚至在二月革命前夕，许多近代共产主义派别拥有的理论武库还不如16世纪“闵采尔派”的理论武库那么丰富。闵采尔的纲领，与其说是当时平民要求的总汇，不如说是对当时平民中刚刚开始发展的无产阶级因素的解放条件的天才预见。这个纲领要求立即在人间建立天国，建立早已预言的千年王国，其途径是恢复教会的本来面目，并废除同这种似乎是原始基督教会而实际上是崭新的教会相冲突的一切机构。闵采尔所理解的天国不是别的，只不过是这样一种社会状态，在那里不再有阶级差别，不再有私有财产，不再有对社会成员而言是独立的和异己的国家政权。闵采尔认为，当时所有的政权，只要是不依附、不参与革命的，都应当推翻，一切劳动和一切财产都应当具有公共的性质，必须实行最完全的平等。为了不仅在整个德国，而且在整个基督教世界实现这一切，必须建立一个同盟；必须邀请诸侯和封建主都来参加；如果他们拒绝，同盟就应当不失时机地用武器去推翻或消灭他们。

恩格斯：《德国农民战争》（1850年夏秋），《马克思恩格斯文集》第2卷，人民出版社2009年版，第248页。

**52. 闵采尔的宣传旅行，对于人民派的组成，对于这个派的要求获得明确提法，对于起义最后在1525年4月全面爆发，显然都起了极其重要的作用**

在这期间，农民和平民中的鼓动热潮日益高涨，使得闵采尔的宣传工作进行得极为顺利。闵采尔把再洗礼派争取过来，作为宣传工作的极宝贵的代言人。这个教派本来没有确定成文的教义，他们只是通过反对一切统治阶级的共同立场，通过再洗礼的共同象征而结合起来的；他们在生活上力修苦行，在鼓动方面狂热不倦，勇敢无畏；这一派人日益紧密地团结在闵采尔周围。由于遭受种种迫害，他们居无定所，在整个德国到处漂泊，到处宣讲新的教义，因为闵采尔在这种教义中明确地表达了他们自身的需要和愿望。他们当中有无数的人遭受刑讯，被火焚，或死于其他酷刑之下，但是这些密使坚贞不屈；在人民的激情迅速高涨的过程中，他们的活动取得了无法估量的成就。因此闵采尔从图林根逃跑出来的时候，到处都找得到现成的立足之地，他随便走到哪里，都可以得到帮助。

闵采尔首先来到纽伦堡[①]。约在一个月以前，此城附近刚刚有一次农民起义被扼杀在萌芽状态之中。闵采尔就在此地暗中进行鼓动；马上就有一些人出来拥护他那十分大胆的神学主张，都认为圣经没有绝对约束力，圣礼[②]毫无价值可言，并且宣称基督也不过是一个人，而世俗官厅的作威作福乃是对上帝的亵渎。路德大叫："看吧，撒旦又在这里出没了，那个来自阿尔施泰特的妖精!"[③] 闵采尔把他的答路德书[④]在纽伦堡付印。他直截了当地指责路德向诸侯献媚，指责他虎头蛇尾，支持反动派。尽管如此，人民仍将获得解放，那时路德博士的处境将如被擒之狐。——这篇文章被市政会下令没收了，闵采尔又被迫离开纽伦堡。

闵采尔于是穿过士瓦本到阿尔萨斯和瑞士，然后再回到黑林山南部。这个地区早在数月以前就已经爆发了起义，他的再洗礼派密使在很大程度上加速了这次起义的进程。闵采尔的宣传旅行，对于人民派的组成，对于这个派的要求获得明确提法，对于起义最后在1525年4月全面爆发，显然都起了极其重要的作用。闵采尔在这次旅行中在两方面起了特别显著的作用，一方面是对人民，当时人民唯一能领会的语言是宗教预言，闵采尔就用这种语言对他们进行诱导；另一方面是对志同道合的人们，闵采尔能坦率地同他们畅谈自己的最终目的。闵采尔当初在图林根的时候就已经在自己周围聚集了一批最坚决的人，这些人不仅来自民间，而且也有些是低级僧侣，他就用这一批人去领导秘密组织；现在，闵采尔已经成为德国西南部整个革命运动的核心人物，从萨克森和图林根，到法兰克尼亚和士瓦本，直到阿尔萨斯和瑞士边境，他都建立了组织联系，德国南部的鼓动家，如瓦尔茨胡特的胡布迈尔、苏黎世的康拉德·格雷贝尔、格里森的汉斯·雷布曼、梅明根的沙佩勒尔、莱普海姆的雅科布·韦厄和斯图加特的曼特尔博士，都成了他的弟子和同盟的首领，这些人大多是革命的教士。他本人多半逗留在沙夫豪森边境的格里森，由此出发巡游黑高和克莱特高等地区。

---

① 事实上托·闵采尔离开阿尔施泰特以后，首先来到了帝国直辖市米尔豪森，1524年9月由于参加当地城市平民骚乱被驱逐，才由米尔豪森来到纽伦堡。

② 天主教规定的圣礼有七种，即圣洗、坚振、告解、圣体、终傅、神品和婚配。

③ 马丁·路德：《1525年2月4日给约·布里斯曼的信》，见威·戚美尔曼《伟大农民战争通史》1842年斯图加特版第2卷第81页。

④ 托·闵采尔：《为反驳维滕贝格的不信神、生活安逸、以歪曲方式剽窃圣经从而使可怜的基督教惨遭玷污的人而作的立论充分的抗辩和答复》。

惶惶不安的诸侯和封建主到处对这个新的平民异教进行血腥的迫害，反而使平民派的反抗精神更加昂扬，使他们的团结更加巩固。闵采尔在德国南部进行鼓动近五个月之久，并在密谋接近实现的时刻又回到图林根。他要在这里亲自领导起义，详情后面再谈。

恩格斯：《德国农民战争》（1850 年夏秋），《马克思恩格斯文集》第 2 卷，人民出版社 2009 年版，第 252—253 页。

**53. 在运动的第一个先驱者这里，我们可以发现中世纪一切带着宗教色彩的起义以及近代任何无产阶级运动的初期都具有的那种禁欲主义**

在这个地方，也就是在运动的第一个先驱者这里，我们可以发现中世纪一切带着宗教色彩的起义以及近代任何无产阶级运动的初期都具有的那种禁欲主义。这种严格的禁欲主义的道德规范，这种摒弃一切人生享受和娱乐的要求，一方面是要针对统治阶级而确立斯巴达式的平等原则，另一方面又是一个必经的阶段，不经过这个阶段，社会的最底层是决不能发动起来的。社会的最底层要展示自己的革命毅力，要明确自己同其他一切社会成员处于敌对的地位，要使自己集结成一个阶级，就必须一开始就彻底抛弃自己身上还能同现存社会制度和平相处的一切；就必须放弃那些使深受压抑的生活有时尚堪忍受的一点点乐趣，放弃连最残酷的压迫也不能剥夺的一点点乐趣。这种平民的和无产阶级的禁欲主义，无论就它的粗犷狂热形式来看，还是就它的内容来看，都和市民阶级的、路德派的道德以及英国的清教徒①（不同于独立派②和更激进的各教派）所鼓吹的市民阶级禁欲主义大不相同；市民阶级禁欲主义的全部奥秘不过是市民阶级的节俭而已。此外，显而易见，这种平民无产阶级的禁欲主义将随着下述两种情况的出现而失掉其革命性质：一方面，随着现代生产力的发展，消费资料无止境地增加，因而使斯巴达式的平等成为多余；另一方面，随着无产阶级的社会地位日益革命化，无产阶级

① 清教徒是基督新教教徒中的一派，16 世纪中叶产生于英国，原为英国国教会（圣公会）内以加尔文教义为旗帜的新宗派，如长老会、公理会等。清教徒要求“清洗”英国国教内保留的天主教旧制和烦琐仪文，反对王公贵族的骄奢淫逸，提倡“勤俭清洁”的简朴生活，因而得名。16 世纪末，清教徒中开始形成两派，即温和派（长老派）和激进派（独立派）。温和派代表大资产阶级和上层新贵族的利益，主张立宪君主政体。激进派代表中层资产阶级和中小贵族的利益，主张共和政体。

② 独立派是英国清教徒中的激进派，16 世纪末开始形成。

本身也就日益革命化。这样一来，这种禁欲主义就将逐渐从群众中销声匿迹；就是在那些坚持这种禁欲主义的教派分子那里，它也直接演变为市民阶级的吝啬之风，或者演变为一种矫揉造作的骑士式的道德规范，而实际上也不过是一种小市民的、行会手工业者式的鄙吝习气而已。无产阶级群众既然几乎再也没有什么东西可以割舍，那就无须再对他们进行什么禁欲的说教了。

恩格斯：《德国农民战争》（1850 年夏秋），《马克思恩格斯文集》第 2 卷，人民出版社 2009 年版，第 255—256 页。

**54. 早在农民战争以前，贵族就企图反对诸侯和僧侣以实现自己的要求，这样的企图已经表明，参加宗教改革的各种成分之间的利害和要求究竟有多大分歧**

然而，正是由于运动发展得这样迅猛，运动中潜在的分裂萌芽也就势必很快地发展起来，至少在被鼓动起来的群众中，那些由于自身的整个生活地位而相互直接对立的部分，势必又相互分裂开来，重新回到平常那种彼此敌对的状态。早在宗教改革的最初几年，围绕着两个引力中心的形形色色反对派群众就已经向两极分化了；贵族和市民无条件地团结在路德周围；农民和平民并没有看出路德是自己直接的敌人，但也同从前一样形成一个单独的革命反对派。不过这时的运动已经比路德出场以前要普遍得多，深入得多，因而必然引起两个派别之间的尖锐对立和直接冲突。这种直接对立很快就表面化了。路德和闵采尔在出版物中和讲坛上展开了斗争；而诸侯、骑士和城市的军队（绝大部分是由路德派或至少是倾向于路德派的分子组成的）则击溃了农民和平民的队伍。

早在农民战争以前，贵族就企图反对诸侯和僧侣以实现自己的要求，这样的企图已经表明，参加宗教改革的各种成分之间的利害和要求究竟有多大分歧。

恩格斯：《德国农民战争》（1850 年夏秋），《马克思恩格斯文集》第 2 卷，人民出版社 2009 年版，第 271—272 页。

**55. 在那些享受国教的祝福而政治问题的讨论却受到束缚的国家里，与世俗权力相对抗的危险的世俗反对派，常常隐藏在更加神圣的、看来更加无意于世俗利益而一意反对精神专制的斗争后面**

政治反对派所遇到的种种障碍，无论在普鲁士或各小邦都促成了宗教反对派，即平行地进行活动的德国天主教①和自由公理会②。历史给我们提供了许多例子，说明在那些享受国教的祝福而政治问题的讨论却受到束缚的国家里，与世俗权力相对抗的危险的世俗反对派，常常隐藏在更加神圣的、看来更加无意于世俗利益而一意反对精神专制的斗争后面。很多政府不允许对自己的任何行动进行讨论，但它们却不敢贸然制造殉教事件和激起群众的宗教狂热。所以，1845 年在德国的每一个邦里，或者是旧罗马天主教，或者是新教，或者是这两者，都被视为国家制度不可缺少的组成部分。在每一个邦，这两个教派的或其中一派的教士，都是官僚政府机构的重要因素。因此，攻击新教或天主教正统，攻击教士，就等于变相攻击政府本身。至于德国天主教派，他们的存在本身就是对德国，尤其是对奥地利和巴伐利亚的天主教政府的攻击；而这些政府也正是这样理解这一点的。自由公理会的信徒，反对国教的新教徒，有点像是英国和美国的一位论派③，他们公开宣称反对普鲁士国王④及其宠臣、宗教和教育事务大臣艾希霍恩先生的那种教权主义和严格的正统主义的倾向。两个新教派都曾一度得到迅速的发展，前者是在天主教国家，后者是在新教国家，二者除了起源不同之外，没有别的区别；至于教义，两派在最重要的一点上是完全一致的，都认为一切已确定的教条是无效的。这种缺乏确定性便是它们的真正实质。它们自称要建筑一个伟大的神殿，使所有德国人都能在其屋顶下联合起来；这样它们就用宗教的形式表达了当时的另一种政治思想，即统一德国的思想。可是它们相互之间却无论如何也不能取得一致。

上述的教派企图发明一种适合于所有德国人的需要、习惯和趣味的特制的共同宗教，以便至少是在宗教方面实现德国的统一。这种思想的确传

---

① 德国天主教是 1844 年在德意志一些邦中产生的宗教派别，吸引了中小资产阶级广大阶层参加。该派不承认罗马教皇的最高权威，反对天主教会的许多信条和仪式，竭力使天主教适应德国新兴资产阶级的利益，是 19 世纪 40 年代资产阶级对德国反动制度的不满和要求全国政治上统一的愿望在宗教上的反映。1859 年，德国天主教徒协会与自由公理会合并。

② 自由公理会是在“光明之友”运动的影响下，于 1846 年和 1847 年从官方新教教会中分化出来的宗教团体，曾试图成立全德国的教会。“光明之友”是产生于 1841 年的一种宗教派别，它反对在新教教会中占统治地位的、以极端神秘主义和伪善行为为特征的虔诚主义。自由公理会也反映了 19 世纪 40 年代德国资产阶级对本国反动制度的不满。

③ 一位论派或反三一论派，是反对“神的三位一体”教义的宗教派别。

④ 弗里德里希-威廉四世。

布很广，尤其是在各小邦中。自从德意志帝国[①]被拿破仑灭亡以后，要求将德国的一切分散的成员联合起来的呼声，已成为对于现状不满的最普遍的表示，在各小邦尤其是这样。因为在小邦里维持宫廷、行政机关、军队等等的巨大开支，简言之，沉重的捐税负担，与各邦的微小和贫弱成正比地增加着。但是，如果德国的统一得到实现的话，那么这种统一究竟应该怎样，在这一点上各党派的看法是有分歧的。不愿有严重革命动荡的资产阶级，满足于前面我们已经提到的他们认为“切实可行的”东西，即要求在普鲁士立宪政府的领导下建立除奥地利之外的全德联盟。的确，既然要避免危险的风暴，当时所能做的也只能到此为止。至于小资产阶级和农民(如果说农民也愿意过问这类事情的话)，他们从来没有能够对他们后来所大声疾呼要求的德国统一有任何明确的观念；少数的梦想家，多半是封建的反动派，希望恢复德意志帝国；一些无知的所谓的激进派羡慕瑞士的制度（他们当时还没有实行那种制度的经验，后来这种经验才使他们十分滑稽地醒悟过来)，主张建立联邦共和国；只有最极端的党派敢于在当时要求建立一个统一的、不可分割的德意志共和国[②]。因此，德国统一问题本身就孕育着分歧、争执，在某种情况下甚至孕育着内战。

恩格斯：《德国的革命和反革命》（1851 年 8 月 17 日—1852 年 9 月 23 日），《马克思恩格斯文集》第 2 卷，人民出版社 2009 年版，第 371—373 页。

**56. 基督教只承认一切人的一种平等，即原罪的平等，这同它曾经作为奴隶和被压迫者的宗教的性质是完全适合的**

基督教只承认一切人的一种平等，即原罪的平等，这同它曾经作为奴隶和被压迫者的宗教的性质是完全适合的。此外，基督教至多还承认上帝的选民的平等，但是这种平等只是在开始时才被强调过。在新宗教的最初阶段同样可以发现财产共有的痕迹，这与其说是来源于真正的平等观念，不如说是来源于被迫害者的团结。僧侣和俗人对立的确立，很快就使这种基督教平等的萌芽也归于消失。

——恩格斯：《反杜林论》（1876 年 9 月—1878 年 6 月），《马克思恩格斯文集》第 9 卷，人民出版社 2009 年版，第 109 页。

---

① 这里的德意志帝国指创立于公元 962 年的欧洲封建帝国神圣罗马帝国。

② “统一的、不可分割的德意志共和国”这一口号是马克思和恩格斯在 1848 年革命前夕提出的。

## 57. 一切宗教都不过是支配着人们日常生活的外部力量在人们头脑中的幻想的反映，在这种反映中，人间的力量采取了超人间的力量的形式

我们需要什么，在这里是无关紧要的。问题在于，杜林先生需要什么。杜林先生不同于弗里德里希二世的地方是，在杜林先生的未来国家中，决不是人人都能够按照自己的方式升入天堂的。在这个未来国家的宪法上写着：

> “在自由的社会里，不可能有任何膜拜；因为每个社会成员都克服了幼稚的原始的想象：以为在自然界背后或自然界之上有一种可以用牺牲或祈祷去感动的存在物。”“所以，正确理解的共同社会体系……必须除去宗教魔术的一切道具，因此也必须除去膜拜的一切基本组成部分。”

宗教被禁止了。

但是，一切宗教都不过是支配着人们日常生活的外部力量在人们头脑中的幻想的反映，在这种反映中，人间的力量采取了超人间的力量的形式。在历史的初期，首先是自然力量获得了这样的反映，而在进一步的发展中，在不同的民族那里又经历了极为不同和极为复杂的人格化。根据比较神话学，这一最初的过程，至少就印欧语系各民族来看，可以一直追溯到它的起源——印度的吠陀[①]，以后又在印度人、波斯人、希腊人、罗马人、日耳曼人中间，而且就材料所及的范围而言，也可以在凯尔特人、立陶宛人和斯拉夫人中间得到详尽的证明。但是除自然力量外，不久社会力量也起了作用，这种力量和自然力量本身一样，对人来说是异己的，最初也是不能解释的，它以同样的表面上的自然必然性支配着人。最初仅仅反映自然界的神秘力量的幻想的形象，现在又获得了社会的属性，成为历史力量的代表者[②]。在更进一步的发展阶段上，许多神的全部自然属性和社会属性都转移到一个万能的神身上，而这个神本身又只是抽象的人的反映。这样就产生了一神教，从历史上说它是后期希腊庸俗哲学的最后产物，并在犹

---

① 吠陀是印度最古老的宗教历史文献，梵文原义为“知识”，是对神的颂歌和祷文的文集。

② 神的形象后来具有的这种两重性，是比较神话学（它片面地以为神只是自然力量的反映）所忽略的、使神话学以后陷入混乱的原因之一。这样，在若干日耳曼部落里，战神，按古斯堪的纳维亚语，称为提尔，按古高地德语，称为齐奥，这就相当于希腊语里的宙斯，拉丁语里的“丘必特”（替代“迪斯必特”）；在其他日耳曼部落里，埃尔、埃奥尔相当于希腊语的亚力司、拉丁语的玛尔斯。

太的独一无二的民族神雅赫维身上得到了体现。在这个适宜的、方便的和普遍适用的形式中，宗教可以作为人们对支配着他们的异己的自然力量和社会力量的这种关系的直接形式即感情上的形式而继续存在，只要人们还处在这种力量的支配之下。但是，我们已经不止一次地看到，在目前的资产阶级社会中，人们就像受某种异己力量的支配一样，受自己所创造的经济关系、自己所生产的生产资料的支配。因此，宗教反映活动的事实基础就继续存在，而且宗教反映本身也同这种基础一起继续存在。即使资产阶级经济学对这种异己力量的支配作用的因果关系有一定的认识，事情并不因此而有丝毫改变。资产阶级经济学既不能制止整个危机，又不能使各个资本家避免损失、负债和破产，或者使各个工人避免失业和贫困。现在还是这样：谋事在人，成事在神（即资本主义生产方式的异己力量的支配作用）。仅仅有认识，即使这种认识比资产阶级经济学的认识更进一步和更深刻，也不足以使社会力量服从于社会的支配。为此首先需要有某种社会的行动。当这种行动完成的时候，当社会通过占有和有计划地使用全部生产资料而使自己和一切社会成员摆脱奴役状态的时候（现在，人们正被这些由他们自己所生产的、但作为不可抗拒的异己力量而同自己相对立的生产资料所奴役），当谋事在人，成事也在人的时候，现在还在宗教中反映出来的最后的异己力量才会消失，因而宗教反映本身也就随着消失。理由很简单，因为那时再没有什么东西可以反映了。

可是杜林先生不能静待宗教这样自然地死亡。他干得更加彻底。他比俾斯麦本人有过之无不及；他颁布了更严厉的五月法令①，不仅反对天主教，而且也反对一切宗教；他唆使他的未来的宪兵进攻宗教，从而帮助它殉道和延长生命期。无论我们向什么地方看，总是看到普鲁士特有的社会主义。

在杜林先生这样顺当地把宗教消灭以后，

① 五月法令是普鲁士宗教大臣法尔克根据俾斯麦的创议于 1873 年 5 月 11—14 日通过国会实施的四项法令的名称，这四项法令以此名而载入史册。这些法令确立了国家对天主教会活动的控制，是俾斯麦 1872—1875 年采取的一系列反对天主教僧侣的立法措施中最重要的环节，也是所谓“文化斗争”的顶点。天主教僧侣是代表德国南部和西南部分立主义者利益的中央党的主要支柱。警察迫害引起了天主教徒的激烈反抗并为他们创造了光荣殉教的机会。1880—1887 年，俾斯麦政府为了联合一切反动势力对付工人运动，不得不在实施这些法令时采取缓和的态度，最后便取消了几乎所有反天主教的法令。

“只依靠自身和自然界的、成熟到认识自己的集体力量的人，就可以勇敢地踏上事物进程和他自己的本质为他开辟的一切道路”。

恩格斯：《反杜林论》（1876年9月—1878年6月），《马克思恩格斯文集》第9卷，人民出版社2009年版，第332—335页。

**58. 对于一种征服罗马世界帝国、统治文明人类的绝大多数达1800年之久的宗教，简单地说它是骗子凑集而成的无稽之谈，是不能解决问题的。只有根据宗教借以产生和取得统治地位的历史条件，去说明它的起源和发展，才能解决问题**

4月13日，有一位人物在柏林逝世。他过去曾经作为哲学家和神学家起过一定的作用，但多年来，几乎已销声匿迹，只是偶尔作为“文坛怪人”还吸引着公众的注意。官方的神学家们，其中也有勒南，剽窃了他的著作，因此一致绝口不提他的名字。可是，他比所有这些人更有价值，而且在一个我们社会主义者也关切的问题上，即在基督教历史起源问题上，他比所有这些人做了更多的工作。

趁他去世的机会，我们简单谈谈这个问题的目前情况和鲍威尔对解决这个问题的贡献。

从中世纪的自由思想者①到18世纪的启蒙学者中间，一直流行着这样一种观点，即认为一切宗教，包括基督教在内，都是骗子的捏造。但是，自从黑格尔向哲学提出了说明世界历史中的理性发展的任务②之后，上述观点便再也不能令人满意了。

事情很清楚，自发的宗教，如黑人对物神的膜拜或雅利安人③共有的原始宗教，在它们产生的时候，并没有欺骗的成分，但在以后的发展中，僧侣的欺诈很快就成为不可避免的了。至于人为的宗教，虽然充满着虔诚的狂热，但在其创立的时候，便少不了欺骗和伪造历史，而基督教，正如

---

① 自由思想者指对宗教信条持怀疑和批判态度，坚持用理性来评价宗教教义，主张在探索真理的过程中捍卫理性自由的人。早在10世纪，就有一些自由思想者在巴格达对犹太教、基督教和伊斯兰教进行比较，指出这三种宗教的创立者摩西、耶稣和穆罕默德都是骗子。这种观点后来传到欧洲，直到启蒙运动时期仍然在产生影响。

② 黑格尔《历史哲学讲演录》1840年柏林第2版第11—15页。

③ 雅利安人是欧洲19世纪文献中对印欧语系各民族的总称。

鲍威尔在考证新约[①]时所指出的，也一开始就在这方面做出了可观的成绩。但这只是指出了一般现象，并没有说明这里所要谈的具体情况。

对于一种征服罗马世界帝国、统治文明人类的绝大多数达1800年之久的宗教，简单地说它是骗子凑集而成的无稽之谈，是不能解决问题的。只有根据宗教借以产生和取得统治地位的历史条件，去说明它的起源和发展，才能解决问题。对基督教更是这样。这里要解决的问题是：为什么罗马帝国的民众，在一切宗教中特别爱好这种还是由奴隶和被压迫者所宣扬的无稽之谈，以致野心勃勃的君士坦丁最后竟认为接受这种荒诞无稽的宗教，是自己一跃而为罗马世界独裁者的最好手段？

恩格斯：《布鲁诺·鲍威尔和原始基督教》（1882年4月下半月），《马克思恩格斯文集》第3卷，人民出版社2009年版，第591—592页。

### 59. 基督教起源于通俗化了的斐洛派的观念

在解答这个问题方面，布鲁诺·鲍威尔的贡献比任何人都大得多。维耳克单纯从语言方面考证了的福音书的时间顺序和相互依存关系[②]，鲍威尔又根据它们的内容无可辩驳地加以证实了，尽管1849年以后反动时代的那些半信神的神学家竭力反对这样做。按照施特劳斯含糊的神话论[③]，人人都可以任意地把福音书的记述完全当做历史的记述，鲍威尔彻底揭露了这种理论的非科学性[④]。既然福音书的全部内容中几乎绝对没有一件事情是可以证实的历史事实，以致连耶稣基督在历史上是否实有其人也可以认为是成问题的，鲍威尔就扫清了解决下述问题的基地：在基督教中被联结成了一种体系的那些观念和思想，是从哪里来的，而且是怎样取得世界统治地位的？

鲍威尔毕生从事这个问题的研究。他的最卓越的研究成果是：他指出公元40年还以高龄活着的亚历山大里亚的犹太人斐洛是基督教的真正父

---

① 布·鲍威尔对新约进行考证的著作主要有：《约翰的福音故事考证》1840年不来梅版；《符类福音作者的福音故事考证》1841年莱比锡版第1、2卷；《符类福音作者和约翰的福音故事考证》1842年不伦瑞克版第3卷；等等。

② 参看克·哥·维耳克《最初的福音书作者或对头三个福音书的亲近关系的诠释性考证研究》1830年德累斯顿—莱比锡版。

③ 参看大·施特劳斯《耶稣传》（校勘本）1835—1836年蒂宾根版第1—2卷。

④ 布·鲍威尔在《福音书的神学解释》一文中批驳了大·施特劳斯的理论；这篇文章被收入《福音书及其起源的史实考证》1852年柏林版第4卷。

亲，而罗马的斯多亚派的塞涅卡可以说是基督教的叔父。[①] 在斐洛名下流传到现在的许多著作，实际上是讽喻体的理性主义的犹太传说和希腊哲学特别是斯多亚派哲学的混合物。西方观点和东方观点的这种调和，已经包含着本质上是基督教的全部观念——人的原罪、逻各斯[②]（这个词是神所有的并且本身就是神，它是神与人之间的中介）、不是通过供奉牺牲而是通过把自己的心灵奉献给神来进行忏悔，最后还有以下的本质特点，即新的宗教哲学倒转了从前的世界秩序，它在穷人、受苦受难的人、奴隶和被排斥的人中寻找信徒，蔑视有钱人、有势力的人和有特权的人，因而也就有蔑视一切尘世享乐和禁止肉欲的规定。

另一方面，奥古斯都就已注意到，不仅要使神人，而且要使所谓贞洁的受孕也成为国家规定的格式。他不仅要求对凯撒和自己敬奉如神，而且还要求宣扬，他奥古斯都·凯撒神人（Divus）不是他父亲这个凡人的儿子，而是他母亲从阿波罗神那里受孕生下来的。但愿这位阿波罗神不是海涅所歌咏的那位阿波罗神的本家吧！[③]

由此可见，整个基督教的基本轮廓已经形成，只是还缺少一块拱顶石：人格化的逻各斯体现为一定的人物，他为了拯救有罪的人类而在十字架上作出赎罪的牺牲。

至于这块拱顶石在历史上是怎样砌到斯多亚—斐洛学说里去的，我们找不到真正可靠的史料。但是有一点可以肯定，这块拱顶石不是由哲学家，即斐洛的学生或斯多亚派砌上的。宗教是由那些本身感到宗教的需要，并且懂得群众对宗教的需要的人创立的，而那些组成学派的哲学家通常不是这样。相反，在总解体的时期（例如现在还是这样），我们看到哲学和宗教教义都以粗俗的形式被庸俗化，并且得到广泛传播。如果说希腊古典哲学的最终形式（尤其是伊壁鸠鲁学派）发展为无神论的唯物主义，那么希腊的庸俗哲学则发展为一神论和灵魂不死说。犹太教也是这样，它在同外族人和半犹太人

① 恩格斯提到的这一事实，布·鲍威尔在下列著作中作了阐述：《斐洛、施特劳斯、勒南和原始基督教》1874年柏林版及《基督和君主们。基督教起源于罗马的希腊文化》1877年柏林版。

② 逻各斯（Logos）是欧洲古代和中世纪常用的哲学术语，意为言语、思想、思维、理性、比例、尺度等；一般指尺度、规律。古希腊哲学家赫拉克利特最早将它引入哲学，主要用来说明万物生灭变化的规律。在黑格尔哲学中，逻各斯是指概念、理性、绝对精神。

③ 指海涅的讽刺诗《阿波罗神》中的主人公（见诗集《罗曼采罗》），这是一个年轻的浪荡鬼，是阿姆斯特丹犹太教堂里扮演阿波罗的歌手。

的混合和交往中理性主义地庸俗化了，忽视了法定的仪式，把过去犹太人独有的民族神雅赫维[①]变为唯一的真神——天地的创造主，并且接受了原先同犹太教格格不入的灵魂不死说。这样，一神论的庸俗哲学就和庸俗宗教相遇了，后者为前者提供了现成的唯一的神。这就为犹太人准备了基地，使他们在吸收同样庸俗化了的斐洛派的观念以后，能够创立基督教，并且基督教一经创立，也就能够为希腊人和罗马人所接受。基督教起源于通俗化了的斐洛派的观念，而不是直接产生于斐洛的著作，可以证明这一点的是：新约几乎完全忽略了斐洛著作的主要部分，即忽略了旧约记述的那种讽喻式的哲理解释。这是鲍威尔没有充分注意到的一个方面。

恩格斯：《布鲁诺·鲍威尔和原始基督教》（1882 年 4 月下半月），《马克思恩格斯文集》第 3 卷，人民出版社 2009 年版，第 592—594 页。

### 60. 基督教的最初形态

基督教的最初形态究竟是什么样子，读一读所谓约翰启示录[②]就可以有一个概念。粗野的混乱的狂热，教义还处在萌芽时期，所谓基督教道德只有禁止肉欲这一条，相反，幻想和预言却很多。教义和伦理学是在较晚时期形成的，那时福音书和所谓使徒书信[③]已经写成。其中不客气地利用了斯多亚派哲学，特别是塞涅卡哲学——至少在训诫方面是这样。鲍威尔已经证明，使徒书信常常一字不差地抄袭塞涅卡。[④] 实际上，这件事情正统的基督徒也已经看到了，不过他们硬说塞涅卡抄袭了当时还没有编写成的新约。教义一方面是在同正在形成的关于耶稣的福音传说的联系中，另一方面是在犹太裔基督徒和非犹太裔基督徒之间的斗争中发展起来的。

恩格斯：《布鲁诺·鲍威尔和原始基督教》（1882 年 4 月下半月），《马克思恩格斯文集》第 3 卷，人民出版社 2009 年版，第 594—595 页。

---

① 埃瓦尔德已经证明，犹太人在注有元音和发音符号的手稿中，在雅赫维（Jahweh）这个忌讳说出的名字的辅音底下，写上了这个名字的代称阿特乃（Adonai）一词中的元音。后来的人就把它读成耶和华（Jehovah）。可见，这个词不是某位神的名字，而只是一个重大的语法错误，因为在希伯来语中根本就不可能有这个词。

② 《新约全书·约翰启示录》。

③ 使徒书信是对《新约全书》中称为“书信”的各卷书的泛称，相传为使徒保罗、雅各、彼得、约翰和犹大所写；从《罗马人书》到《犹大书》，共计 21 卷。

④ 参看布·鲍威尔《基督和君主们。基督教起源于罗马的希腊文化》一书中的《新约中的塞涅卡》一章（1877 年柏林版第 47—61 页）。

**61. 基督教取得胜利和世界统治地位的原因**

关于基督教取得胜利和世界统治地位的原因，鲍威尔也提供了非常珍贵的材料。[①] 但是在这里，这位德国哲学家的唯心主义妨碍了他，使他不能作明晰的观察和精确的说明。往往在紧要关头，不得不用空话来代替事实。所以，我们与其逐条研讨鲍威尔的见解，倒不如谈谈我们自己对这个问题的看法。这些看法的根据，不仅有鲍威尔的著作，而且还有我们自己的独立研究。

罗马的占领，在所有被征服的国家，首先直接破坏了过去的政治秩序，其次也间接破坏了旧有的社会生活条件。其办法是：第一，以罗马公民与非公民或国家臣民之间的简单区别，代替了从前的等级划分（奴隶制度除外）；第二，这是主要的，以罗马国家的名义进行压榨。如果说在帝国内部，为了国家的利益，对行省总督的贪财欲望还尽量加以限制，那么在这些国家代之而来的，是为了充实国库而课收的日益加重和日益烦苛的赋税，这样一种压榨行为起了可怕的破坏作用；最后，第三，到处都由罗马法官根据罗马法进行判决，这样一来，凡是与罗马法制不相符合的本地社会制度都被宣布无效。这三种办法必然产生惊人的荡平一切的作用，特别是运用于各国居民达几百年之久的时候更是如此。这些居民中间的最强有力的部分，不是在被征服前、被征服时、甚至往往在被征服后的斗争中被消灭，便是沦为奴隶。各行省的社会关系愈益接近意大利首都的社会关系。居民逐渐分裂为三个由极复杂的成分和民族凑合起来的阶级：富人，其中不少是被释放的奴隶（见佩特罗尼乌斯的作品[②]）、大地主、高利贷者、或大地主兼高利贷者——如基督教的叔父塞涅卡；没有财产的自由民，他们在罗马靠国家吃喝玩乐，在各行省只能自找生路；最后是广大的群众——奴隶。前两个阶级对于国家即对于皇帝，几乎同奴隶对于奴隶主一样没有权利。特别从提比里乌斯到尼禄这一时期，判处有钱的罗马人死刑以没收他们的财产，是一种常见的现象。政府的物质支柱是军队，它很像雇佣军，而不是古罗马的农民军队；政府的精神支柱是这样一种普遍信念：现状是摆脱

---

① 参看布·鲍威尔《斐洛、施特劳斯、勒南和原始基督教》1874 年柏林版；《基督和君主们。基督教起源于罗马的希腊文化》1877 年柏林版。

② 指佩特罗尼乌斯创作的小说《萨蒂里孔》。这部作品通过描写一个发了财的被释放的奴隶特里马希昂所举行的宴会，真实地再现了罗马帝国早期的社会状况。

不了的；建立在军事统治上的帝政（不是指这个或那个皇帝）是无法改变的必然性。至于这种信念究竟基于哪些纯粹的物质事实，这里就不加以分析了。

同普遍的无权地位和对改善现状的可能表示绝望的情况相适应的，是普遍的意志消沉和精神颓废。剩下的少数具有贵族气派和贵族思想的古罗马人，不是被消灭，便是死亡了。他们当中最后的一个人是塔西佗。其余的人巴不得能够完全避开社会生活；他们沉溺于聚财和斗富、诽谤和倾轧之中。没有财产的自由民，在罗马由国家供养，在各行省则境况困苦。他们必须劳动，而且还要对付奴隶劳动的竞争。不过这些人只住在城市。除他们以外，在各行省还有农民，即自由的土地占有者（有些地方也许还同公有制有联系），或大地主的债务奴仆（如在高卢）。这一阶级最少被社会变革所触及。它反对宗教变革的时间也最久①。最后是奴隶，他们没有权利，没有主见，不可能解放自己，如斯巴达克失败所证明的那样；可是他们当中大部分原是自由民或是被释放的奴隶的后裔。所以他们必然对自己的生活状况怀有极为强烈的（虽然表面上并不显露的）怨恨。

同上述情况相适应，我们可以看到，那个时代的意识形态家也是如此。哲学家们不是单纯赚钱谋生的教书匠，便是穷奢极欲的有钱人所雇用的小丑。有些甚至就是奴隶。塞涅卡先生表明，如果他们处境顺利，他们会变成什么样子。这位讲道德谈克制的斯多亚派②，是尼禄宫廷中的头号阴谋家，不可能不阿谀奉承。他让尼禄赏赐金钱、田庄、花园、宫室。当他宣扬写进福音书中的贫困的拉撒路时，他实际上正是这个寓言里的富人。只是当尼禄要他命的时候，他才请皇帝收回一切赏赐，说他的哲学已使他感到满足。只有像柏西阿斯这样极个别的哲学家，至少还挥动讽刺的鞭子，鞭笞那些蜕化的同时代人。至于另一类意识形态家，即法学家，则对新秩序赞赏不已，因为一切等级差别的取消，使他们得以全面制定他们心爱的私法，因而他们就为皇帝制定了空前卑鄙的国家法。

---

① 按照法耳梅赖耶尔的说法（参看雅·菲·法耳梅赖耶尔的著作《摩里亚半岛中世纪史》1830年斯图加特—蒂宾根版第1册，第227页），直到9世纪，迈纳（伯罗奔尼撒）的农民还在向宙斯供奉牺牲。

② 斯多亚派是公元前4世纪末产生于古希腊的一个哲学派别，因其创始人芝诺通常在雅典集市的画廊讲学，故称斯多亚派，又称画廊学派。

罗马帝国在消灭各民族政治和社会独特性的同时，也消灭了他们独特的宗教。古代一切宗教都是自发的部落宗教和后来的民族宗教，它们从各民族的社会条件和政治条件中产生，并和这些条件紧紧连在一起。宗教的这种基础一旦遭到破坏，沿袭的社会形式、传统的政治设施和民族独立一旦遭到毁灭，那么从属于此的宗教自然也就会崩溃。本民族神可以容许异民族神和自己并立（这在古代是通常现象），但不能容许他们居于自己之上。东方的祭神仪式移植到罗马，只损害罗马宗教，但不能阻止东方宗教的衰落。民族神一旦不能保卫本民族的独立和自主，就会自取灭亡。情况到处都是这样（农民，特别是山地农民除外）。庸俗哲学的启蒙作用（我简直想说是伏尔泰主义①）在罗马和希腊所做到的事情，在各行省由于罗马帝国的奴役，以及由于那些从前以享有自由而自豪的战士被绝望的臣民和自私的无赖所取代，同样也做到了。

这就是当时的物质和精神状况。现状不堪忍受，未来也许更加可怕。没有任何出路。悲观绝望，或从最猥鄙的感官享乐中寻求解脱——至少有可能让自己这样做的那些人是如此，可是这只是极少数人。其余的人就只好俯首帖耳地服从于不可避免的命运。

但是，在各阶级中必然有一些人，他们既然对物质上的得救感到绝望，就去追寻灵魂得救来代替，即追寻思想上的安慰，以免陷入彻底绝望的境地。这样的安慰既不是斯多亚学派，也不是伊壁鸠鲁学派所能提供的，因为第一，这两个学派是不以普通人的思想为对象的哲学体系；第二，这两个学派的门徒的生活方式，把他们的学说弄得声名狼藉。安慰不是要代替那失去了的哲学，而是要代替那失去了的宗教，它必须以宗教形式出现，当时甚至直到 17 世纪，一切能够打动群众的东西莫不如此。

几乎用不着说明，在追求这种思想上的安慰，设法从外在世界遁入内在世界的人中，大多数必然是奴隶。

正是在这经济、政治、智力和道德的总解体时期，出现了基督教。它

① 伏尔泰是自然神论者，他对僧侣主义、天主教和专制政体的猛烈抨击曾对他的同时代人产生极大影响。因此伏尔泰主义特指 18 世纪末期进步的、反宗教的社会政治观点。在马克思恩格斯的著作里，伏尔泰主义这一概念指资产阶级在上升时期所持的充满矛盾的思想观点和政治态度。当时，这个阶级一方面从自然神论的立场出发，反对宗教狂热和封建教权主义；另一方面又认为，为了对“贱民”实行统治，宗教的存在是必要的。

和以前的一切宗教发生了尖锐的对立。

恩格斯:《布鲁诺·鲍威尔和原始基督教》(1882年4月下半月),《马克思恩格斯文集》第3卷,人民出版社2009年版,第595—598页。

**62. 由于基督教否定一切民族宗教及其共有仪式,毫无差别地对待一切民族,它本身就成了第一个可行的世界宗教**

在以前的一切宗教中,仪式是主要的事情。只有参加祭祀和巡礼,在东方还须遵守十分烦琐的饮食和洁净方面的清规,才能证明自己的教籍。罗马和希腊在后一方面是宽容的,而在东方则盛行着一套宗教戒律,这在不小程度上促使它终于崩溃。属于两种不同宗教的人(埃及人、波斯人、犹太人、迦勒底人等等)不能共同饮食,不能共同进行日常活动,几乎不能交谈。人与人之间的这种隔绝状态,是古代东方衰落的很大一部分原因。基督教没有造成隔绝的仪式,甚至没有古典世界的祭祀和巡礼。这样一来,由于它否定一切民族宗教及其共有仪式,毫无差别地对待一切民族,它本身就成了第一个可行的世界宗教。犹太教由于有新的万能的神,原也有成为世界宗教的趋势。但是以色列子女在信徒和行割礼的人中,依然保持着贵族身份。连基督教也必须先打破关于犹太裔基督徒的优越地位的观念(这种观念在所谓约翰启示录中仍很流行),才能变成真正的世界宗教。另一方面,伊斯兰教由于保持着它的特殊东方仪式,它的传播范围就局限在东方以及被征服的和由阿拉伯贝都因人新垦殖的北非。在这些地方它能够成为主要的宗教,而在西方却不能。

恩格斯:《布鲁诺·鲍威尔和原始基督教》(1882年4月下半月),《马克思恩格斯文集》第3卷,人民出版社2009年版,第598—599页。

**63. 由于基督教把人们的普遍堕落罪在自己这一普遍流行的感觉,明白地表现为每个人的罪孽意识;同时,由于基督教通过它的创始人的牺牲,为普遍渴求的摆脱堕落世界而获取内心得救即心灵上的安慰提供了人人容易理解的形式,它就再一次证实自己能够成为世界宗教——而且是适合于现世的宗教**

其次,基督教拨动的琴弦,必然会在无数人的心胸中唤起共鸣。人们抱怨时代的败坏、普遍的物质匮乏和道德沦丧。对于这一切抱怨,基督教的罪孽意识回答道:事情就是这样,并且只能是这样,世界的堕落,罪在于你,在于你们大家,在于你和你们自己内心的堕落!哪里会有人说这是不对的呢?

罪在我［Mea culpa］！承认每个人在总的不幸中都有一份罪孽，这是无可非议的，这种承认也成了基督教同时宣布的灵魂得救的前提。并且，这种灵魂得救被安排得使每个旧宗教团体的成员都易于理解。一切旧宗教都熟悉献祭赎罪这一观念，它能使被亵渎的神怒气冰释。那么，一位中间调停人牺牲自己永远赎清人类罪孽的观念，怎么会不容易获得地盘呢？这样，由于基督教把人们的普遍堕落罪在自己这一普遍流行的感觉，明白地表现为每个人的罪孽意识；同时，由于基督教通过它的创始人的牺牲，为普遍渴求的摆脱堕落世界而获取内心得救即心灵上的安慰提供了人人容易理解的形式，它就再一次证实自己能够成为世界宗教——而且是适合于现世的宗教。

结果是：当时在荒漠中，成千上万的预言家和宣教者提出了无数革新宗教的东西，但只有基督教的创始人获得了成功。不仅在巴勒斯坦，而且在整个东方，曾麇集着这样一些宗教创始人，他们之间进行着一种可以说是达尔文式的精神上的生存斗争。主要由于上述各种原因，基督教取得了胜利。而基督教怎样在教派的相互斗争中，在同异教世界的斗争中，通过自然选择逐渐形成为世界宗教，这已由最初三个世纪的教会史详细作了说明。

恩格斯：《布鲁诺·鲍威尔和原始基督教》（1882 年 4 月下半月），《马克思恩格斯文集》第 3 卷，人民出版社 2009 年版，第 599—600 页。

**64. 这种认为宗教是世界历史的决定性杠杆的观点，归根结底必然导致纯粹的神秘主义**

家庭史的研究是从 1861 年，即从巴霍芬的《母权论》的出版开始的。作者在这本书中提出了以下的论点：（1）最初人们实行着毫无限制的性关系，他把这种性关系用了一个不恰当的名词“淫游”来表示；（2）这种关系排除了任何可以确切认知的父亲，因此，世系只能依照女系——依照母权制——计算，古代的一切民族，起初都是如此；（3）因此，妇女作为母系，作为年轻一代的唯一确切知道的亲长，享有高度的尊敬和威望，据巴霍芬的意见，高度的尊敬和威望上升到了完全的妇女统治（Gynaikokratie）；（4）向一个女子专属于一个男子的个体婚制的过渡，含有对远古宗教戒律的侵犯（就是说，实际上侵犯了其余男子自古享有的可以占有这位女子的权利），这种侵犯要求由女子暂时有限地献身于外人来赎罪或赎买对这种行为的容忍。

巴霍芬从他极其勤奋地搜集来的无数段古代经典著作中，为这些论点找出了证据。由“淫游”到专偶婚的发展，以及由母权制到父权制的发展，据他的意见——特别是在希腊人中间——是由于宗教观念的进一步发展，由于代表新观念的新神挤入体现旧观念的传统神内部；因此，旧神就越来越被新神排挤到后边去了。所以，照巴霍芬看来，并不是人们的现实生活条件的发展，而是这些条件在这些人们头脑中的宗教反映，引起了男女两性相互的社会地位的历史性的变化。根据这一点，巴霍芬指出，埃斯库罗斯的《奥列斯特》三部曲是用戏剧的形式来描写没落的母权制跟发生于英雄时代并日益获得胜利的父权制之间的斗争。……

对《奥列斯特》三部曲的这个新的但完全正确的解释，是巴霍芬全书中最美妙精彩的地方之一，但它同时证明，巴霍芬至少是像当年的埃斯库罗斯一样地信仰依理逆司神、阿波罗神及雅典娜神；也就是说，他相信这些神在希腊的英雄时代创造了用父权制推翻母权制的奇迹。显然，这种认为宗教是世界历史的决定性杠杆的观点，归根结底必然导致纯粹的神秘主义。

恩格斯：《家庭、私有制和国家的起源》（1884 年 3 月底—5 月底），《马克思恩格斯文集》第 4 卷，人民出版社 2009 年版，第 20—21 页。

**65. 对现存宗教进行斗争的实践需要，把大批最坚决的青年黑格尔分子推回到英国和法国的唯物主义**

黑格尔的整个学说，如我们所看到的，为容纳各种极不相同的实践的党派观点留下了广阔场所；而在当时的理论的德国，有实践意义的首先是两种东西：宗教和政治。特别重视黑格尔的体系的人，在两个领域中都可能是相当保守的；认为辩证方法是主要的东西的人，在政治上和宗教上都可能属于最极端的反对派。黑格尔本人，虽然在他的著作中相当频繁地爆发出革命的怒火，但是总的说来似乎更倾向于保守的方面；他在体系上所花费的“艰苦的思维劳动”倒比他在方法上所花费的要多得多。到 30 年代末，他的学派内的分裂越来越明显了。左翼，即所谓青年黑格尔派，在反对虔诚派的正统教徒和封建反动派的斗争中一点一点地放弃了在哲学上对当前的紧迫问题所采取的超然态度，由于这种态度，他们的学说在此之前曾经得到国家的容忍，甚至保护；到了 1840 年，正统教派的虔诚和封建专制的反动随着弗里德里希-威廉四世登上了王座，这时人们就不可避免地要公开站在这一派或那一派方面了。斗争依旧是用哲学的武器进行的，但已经不再是为了抽象的哲学目的；问题已经直接是要消灭传统的宗教和现存的国家了。如果说在《德国年鉴》中实践的最终目的主要还是穿着哲学的外衣出场，那么，在 1842 年的

《莱茵报》[①] 上青年黑格尔学派已经直接作为努力向上的激进资产阶级的哲学出现，只是为了迷惑书报检查机关才用哲学伪装起来。

但是，政治在当时是一个荆棘丛生的领域，所以主要的斗争就转为反宗教的斗争；这一斗争，特别是从1840年起，间接地也是政治斗争。1835年出版的施特劳斯的《耶稣传》成了第一个推动力。后来，布鲁诺·鲍威尔反对该节中所阐述的福音神话发生说，证明许多福音故事都是作者自己虚构的。两人之间的争论是在“自我意识”对“实体”的斗争这一哲学幌子下进行的。神奇的福音故事是在宗教团体内部通过不自觉的、传统的创作神话的途径形成的呢，还是福音书作者自己虚构的——这个问题扩展为这样一个问题：在世界历史中起决定作用的力量是“实体”呢，还是“自我意识”；最后，出现了施蒂纳，现代无政府主义的先知（巴格尔从他那里抄袭了许多东西），他用他的至上的“唯一者”[②] 压倒了至上的“自我意识”。

我们不打算更详细地考察黑格尔学派解体过程的这一方面。在我们看来，更重要的是：对现存宗教进行斗争的实践需要，把大批最坚决的青年黑格尔分子推回到英国和法国的唯物主义。他们在这里跟自己的学派的体系发生了冲突。唯物主义把自然界看做唯一现实的东西，而在黑格尔的体系中自然界只是绝对观念的“外化”，可以说是这个观念的下降；无论如何，思维及其思想产物即观念在这里是本原的，而自然界是派生的，只是由于观念的下降才存在。他们就在这个矛盾中彷徨，尽管程度各不相同。

这时，费尔巴哈的《基督教的本质》出版了。它直截了当地使唯物主义重新登上王座，这就一下子消除了这个矛盾。自然界是不依赖任何哲学而存在的；它是我们人类（本身就是自然界的产物）赖以生长的基础；在自然界和人以外不存在任何东西，我们的宗教幻想所创造出来的那些最高存在物只是我们自己的本质的虚幻反映。魔法被破除了；“体系”被炸开并被抛在一旁了，矛盾既然仅仅是存在于想象之中，也就解决了。——这本书的解放作用，只有亲身体验过的人才能想象得到。那时大家都很兴奋：

① 指《莱茵政治、商业和工业时报》，该报是德国的一家日报，青年黑格尔派的喉舌，1842年1月1日—1843年3月31日在科隆出版。该报由莱茵省一些反对普鲁士专制政体的资产阶级人士创办，曾吸收了几个青年黑格尔分子撰稿。1842年4月马克思开始为该报撰稿，同年10月起成为该报编辑部成员。《莱茵报》也发表过许多恩格斯的文章。在马克思担任编辑期间，该报的革命民主主义性质日益明显，政府对该报进行了特别严格的检查，1843年4月1日将其查封。

② 指麦·施蒂纳《唯一者及其所有物》1845年莱比锡版。

我们一时都成为费尔巴哈派了。

恩格斯：《路德维希·费尔巴哈和德国古典哲学的终结》（1886年初），《马克思恩格斯文集》第4卷，人民出版社2009年版，第273—275页。

**66. 由于十分相似的原因，通过自然力的人格化，产生了最初的神。随着各种宗教的进一步发展，这些神越来越具有了超世界的形象，直到最后，通过智力发展中自然发生的抽象化过程——几乎可以说是蒸馏过程，在人们的头脑中，从或多或少有限的和互相限制的许多神中产生了一神教的唯一的神的观念**

全部哲学，特别是近代哲学的重大的基本问题，是思维和存在的关系问题。在远古时代，人们还完全不知道自己身体的构造，并且受梦中景象的影响①，于是就产生一种观念：他们的思维和感觉不是他们身体的活动，而是一种独特的、寓于这个身体之中而在人死亡时就离开身体的灵魂的活动。从这个时候起，人们不得不思考这种灵魂对外部世界的关系。如果灵魂在人死时离开肉体而继续活着，那就没有理由去设想它本身还会死亡；这样就产生了灵魂不死的观念，这种观念在那个发展阶段出现决不是一种安慰，而是一种不可抗拒的命运，并且往往是一种真正的不幸，例如在希腊人那里就是这样。关于个人不死的无聊臆想之所以普遍产生，不是因为宗教上的安慰的需要，而是因为人们在普遍愚昧的情况下不知道对已经被认为存在的灵魂在肉体死后该怎么办。由于十分相似的原因，通过自然力的人格化，产生了最初的神。随着各种宗教的进一步发展，这些神越来越具有了超世界的形象，直到最后，通过智力发展中自然发生的抽象化过程——几乎可以说是蒸馏过程，在人们的头脑中，从或多或少有限的和互相限制的许多神中产生了一神教的唯一的神的观念。

恩格斯：《路德维希·费尔巴哈和德国古典哲学的终结》（1886年初），《马克思恩格斯文集》第4卷，人民出版社2009年版，第277—278页。

**67. 人们头脑中发生的这一思想过程，归根到底是由人们的物质生活条件决定的**

现在我们再简略地谈谈宗教，因为宗教离开物质生活最远，而且好像同物质生活最不相干。宗教是在最原始的时代从人们关于他们自身的自然和周围的

---

① 在蒙昧人和低级野蛮人中间，现在还流行着这样一种观念：梦中出现的人的形象是暂时离开肉体的灵魂；因而现实的人要对自己出现于他人梦中时针对做梦者而采取的行为负责。例如伊姆·特恩于1884年在圭亚那的印第安人中就发现了这种情形。

外部自然的错误的、最原始的观念中产生的。但是，任何意识形态一经产生，就同现有的观念材料相结合而发展起来，并对这些材料作进一步的加工；不然，它就不是意识形态了，就是说，它就不是把思想当做独立地发展的、仅仅服从自身规律的独立存在的东西来对待了。人们头脑中发生的这一思想过程，归根到底是由人们的物质生活条件决定的，这一事实，对这些人来说必然是没有意识到的，否则，全部意识形态就完结了。因此，大部分是每个有亲属关系的民族集团所共有的这些原始的宗教观念，在这些集团分裂以后，便在每个民族那里依各自遇到的生活条件而独特地发展起来，而这一过程对一系列民族集团来说，特别是对雅利安人（所谓印欧人）来说，已由比较神话学详细地证实了。这样在每一个民族中形成的神，都是民族的神，这些神的王国不越出它们所守护的民族领域，在这个界线以外，就无可争辩地由别的神统治了。只要这些民族存在，这些神也就继续活在人们的观念中；这些民族没落了，这些神也就随着灭亡。罗马世界帝国使得古老的民族没落了（关于罗马世界帝国产生的经济条件，我们没有必要在这里加以研究），古老的民族的神就灭亡了，甚至罗马的那些仅仅适合于罗马城这个狭小圈子的神也灭亡了；罗马曾企图除本地的神以外还承认和供奉一切多少受崇敬的异族的神，这就清楚地表现了有以一种世界宗教来充实世界帝国的需要。

恩格斯：《路德维希·费尔巴哈和德国古典哲学的终结》（1886 年初），《马克思恩格斯文集》第 4 卷，人民出版社 2009 年版，第 309 页。

**68. 在中世纪，随着封建制度的发展，基督教成为一种同它相适应的、具有相应的封建等级制的宗教**

但是一种新的世界宗教是不能这样用皇帝的敕令创造出来的。新的世界宗教，即基督教，已经从普遍化了的东方神学，特别是犹太神学同庸俗化了的希腊哲学，特别是斯多亚派哲学①的混合中悄悄地产生了。我们必

① 斯多亚派是公元前 4 世纪末产生于古希腊的一个哲学派别，因其创始人芝诺通常在雅典集市的画廊（画廊的希腊文音译是“斯多亚”）讲学，故称斯多亚派，又称画廊学派。斯多亚派哲学分为逻辑学、物理学和伦理学，以伦理学为中心，逻辑学和物理学只是为伦理学提供基础。这个学派主要宣扬服从命运并带有浓厚宗教色彩的泛神论思想，其中既有唯物主义倾向，又有唯心主义思想。早期斯多亚派认为，认识来源于对外界事物的感觉，但又承认关于神、善恶、正义等的先天观念。中期斯多亚派强调社会责任、道德义务，加强了道德生活中的禁欲主义倾向。晚期斯多亚派宣扬安于命运，服从命运，认为人的一生注定是有罪的、痛苦的，只有忍耐和克制欲望，才能摆脱痛苦和罪恶，得到精神的安宁和幸福。晚期斯多亚派的伦理思想为基督教的兴起准备了思想条件。

须重新进行艰苦的研究，才能够知道基督教最初是什么样子，因为它那流传到我们今天的官方形式仅仅是尼西亚宗教会议①为了使它成为国教而赋予它的那种形式。它在250年后已经变成国教这一事实，足以证明它是适应时势的宗教。在中世纪，随着封建制度的发展，基督教成为一种同它相适应的、具有相应的封建等级制的宗教。当市民阶级兴起的时候，新教异端首先在法国南部的阿尔比派②中间，在那里的城市最繁荣的时代，同封建的天主教相对抗而发展起来。

恩格斯：《路德维希·费尔巴哈和德国古典哲学的终结》（1886年初），《马克思恩格斯文集》第4卷，人民出版社2009年版，第309—310页。

**69. 基督教越来越变成统治阶级专有的东西，统治阶级只把它当做使下层阶级就范的统治手段**

在法国，1685年加尔文教派中的少数派曾遭到镇压，被迫皈依天主教或者被驱逐出境。③ 但是这有什么用处呢？那时自由思想家皮埃尔·培尔已经在忙于从事活动，而1694年伏尔泰也诞生了。路易十四的暴力措施只是使法国的资产阶级更便于以唯一同已经发展起来的资产阶级相适应的、非宗教的、纯粹政治的形式进行自己的革命。出席国民议会的不是新教派，而是自由思想家了。由此可见，基督教进入了它的最后阶段。此后，它已不能成为任何进步阶级的意向的意识形态外衣了；它越来越变成统治阶级专有的东西，统治阶级只把它当做使下层阶级就范的统治手段。同时，每个不同的阶级都利用它自己认为适合的宗教：占有土地的容克利用天主教的耶稣会派或新教的正统派，自由的和激进的资产者则利用理性主义，至

① 尼西亚宗教会议是基督教会第一次世界性主教会议。这次会议于325年由罗马皇帝君士坦丁一世在小亚细亚的尼西亚城召开，约300名主教或代表主教的长老出席。会议针对当时教会存在的“三位一体”派和阿里乌派的信仰分歧，通过了一切基督徒必须遵守“三位一体”的信条（正统基督教教义的基本原则），不承认信条以叛国罪论。会议还制定了教会法规，以加强主教权力，实为加强皇帝权力。因主教由皇帝任免，从此基督教成为罗马帝国国教。

② 阿尔比派是基督教的一个教派，12—13世纪广泛传播于法国南部和意大利北部的城市，其主要发源地是法国南部阿尔比城。该派反对天主教的豪华仪式和教阶制度，它以宗教的形式反映了城市商业和手工业居民对封建制度的反抗。法国南部的部分贵族也加入了阿尔比派，他们企图剥夺教会的土地。法国北部的封建主和教皇称该派为南方法兰西的“异教徒”。1209年教皇英诺森三世曾组织十字军征讨阿尔比派。经过20年战争和残酷的镇压，阿尔比派运动终于失败。

③ 17世纪20年代起对胡格诺教徒（加尔文派新教徒）施加的政治迫害和宗教迫害加剧，路易十四于1685年取消了亨利四世1598年颁布的南特敕令。这个敕令曾给予胡格诺教徒以信教和敬神的自由；由于南特敕令的取消，数十万胡格诺教徒离开了法国。

于这些先生们自己相信还是不相信他们各自的宗教，这是完全无关紧要的。

这样，我们看到，宗教一旦形成，总要包含某些传统的材料，因为在一切意识形态领域内传统都是一种巨大的保守力量。但是，这些材料所发生的变化是由造成这种变化的人们的阶级关系即经济关系引起的。在这里只说这一点就够了。

恩格斯：《路德维希·费尔巴哈和德国古典哲学的终结》（1886 年初），《马克思恩格斯文集》第 4 卷，人民出版社 2009 年版，第 311—312 页。

**70. 中世纪，任何社会运动和政治运动都不得不采取神学的形式；对于完全由宗教培育起来的群众感情说来，要掀起巨大的风暴，就必须让群众的切身利益披上宗教的外衣出现**

中世纪把意识形态的其他一切形式——哲学、政治、法学，都合并到神学中，使它们成为神学中的科目。因此，当时任何社会运动和政治运动都不得不采取神学的形式；对于完全由宗教培育起来的群众感情说来，要掀起巨大的风暴，就必须让群众的切身利益披上宗教的外衣出现。市民阶级从最初起就给自己制造了一种由无财产的、不属于任何公认的等级的城市平民、短工和各种仆役所组成的附属品，即后来的无产阶级的前身，同样，宗教异端也早就分成了两派：市民温和派和甚至也为市民异教徒所憎恶的平民革命派。

新教异端的不可根绝是同正在兴起的市民阶级的不可战胜相适应的；当这个市民阶级已经充分强大的时候，他们从前同封建贵族进行的主要是地方性的斗争便开始具有全国性的规模了。第一次大规模的行动发生在德国，这就是所谓的宗教改革①。那时市民阶级既不够强大又不够发展，不足以把其他的反叛等级——城市平民、下层贵族和乡村农民——联合在自己的旗帜之下。贵族首先被击败；农民举行了起义，形成了这次整个革命运动的顶点；城市背弃了农民，革命被各邦君主的军队镇压下去了，这些君主攫取了革命的全部果实。从那时起，德国有整整三个世纪从那些能独立地干预历史的国家的行列消失了。但是除德国人路德外，还出现了法国人加尔文，他以真正法国式的尖锐性突出了宗教改革的资产阶级性质，使教会共和化和民主化。当路德的宗教改革在德国已经蜕化并把德国引向灭

---

① 指 16 世纪德国马丁·路德领导的宗教改革运动。

亡的时候，加尔文的宗教改革却成了日内瓦、荷兰和苏格兰共和党人的旗帜，使荷兰摆脱了西班牙和德意志帝国的统治，并为英国发生的资产阶级革命的第二幕提供了意识形态的外衣。在这里，加尔文教派显示出它是当时资产阶级利益的真正的宗教外衣，因此，在1689年革命①由于一部分贵族同资产阶级间的妥协而结束以后，它也没有得到完全的承认。英国的国教会恢复了，但不是恢复到它以前的形式，即由国王充任教皇的天主教，而是强烈地加尔文教派化了。旧的国教会庆祝欢乐的天主教礼拜日，反对枯燥的加尔文教派礼拜日。新的资产阶级化的国教会，则采用后一种礼拜日，这种礼拜日至今还装饰着英国。

恩格斯：《路德维希·费尔巴哈和德国古典哲学的终结》（1886年初），《马克思恩格斯文集》第4卷，人民出版社2009年版，第310—311页。

**71. 当时反对封建制度的历次斗争，都要披上宗教的外衣，把矛头首先指向教会**

当欧洲脱离中世纪的时候，新兴的城市中等阶级②是欧洲的革命因素。这个阶级在中世纪的封建体制内已经赢得公认的地位，但是这个地位对它的扩张能力来说，也已经变得太狭小了。中等阶级即资产阶级的发展，已经不能同封建制度并存，因此，封建制度必定要覆灭。

但是封建制度的巨大的国际中心是罗马天主教会。它尽管发生了各种内部战争，还是把整个封建的西欧联合为一个大的政治体系，同闹分裂的希腊正教徒和伊斯兰教的国家相对抗。它给封建制度绕上一圈神圣的灵光。它按照封建的方式建立了自己的教阶制，最后，它本身就是最有势力的封建领主，拥有天主教世界的地产的整整三分之一。要想把每个国家的世俗的封建制度成功地各个击败，就必须先摧毁它的这个神圣的中心组织。

此外，随着中等阶级的兴起，科学也大大振兴了；天文学、力学、物

---

① 1689年革命指1688年英国政变。这次政变驱逐了斯图亚特王朝的詹姆斯二世，宣布荷兰共和国的执政者奥伦治的威廉三世为英国国王。从1689年起，在英国确立了以土地贵族和大资产阶级的妥协为基础的立宪君主制。这次没有人民群众参加的政变被资产阶级史学家称做“光荣革命”。

② 在德译文中，从这里开始，直至以“新的起点是……的妥协”一句起首的那一段（《马恩文集》第3卷，第512页），恩格斯将英文用语“middle class”（“中等阶级”）、“bourgeoisie”（“资产阶级”）都译为“Bürgerthum”；后面，恩格斯又把这些用语译为“Bourgeoisie”，后两个德文用语都指的是资产阶级。

理学、解剖学和生理学的研究又活跃起来。资产阶级为了发展工业生产，需要科学来查明自然物体的物理特性，弄清自然力的作用方式。在此以前，科学只是教会的恭顺的婢女，不得超越宗教信仰所规定的界限，因此根本就不是科学。现在，科学反叛教会了；资产阶级没有科学是不行的，所以也不得不参加反叛。

以上只谈到新兴的中等阶级必然要同现存的教会发生冲突的两点原因，但足以证明：第一，在反对罗马教会权利的斗争中，最有直接利害关系的阶级是资产阶级；第二，当时反对封建制度的历次斗争，都要披上宗教的外衣，把矛头首先指向教会。可是，如果说率先振臂一呼的是一些大学和城市商人，那么热烈响应的必然是而且确实是广大的乡村居民即农民，他们为了活命不得不到处同他们的精神的和尘世的封建主搏斗。

恩格斯：《〈社会主义从空想到科学的发展〉1892 年英文版导言》（1892 年 4 月 20 日），《马克思恩格斯文集》第 3 卷，人民出版社 2009 年版，第 509—510 页。

**72. 资产阶级反对封建制度的长期斗争，在三次大决战中达到了顶点**

资产阶级反对封建制度的长期斗争，在三次大决战中达到了顶点。

第一次是德国的所谓宗教改革。路德提出的反对教会的战斗号召，唤起了两次政治性的起义：首先是弗兰茨·冯·济金根领导的下层贵族的起义（1523 年），然后是 1525 年伟大的农民战争。① 这两次起义都失败了，主要是由于最有利害关系的集团即城市市民不坚决，——至于不坚决的原因，我们就不详述了。从那时起，斗争就蜕化为各地诸侯和中央政权之间的战斗，结果，德国在 200 年中被排除于欧洲在政治上起积极作用的民族之列。路德的宗教改革确实创立了一种新的信条，一种适合专制君主制需要的宗教。德国东北部的农民刚刚改信路德教派，就从自由人降为农奴了。

但是，在路德失败的地方，加尔文却获得了胜利。加尔文的信条正适合当时资产阶级中最果敢大胆的分子的要求。② 他的宿命论的学说，从宗

① 指 1522—1523 年的德国贵族起义和 1524—1525 年的德国农民战争。

② 16 世纪欧洲宗教改革运动时期，著名宗教改革活动家让·加尔文（1509—1564）创立了加尔文教，这是基督教新教流派之一。该教派教义是“绝对先定”和人的祸福神定的学说。根据这种学说，一部分人是由上帝先定为可以得救的（选民），另一部分人则是永定为受惩罚的（弃民）。加尔文教严格奉行的宗教信条完全符合当时资产阶级的要求。

教的角度反映了这样一件事实：在竞争的商业世界，成功或失败并不取决于一个人的活动或才智，而取决于他不能控制的各种情况。决定成败的并不是一个人的意志或行动，而是全凭未知的至高的经济力量的恩赐；在经济变革时期尤其是如此，因为这时旧的商路和中心全被新的所代替，印度和美洲已被打开大门，甚至最神圣的经济信条即金银的价值也开始动摇和崩溃了。加尔文的教会体制是完全民主的、共和的；既然上帝的王国已经共和化了，人间的王国难道还能仍然听命于君王、主教和领主吗？当德国的路德教派已变成诸侯手中的驯服工具时，加尔文教派却在荷兰创立了一个共和国，并且在英国，特别是在苏格兰，创立了一些活跃的共和主义政党。

资产阶级的第二次大起义，在加尔文教派中给自己找到了现成的战斗理论。这次起义是在英国发生的。发动者是城市中等阶级，完成者是农村地区的自耕农。很奇怪的是：在资产阶级的这三次大起义中，农民提供了战斗大军，而农民恰恰成为在胜利后由于胜利带来的经济后果而必然破产的阶级。克伦威尔之后100年，英国的自耕农几乎绝迹了。如果没有这些自耕农和城市平民，资产阶级决不会单独把斗争进行到底，决不会把查理一世送上断头台。哪怕只是为了获得哪些当时已经成熟而只待采摘的资产阶级的胜利之果，也必须使革命远远超越这一目的，就像法国在1793年和德国在1848年那样。显然，这就是资产阶级社会发展的规律之一。

在这种极端的革命活动之后，接踵而至的是不可避免的反动，这个反动也同样超出它可能继续存在下去的限度①。经过多次动荡以后，新的重心终于确立了，并且成了今后发展的新起点。英国历史上被体面人物②称为“大叛乱”的这段辉煌时期，以及随后的斗争，以自由党历史学家誉为“光荣革命”③的较为不足道的事件而告结束。

——恩格斯：《〈社会主义从空想到科学的发展〉1892年英文版导言》(1892年4月20日)，《马克思恩格斯文集》第3卷，人民出版社2009年版，第510—512页。

---

① 在德译文中不是“超出它可能继续存在下去的限度”，而是“超出自己的目的”。

② 在德译文中，不是“体面人物”，而是“庸人”。

③ “光荣革命”是指英国1688年政变。这次没有人民群众参加的政变被资产阶级史学家称做“光荣革命”。

**73. 法国大革命是资产阶级的第三次起义，然而这是完全抛开宗教外衣、在毫不掩饰的政治战线上作战的首次起义**

这时，唯物主义从英国传到法国，它在那里与另一个唯物主义哲学学派，即笛卡儿派①的一个支派相遇，并与之汇合。在法国，唯物主义最初也完全是贵族的学说。但是不久，它的革命性就显露出来。法国的唯物主义者并不是只批判宗教信仰问题；他们批判了当时的每一个科学传统或政治体制；为了证明他们的学说可以普遍应用，他们选择了最简便的方法：在他们由以得名的巨著《百科全书》中，他们大胆地把这一学说应用于所有的知识对象。这样，唯物主义就以其两种形式中的这种或那种形式——公开的唯物主义或自然神论，成为法国一切有教养的青年信奉的教义。它的影响很大，在大革命爆发时，这个由英国保皇党孕育的学说，竟给予法国共和党人和恐怖主义者一面理论旗帜，并且为《人权宣言》② 提供了底本。

法国大革命是资产阶级的第三次起义，然而这是完全抛开宗教外衣、在毫不掩饰的政治战线上作战的首次起义；这也是真正把斗争进行到底，直到交战的一方即贵族被彻底消灭而另一方即资产阶级完全胜利的首次起义。

恩格斯：《〈社会主义从空想到科学的发展〉1892 年英文版导言》（1892 年 4 月 20 日），《马克思恩格斯文集》第 3 卷，人民出版社 2009 年版，第 514 页。

**74. 英国资产阶级的宗教倾向**

从这时起，资产阶级就成了英国统治阶级中的卑微的但却是公认的组成部分了。在压迫国内广大劳动群众方面，它同统治阶级的其他部分有共同的利益。商人或工厂主，对自己的伙计、工人和仆役来说，是站在主人的地位，或者像不久前人们所说的那样，站在“天然尊长”的地位。他的利益是要从他们身上尽可能取得尽量多和尽量好的劳动；为此目的，就必

---

① 笛卡儿派指 17—18 世纪笛卡儿哲学的继承者。笛卡儿在形而上学方面有唯心主义倾向，在物理学方面是唯物主义者，因此，其追随者分裂为两个对立的学派。一派发展了笛卡儿物理学机械论自然观，成为唯物主义者；另一派则发展了笛卡儿形而上学中关于上帝和灵魂的学说，成为彻底的唯心主义者。

② 指 1789 年 8 月 26 日法国制宪议会通过的《人权和公民权宣言》，其中阐明了新的资产阶级制度的政治原则，宣布拥有自由和财产等是每个人天赋的、不可剥夺的权利。

须把他们训练得驯服顺从。他本身是信仰宗教的，他曾打着宗教的旗帜战胜了国王和贵族；不久他又发现可以用这同样的宗教来操纵他的天然下属的灵魂，使他们服从由上帝安置在他们头上的那些主人的命令。简言之，英国资产阶级这时也参与镇压"下层等级"，镇压全国广大的生产者大众了，为此所用的手段之一就是宗教的影响。

还有另一种情况也助长了资产阶级的宗教倾向。这就是唯物主义在英国的兴起。这个新的①学说，不仅震撼了中等阶级的宗教情感，还自称是一种只适合于世上有学问的和有教养的人们的哲学，完全不同于适合于缺乏教养的群众以及资产阶级的宗教。它随同霍布斯起而维护至高无上的王权，呼吁专制君主制镇压那个强壮而心怀恶意的小伙子②，即人民。同样地，在霍布斯的后继者博林布罗克、舍夫茨别利等人那里，唯物主义的新的自然神论形式，仍然是一种贵族的秘传的学说，因此，唯物主义遭受中等阶级仇视，既是由于它是宗教的异端，也是由于它具有反资产阶级的政治联系。所以，同贵族的唯物主义和自然神论③相反，过去曾经为反对斯图亚特王朝的斗争提供旗帜和战士的新教教派，继续提供了进步的中等阶级的主要战斗力量，并且至今还是"伟大的自由党"的骨干。

恩格斯：《〈社会主义从空想到科学的发展〉1892 年英文版导言》（1892 年 4 月 20 日），《马克思恩格斯文集》第 3 卷，人民出版社 2009 年版，第 513—514 页。

**75. 唯物主义和自由思想越是在大陆上普遍地真正成为一个有教养的人所必须具备的条件，英国的中等阶级就越是要顽固地坚守各种各样的宗教信条**

可见，唯物主义既然成为法国革命的信条，敬畏上帝的英国资产者就更要紧紧地抓住宗教了。难道巴黎的恐怖时代没有证明，群众一旦失去宗教本能会有什么样的结局？唯物主义越是从法国传播到邻近国家，越是得到各种类似的理论思潮，特别是德国哲学的支持，唯物主义和自由思想越是在大陆上普遍地真正成为一个有教养的人所必须具备的条件，英国的中

① 在德译文中，在"新的"的后面加有"无神论的"。

② 强壮而心怀恶意的小伙子是托·霍布斯的用语，见他所著《论公民》一书序言，该书于 1642 年在巴黎写成，1647 年在阿姆斯特丹刊印，最初流传的是手抄本。

③ 自然神论是一种推崇理性原则，把上帝解释为非人格的始因的宗教哲学理论，曾是资产阶级反对封建制度和正统宗教的一种理论武器，也是无神论在当时的一种隐蔽形式。

等阶级就越是要顽固地坚守各种各样的宗教信条。这些信条可以各不相同，但全都是地道的宗教信条，基督教信条。

恩格斯：《〈社会主义从空想到科学的发展〉1892 年英文版导言》（1892 年 4 月 20 日），《马克思恩格斯文集》第 3 卷，人民出版社 2009 年版，第 515—516 页。

**76. 英国资产者以前就认为必须使普通人民保持宗教情绪**

后来，大陆上发生了 1848 年 2 月和 3 月的革命，工人在革命中起了很重要的作用，而且，至少在巴黎，提出了一些从资本主义社会的观点看来决不能允许的要求。接着而来的是普遍的反动。最初是 1848 年 4 月 10 日宪章派的失败；其次是同年 6 月巴黎工人起义被镇压；再其次是 1849 年意大利、匈牙利和德国南部的不幸事件；最后是 1851 年 12 月 2 日路易·波拿巴战胜巴黎。这样，工人阶级的声势逼人的要求，至少在短时期内被压下去了，可是付出了多少代价啊！英国资产者以前就认为必须使普通人民保持宗教情绪，在经历了这一切之后，他们对这种必要性的感觉会变得多么强烈啊！他们毫不理会大陆上的伙伴们的讥笑，年复一年地继续花费成千上万的金钱去向下层等级宣传福音；他们不满足于本国的宗教机关，还求助于当时宗教买卖的最大组织者"乔纳森大哥"[①]，从美国输入了奋兴派[②]，引来了穆迪和桑基之流；最后，他们接受了"救世军"的危险的帮助——"救世军"恢复了原始基督教的布道方式，把穷人看做是上帝的选民，用宗教手段反对资本主义，从而助长了原始基督教的阶级对抗因素，这总有一天会给目前为此投掷金钱的富翁带来麻烦。

恩格斯：《〈社会主义从空想到科学的发展〉1892 年英文版导言》（1892 年 4 月 20 日），《马克思恩格斯文集》第 3 卷，人民出版社 2009 年版，第 517 页。

**77. 现在比以往任何时候都更需要用精神手段去控制人民，影响群众的首要的精神手段依然是宗教**

但是英国的中等阶级——毕竟是很好的生意人——比德国的教授们看

① 乔纳森大哥是英属北美殖民地独立战争（1775—1783）期间英国人给北美人起的绰号。

② 奋兴派亦称教会复兴派，是英美等国新教教会中的一个流派。19 世纪产生于美国清教徒移民中，不久又传到英国。该派的信徒力图通过宗教说教和组织新的信仰者团体来巩固并扩大基督教的影响。奋兴派有时也泛指各种谋求恢复教会旧日威势的派别。

得更远。他们只是迫不得已才同工人阶级分享政权。在宪章运动的年代，他们对那个强壮而心怀恶意的小伙子即人民会有什么作为已经有所领教了。从那时以来，他们被迫把人民宪章的大部分要求纳入联合王国的法律。现在比以往任何时候都更需要用精神手段去控制人民，影响群众的首要的精神手段依然是宗教。于是，在学校董事会中牧师就占优势；于是，资产阶级不断自我增税，以维持各种奋兴派，从崇礼派[①]直到“救世军”[②]。

现在，英国的体面人物终于战胜了大陆资产者的自由思想和对宗教的冷淡态度。法国和德国的工人已经变成了叛乱者。他们全都感染了社会主义，而且，他们在选择夺取统治权的手段时，有极充分的理由毫不考虑是否合法。这个强壮的小伙子一天比一天更加心怀恶意。法国和德国的资产阶级只好采取最后的办法，不声不响地抛弃了他们的自由思想，就像一个少年公子感到晕船时，把他为了在甲板上装腔作势而叼在嘴里的雪茄烟悄悄地吐掉一样；嘲笑宗教的人，一个一个地在外表上变成了笃信宗教的人，他们毕恭毕敬地谈论教会、它的教义和仪式，甚至在必要时，自己也举行这种仪式了。法国资产者每逢星期五吃素，德国资产者每逢星期日就呆坐在教堂的椅子上，聆听新教的冗长布道。他们已经因唯物主义而遭殃。“Die Religion muss dem Volk erhalten werden”——“必须为人民保存宗教”，这是使社会不致完全毁灭的唯一的和最后的拯救手段。对他们自己来说，不幸的是：等到他们发现这一点时，他们已经用尽一切力量把宗教永远破坏了。现在轮到英国资产者来嘲笑他们了：“蠢材！这个我早在200年前就可以告诉你们了！”

恩格斯：《〈社会主义从空想到科学的发展〉1892年英文版导言》（1892年4月20日），《马克思恩格斯文集》第3卷，人民出版社2009年版，第520—521页。

---

① 崇礼派是产生于19世纪30年代的英国国教会中倾向于罗马天主教的一个流派，因其创始人之一是牛津大学神学家皮由兹，故更流行的名称为皮由兹教派。该派信徒号召在英国国教中恢复天主教的仪式（崇礼派即因此而得名）和天主教的某些教义。当时的英国贵族为了保持自己在国内的地位，竭力抵制大部分属于各新教教派的工业资产阶级的影响，因此，该教派的产生实际上是英国贵族反对工业资产阶级的斗争在宗教上的反映。

② 救世军是基督教新教的一个社会活动组织，1865年由传教士威·蒲斯创立于伦敦。1878年该组织模仿军队编制，教徒称“军兵”，教士称“军官”；1880年正式定名为“救世军”。该组织着重在下层群众中开展慈善活动，并吸收教徒。在资产阶级的大力支持下，该组织开展广泛的宗教活动，并建立了一整套慈善机构。

**78. 任何宗教教义都难以支撑一个摇摇欲坠的社会**

然而，无论英国资产者的宗教执迷，还是大陆资产者的事后皈依宗教，恐怕都阻挡不了日益高涨的无产阶级的潮流。传统是一种巨大的阻力，是历史的惯性力，但是它是消极的，所以一定要被摧毁；因此，宗教也不能永保资本主义社会的平安。如果说我们的法律的、哲学的和宗教的观念，都是一定社会内占统治地位的经济关系的近枝或远蔓，那么，这些观念终究不能抵抗因这种经济关系的完全改变所产生的影响。除非我们相信超自然的奇迹，否则，我们就必须承认，任何宗教教义都难以支撑一个摇摇欲坠的社会。

恩格斯：《〈社会主义从空想到科学的发展〉1892 年英文版导言》（1892 年 4 月 20 日），《马克思恩格斯文集》第 3 卷，人民出版社 2009 年版，第 521 页。

**79. 原始基督教的历史与现代工人运动有些值得注意的共同点**

原始基督教的历史与现代工人运动有些值得注意的共同点。基督教和后者一样，在其产生时也是被压迫者的运动：它最初是奴隶和被释奴隶、穷人和无权者、被罗马征服或驱散的人们的宗教。基督教和工人的社会主义都宣传将来会从奴役和贫困中得救；基督教是在死后的彼岸生活中，在天国里寻求这种得救，而社会主义则是在现世里，在社会改造中寻求。两者都遭受过迫害和排挤，信从者遭到放逐，被待之以非常法：一种人被当做人类的敌人，另一种人被当做国家、宗教、家庭、社会秩序的敌人。虽然有这一切迫害，甚至还直接由于这些迫害，基督教和社会主义都胜利地、势不可挡地为自己开辟前进的道路。基督教在产生 300 年以后成了罗马世界帝国的公认的国教，而社会主义则在 60 来年中争得了一个可以绝对保证它取得胜利的地位。

恩格斯：《论原始基督教的历史》（1894 年 6 月 19 日—7 月 16 日之间），《马克思恩格斯文集》第 4 卷，人民出版社 2009 年版，第 475 页。

**80. 基督教和社会主义这两个历史现象之间的相似性**

所以，如果说安东·门格尔教授先生在其所著《十足劳动收入权》一书中表示惊异：为什么在罗马皇帝时代土地占有大集中的情况下，在几乎纯粹由奴隶构成的当时的工人阶级受着无限痛苦的情况下，“社会主义并没有随着西罗马帝国的灭亡而出现”①，那是他恰恰没有注意到：这个“社会

---

① 安·门格尔《十足劳动收入权的历史探讨》1886 年斯图加特版第 108 页。对该书的批判，见《法学家的社会主义》（《马克思恩格斯全集》中文第 1 版第 21 卷）一文。

主义”在当时可能的程度上，确实是存在过的，甚至还取得了统治地位——那就是基督教。只是这种基督教——由于历史的先决条件，也不可能是别个样子，只能希望在彼岸世界，在天国，在死后的永生中，在即将来临的“千年王国”① 中实现社会改造，而不是在现世里。

这两个历史现象的类似，早在中世纪，在被压迫农民，特别是城市平民的最初的起义中就有突出的表现了。这些起义同中世纪的所有群众运动一样，总是穿着宗教的外衣，采取为复兴日益蜕化的原始基督教而斗争的形式②；但是在宗教狂热的背后，每次都隐藏有实实在在的现世利益。这在光荣不朽的扬·杰士卡所领导的波西米亚塔博尔派③的组织中表现得最清楚；但是这种特征贯串于整个中世纪，在德国农民战争之后逐斯消失，到 1830 年以后又再现于工人共产主义者身上。厄内斯特·勒南说过：“如果你想要知道最早的基督教会是什么样子，那就请你看看‘国际工人协会’的一个地方支部。”在他说这句话之前很久，法国的革命共产主义者，还有特别是魏特林及其追随者早就提到原始基督教了。

---

① 千年王国是基督教用语，指世界末日到来之前，基督将再次降临，在人间为王统治一千年，届时魔鬼将暂时被捆锁，福音将传遍世界。此语常被用来象征理想中的公正平等、富裕繁荣的太平盛世。

② 伊斯兰教世界的宗教起义，特别在非洲，是一种奇特的与此相反的情况。伊斯兰这种宗教适合于东方人，特别适合于阿拉伯人，也就是说，一方面适合于从事贸易和手工业的市民，另一方面也适合于贝都因游牧民族。而这里就存在着周期性冲突的萌芽。市民富有起来了，他们沉湎于奢华的生活，对遵守“教律”满不在乎。生活贫困并因此而保持着严厉习俗的贝都因人，则以忌妒和渴望的眼光来看待那些财富和享受。于是，他们就团结在某个先知，即某个马赫迪的领导下，去惩罚叛教者，恢复对教义、对真正信仰的尊重，并把背叛者的财富作为奖赏而收归已有。100 年之后，他们自然也处于这些背叛者所处的同样的地位；这时需要再来一次信仰净化，于是又出现新的马赫迪，戏再从头演起。从非洲的阿尔摩拉维德王朝和阿尔摩哈德王朝对西班牙进行侵略战争起，直到喀土穆的那位最后的马赫迪非常成功地抗击英国人止，情况就是如此。波斯以及其他伊斯兰教国家的起义，情况也相同或大致相同。所有这些在宗教的外衣下进行的运动都是由经济原因引起的；可是这些运动即使在获得胜利的情况下，也让原有的经济条件原封不动地保留下来。这样，一切又都照旧，冲突就成为周期性的了。与此相反，在信奉基督教的西方的人民起义中，宗教外衣只是用来作为进攻陈旧经济制度的旗帜和掩盖物；陈旧的经济制度最终被摧毁，为新的经济制度所取代，世界向前迈进。

③ 塔博尔派是 15 世纪上半叶同德国封建主和天主教会进行斗争的波西米亚胡斯派民族解放运动和宗教改革运动中革命的、民主的一翼。塔博尔派之名得自 1420 年建成并成为该派政治中心的城市塔博尔。该派建立了自己的军队，领袖之一是扬·杰士卡，基本群众是农民和城市平民，其中大多数人主张消灭封建所有制和封建特权，没收天主教会财产，建立一个“没有国王的国家”，并试图在消费方面实行平均共产主义的原则。该派曾经联合胡斯运动中的温和派——圣杯派，多次击退教皇和德意志皇帝对波西米亚的征讨。后来由于圣杯派与天主教势力妥协，塔博尔派于 1434 年遭到失败，胡斯运动也随之被镇压下去。

这个用甚至在当代新闻界都找不到先例的抄袭德国圣经批判的办法写了教会历史小说《基督教的起源》[①] 的法国文学家，自己并不知道在他上述的话里含有多少真理。我很想看看有哪位过去的国际活动家，在比方说阅读所谓《保罗达哥林多人后书》的时候，他的旧日的伤口，至少在某一方面的伤口，能不迸裂开来。这整篇使徒书信，从第八章起，发出永远不断的，可惜竟是那么熟悉的诉苦的调子：les cotisations ne rentrent pas——捐款没有来！好多60年代的最热心的宣传家会大有同感地握着这位使徒书信作者——不论他是谁——的手悄悄地对他说，“你也遇到过这样的事呀！”这个题目我们也有话要说的——我们的协会里也挤满了哥林多人；这些在我们眼前捉摸不定地晃来晃去、带来唐达鲁士之苦的拿不到手的会费，恰恰就是盛传的“国际的百万财产”！

恩格斯：《论原始基督教的历史》（1894年6月19日—7月16日之间），《马克思恩格斯文集》第4卷，人民出版社2009年版，第475—477页。

**81. 最初的基督徒也像我们最初的共产主义工人支部那样，对于一切投合他们口味的东西都无比轻信**

关于最初的基督徒，我们最好的资料来源之一是萨莫萨塔的琉善；这位古希腊罗马时代的伏尔泰，对任何一种宗教迷信都一律持怀疑态度，因而对基督徒，比起对其他任何宗教社团来，都不会由于异教的或政治的原因而另眼相待。相反，对他们的迷信，他一律大加嘲笑——对丘必特的崇拜者并不比对基督的崇拜者嘲笑得少一些；从他那肤浅的理性主义的观点看来，这两种迷信是同样荒谬的。这位在任何场合都不抱偏见的证人，曾经讲述过生于赫勒斯滂海峡的帕里城、自称普罗特斯的冒险家佩雷格林的生平。这个佩雷格林年轻时的事业是在亚美尼亚以通奸开始的，他在犯罪现场就地被拿获，按当地习俗被判处私刑。侥幸逃脱之后，在帕里由于勒死了他的父亲又不得不躲藏起来。

我来引一段肖特的德译文[②]：“这时，他凑巧在巴勒斯坦遇到些基

---

① 厄·勒南：《基督教起源史》1863—1883年巴黎版第1—8卷。

② 恩格斯从琉善的讽刺作品《佩雷格林之死》所摘引的文字，不像安·肖特的译文，更像经奥·保利翻译的这篇作品的德译文（见《琉善文集》1831年斯图加特版第13卷第1618—1620页和1622页）。

督徒里的教士和学者而知道了基督徒的奥妙的道理。不久他就获得很大的成功，他的老师们同他相比反倒有如童稚。他成了先知、教会首脑、犹太寺院主持——总而言之，他成了一切的一切；他解释他们写的圣书，自己也写了一大批，结果，基督徒们最终把他视为神明，奉为立法者，并把他拥立为首领（主教）……"

在叙述了他的一些新的冒险之后，作者接着写道：

"于是我们这位伟大人物第二次动身〈从帕里〉漫游各地，而且他一点旅费也不用花，只靠基督徒的慷慨厚待就够了，他们到处都保护他，保证他什么也不缺乏。他就这样被供养了一个时期。可是当他也犯了基督徒的规矩——我想是被发现吃了他们所禁忌的什么东西——的时候，他们就把他赶出了他们的团体。"①

读琉善这段文字，引起我多少青年时代的回忆啊！首先想起的就是"先知阿尔布雷希特"。他大约从1840年起，好多年间简直使瑞士魏特林派的共产主义支部②处于危险状态；他是个健壮的长须大汉，徒步走遍了整个瑞士，为他那神秘的新救世福音寻找听众，看来他是个颇为无害的糊涂蛋。不久就死了。接替他的是一个不那么无害的后继人——荷尔斯泰因的格奥尔格·库尔曼"博士"，他趁魏特林坐牢的时候，要瑞士法语区的各支部改信他的那种福音，而且在一段时期内做得很成功，甚至他们之中最有才能但也最轻狂的奥古斯特·贝克尔也被他引诱。这位库尔曼给他们做过讲演，这些讲演于1845年在日内瓦出版，总标题是：《新世界或人间的精神王国。通告》。在他的门徒（也许就是奥古斯特·贝克尔）写的序里有这样的话：

"需要有人来表达我们的一切痛苦、一切渴求和希望，简言之，一

---

① 琉善《佩雷格林之死》第11—14和16章。

② 指威·魏特林在19世纪40年代初建立的德国工人和手工业者的秘密组织正义者同盟的支部。恩格斯在《关于共产主义者同盟的历史》一文中讲述了正义者同盟的历史（见《马克思恩格斯文集》第4卷第227—236页）。

切使我们的时代深感不安的东西……这个人，我们的时代所期待的人出现了。这就是荷尔斯泰因的格奥尔格·库尔曼博士。他带来了关于新世界或体现于现实中的精神王国的学说。"①

当然用不着我说，这种关于新世界的学说，不过是饰以拉梅耐式的半圣经味的词句，并用先知的傲慢口吻讲出的一种最庸俗的伤感的胡诌。这并没有妨碍老实的魏特林派像亚细亚的基督徒拥戴佩雷格林那样拥戴这个骗子。这些人的超民主主义和平均主义达到了极点，甚至把每个小学教师、新闻记者，总之一切非手工业者，都看成有意剥削他们的"学者"，总是怀疑他们；正是这些人，竟让库尔曼这个装腔作势的能手灌输了这样的思想：在"新世界"中，最大的圣贤，也就是库尔曼，将调节享受的分配，因而，现在在旧世界里，弟子们就已经应该把一切享受大把大把地供献给这位至圣，而自己则应该对残羹剩饭感到满足。于是，当这种情况继续存在的时候，佩雷格林-库尔曼就靠支部的破费过着十分阔绰和心满意足的生活。诚然，这种情况并没有延续很久；怀疑者和不信仰者中间日益增长的怨言，沃州政府进行迫害的威胁，结束了洛桑的这个"精神王国"，于是库尔曼不见了。

凡是亲身经历过欧洲初期工人运动的人，都会记起几十个类似的事例。现在，这样的极端情况，至少在大中心地区已经是不可能的了，但是在运动争得新地盘的边远地方，这一类小号的佩雷格林还可望获得暂时的、有限的成功。各国工人政党里都会钻进一些在官方世界中毫无指望或在其中走完红运的形形色色的分子——种痘反对者、戒酒主义者、素食主义者、反活体解剖者、用自然疗法行医者、已散掉的自由公理会②的传教士、世界起源新学说的编造者、无结果或未成功的发明者、被官僚指为"爱打官司的无赖汉"的或真或假的受屈者、诚实的傻子和不诚实的骗子——同样，

① 格·库尔曼《新世界或人间的精神王国。通告》1845年日内瓦版第Ⅷ、Ⅸ页。马克思和恩格斯在他们的著作《德意志意识形态》中揭穿了库尔曼的"预言"（见《马克思恩格斯全集》中文第1版第3卷第629—640页）。

② 自由公理会是在"光明之友"运动的影响下，于1846年和1847年从官方新教教会中分化出来的宗教团体，曾试图成立全德国的教会。"光明之友"是产生于1841年的一种宗教派别，它反对在新教教会中占统治地位的、以极端神秘主义和伪善行为为特征的虔诚主义。自由公理会也反映了19世纪40年代德国资产阶级对本国反动制度的不满。该团体于1847年3月30日获得了进行自由的宗教活动的权利。1859年，自由公理会与德国天主教徒协会合并。

最初的基督徒的情况也是如此。旧世界解体过程所解放出来的，也就是所扔出来的各种分子，都一个接一个地掉进基督教的引力圈子里——基督教是唯一抵抗了这一解体过程（因为基督教本身就是它的必然产物）从而得以保存下来并且不断成长起来的成分，而其他成分则只不过是短命蜉蝣而已。每一种狂想、胡说或骗术都会钻进年轻的基督教会，找到热心的听众和热诚的信徒，至少在一些地方和一段时期不会找不到。最初的基督徒也像我们最初的共产主义工人支部那样，对于一切投合他们口味的东西都无比轻信，这就使我们甚至无法肯定，我们的新约中是否没有掺杂着佩雷格林给基督徒们写的"大批圣书"中的某个片断。

恩格斯：《论原始基督教的历史》（1894 年 6 月 19 日—7 月 16 日之间），《马克思恩格斯文集》第 4 卷，人民出版社 2009 年版，第 477—481 页。

## 82. 德国圣经批判曾经按两个方向发展

德国的圣经批判——迄今我们在原始基督教史领域中的认识的唯一科学基础——曾经按两个方向发展。

一个方向是蒂宾根学派[①]，广义来说，应该把大卫·弗·施特劳斯也算在内。在批判研究方面，这个学派做到了一个神学派别所能做到的一切。它承认，四福音书并不是目击者的传述，而是已佚典籍的后来的加工品，在据说是使徒保罗写的使徒书信中，最多有四篇是真的，如此等等。它把历史记叙中的一切奇迹和矛盾都作为无法接受的东西而勾销了；但对于其余部分，它却企图"挽救一切还能挽救的"，这就非常清楚地显示出它的神学家学派的性质。这样它就使在很大程度上以这个学派为依据的勒南，得以通过同样的方法，"挽救"了还要更多得多的东西，除大量的显然可疑的新约故事以外，还想把许多其他关于殉道者的传说，也都当做历史上可资信考的资料硬塞给我们。但是无论如何，蒂宾根学派从新约中作为非历史的或伪造的东西而摈弃的那一切，可以认为在科学上已经被最后清除了。

另一个方向，只有一个代表人物，即布鲁诺·鲍威尔[②]。他的巨大功

---

① 蒂宾根学派是指蒂宾根神学学派，该派是德国神学家斐·克·鲍尔在 19 世纪上半叶创立的一个研究并评判圣经的学派。

② 布·鲍威尔对新约的考证，见他的下列著作：《约翰的福音故事考证》1840 年不来梅版、《符类福音作者的福音故事考证》1841 年莱比锡版第 1—2 卷；此书第 3 卷以《符类福音作者和约翰的福音故事考证》为书名于 1842 年在不伦瑞克出版。在宗教史文献中把前三部福音书，即《马太福音》、《马可福音》和《路加福音》的作者称为符类福音作者。

绩，不仅在于他对福音书和使徒书信作了无情的批判，而且还在于他第一个不但认真地研究了犹太的和希腊—亚历山大里亚的成分，并且还认真地研究了纯希腊的和希腊—罗马的成分，而正是后者才给基督教开辟了成为世界宗教的道路。说什么基督教从犹太教产生时就已经定型，并凭大体上已经确定的教义和伦理从巴勒斯坦征服了世界，这种奇谈怪论从布鲁诺·鲍威尔时起再也站不住脚了；它只能在神学院里和那些要"为人民保存宗教"而不惜损害科学的人们中间苟延残喘。斐洛的亚历山大里亚学派和希腊罗马庸俗哲学——柏拉图派的，特别是斯多亚派的——给予在君士坦丁时代成为国教的基督教的巨大影响，虽然还远没有彻底弄清，但这种影响的存在已经得到证明，这主要归功于布鲁诺·鲍威尔；他基本上证明了基督教不是从外面、从犹地亚地区输入而强加给希腊罗马世界的，至少就其作为世界性宗教的形成而言，它正是这个世界的最道地的产物。当然，鲍威尔也像一切对根深蒂固的偏见作斗争的人们一样，在许多地方是做得过分的。为了也要根据文献来肯定斐洛，尤其是塞涅卡对形成中的基督教的影响，为了要说明新约的作者们是上述两位哲学家的直接剽窃者，鲍威尔不得不把新宗教的兴起推迟半个世纪，而不顾罗马历史编纂学家们的记述与此不符，总是十分轻率地对待历史。照他的意见，基督教直到弗拉维王朝时才真正诞生，而新约的著作则是直到哈德良、安敦尼和马可·奥勒留的时代才有的。因此，在鲍威尔心目中，新约中耶稣及其门徒的故事的任何历史背景都消失了；这些故事就成了这样一种传说，其中把最初团体的内在发展阶段和内部精神斗争都归之于多少是虚构出来的人物。在鲍威尔看来，这一新宗教的诞生地不是加利利和耶路撒冷，而是亚历山大里亚和罗马。

所以，蒂宾根学派以新约的历史和文献中未被它批驳的残余部分，给我们提供了一个目前尚可被科学承认为有待争论的问题的最高极限，布鲁诺·鲍威尔则给我们提供了在这一历史和文献中可以为科学所批驳的最高极限。实际真理存在于这两个极限之间。凭现有的资料能否确定这真理，是很大的疑问。新发现，特别是罗马的，东方的，首先是埃及的新发现，在这方面的贡献将比任何批判都要多得多。

恩格斯：《论原始基督教的历史》（1894年6月19日—7月16日之间），《马克思恩格斯文集》第4卷，人民出版社2009年版，第482—484页。

**83. 原始基督教就产生在这样一种气氛中，而且是产生在特别易于接受这种对超自然事物的玄想的那一类人中间**

但在新约中有唯一的一篇，判定写作时间可以精确到几个月以内：它大概是在67年6月和68年1月或4月之间写成的；所以属于基督教的最初期，它以最朴素的真实性和相应的习惯语言反映出了当时的观念；因此，我认为，要确定原始基督教究竟是什么样子，它比起今本新约中所有其余在写成时间方面晚得多的各篇来要重要得多。这一篇就叫约翰启示录；它原来似乎是全部圣经中最令人迷惑不解的，现在由于德国的批判已经变得最易懂、最清楚的了，所以我想同读者来谈谈它。

只要把这一篇浏览一下，你就会确信，不仅它的作者，甚至连作者在其中活动的“周围环境”，都是何等动荡不安。我们这篇《启示录》并不是当时这种著作中独一无二的一篇。从纪元前164年第一篇流传至今的此类著作《但以理书》写成时起，差不多到约为康莫迪安写《护教歌》[①] 时的纪元250年止，根据勒南的统计，传至今日的古典“启示作品”不下15种之多，较晚的仿作还不计算在内（我所以援引勒南，是因为他的书并不是只有专家才熟悉，而且也最容易找到）。当时，甚至罗马和希腊，尤其是小亚细亚、叙利亚和埃及，都把由各种不同民族的极端粗陋的迷信观念构成的毫无批判的混合物无条件地信以为真，并且用虔诚的蒙蔽和直截了当的欺骗来加以补充；当时，奇迹、狂热、幻觉、神咒、占卜、炼金术、喀巴拉[②]以及其他神秘荒诞的东西占据着首要地位。原始基督教就产生在这样一种气氛中，而且是产生在特别易于接受这种对超自然事物的玄想的那一类人中间。这就无怪乎在埃及，如莱顿城的纸草书之类的资料所证明的，基督教诺斯替教派[③]曾在基督纪元2世纪时热衷于炼金术，并把炼金术的

① 即康莫迪安《反犹太人和异教徒的护教歌》。

② 喀巴拉（希伯来语，意为传统、传说）是一种对古老的“圣”书经文进行解释的神秘而具有巫术成分的方法，即对一些词和数码赋予特殊的象征性含义。这种方法曾流行于犹太教徒中间，后又从犹太教传入基督教和伊斯兰教。

③ 诺斯替教派是诺斯替教的信徒。诺斯替教是公元1—2世纪产生的一种宗教哲学学说，由基督教、犹太教、各种多神教的以及唯心主义的希腊—罗马哲学的某些成分结合而成。诺斯替教的基础是关于“诺斯”（古希腊语，意为“真知”）的神秘学说，即通过世界的神的始源的启示而获得真知。诺斯替教派的特点在于强调物质是罪恶的，宣传禁欲主义，不承认旧约的神圣性和神话中基督教创始者耶稣基督的“神人”双重性。正统的基督教界将诺斯替教斥为异端，对诺斯替教派进行了残酷的斗争，把他们的著作几乎全部销毁。

观念引入他们的教义中。而迦勒底的和犹太的数学家——根据塔西佗的说法，他们曾在克劳狄乌斯时伙和维特利乌斯时代先后两次因施用巫术而被逐出罗马①——所从事的，正是我们将要看到的构成《约翰启示录》之核心的那种几何学。

此外，还要补充第二点。所有启示作品都认为有权蒙蔽读者。这些作品（例如《但以理书》、《以诺书》，以斯拉、巴录、犹大等人的启示作品，《西维拉占语集》）不仅通常都根本是别人所写（这些作者比名义上的作者晚得多），而且所预言的也都是早已发生并为真正作者所熟知的一些事情。例如《但以理书》的作者，在164年名王安条克死前不久的时候，把关于波斯、马其顿的世界统治的兴衰和罗马的世界统治的开始的预言，放到好像生在尼布甲尼撒时代的但以理的嘴里，以便通过这种效验来证实自己的预言，使读者能够接受最后关于以色列人会克服一切苦难，终将胜利的预言。所以，如果《约翰启示录》果真是那位署名的作者所作，就会是所有启示著作中唯一的例外。

托名为约翰的作者，无论如何是在小亚细亚的基督徒中极孚众望的一个人。这可以由给七教会的书信中的语气来证明。因此，可能这就是那位使徒约翰，此人历史上是否存在尚无法完全肯定，但也可能确有其人。假如作者真的就是这位使徒，那只会加强我们的看法。这会有力地证实，此书中的基督教，的的确确是真正的原始基督教。但是应该顺便指出的是，《启示录》和那也被认为是约翰写的一篇福音书或三篇使徒书信决不属于同一作者。

恩格斯：《论原始基督教的历史》（1894年6月19日—7月16日之间），《马克思恩格斯文集》第4卷，人民出版社2009年版，第484—485页。

**84. 原始基督教后来得以发展成为世界宗教，根本观念就是，在信徒们看来，一切时代的、一切人的罪恶，都可以通过一个中间人的一次伟大自愿牺牲而永远被赦免**

《启示录》是由一连串幻景构成的。在第一个幻景中出现了穿着最高祭司装束的基督；他在代表七个亚细亚教会的七个灯台中间行走，并把给这些教会的七个“天使”的书信口授给“约翰”。在这里，一开头就很尖

① 塔西佗《编年史》第12篇第52章和《历史》第2篇第62章。

锐地显示出这种基督教和尼西亚宗教会议①所制定的、君士坦丁大帝的世界宗教不同。在这里，不但没有听说过有而且也不可能有神圣的三位一体。这里我们所看到的不是后来的一个圣灵，而是犹太教的拉比在《以赛亚书》第十一章第二节的基础上构成的“神的七灵”。基督是神的儿子，是首先的也是末后的，是阿拉法也是俄梅戛，但绝不就是神本身，或与神等同；相反，他是“在神创造万物之上为元首的”，因而也就同上述七灵一样，是永远存在的，但却是居于属位的、神的流出体。在第十五章第三节里，殉道者在天上唱“神的仆人摩西的歌和羔羊的歌”以赞美神。这样看来，基督在这里不仅是作为神的下属，而且甚至于在某些方面被放在与摩西同等的地位。基督在耶路撒冷被钉十字架（第十一章第八节），但复活了（第一章第五节、第十八节）；他是为世界赎罪而牺牲的“羔羊”，各族各方的信徒都由于他的血而在神面前得蒙赦罪。这里我们看到了使原始基督教后来得以发展成为世界宗教的那种根本观念。当时，闪米特人和欧洲人的一切宗教里都存在有一种共同的观点，认为被人们的行为冒犯了的众神是可以用牺牲求其宽宥的。基督教最初的一个革命的（从斐洛学派抄袭来的）根本观念就是，在信徒们看来，一切时代的、一切人的罪恶，都可以通过一个中间人的一次伟大自愿牺牲而永远被赦免。于是，以后就没有必要再作任何牺牲，许许多多的宗教礼仪也就随之而失去依据；而摆脱这些妨碍或禁止与异教徒交往的礼仪，则是世界宗教的首要条件。然而，供献牺牲的习俗在各民族的风尚中毕竟是根深蒂固的，以致吸取了很多异教做法的天主教感到有必要实行一种哪怕是象征性的弥撒祭礼来适应这种情况。关于原罪的教义，在我们分析的书中反而连一点影子也没有。

但是在这些信中，也像在全书中一样，最大的特点却是，无论何时何地，作者都不曾想到要对自己或自己的教友用别的称呼，而只是称做犹太人。对于他所痛斥的士麦那和非拉铁非的宗派分子，他发出的指责是：

---

① 尼西亚宗教会议是基督教会第一次世界性主教会议，于325年由罗马皇帝君士坦丁一世在小亚细亚的尼西亚城召开，约300名主教或代表主教的长老出席。会议针对当时教会存在的“三位一体”派和阿里乌派的信仰分歧，通过了一切基督徒必须遵守“三位一体”的信条（正统基督教教义的基本原则），不承认信条以叛国罪论。会议还制定了教会法规，以加强主教权力，实为加强皇帝权力。因主教由皇帝任免，从此基督教成为罗马帝国国教。

“他们自称是犹太人，其实他们不是犹太人，而是撒旦一会的人。”

谈到帕加马宗派分子，则说他们遵从巴兰的教训，而巴兰曾教巴勒引诱以色列孩子们去吃祭偶像之物，去行奸淫的事。可见，我们在这里接触到的不是自觉的基督徒，而是一些自称为犹太人的人；诚然，他们的犹太教是先前的犹太教发展的新阶段，但正因为如此，才是唯一真正的犹太教。因此，当圣徒在神的宝座前出现的时候，前来归附的先是144000个犹太人，每一支派各12000人，随后才是无数改宗这种革新了的犹太教的异教徒群众。请看，我们这位作者在基督纪元69年的时候，对于他代表着宗教发展的崭新阶段，即行将成为人类精神史中最革命因素之一的阶段，是很少意识到的。

恩格斯：《论原始基督教的历史》（1894年6月19日—7月16日之间），《马克思恩格斯文集》第4卷，人民出版社2009年版，第486—487页。

**85. 事实上，对起初极其强大的尘世作斗争，同时又在革新者自己之间作斗争，这既是原始基督教教徒的特点，也是社会主义者的特点**

由此我们可以看出，当时的还不曾有自我意识的基督教，同后来在尼西亚宗教会议上用教条固定下来的那种世界宗教，是有天渊之别的；二者如此不同，以致从后者很难认出前者。这里既没有后世基督教的教义，也没有后世基督教的伦理，但是却有正在进行一场对整个尘世的斗争以及这一斗争必将胜利的感觉，有斗争的渴望和胜利的信心，这种渴望和信心在现代的基督徒身上已经完全丧失，在我们这个时代里，只存在于社会的另一极——社会主义者方面。

事实上，对起初极其强大的尘世作斗争，同时又在革新者自己之间作斗争，这既是原始基督教教徒的特点，也是社会主义者的特点。这两个伟大的运动都不是由领袖们和先知们创造出来的（虽然两者都拥有相当多的先知），两者都是群众运动。而群众运动在起初的时候必然是混乱的；其所以混乱，是由于群众的任何思想开始都是矛盾的，不明确的，无联系的；但是另一方面也是由于先知们起初在运动中还起着的那种作用。这种混乱表现为形成许许多多的宗派，彼此进行斗争，其激烈至少不亚于对共同外敌的斗争。在原始基督教是如此，在社会主义运动的早期也是如此，尽管这会使那些在根本无统一之可能的情况下宣扬统一的好心的庸人感到非常难过。

难道国际是靠某种统一的教条联合起来的吗？恰恰相反。那里有谨守1848年以前法国传统的共产主义者，而这些人又是带有各种不同色彩的；有魏特林派的共产主义者和重整旗鼓的共产主义者同盟中的另一种共产主义者，有在法国和比利时占优势的蒲鲁东主义者，有布朗基主义者，有德国工人党，最后，还有一度在西班牙和意大利占上风的巴枯宁无政府主义者——而这还只是些主要的集团。从国际建立时起，为了在各处彻底同无政府主义者划清界限，至少在最一般的经济观点上能够达到统一，竟花费了整整四分之一世纪的时间。而且这还是依靠了现代的交通工具，依靠了铁路、电报、巨大的工业城市、报刊和有组织的人民集会才达到的。

最初的基督徒也分裂成无数宗派，而这恰好成了引起争论并从而获致后来的统一的手段。就在我们这篇无疑是最古的基督教文献中，我们已经看到这种分裂成宗派的情况，而我们的作者，就像抨击整个罪恶的外部世界那样，势不两立地激烈地抨击这些宗派。这里首先是以弗所和帕加马的尼哥拉派，接着是士麦那和非拉铁非的那些自称是犹太人、其实并非犹太人而是属于撒旦一会的人，帕加马的那些信奉名叫巴兰的伪先知的教训的人，以弗所的那些自称是使徒而其实并非使徒的人，最后是推雅推喇的那些信奉名叫耶洗别的伪女先知的人。关于这些宗派的详情，我们毫无所知，只是听人谈到巴兰和耶洗别的徒众吃祭偶像之物和行奸淫的事。人们企图把所有这五个宗派说成是保罗派的基督徒，而把所有这些书信说成是反对保罗，反对伪使徒，反对虚构出来的巴兰和“尼哥拉”的。勒南在其1869年巴黎出版的《圣保罗》一书中（第303—305、367—370页）收集了一些相应的、很难使人信服的论据。所有这些论据，不外乎要从使徒行传和所谓的保罗书信出发来解释这些书信，其实这些著作至少就目前的版本来说其成书时间起码比《启示录》要迟60年，因而其中包含的与此有关的事实资料不仅极为可疑，而且是彼此完全矛盾的。有决定意义的倒是：我们这位作者不会想到要用五个不同的名称来称呼同一个宗派；单对以弗所就使用了两个（伪使徒和尼哥拉派），对帕加马也使用了两个（巴兰派和尼哥拉派），而且每次都清清楚楚地是两个不同的宗派。当然，不能否认，这些宗派里也完全可能有现在该称之为保罗信徒的那种人。

恩格斯：《论原始基督教的历史》（1894 年 6 月 19 日—7 月 16 日之间），《马克思恩格斯文集》第 4 卷，人民出版社 2009 年版，第 487—489 页。

**86. 在基督教的最初几个世纪里，一方面有禁止肉欲的禁欲主义，另一方面，把或多或少不受限制的男女关系列入基督教自由的概念的倾向，也相当常见。在现代社会主义运动中情况也是这样**

在讲得较详细的这两个场合，所谴责的都不外乎是吃祭偶像之物和行奸淫的事，这是犹太人——不论是古代的还是基督教的——同改宗的异教徒争论不休的两点。异教徒不仅把祭神肉拿到庆宴上，在此种情况下拒绝食用是非礼的，甚至可能是危险的；而且祭神肉还在公共市场上出售，在这里并不是每次都能分辨出是否已按教规清洁过。讲到奸淫的事，这些犹太人所指的不仅是婚姻以外的性关系，而且指犹太法律所禁止的、某亲等以内的人的通婚，也指犹太人与异教徒之间的通婚；这个词在《使徒行传》第十五章第二十和二十九节里一般都作此解释。但我们这位约翰对于正统犹太人所认可的那种性关系，也另有自己的看法。他在第十四章第四节里谈到天上的 144000 个犹太人：

“这些人未曾沾染妇女，他们原是童身。”

而在我们这位约翰的天上，确实是一个妇女都没有。因而他是属于原始基督教其他著作中也常遇到的那个笼统地视性关系为罪恶的派别。如果我们还注意到，他把罗马叫做大淫妇，说地上的君王们与她行淫并被她淫乱之酒所醉倒，而她的商人因她的骄奢淫逸而发了财，那我们对上述的那个词就决不能按照神学的护教论所要赋予它的那种狭窄意义来理解，神学的护教论是要借此为解释新约中的其他地方找证据。与此相反，书信中这些地方清楚地显示出一切深刻动荡时代所共有的一种现象，即对性关系的传统束缚也同所有其他藩篱一起发生动摇。在基督教的最初几个世纪里，一方面有禁止肉欲的禁欲主义，另一方面，把或多或少不受限制的男女关系列入基督教自由的概念的倾向，也相当常见。在现代社会主义运动中情况也是这样。30 年代圣西门派的“肉体复权”——德文译做“Wiedereinsetzung des Fleisches”——在当时德国这样一个“虔诚的育儿所”①曾引起何等令人难以置信的恐惧啊！而恐惧得最厉害的，恰恰是那个在柏林也像在自己的庄园里一样，不经常使自己的肉体复权就一天也活不下去的、当时居统治地位的高贵等级（当时我们还没有阶级）！如果这些正人君子还知道傅立叶给肉体规定的自由不止这些的话，不知道该怎样啊！随着空想主义被克服，这些放荡行为让位给较为理智的而实际上更激进得多的概念；而且自德国从海涅的“虔诚的育儿所”发展成为社会主义运动中心的时候起，崇尚美德的上流社会那种伪善的愤慨，就被人们嗤之以鼻了。

那些书信里包含的全部教理就是如此。此外就是强烈号召同道者进行热心的宣传，在敌人面前勇敢而高傲地公开承认自己的信仰，不屈不挠地对内外敌人作斗争——就这些而论，国际的某个有先知气概的狂热者也可以写得毫不逊色。

恩格斯：《论原始基督教的历史》（1894 年 6 月 19 日—7 月 16 日之间），《马克思恩格斯文集》第 4 卷，人民出版社 2009 年版，第 489—491 页。

**87. 最初的基督徒来自什么样的人呢？主要来自属于人民最低阶层的“受苦受难的人”，革命因素总是这样形成的**

我们这位约翰传谕给七个小亚细亚教会，并通过它们传谕给 69 年的经过改革的犹太教（基督教就是以后从这种犹太教发展而来的）的其余部分。书信只是约翰传谕的真正题旨的引言。这里，我们才进入原始基督教的圣所。

最初的基督徒来自什么样的人呢？主要来自属于人民最低阶层的“受苦受难的人”，革命因素总是这样形成的。这些人之中都有些什么人呢？在城市里，是形形色色的破产的自由人，他们很像美国南部各蓄奴州的“白种贫民”或在殖民地口岸和中国口岸流浪并从事冒险的欧洲人，此外还有被释的奴隶和特别是未被释的奴隶；在意大利、西西里、阿非利加的大庄园里，是奴隶；在各行省农业地区，是日益陷入债务奴役的小农。对所有这些人说来，绝对不存在任何共同的求得解放的道路。对所有这些人说来，天堂已经一去不复返；破产的自由人的天堂是他们先人曾在其中作自由公民的过去那种既是城市、又是国家的城邦；战俘奴隶的天堂是被俘和成为

① 摘自海涅的诗《安心》。

奴隶以前的自由时代；小农的天堂是已经被消灭的氏族制度和土地公有制。所有这一切，都被罗马征服者用荡平一切的铁拳消灭净尽了。古代所达到的最大的社会群，是部落以及亲属部落的联盟；野蛮人的组织的基础是氏族联系，而建立起城市的希腊人和意大利人的组织则以包括一个或几个部落的城邦为基础。菲力浦和亚历山大使希腊半岛得到政治的统一，但是希腊民族还没有就此建成。民族［Nation］只是由于罗马世界统治的衰亡才成为可能。罗马的世界统治一下子永远结束了小的联盟；军事暴力、罗马的审判权、税收机构彻底瓦解了传统的内部组织。除失去独立和自己特有的组织而外，更加之以军事和民政当局的强暴掠夺：它们先夺走被征服者的资财，然后又以重利货给他们，为的是让他们能够交纳新的苛捐杂税。在纯自然经济的地区或者以自然经济为主的地区，沉重的赋税以及由此引起的对货币的需要，使农民越来越深地陷入被高利贷者奴役的境地，造成了巨大的财产差异，使富者更富，贫者赤贫。对于巨大的罗马世界强权，零散的小部落或城市进行任何反抗都是无望的。被奴役、受压迫、沦为赤贫的人们的出路在哪里？他们怎样才能得救？所有这些彼此利益各不相同甚至互相冲突的不同的人群的共同出路在哪里？可是为了使所有这些人都卷入一个统一的伟大革命运动，必须找到这样一条出路。

恩格斯：《论原始基督教的历史》（1894 年 6 月 19 日—7 月 16 日之间），《马克思恩格斯文集》第 4 卷，人民出版社 2009 年版，第 492—493 页。

**88. 这样的出路找到了。但不是在现世。在当时的情况下，出路只能是在宗教领域内**

这样的出路找到了。但不是在现世。在当时的情况下，出路只能是在宗教领域内。于是另一个世界打开了。肉体死后灵魂继续存在，就渐渐成为罗马世界各地公认的信条。死后的灵魂将为其生前的行为受到某种报偿或惩罚这一信念，也越来越为大家所接受。但报偿是相当靠不住的；古代世界具有强烈的自发唯物主义，它把人世生活看得比冥土生活宝贵得多；希腊人把死后的永生还看成是一种不幸。于是，基督教出现了。它认真地对待彼岸世界的报偿和惩罚，造出天国和地狱。一条把受苦受难的人从我们苦难的尘世引入永恒的天堂的出路找到了。事实上，也只有靠对彼岸世界获得报偿的希望，斯多亚—斐洛学说的弃世和禁欲才得以提升为能吸引被压迫人民群众的一种新的世界宗教的基本道德原则。

但这种天堂乐园决不是一死之后就向信徒们开放的。我们将看到，以新耶路撒冷为首都的天国，只是经过对地狱势力的激烈斗争才被攻克与打开。可是在最初的基督徒的观念中，这种斗争是很快就要到来。我们的约翰一开始就表明他的书是启示“必要快成的事”；随后，在第三节，他宣称：

“念这书上预言的和那些听见又遵守其中所记载的，都是有福的，因为日期近了”；

基督吩咐写信给非拉铁非教会说：“看哪，我必快来。”而在最后一章里天使说，他把“必要快成的事”指示给约翰，并吩咐他：

“不可封了这书上的预言，因为日期近了”；

基督自己也说过两次（第十二节和第二十节）：“我必快来。”我们以后会看到，人们预期这次降临将怎样快地到来。

恩格斯：《论原始基督教的历史》（1894 年 6 月 19 日—7 月 16 日之间），《马克思恩格斯文集》第 4 卷，人民出版社 2009 年版，第 493—494 页。

**89. 这里还根本没有什么“爱的宗教”，这里宣讲的是复仇，毫不隐讳的复仇，是应该的、正当的对基督徒迫害者的复仇**

《启示录》的作者现在向我们展示的那些幻景，全都是（而且大都一字不易地）从较早的一些范本中抄袭来的。一部分来自旧约中的古典先知，特别是以西结，一部分来自后来按照《但以理书》范式撰写的犹太教启示作品，特别是当时已经写就，至少是部分写就的《以诺书》。圣经批判已经详细查明，我们这位约翰的书中每一个情景，每一个可怕的预兆，每一项降给不信者的灾难——总之，书中的全部材料，是从哪里抄袭来的；这样，约翰不仅暴露出精神上的完全贫乏，而且还清楚地表明，他所描述的那种所谓狂喜和幻景，他连在想象中也没有经历过。

这些幻景出现的经过，简略地说来是这样的。一开始，约翰看到了神坐在宝座上，手里拿有一卷用七印封严了的书，在神面前是被杀过但又复活了的羔羊（基督），他被认为是配揭开那些印的。那些印揭开时，发生了各种各样可怕的奇异的征兆。在第五印揭开时，约翰看见在神的祭坛底下，有为神的道被杀的基督徒殉道者的灵魂，他们大声喊着说：

> “主啊，你不审判住在地上的人，给我们伸流血的冤，要等到几时呢?”

随后有白衣赐给他们，并有话劝他们还要等待片刻，因为需要有更多的殉道者被杀。——这样看来，这里还根本没有什么“爱的宗教”，什么“要爱你们的仇敌，为那逼迫你们的人祷告”等等；这里宣讲的是复仇，毫不隐讳的复仇，是应该的、正当的对基督徒迫害者的复仇。而且全篇都是如此。危机越是临近，天上降来的灾难和惩罚越是频繁，我们的约翰就越兴奋地宣布说广大众人还是不想忏悔他们的罪恶，说神的鞭子还应该再向他们头上猛抽，说基督应当用铁杖来放牧他们，并一脚踹翻盛满全能的神的炽烈怒火的酒醡，但又说有罪的人心里仍将顽固不化。这是一种自然的、不夹杂任何伪善的情感：斗争正在进行，而打仗就应当像个打仗的样子。……

恩格斯：《论原始基督教的历史》（1894 年 6 月 19 日—7 月 16 日之间），《马克思恩格斯文集》第 4 卷，人民出版社 2009 年版，第 494—495 页。

**90. 所有这一切都完全是以基督教之前的、犹太教的材料构成的，因而这里几乎全都是纯粹犹太教的观念**

……但跟着来的是一场大决战；圣徒和殉道者扫灭了巴比伦大淫妇及其所有信从者，即广大众人，从而报了仇；魔鬼被投进无底坑，在那里捆绑 1000 年，在这段时间内，基督和死去复活的殉道者一同作王。但在 1000 年完了的时候，魔鬼将又被释放，并将发生一次新的神灵们的大交战，在这一战中魔鬼将被最终战胜。然后发生的是第二次复活，这时其余的死者也将苏醒过来，并在神（注意，不是基督!）面前听候审判，信徒们将进入新天、新地和新耶路撒冷而获得永生。

所有这一切都完全是以基督教之前的、犹太教的材料构成的，因而这里几乎全都是纯粹犹太教的观念。自从以色列人在这个世界上进入苦难时代，即从必须向亚述人和巴比伦人纳贡，以色列和犹太两王国被灭时起，一直到塞琉古的奴役，因而也就是从以赛亚到但以理，在每次灾难时期都有预言说救主将出现。在《但以理书》第十二章第一至三节里甚至有预言说，保佑犹太人的天使米迦勒将降临，他将救他们脱离大灾难；将有许多死者复活，一种末日的审判将发生，而教人归义的教师将永远发光如星。属于基督教的只有一点，即特别强调基督的王国快要到来，复活了的信徒——主要是殉道者——是光荣的。

对这一预言与当时事件的关系作出解释应归功于德国的批判，特别是埃瓦尔德、吕克和斐迪南·贝纳里。勒南使这种解释连非神学界也能理解。……

恩格斯：《论原始基督教的历史》（1894 年 6 月 19 日—7 月 16 日之间），《马克思恩格斯文集》第 4 卷，人民出版社 2009 年版，第 496 页。

**91. 正是在 1836 年，斐·贝纳里给 666 这个数字提供了一把钥匙，从而给一切预言性的数字演算，给这个新式的几何学带来一个可怕的末日**

由此可以推论，我们的《启示录》是在加尔巴时代写的。很像是在他统治的末期，最迟是在奥托——“第七位”——的三个月（到 69 年 4 月 15 日）统治期间写的。但那先前有、如今没有的第八位究竟是谁呢？666 这个数字将告诉我们。

在闪米特族——迦勒底人和犹太人——中间，当时流行着一种以字母双关义为根据的巫术。大约从纪元前 300 年开始，希伯来字母也当做数字来使用：a=1；b=2；g=3；d=4 等等。喀巴拉占卜术士就是把某个名字的字母数值的总和算出，再设法从这个总和作出预言，例如，用这同一个数值构成一个词或词组，从而对具有此名字的人作出关于其前途的结论。这种数字语言也用做切口之类的东西。这种方术在希腊语叫做 gematriah——几何学；专干这一行，并被塔西佗称做数学家的迦勒底人在克劳狄乌斯时代，后来又一次是在维特利乌斯时代，被赶出罗马，大概是因为“太胡闹”的缘故。

666 这个数字也正是通过这种数学产生的。它隐含着前五个罗马皇帝之一的名字。但伊里奈乌斯在 2 世纪末在 666 这个数字之外，还知道有个数字是 616，在许多人仍然知道数字之谜的时候，这个数字还至少是出现过的。[①] 如果找到的答案同样适合于这两个数字，那就证明这个答案是准确无误的了。

柏林的裴迪南·贝纳里提供了这个答案。那名字就是尼禄。……

实际上，在加尔巴时代，整个罗马帝国突然陷入一片混乱之中。加尔巴自己就曾率领着西班牙和高卢的军团进军罗马来打倒尼禄。尼禄逃跑了，

① 伊里奈乌斯《反异端五书》第 5 卷第 28—30 章。

并命令一个被释的奴隶把他杀死。但不仅罗马的禁卫兵，而且各行省的军事长官都阴谋反对加尔巴；到处都出现了新的王位追求者，准备带着他们的军团开向首都。看来帝国的内战在所难免，崩溃之日已经临近。除这一切之外，还流传着一种谣言，特别是在东方，说尼禄并没有被杀死，只是受了伤，逃到安息人那里去了，并将率领军队越过幼发拉底河回来，好进行新的、更加凶残的恐怖统治。亚该亚和亚细亚对这些消息尤其感到恐怖。而且大约在写《启示录》的时候，恰好出现了一个假尼禄，带着相当多的归附者盘踞在帕特莫斯和小亚细亚附近爱琴海的基斯诺斯（现在的塞尔米亚）岛上，直到他在奥托时代被杀死为止。在受尼禄第一次严重迫害的基督徒中间流传一种看法，认为他将作为一个反基督者重新回来，认为他的回来以及必然与之俱来的、残忍地消灭新宗派的更加坚决的企图，将是一种先兆和前奏，预示基督将重新降临，预示将要对地狱的势力进行一场伟大的、胜利的决战，预示那殉道者出于信仰就为之欣然赴死的千年王国"很快"即将来临，难道是奇怪的事吗？

最初两个世纪的基督教的文献和受基督教影响的文献，充分表明，666这个数字的秘密是当时很多人都知道的。伊利奈乌斯固然已经不知道这个秘密，但他也像很多其他活到3世纪末的人一样，知道《启示录》里的兽是暗指回来的尼禄。后来连这个线索也失去了，我们所研究的这篇著作便被正统的占卜术士作了荒诞的解释；我自己在幼年时也还认识一些老年人，他们继老约翰·阿尔布雷希特·本格尔之后，在那里等待1836年出现世界的末日和末日的审判。这个预言应验了，而且恰恰就在那一年。不过末日的审判没有落到罪恶世界的头上，而是落到了《启示录》的虔诚的解释者自己的头上。因为正是在1836年，斐·贝纳里给666这个数字提供了一把钥匙，从而给一切预言性的数字演算，给这个新式的几何学带来一个可怕的末日。

恩格斯：《论原始基督教的历史》（1894年6月19日—7月16日之间），《马克思恩格斯文集》第4卷，人民出版社2009年版，第497—500页。

**92. 神圣的三位一体连影子也没有，相反，只有晚期犹太教的那个旧的单一而不可分的耶和华，他在犹太教晚期，从犹太民族的神一跃而为天地间唯一最高的神**

关于等待着信徒的天国，我们这位约翰只能作最表面的描写。新耶路撒冷相当大，至少就当时的概念来说是这样；它是正方形的，每边长

12000 斯达第 = 2227 公里，因此它的面积差不多有 500 万平方公里，比美利坚合众国的一半还要大；它是用纯金和宝石筑成的。那里有神居住在信神者中间，他代替太阳为他们照耀，那里再没有死亡，再没有忧愁，再没有苦难；生命之水的河从城中流过，河两岸长着生命之树，结十二样果子，每月都有果子成熟；叶子“乃为医治万民”（勒南认为，这是一种可以治病的茶叶——《反基督者》第 542 页）。圣徒们在这里将永生。

就我们所知，68 年前后，基督教在其主要所在地小亚细亚就是这样。神圣的三位一体连影子也没有，相反，只有晚期犹太教的那个旧的单一而不可分的耶和华，他在犹太教晚期，从犹太民族的神一跃而为天地间唯一最高的神，他要统治一切民族，他对改宗者许以恩泽，给不驯者以无情的毁灭，他信守古代的老规矩：宽恕降服者，制服傲慢者。因此，在末日的审判时高坐在审判席上的也就是这位神，而不是像晚出的福音书和使徒书信所描写的那样是基督。按照晚期犹太教从波斯吸收的流出说，羔羊基督一开始是从神产生出来的，由于误解富有诗意的一个段落（《以赛亚书》第十一章第二节）而造成的“神的七灵”虽然地位较低，也永远是从神产生出来的。他们都不是神，也不与神等同，而是从属于神。羔羊自己为世界罪恶赎罪而牺牲自己，为此它的地位在天上得到了相当的提升，因为这种自愿的牺牲在全篇中都是被当做特殊功勋，而不是内在本质必然产生的。不言而喻，还少不得有一整套天宫建制：天使长、基路伯、天使和圣徒。为要成为宗教，一神论从远古时代就不能不向多神论作些让步，曾德—阿维斯陀[①]便已开其端。犹太人慢慢地转向异教徒的诸具体神，这种情况一直继续到在流放[②]以后有了波斯式的天宫建制从而使宗教更适应于人们的想象的时候。就连基督教本身甚至在用自身有异的、神秘的、三位一体的神代替了永远等于自身的、不变的犹太神以后，也只是凭着对圣徒的崇拜才能在人民大众中间把对诸旧神的崇拜排除掉；例如，按照法耳梅赖耶尔的说法，在伯罗奔尼撒，在迈纳，在

① 曾德—阿维斯陀是 18—19 世纪时对阿维斯陀使用的不准确的名称。阿维斯陀是流行于古波斯、阿塞拜疆、中亚细亚的琐罗亚斯德教的圣书。琐罗亚斯德教的主要教义是善与恶在世界上的斗争这种二元论观念。阿维斯陀的写作时间大约是从公元前 9 世纪直到公元 3—4 世纪。

② 指公元前 6 世纪的所谓古犹太人的“巴比伦之流放”，或称“巴比伦之囚”。巴比伦王尼布甲尼撒在公元前 597 年攻占耶路撒冷以及公元前 586 年最终灭掉犹太王国以后，犹太贵族、官吏、商人和手工业者被强制移居巴比伦。公元前 6 世纪 30 年代，波斯国王居鲁士征服了巴比伦王国，才准许大部分被俘的犹太人返回故国。

阿卡迪亚，对丘必特的崇拜只是在大约9世纪时才完全消失（《摩里亚半岛史》[①] 第1册第227页）。只有现今的资产阶级时代及其新教，才又把圣徒取消，终于认真奉行自身有异的神的一神论。

恩格斯：《论原始基督教的历史》（1894年6月19日—7月16日之间），《马克思恩格斯文集》第4卷，人民出版社2009年版，第500—501页。

**93. 这部基督教形成时期的最古老的文献对我们之所以特别重要，是因为它以纯净的形式告诉我们，犹太教在亚历山大里亚学派的强烈影响之下，把什么带进了基督教**

我们分析的这篇作品也同样不知有原罪与因信称义之说。这些最初的战斗的团体的信仰，与后来胜利了的教会的信仰完全不同。除羔羊的赎罪的牺牲外，最重要的内容就是临近的基督再临和快要到来的千年王国；而用来树立这种信仰的手段只是：进行积极的宣传，对内外敌人作不屈不挠的斗争，在异教徒的法庭上昂首承认自己的革命观点，决心随时为将来的胜利而殉道。

我们已经看到，作者尚未意识到自己与犹太人有所不同。相应地，全篇没有一个地方讲到洗礼，倒是有许多其他地方使我们相信，洗礼是基督教的第二个时期的制度。144000个犹太信徒曾受“印记”，而不是受洗。讲到天上的圣徒和地上的信徒时说，他们洗去了自己的罪恶，洗净自己的白衣服，用羔羊的血使它们变得鲜明洁亮；根本没有提到洗礼圣水。在反基督者出现以前的那两个先知（第十一章），也没有给任何人行洗礼，而且，照第十九章第十节的话看来，耶稣的见证不是洗礼，而是预言中的灵意。在所有这些场合，自然是该提到洗礼的，如果当时洗礼已经通行的话；因此，我们差不多可以有绝对把握得出结论说，我们这位作者不知道有洗礼，洗礼是在基督徒同犹太人最后分手的时候才出现的。

关于第二种更晚出的圣礼——圣餐礼，作者也同样一无所知。在路德的译文中写到基督许诺每一个信仰坚定的推雅推喇人到他那里并同他进圣餐，这只能导致误解。在希腊文本中是deipnêsô——我将（同他）进晚餐，英文本圣经完全正确地译为：

I shall *sup* with him。关于圣餐，即使作为一种悼念餐，这里也绝对没

① 即雅·法耳梅赖耶尔《摩里亚半岛中世纪史》1830年斯图加特—蒂宾根版。

有谈到。

我们这篇以如此独特方式证实了写作时间为68年或69年的作品，在一切基督教文献中最为古老，这是无可怀疑的。找不到其他任何一篇作品，文字写得这样粗俗，满纸是希伯来腔调、荒谬的构句和文法错误。例如在第一章第四节中有一句话，现照录如下：

“但愿从那今在昔在将在有恩惠与平安赐给你们。”

至于说福音书和使徒行传是对现已佚失的著作的后来的加工品，这些佚失著作的微弱的历史核心在传说的层层笼罩之下现在已经辨认不出；就连那几篇所谓“真正的”使徒书信，也如布鲁诺·鲍威尔所说，或者是更晚的作品①，或者最多也只是无名作家的旧著经过增补以后的加工品——这在目前只有职业神学家或其他立场偏颇的历史编纂学家才加以否认。更为重要的是：我们这里有了这样一篇作品（对其写作时间的判定已经精确到几个月以内），这篇作品给我们描绘出形态最不发展时的基督教，这种形态的基督教对于4世纪时有着完备的教条和神话的国教的关系，大致有如塔西佗时代日耳曼人那种尚未固定的神话对于受基督教和古典古代因素影响而形成的、见于《艾达》② 的神话的关系。这里是一种世界宗教的幼芽，但这种幼芽却已均等地包含着上千种的发展可能性，这些可能性后来体现为无数的宗派。这部基督教形成时期的最古老的文献对我们之所以特别重要，是因为它以纯净的形式告诉我们，犹太教在亚历山大里亚学派③的强烈影响之下，把什么带进了基督教。所有后来的东西，都是西方，希腊罗马附加进去的。只是通过一神论的犹太宗教的媒介作用，后来的希腊庸俗

① 在《社会发展》杂志上发表的经作者同意的法译文中，这句话是这样写的：“就连蒂宾根学派还认为真本的那三、四篇使徒书信，也都如布鲁诺·鲍威尔通过深刻分析而指出的，不过是更晚时期的作品。”

② 《艾达》是一部斯堪的纳维亚各民族的神话和英雄的传说与歌曲的集子。其中诗歌反映了氏族制度解体和民族大迁徙时期斯堪的纳维亚的社会状况。从中可以看到古代日耳曼人民间创作中的一些形象和情节。

③ 亚历山大里亚学派是古代基督教以亚历山大里亚教理学校为中心的神学派，受柏拉图哲学思想的影响。该派在对圣经的解释上，注重对词义作讽喻性的讲解，与侧重从字面和历史意义上进行解释的安提阿学派相对立。

哲学的文明的一神论才能够取得那种唯一使它能吸引群众的宗教形式。但找到了这样一种媒介以后，它也只有在希腊罗马世界里，借助于希腊罗马世界所达到的思想成果而继续发展并且与之相融合，才能成为世界宗教。

恩格斯：《论原始基督教的历史》（1894 年 6 月 19 日—7 月 16 日之间），《马克思恩格斯文集》第 4 卷，人民出版社 2009 年版，第 501—503 页。

**94. 那些利用传教伪善地掩盖掠夺政策的人，中国人难道能不痛恨他们吗**

中国人憎恶的不是欧洲人民，因为他们之间并无冲突，他们憎恶的是欧洲资本家和唯资本家之命是从的欧洲各国政府。那些到中国来只是为了大发横财的人，那些利用自己吹捧的文明来进行欺骗、掠夺和镇压的人，那些为了取得贩卖毒害人民的鸦片的权利而同中国作战（1856 年英法对华的战争）的人，那些利用传教伪善地掩盖掠夺政策的人，中国人难道能不痛恨他们吗？

列宁：《对华战争》（1900 年 9—10 月），《列宁选集》第 1 卷，人民出版社 2012 年版，第 279 页。

**95. 这些基督教徒建立功勋的时候，却大叫大嚷反对野蛮的中国人，说他们竟胆敢触犯文明的欧洲人**

欧洲资本家贪婪的魔掌现在伸向中国了。俄国政府恐怕是最先伸出魔掌的，但是它现在却扬言自己“毫无私心”。它“毫无私心地”占领了中国旅顺口，并且在俄国军队保护下开始在满洲修筑铁路。欧洲各国政府一个接一个拼命掠夺（所谓“租借”）中国领土，无怪乎出现了瓜分中国的议论。如果按照真实情况，就应当说：欧洲各国政府（最先恐怕是俄国政府）已经开始瓜分中国了。不过它们在开始时不是公开瓜分，而是像贼那样偷偷摸摸进行的。它们盗窃中国，就像盗窃死人的财物一样，一旦这个假死人试图反抗，它们就像野兽一样猛扑到他身上。它们把一座座村庄烧光，把老百姓赶进黑龙江中活活淹死，枪杀和刺死手无寸铁的居民和他们的妻子儿女。这些基督教徒建立功勋的时候，却大叫大嚷反对野蛮的中国人，说他们竟胆敢触犯文明的欧洲人。

列宁：《对华战争》（1900 年），《列宁选集》第 1 卷，人民出版社 2012 年版，第 279—280 页。

**96. 帝国政府多么可怜啊！它简直像基督教徒那样毫无私心，人们竟冤枉了它，简直太不公平了**

帝国政府多么可怜啊！它简直像基督教徒那样毫无私心，人们竟冤枉了它，简直太不公平了！几年以前，它毫无私心地侵占了旅顺口，现在又毫无私心地侵占满洲，毫无私心地把大批承包人、工程师和军官派到与俄国接壤的中国地区，这些人的所作所为引起了以温顺出名的中国人的愤怒。修筑中东铁路，每天只付给中国工人10戈比的生活费，难道这就是俄国毫无私心的表现吗？

列宁：《对华战争》（1900年9—10月），《列宁选集》第1卷，人民出版社2012年版，第280页。

**97. 剥削者同情宗教是十分自然的，因为宗教教导人们为了升入所谓的天堂而“毫无怨言地”忍受尘世间的地狱之苦**

假如我们的警察专制制度甚至使宗教也浸透了牢狱气味，以至连“斯塔霍维奇之流”（他们对宗教问题根本没有什么坚定的信念，但是对宗教的巩固持久是关心的，这一点我们在下面可以看到）也对这个臭名昭彰的“人民的”圣物非常冷淡（甚至敌视），那么这个专制制度就简直太好了！……正教的圣物之所以宝贵，就是由于她教导人们“毫无怨言地”忍受痛苦！的确，这是多么有利于统治阶级的圣物啊！既然社会制度使得极少数人有钱有势，而群众经常忍受“困苦”并且承担着“艰巨的义务”，那么剥削者同情宗教是十分自然的，因为宗教教导人们为了升入所谓的天堂而“毫无怨言地”忍受尘世间的地狱之苦。

列宁：《政治鼓动和“阶级观点”》（1902年），《列宁全集》第6卷，人民出版社1986年版，第246—247页。

**98. 我们的神父向农民布道说，不要贪财，要禁欲，而自己则巧取豪夺，搞到了大量土地**

在私有主的10900万俄亩土地中，700万俄亩归皇族所有，即属沙皇近支成员的私有财产。沙皇和他的家族，是俄国的头号地主，是俄国最大的地主。沙皇一姓的土地比50万农户的土地还多！其次，教会和寺院占有的土地大约是600万俄亩。我们的神父向农民布道说，不要贪财，要禁欲，而自己则巧取豪夺，搞到了大量土地。

列宁：《告贫苦农民》（1903年3月1日和28日〔3月14日和4月10日之间〕之间），《列宁全集》第7卷，人民出版社1986年版，第125页。

**99. 神父们拼命证明农奴制是圣经赞同的，是上帝法定的**

农民不怕政府的野蛮迫害，不怕受刑和枪杀，农民不信神父的话，神父们拼命证明农奴制是圣经赞同的，是上帝法定的（当时菲拉列特都主教正是这样公开宣称的!）；农民到处起来进行斗争，政府终于让步了，它害怕爆发全体农民的总起义。

列宁：《告贫苦农民》（1903 年 3 月 1 日和 28 日〔3 月 14 日和 4 月 10 日之间〕之间），《列宁全集》第 7 卷，人民出版社 1986 年版，第 169—170 页。

**100. 宗教是一生为他人干活而又深受穷困和孤独之苦的人民群众所普遍遭受的种种精神压迫之一**

对工人的经济压迫，必然会引起和产生对群众的各种政治压迫和社会屈辱，使他们在精神生活方面变得粗俗和愚昧。工人固然可以多少争得一点政治自由来为自身的经济解放而斗争，但是，在资本的政权未被推翻以前，任何自由都不会使他们摆脱贫困、失业和压迫。宗教是一生为他人干活而又深受穷困和孤独之苦的人民群众所普遍遭受的种种精神压迫之一。被剥削阶级由于没有力量同剥削者进行斗争，必然会产生对死后的幸福生活的憧憬，正如野蛮人由于没有力量同大自然搏斗而产生对上帝、魔鬼、奇迹等的信仰一样。对于辛劳一生贫困一生的人，宗教教导他们在人间要顺从和忍耐，劝他们把希望寄托在天国的恩赐上。对于依靠他人劳动而过活的人，宗教教导他们要在人间行善，廉价地为他们的整个剥削生活辩护，向他们廉价出售进入天国享福的门票。宗教是人民的鸦片。宗教是一种精神上的劣质酒，资本的奴隶饮了这种酒就毁坏了自己做人的形象，不再要求多少过一点人样的生活。

列宁：《社会主义和宗教》（1905 年 12 月 3 日〔16 日〕），《列宁专题文集·论辩证唯物主义和历史唯物主义》，人民出版社 2009 年版，第 219—220 页。

**101. 天主教也是社会地组织起来的经验，不过它反映的不是客观真理，而是一定的社会阶级利用人民的愚昧无知**

波格丹诺夫以为谈论社会地组织经验，就是“认识上的社会主义”（第 3 卷①第 XXXIV 页）。这真是痴人说梦。如果这样解释社会主义，那么

① 即波格丹诺夫的《经验一元论》。

耶稣会士①也是“认识上的社会主义”的热诚的信徒了，因为他们的认识论的出发点，就是神这个“社会地组织起来的经验”。无疑地，天主教也是社会地组织起来的经验，不过它反映的不是客观真理（为波格丹诺夫所否定而为科学所反映的客观真理），而是一定的社会阶级利用人民的愚昧无知。

列宁：《唯物主义和经验批判主义》（1908 年 2—10 月），《列宁选集》第 2 卷，人民出版社 2012 年版，第 173 页。

**102. 自然史理论触犯了神学的陈腐偏见，引起了并且直到现在还在引起最激烈的斗争**

有一句著名的格言说：几何公理要是触犯了人们的利益，那也一定会遭到反驳的。自然史理论触犯了神学的陈腐偏见，引起了并且直到现在还在引起最激烈的斗争。马克思的学说直接为教育和组织现代社会的先进阶级服务，指出这一阶级的任务，并且证明现代制度由于经济的发展必然要被新的制度所代替，因此这一学说在其生命的途程中每走一步都得经过战斗，也就不足为奇了。

列宁：《马克思主义和修正主义》（1908 年 4 月 3 日［16 日］以前），《列宁专题文集·论马克思主义》，人民出版社 2009 年版，第 148 页。

**103. 第二件事情，也许是社会民主党人最重要的事情，就是说明教会和僧侣支持黑帮政府、支持资产阶级反对工人阶级的阶级作用**

第二件事情，也许是社会民主党人最重要的事情，就是说明教会和僧侣支持黑帮政府、支持资产阶级反对工人阶级的阶级作用，这一任务也光荣地完成了。当然，关于这个问题还可以说得很多，今后社会民主党人谈这个问题还会对苏尔科夫同志的发言作补充，但是这篇发言毕竟是很出色的，我们党的直接任务就是要各级党组织广泛宣传这篇发言。

列宁：《论工人政党对宗教的态度》（1909 年 5 月 13 日〔26 日〕），《列宁专题文集·论无产阶级政党》，人民出版社 2009 年版，第 181 页。

**104. 在教会看来，杜马代表不仅是人民代表，而且是“教子”，更确切些说，与其说是人民代表，不如说是“教子”**

我们看到的是纯粹的教权主义。教会高于国家，正如永恒的和神圣的

---

① 耶稣会士即耶稣会的会员。耶稣会是天主教修会之一，1534 年由西班牙人依纳爵·罗耀拉创立于巴黎，1540 年经罗马教皇保罗三世批准。耶稣会是天主教内顽固反对宗教改革运动的主要集团。

东西高于暂时的、世俗的东西一样。教会不能原谅国家把教会的财产世俗化。教会要求有主导的和统治的地位。在教会看来，杜马代表不仅是人民代表，而且是“教子”，更确切些说，与其说是人民代表，不如说是“教子”。

列宁：《各阶级和各政党对宗教和教会的态度》（1909 年 6 月 4 日〔17 日〕），《列宁全集》第 17 卷，人民出版社 1988 年版，第 404 页。

**105. 警察式的宗教已经不足以愚弄群众了，那就给我们一种更文明、更新式、更灵活、更能在自治教区起作用的宗教吧，——这就是资本向专制制度要求的东西**

反革命资产阶级的代表想巩固宗教，想加强宗教对群众的影响，他们感到“穿着教袍的官吏”降低了教会的威信，已经不中用了，过时了，甚至给统治阶级带来了危害。十月党人攻击教权主义的极端措施和警察监护，是为了加强宗教对群众的影响，是为了用比较精巧、比较完善的愚民办法来代替某些过于粗暴、过于陈旧、过于腐朽而不能达到目的的办法。警察式的宗教已经不足以愚弄群众了，那就给我们一种更文明、更新式、更灵活、更能在自治教区起作用的宗教吧，——这就是资本向专制制度要求的东西。

列宁：《各阶级和各政党对宗教和教会的态度》（1909 年 6 月 4 日〔17 日〕），《列宁全集》第 17 卷，人民出版社 1988 年版，第 407 页。

**106. “文明的”资本力求使用宗教麻醉剂来愚弄人民，不过采用的教会欺骗手段，比昔日的普通俄国“神父”所采用过的要精巧些**

别洛乌索夫同志在杜马讲坛上嘲笑了卡拉乌洛夫的这些“抒情词句”，这是非常好的。但是这样嘲笑一番还是远远不够的。必须阐明，而且一有适当的机会就必须在杜马讲坛上阐明，立宪民主党人的观点同十月党人的观点是一模一样的，它无非是表明，“文明的”资本力求使用宗教麻醉剂来愚弄人民，不过采用的教会欺骗手段，比昔日的普通俄国“神父”所采用过的要精巧些。

野蛮的地主和旧时的杰尔席莫尔达[①]通过普利什凯维奇的嘴说：为了使人民处于精神奴隶的地位，教会同黑帮必须建立最紧密的联盟。反革命

① 是俄国作家尼·瓦·果戈理的喜剧《钦差大臣》中的一个愚蠢粗野、动辄用拳头打人的警察。列宁用这个形象来比喻俄国警察专制制度的横暴。

的资产者通过卡拉乌洛夫的嘴反对他们说：先生们，你们错了，你们用这种手段只能使人民完全离开宗教。让我们干得更聪明、更狡猾、更巧妙一些吧，我们要排除过于愚蠢和粗暴的黑帮分子，宣布反对“教会非民间化”，我们要在旗帜上写下耶夫洛吉主角的“金玉良言”：教会高于政治，——只有采取这种方式，我们才能至少欺骗一部分落后工人，特别是欺骗小市民和农民，我们才能帮助革新后教会完成其使人民群众继续处于精神奴隶地位“伟大的、神圣的事业”。

列宁：《各阶级和各政党对宗教和教会的态度》（1909 年 6 月 4 日〔17 日〕），《列宁全集》第 17 卷，人民出版社 1988 年版，第 408 页。

**107. 俄国资产阶级为了反革命的目的，需要复活宗教，唤起对宗教的需求，制造宗教，向人民灌输宗教或用新的方法在人民中间巩固宗教**

有一伙著作家，他们靠几个资产阶级出版社的帮助在我国合法的书刊上经常大肆宣扬造神说。这伙人当中就有马克西莫夫。这种宣扬恰恰是在最近一年半以来经常化起来的，在这个期间，俄国资产阶级为了反革命的目的，需要复活宗教，唤起对宗教的需求，制造宗教，向人民灌输宗教或用新的方法在人民中间巩固宗教。因此宣扬造神说就具有了社会性和政治性。

列宁：《论拥护召回主义和造神说的派别》（1909 年 9 月 11 日〔24 日〕），《列宁全集》第 19 卷，人民出版社 1989 年版，第 89 页。

**108. 我们的一切反对派，特别是自由派的（路标派的，立宪民主党派的）反动派，“求助于”宗教并非偶然，而是出于必然**

我们的一切反对派，特别是自由派的（路标派[①]的，立宪民主党派的）反动派，“求助于”宗教并非偶然，而是出于必然。单靠棍棒和鞭子是不够的；棍棒毕竟已经折裂。路标派帮助先进的资产阶级搞到一种新式的思想棍棒即精神棍棒。马赫主义这个唯心主义的变种在客观上是反动派的工具，反动派的宣传手段。因此，在 1908—1910 年这个历史时期，既然

① 路标派是指俄国立宪民主党的著名政论家、反革命自由派资产阶级的代表人物尼·亚·别尔嘉耶夫、谢·尼·布尔加科夫、米·奥·格尔申宗、亚·索·伊兹哥耶夫、波·亚·基斯嘉科夫斯基、彼·伯·司徒卢威和谢·路·弗兰克。1909 年春，他们把自己的论述俄国知识分子的一批文章编成文集在莫斯科出版，取名为《路标》，路标派的名称即由此而来。

我们看到“在上面”不仅有十月党人[1]和普利什凯维奇之流的“拜神杜马”，而且还有拜神的立宪民主党人、拜神的自由派资产阶级，那么，“在下面”进行反对马赫主义的斗争就不是偶然的，而是不可避免的。

列宁：《我们的取消派》（1911年1—2月），《列宁专题文集·论辩证唯物主义和历史唯物主义》，人民出版社2009年版，第229—230页。

**109. 他们在宗教和“爱国主义”的口号下竭力鼓动群众保卫资本主义**

看一看比如德国反动的“中央”党即天主教党在怎样组织人们群众，是更有教益的。他们在宗教和“爱国主义”的口号下竭力鼓动群众保卫资本主义。德国天主教徒之所以能够利用人民群众的偏见和愚昧，部分是由于德国天主教徒在居民中占少数，并且一度遭到国家的迫害。而被剥削的劳动群众总是本能地同情被迫害者的。反动的天主教徒就巧妙地利用了这种情绪。

天主教徒建立了一个群众性的组织，即所谓“天主教德国人民联盟”。这个联盟有盟员75万。它严格实行集中领导。它的宗旨是：保卫“基督教的”（实际上是资本主义的）制度，并同“破坏性的”（即社会主义的）意向作斗争。

列宁：《德国天主教徒在组织群众》（1913年5月20日〔6月2日〕），《列宁全集》第23卷，人民出版社1990年版，第193—194页。

**110. 任何宗教观念，任何神的观念，甚至任何对神的谄媚，都是民主派资产阶级能特别容忍地（甚至往往是心甘情愿地）予以接受的无法形容的下流货色**

在最自由的国家里，也就是完全不适合以“民主、人民、舆论和科学”作号召的国家里，——在那些国家（美国、瑞士等等）里，人们正是特别热心地用这种纯洁的、精神上的、创造出来的神的观念来麻痹人民和

---

① 十月党人是俄国十月党的成员。十月党（十月十七日同盟）代表和维护大工商业资本家和按资本主义方式经营的大地主的利益，属于自由派的右翼。该党于1905年11月成立，名称取自沙皇1905年10月17日宣言。十月党的主要领导人是大工业家和莫斯科房产主亚·伊·古契柯夫和大地主米·弗·罗将柯，活动家有彼·亚·葛伊甸、德·尼·希波夫、米·亚·斯塔霍维奇、尼·阿·霍米亚科夫等。十月党完全拥护沙皇政府的对内对外政策，支持政府镇压革命的一切行动，主张用调整租地、组织移民、协助农民退出村社等办法解决土地问题。第一次世界大战期间，它号召支持政府，后来参加了军事工业委员会的活动，曾同立宪民主党等结成“进步同盟”，主张把帝国主义的掠夺战争进行到最后胜利，并通过温和的改革来阻止人民革命和维护君主制。二月革命后，该党参加了资产阶级临时政府。十月革命后，十月党人反对苏维埃政权，在白卫分子政府中担任要职。

工人。这正是因为，任何宗教观念，任何神的观念，甚至任何对神的谄媚，都是民主派资产阶级能特别容忍地（甚至往往是心甘情愿地）予以接受的无法形容的下流货色，——正因为如此，这是最危险的下流货色，是最可恶的“传染病”。群众识破千百万种罪恶、坏事、暴行和肉体的传染病，比识破精巧的、精神上的、用最漂亮的“思想”外衣装扮起来的神的观念要容易得多，因而前者的危害性比后者也就小得多。奸污少女的天主教神父（我刚才偶然在一张德文报纸上读到这件事）对于“民主制”的危害，比不穿袈裟的神父，比不相信拙劣宗教的神父，比宣传建神和创神的、有思想修养的、民主主义的神父要小得多。这是因为揭露、谴责和赶走前一种神父是容易的，而赶走后一种神父就不能这样简单，揭穿他们要困难一千倍，没有一个“脆弱的和可悲地动摇的”庸人会同意“谴责”他们。

列宁：《致阿·马·高尔基》（1913 年 11 月 13 日或 14 日），《列宁选集》第 2 卷，人民出版社 2012 年版，第 365—366 页。

**111. 神的观念从来也没有“使个人与社会相联系”，而是一贯用把压迫者奉为神这种信仰来束缚被压迫阶级**

您的整个定义完全是反动的和资产阶级的。神 =“在激发和组织社会感情，以使个人同社会相联系，约束动物性个人主义”的那些观念的复合。

为什么这是反动的呢？因为它为那种“约束”动物本能的僧侣主义-农奴制的观念涂脂抹粉。实际上，约束“动物性个人主义”的不是神的观念，而是原始人群和原始公社。神的观念永远是奴隶制（最坏的、最没有出路的奴隶制）的观念，它一贯麻痹和剥削“社会感情”，以死东西偷换活东西。神的观念从来也没有“使个人与社会相联系”，而是一贯用把压迫者奉为神这种信仰来束缚被压迫阶级。

您的定义是资产阶级的（而且是不科学的、反历史的），因为它所依据的是笼统的、泛泛的、“鲁滨孙式的”概念，而不是一定历史时代的一定的阶级。

列宁：《致阿·马·高尔基》（1913 年 11 月 14 日以后），《列宁全集》第 46 卷，人民出版社 1990 年版，第 368 页。

**112. 任何一条科学规律（决不只是价值规律），在中世纪人们都是从宗教和伦理的意义上去理解的**

司徒卢威先生不可能不知道，任何一条科学规律（决不只是价值规律)，在中世纪人们都是从宗教和伦理的意义上去理解的。对于自然科学的规律，宗教法规学者也是这样解释的。因此根本不能认真地把宗教法规学者说的价格规律同古典政治经济学家说的价格规律相提并论。

列宁：《又一次消灭社会主义》(1914 年 3 月)，《列宁全集》第 25 卷，人民出版社 1988 年版，第 37 页。

**113. 所有一切压迫阶级，为了维持自己的统治，都需要两种社会职能：一种是刽子手的职能，另一种是牧师的职能**

有些人维护宗教的理由是宗教可以安慰人，费尔巴哈正确地向他们指出了这种安慰的反动作用，他说：谁要是安慰奴隶，而不去发动他们起来反对奴隶制，谁就是在为奴隶主帮忙。

所有一切压迫阶级，为了维持自己的统治，都需要两种社会职能：一种是刽子手的职能，另一种是牧师的职能。刽子手的任务是镇压被压迫者的反抗和暴乱。牧师的使命是安慰被压迫者，给他们描绘一幅在保存阶级统治的条件下减少苦难和牺牲的前景（这做起来特别方便，只要不担保这种前景一定能"实现"……)，从而使他们顺从这种统治，使他们放弃革命行动，打消他们的革命热情，破坏他们的革命决心。考茨基把马克思主义歪曲成了最恶劣最笨拙的反革命理论，歪曲成了最龌龊的僧侣主义。

列宁：《第二国际的破产》(1915 年 5—6 月)，《列宁选集》第 2 卷，人民出版社 2012 年版，第 478 页。

**114. 恐惧和绝望。这就使得宗教的影响增强起来**

战争不能不在群众中引起打破通常的消沉状态的最激烈的感情。不适应这种激烈的感情，就不可能有革命的策略。

这种激烈的感情有哪些主要表现呢？(1) 恐惧和绝望。这就使得宗教的影响增强起来。教堂又挤满了人，反对派兴高采烈。反动透顶的巴雷斯说："有苦难的地方就有宗教。"他说的很对。(2) 仇恨"敌人"。这种感情，与其说是牧师，还不如说是资产阶级蓄意煽动起来的，它在经济上和政治上都只对资产阶级有利。

列宁：《关于自己的政府在帝国主义战争中的失败》(1915 年 7 月 26 日)，《列宁全集》第 26 卷，人民出版社 1990 年版，第 302 页。

**115. 基督教的牧师是用关于博爱和基督训诫的空话来粉饰压迫阶级，即奴隶主、封建主和资本家的政策，使被压迫阶级容忍他们的统治**

这些社会和平主义者，即口头上的社会主义者，实际上的资产阶级和平主义谎言的传播者，目前所起的作用同基督教的牧师几世纪以来所起的作用是一模一样的，不过后者是用关于博爱和基督训诫的空话来粉饰压迫阶级，即奴隶主、封建主和资本家的政策，使被压迫阶级容忍他们的统治。

列宁：《告国际社会党委员会和各国社会党书的提纲草稿》（1916年12月25日〔1917年1月17日〕以前），《列宁全集》第28卷，人民出版社1990年版，第258—259页。

**116. 宗教偏见的最深刻的根源是穷困和愚昧；我们正是应当同这个祸害作斗争**

我们的法律在历史上第一次取消了一切使妇女处于无权地位的东西。但是，问题不在于法律。这项关于婚姻完全自由的法律在我们城市和工厂实行得很好，而在农村则往往成为一纸空文。在那里，到教堂结婚至今还很盛行。这是受了神父的影响，同这种坏现象作斗争比同就法律作斗争更困难。

同宗教偏见作斗争，必须特别慎重；在这场斗争中伤害宗教感情，会带来许多害处。应当通过宣传、通过教育来进行斗争。斗争过激会引起群众的愤恨；这样进行斗争会加深群众因宗教信仰而造成的分裂，而我们的力量在于团结。宗教偏见的最深刻的根源是穷困和愚昧；我们正是应当同这个祸害作斗争。

列宁：《在全俄女工第一次代表大会上的讲话》（1918年11月19日），《列宁全集》第35卷，人民出版社1985年版，第180—181页。

**117. 真正同情奴隶的人，则是教导他们愤恨、举行暴动和打碎枷锁，而决不是去"安慰"他们**

当然，准许奴才爱人民仅仅是在极小的限度内，而且必须有俯首听命的表现和"安慰"被剥削劳动者的决心。顺便提一下，费尔巴哈曾非常准确地回答了那些维护宗教、把宗教当作"安慰"的源泉的人们，他说，安慰奴隶是有利于奴隶主的事情，而真正同情奴隶的人，则是教导他们愤恨、举行暴动和打碎枷锁，而决不是去"安慰"他们。奴才们把一朵朵的假花装饰起来，借以"安慰"被雇佣奴隶制的锁链束缚着的雇佣奴隶。主张解放雇佣奴隶的人，则从锁链上摘下装饰它的假花，使奴隶们更加自觉、更加强烈地憎恨他们身上的锁链，尽快地挣脱锁链并伸手摘取新鲜的花朵。

列宁：《在下房里》（1919 年 7 月），《列宁全集》第 37 卷，人民出版社 1986 年版，第 132 页。

**118. 我们不信上帝，并且我们十分清楚，僧侣、地主和资产阶级都假借上帝的名义说话，为的是谋求他们这些剥削者自身的利益**

但是，究竟有没有共产主义道德呢？有没有共产主义品德呢？当然是有的。人们往往硬说我们没有自己的道德；资产阶级常常给我们加上一个罪名，说我们共产主义者否定任何道德。这是一种偷换概念、欺骗工农的手段。

究竟在什么意义上我们否定道德，否定品德呢？

是在资产阶级宣传的道德的意义上，这种道德是他们从上帝的意旨中引申出来的。关于这一点，我们当然说，我们不信上帝，并且我们十分清楚，僧侣、地主和资产阶级都假借上帝的名义说话，为的是谋求他们这些剥削者自身的利益。或者他们不是从道德的要求，不是从上帝的意旨，而是从往往同上帝意旨很相似的唯心主义或半唯心主义论调中引申出这种道德来的。

列宁：《青年团的任务》（1920 年 10 月 2 日），《列宁专题文集 · 论无产阶级政党》，人民出版社 2009 年版，第 285 页。

**119. 我们否定从超人类和超阶级的概念中引出的这一切道德**

我们否定从超人类和超阶级的概念中引出的这一切道德。我们说这是欺骗，这是为了地主和资本家的利益来愚弄工农，禁锢工农的头脑。

我们说，我们的道德完全服从无产阶级阶级斗争的利益。我们的道德是从无产阶级阶级斗争的利益中引伸出来的。

旧社会建筑在地主和资本家压迫全体工农的基础上。我们应当摧毁这个社会，应该打倒这些压迫者，为了这个目的就必须团结起来。而上帝是不会创造这种团结的。

……

因此，我们说：在我们看来，超人类社会的道德是没有的；那是一种欺骗。在我们看来，道德是服从于无产阶级阶级斗争的利益的。

……

青年们只有把自己的训练、培养和教育中的每一步骤同无产者和劳动者不断进行的反对剥削者的旧社会的斗争联系起来，才能学习共产主义。

当人们向我们讲到道德的时候，我们回答说：在共产主义者看来，全部道德就在于这种团结一致的纪律和反对剥削者的自觉的群众斗争。我们不相信有永恒的道德，并且要揭穿一切关于道德的骗人的鬼话。道德是为人类社会上升到更高的水平，为人类社会摆脱对劳动的剥削服务的。

列宁：《青年团的任务》（1920 年 10 月 2 日），《列宁专题文集·论无产阶级政党》，人民出版社 2009 年版，第 285—288 页。

**120. 资产阶级则从他们在世界各国劳动者身上榨取到的利润中拿出几亿卢布来扶持宗教**

罗·尤·维佩尔教授在 1918 年出版了一本题名《基督教的起源》的小册子（莫斯科法罗斯出版社版）。作者叙述了现代科学的主要成就，但他不仅没有反对教会这种政治组织的武器，即偏见和骗局，不仅回避了这些问题，而且表示了一种简直可笑而反动透顶的奢望：要凌驾于唯心主义和唯物主义这两个“极端”之上。这是为现在占统治地位的资产阶级效劳，而资产阶级则从他们在世界各国劳动者身上榨取到的利润中拿出几亿卢布来扶持宗教。

列宁：《论战斗唯物主义的意义》（1922 年 3 月 12 日），《列宁专题文集·论辩证唯物主义和历史唯物主义》，人民出版社 2009 年版，第 325—326 页。

**121. 德雷夫斯是一个明目张胆的、自觉的反动分子，他公开帮助剥削者用更为卑鄙下流的新的宗教偏见来代替陈旧腐朽的宗教偏见**

德国的著名学者阿尔图尔·德雷夫斯在他的《基督神话》一书中驳斥了宗教偏见和神话，证明根本就没有基督这样一个人，但在该书末尾，他却主张要有一种宗教，不过，是一种革新的、去芜存精的、巧妙的、能够抵抗“日益汹涌的自然主义潮流”的宗教（1910 年德文第 4 版第 238 页）。德雷夫斯是一个明目张胆的、自觉的反动分子，他公开帮助剥削者用更为卑鄙下流的新的宗教偏见来代替陈旧腐朽的宗教偏见。

列宁：《论战斗唯物主义的意义》（1922 年 3 月 12 日），《列宁专题文集·论辩证唯物主义和历史唯物主义》，人民出版社 2009 年版，第 326 页。

**122. 封建君主制的民族主义在奄奄一息的时候，就采取了教权主义的形式**

格鲁吉亚贵族的另一派，更软弱的一派，则同格鲁吉亚的主教和大司祭串通一气，从而把受实际生活驱逐的“民族主义”置于教权主义卵翼之下。这一派热衷于恢复那些已被破坏的格鲁吉亚教堂（这是他们“纲领”中的主要条文！）即“昔日伟业的纪念碑”，并且虔诚地等待一个能实现他们农奴君主制“愿望”的奇迹的到来。

这样，封建君主制的民族主义在奄奄一息的时候，就采取了教权主义的形式。

斯大林：《社会民主党怎样理解民族问题？》（1904 年 9 月 1 日），《斯大林全集》第 1 卷，人民出版社 1953 年版，第 28 页。

**123. 神甫们也有自己的节日，在那些日子里，他们赞美现存的制度，在这种制度下，劳动者死于穷困，寄生虫却沉溺于豪华奢侈的生活**

每一个阶级都有自己所喜爱的节日。贵族有自己的节日，在那些日子里，他们宣布“有权”掠夺农民。资产者有自己的节日，在那些日子里，他们“证明”“有权”剥削工人。神甫们也有自己的节日，在那些日子里，他们赞美现存的制度，在这种制度下，劳动者死于穷困，寄生虫却沉溺于豪华奢侈的生活。

斯大林：《五一万岁！》（1912 年 4 月），《斯大林全集》第 2 卷，人民出版社 1953 年版，第 209 页。

**124. 各政府党的事情真是糟糕透了，甚至连教会的神甫都不得不因此抛开“教会的事情”而为“世俗的事情”奔走**

内政部早已通令各省长“采取保证各乡选出完全可靠而不属于左派的人为初选人的办法”。这些“办法”归结起来实际上是什么呢？我们从实践中知道，就是从名单上删去左派候选人，诬告他们，然后加以逮捕、流放，就是这些“办法”！另一方面，正教行政总署劝告各教区的主教们要热烈参加这次选举，把坚决维护教会利益的人选入杜马，劝告他们为了这个目的要召开准备选举的教区神甫代表大会，出版专门的竞选报纸等等。

各政府党的事情真是糟糕透了，甚至连教会的神甫都不得不因此抛开“教会的事情”而为“世俗的事情”奔走！

使选举处在教会和世俗省长们的压力之下，这就是他们所能指望的手段了。

斯大林：《他们怎样准备迎接选举》（1912 年 4 月 19 日），《斯大林全集》第 2 卷，人民出版社 1953 年版，第 235 页。

**125. 如果说从前，在极辽阔的罗马帝国内，基督教被认为是受压迫受摧残的奴隶的救星，那么现在的情形是：在帝国主义的极广大的殖民地国家中，社会主义可以成为千百万群众解放的旗帜**

如果说从前，在极辽阔的罗马帝国内，基督教被认为是受压迫受摧残的奴隶的救星，那么现在的情形是：在帝国主义的极广大的殖民地国家中，社会主义可以成为（而且已经开始成为！）千百万群众解放的旗帜。

斯大林：《十月革命和中间阶层问题》（1923 年 11 月 7 日），《斯大林全集》第 5 卷，人民出版社 1957 年版，第 282—283 页。

**126. 为了抗议正教中学里所实行的侮辱人的校规和耶稣教会的办法，我决心要成为并且真的已经成为革命者，成为真正革命学说马克思主义的信仰者了**

为了抗议正教中学里所实行的侮辱人的校规和耶稣教会的办法，我决心要成为并且真的已经成为革命者，成为真正革命学说马克思主义的信仰者了。

斯大林：《和德国作家艾米尔·路德维希的谈话》（1932 年 4 月 30 日），《斯大林全集》第 13 卷，人民出版社 1956 年版，第 101 页。

# 三　科学无神论的社会实践

## （一）科学社会主义运动中的宗教有神论问题

### 1. “解放”是一种历史活动，不是思想活动，“解放”是由历史的关系，是由工业状况、商业状况、农业状况、交往状况促成的

当然，我们不想花费精力去启发我们的聪明的哲学家，使他们懂得：如果他们把哲学、神学、实体和一切废物消融在“自我意识”中，如果他们把“人”从这些词句的统治下——而人从来没有受过这些词句的奴役——解放出来，那么“人”的“解放”也并没有前进一步；只有在现实的世界中并使用现实的手段才能实现真正的解放；没有蒸汽机和珍妮走锭精纺机就不能消灭奴隶制；没有改良的农业就不能消灭农奴制；当人们还不能使自己的吃喝住穿在质和量方面得到充分保证的时候，人们就根本不能获得解放。“解放”是一种历史活动，不是思想活动，“解放”是由历史的关系，是由工业状况、商业状况、农业状况、交往状况促成的［……］① 其次，还要根据它们的不同发展阶段，清除实体、主体、自我意识和纯批判等无稽之谈，正如同清除宗教的和神学的无稽之谈一样，而且在它们有了更充分的发展以后再次清除这些无稽之谈。

马克思、恩格斯：《德意志意识形态。对费尔巴哈、布·鲍威尔和施蒂纳所代表的现代德国哲学以及各式各样先知所代表的德国社会主义的批判》（1845年秋—1846年5月），《马克思恩格斯文集》第1卷，人民出版社2009年版，第526—527页。

### 2. 要真正地、实际地消除宗教观念，就要靠改变了的环境而不是靠理论上的演绎来实现

迄今为止的一切历史观不是完全忽视了历史的这一现实基础，就是把它仅仅看成与历史进程没有任何联系的附带因素。因此，历史总是遵照在它之外的某种尺度来编写的；现实的生活生产被看成是某种非历史的东西，而历史的东西则被看成是某种脱离日常生活的东西，某种处于世界之外和

---

① 此处手稿缺损。

超乎世界之上的东西。这样，就把人对自然界的关系从历史中排除出去了，因而造成了自然界和历史之间的对立。因此，这种历史观只能在历史上看到重大政治历史事件，看到宗教的和一般理论的斗争，而且在每次描述某一历史时代的时候，它都不得不赞同这一时代的幻想。例如，某一时代想象自己是由纯粹“政治的”或“宗教的”动因所决定的——尽管“宗教”和“政治”只是时代的现实动因的形式——，那么它的历史编纂学家就会接受这个意见。这些特定的人关于自己的真正实践的“想象”、“观念”变成了一种支配和决定这些人的实践的唯一起决定作用的和积极的力量。印度人和埃及人借以实现分工的粗陋形式在这些民族的国家和宗教中产生了种姓制度，于是历史学家就以为种姓制度是产生这种粗陋的社会形式的力量。法国人和英国人至少抱着一种毕竟是同现实最接近的政治幻想，而德国人却在“纯粹精神”的领域中兜圈子，把宗教幻想推崇为历史的动力。黑格尔的历史哲学是整个这种德国历史编纂学的最终的、达到自己“最纯粹的表现”的成果。对于德国历史编纂学来说，问题完全不在于现实的利益，甚至不在于政治的利益，而在于纯粹的思想。这种历史哲学后来在圣布鲁诺看来也一定是一连串的“思想”，其中一个吞噬一个，最终消失于“自我意识”中。圣麦克斯·施蒂纳更加彻底，他对全部现实的历史一窍不通，他认为历史进程必定只是“骑士”、强盗和幽灵的历史，他当然只有借助于“不信神”才能摆脱这种历史的幻觉而得救。这种观点实际上是宗教的观点：它把宗教的人假设为全部历史起点的原人，它在自己的想象中用宗教的幻想生产代替生活资料和生活本身的现实生产。整个这样的历史观及其解体和由此产生的怀疑和顾虑，仅仅是德国人本民族的事情，而且对德国来说也只有地域性的意义。例如，近来不断讨论着如何能够“从神的王国进入人的王国”①这样一个重要问题，似乎这个“神的王国”不是存在于想象之中，而是存在于其他什么地方；似乎那些学识渊博的先生们不是一直生活在——他们自己并不知道——他们目前正在寻找途径以求到达的那个“人的王国”之中；似乎这种科学的娱乐——这确实只是一种娱乐——就在于去说明这个理论上的空中楼阁多么奇妙，而不是相反，去证明这种空中楼阁是从现实的尘世关系中产生的。通常这些德国人总是只

① 路·费尔巴哈：《因〈唯一者及其所有物〉而论〈基督教的本质〉》。

关心把既有的一切无意义的论调变为某种别的胡说八道，就是说，他们假定，所有这些无意义的论调都具有某种需要揭示的特殊意义，其实全部问题只在于从现存的现实关系出发来说明这些理论词句。如前所说，要真正地、实际地消灭这些词句，从人们意识中消除这些观念，就要靠改变了的环境而不是靠理论上的演绎来实现。对于人民大众即无产阶级来说，这些理论观念并不存在，因而也不用去消灭它们。如果这些群众曾经有过某些理论观念，如宗教，那么现在这些观念也早已被环境消灭了。

马克思、恩格斯：《德意志意识形态。对费尔巴哈、布·鲍威尔和施蒂纳所代表的现代德国哲学以及各式各样先知所代表的德国社会主义的批判》（1845 年秋—1846 年 5 月），《马克思恩格斯文集》第 1 卷，人民出版社 2009 年版，第 545—547 页。

**3. 共产主义革命就是同传统的所有制关系实行最彻底的决裂；毫不奇怪，它在自己的发展进程中要同传统的观念实行最彻底的决裂**

“但是”，有人会说，“宗教的、道德的、哲学的、政治的、法的观念等等在历史发展的进程中固然是不断改变的，而宗教、道德、哲学、政治和法在这种变化中却始终保存着。

此外，还存在着一切社会状态所共有的永恒真理，如自由、正义等等。但是共产主义要废除永恒真理，它要废除宗教、道德，而不是加以革新，所以共产主义是同至今的全部历史发展相矛盾的。”

这种责难归结为什么呢？至今的一切社会的历史都是在阶级对立中运动的，而这种对立在不同的时代具有不同的形式。

但是，不管阶级对立具有什么样的形式，社会上一部分人对另一部分人的剥削却是过去各个世纪所共有的事实。因此，毫不奇怪，各个世纪的社会意识，尽管形形色色、千差万别，总是在某些共同的形式中运动的，这些形式，这些意识形式，只有当阶级对立完全消失的时候才会完全消失。

共产主义革命就是同传统的所有制关系实行最彻底的决裂；毫不奇怪，它在自己的发展进程中要同传统的观念实行最彻底的决裂。

马克思、恩格斯：《共产党宣言》（1847 年 12 月—1848 年 1 月底），《马克思恩格斯文集》第 2 卷，人民出版社 2009 年版，第 51—52 页。

**4. 自由王国只有建立在必然王国的基础上，才能繁荣起来**

事实上，自由王国只是在必要性和外在目的规定要做的劳动终止的地方才开始；因而按照事物的本性来说，它存在于真正物质生产领域的彼岸。像野蛮人为了满足自己的需要，为了维持和再生产自己的生命，必须与自然搏斗一样，文明人也必须这样做；而且在一切社会形式中，在一切可能的生产方式中，他都必须这样做。这个自然必然性的王国会随着人的发展而扩大，因为需要会扩大；但是，满足这种需要的生产力同时也会扩大。这个领域内的自由只能是：社会化的人，联合起来的生产者，将合理地调节他们和自然之间的物质变换，把它置于他们的共同控制之下，而不让它作为一种盲目的力量来统治自己；靠消耗最小的力量，在最无愧于和最适合于他们的人类本性的条件下来进行这种物质变换。但是，这个领域始终是一个必然王国。在这个必然王国的彼岸，作为目的本身的人类能力的发挥，真正的自由王国，就开始了。但是，这个自由王国只有建立在必然王国的基础上，才能繁荣起来。

马克思：《资本论。政治经济学批判》第三卷（1863—1865 年），《马克思恩格斯文集》第 7 卷，人民出版社 2009 年版，第 928—929 页。

**5. 一切教育机构对人民免费开放，完全不受教会和国家的干涉**

公社在铲除了常备军和警察这两支旧政府手中的物质力量以后，便急切地着手摧毁作为压迫工具的精神力量，即“僧侣势力”，方法是宣布教会与国家分离，并剥夺一切教会所占有的财产。教士们要重新过私人的清修隐遁的生活，像他们的先驱者即使徒们那样靠信徒的施舍过活。一切教育机构对人民免费开放，完全不受教会和国家的干涉。这样，不但人人都能受教育，而且科学也摆脱了阶级偏见和政府权力的桎梏。

马克思：《法兰西内战——国际工人协会总委员会宣言》（1871 年 4 月中旬—5 月底），《马克思恩格斯文集》第 3 卷，人民出版社 2009 年版，第 155 页。

**6. 教师将代替各级僧侣**

如果所有大城市都按照巴黎的榜样组成公社，那么，任何政府都无法以猝不及防的反动袭击来镇压这个运动。甚至通过这一初步行动，就可以赢得培育实力的时间，使运动胜利得到保证。全法国都将组织起独立工作的、自治的公社；国民军将代替常备军；国家寄生虫大军将被搬掉；教师将代替各级僧侣；国家法官将换成公社的机构；国民代表的选举将不再是总揽一切大权的政府玩弄手腕的事情，而是组织起来的各公社的意志的自觉表现；国家的职能将只限于几项符合于普遍性、全国性目的的职能。

马克思：《法兰西内战——国际工人协会总委员会宣言》（1871 年 4 月中旬—5 月底），《马克思恩格斯文集》第 3 卷，人民出版社 2009 年版，第 197 页。

**7. 神职人员的薪俸不再由税吏向他们强制征收，而是由他们依自己的宗教情感“自愿捐赠”，那是极为合理的**

公社要让他们在教师的教导下学到知识，秩序党①则要强使他们接受僧侣的愚民统治！但是，法国农民首先是善于算账的人！他们会发现，神职人员的薪俸不再由税吏向他们强制征收，而是由他们依自己的宗教情感“自愿捐赠”，那是极为合理的！

马克思：《法兰西内战——国际工人协会总委员会宣言》（1871 年 4 月中旬—5 月底），《马克思恩格斯文集》第 3 卷，人民出版社 2009 年版，第 200 页。

**8. 只有工人阶级能够把中产阶级从僧侣统治下解放出来，把科学从阶级统治的工具变为人民的力量**

只有工人阶级能够把他们②从僧侣统治下解放出来，把科学从阶级统治的工具变为人民的力量，把科学家本人从阶级偏见的兜售者、追逐名利的国家寄生虫、资本的同盟者，变成自由的思想家！只有在劳动共和国里面，科学才能起它的真正的作用。

马克思：《法兰西内战——国际工人协会总委员会宣言》（1871 年 4 月中旬—5 月底），《马克思恩格斯文集》第 3 卷，人民出版社 2009 年版，第 204 页。

**9. 宣布一切教会不得占有财产；从一切公立学校中取消宗教教育，使其成为私人生活范围之内的事，靠信徒的施舍维持**

宣布一切教会不得占有财产；从一切公立学校中取消宗教教育（同时实施免费教育），使其成为私人生活范围之内的事，靠信徒的施舍维持；使一切教育机构不受政府的监护和奴役③——随着这一切的实现，精神的压迫力量即被摧毁，科学不仅成为人人有份的东西，而且也摆脱掉政府压制

---

① 所谓秩序党，由奥尔良王朝派和正统王朝派组成，由于他们以“秩序”作为其政治主张的核心，故名秩序党。秩序党的代表人物是梯也尔、巴罗、贝里耶、德卢等人。

② 此处指“中等资产阶级”，即“债务阶级而非债权阶级”（马克思语）。

③ 此处指巴黎公社的政策。

和阶级偏见的桎梏。

马克思：《法兰西内战——国际工人协会总委员会宣言》（1871年4月中旬—5月底），《马克思恩格斯文集》第3卷，人民出版社2009年版，第222—223页。

**10. 各国政府对国际的迫害，酷似古代罗马对原始基督教徒的迫害**

各国政府对国际的迫害，酷似古代罗马对原始基督教徒的迫害。这些人最初也为数不多，但是罗马贵族本能地感觉到，如果基督徒大功告成，罗马帝国就会灭亡。古代罗马的迫害未能挽救帝国，今天对国际的迫害也挽救不了现存制度。

马克思：《纪念国际成立七周年》（1871年9月），《马克思恩格斯文集》第3卷，人民出版社2009年版，第618页。

**11. 应当把政府和教会对学校的任何影响都同样排除掉**

"由国家实行国民教育"是完全要不得的。用一般的法律来确定国民学校的经费、教员资格、教学科目等等，并且像美国那样由国家视察员监督这些法律规定的实施，这同指定国家为人民的教育者完全是两回事！相反，应当把政府和教会对学校的任何影响都同样排除掉。

马克思：《哥达纲领批判》（1875年4月底—5月初），《马克思恩格斯文集》第3卷，人民出版社2009年版，第447页。

**12. 资产阶级的"信仰自由"不过是容忍各种各样的宗教信仰自由而已，工人党则力求把信仰从宗教的妖术中解放出来**

"信仰自由"！如果现在，在进行文化斗争的时候，要想提醒自由主义者记住他们的旧口号，那么只有采用下面这样的形式才行：每一个人都应当有可能满足自己的宗教需要，就像满足自己的肉体需要一样，不受警察干涉。但是，工人党本来应当乘此机会说出自己的看法：资产阶级的"信仰自由"不过是容忍各种各样的**宗教信仰自由**而已，工人党则力求把信仰从宗教的妖术中解放出来。

马克思：《哥达纲领批判》（1875年4月底—5月初），《马克思恩格斯文集》第3卷，人民出版社2009年版，第448页。

**13. 共产主义不是教义，而是运动。它不是从原则出发，而是从事实出发**

共产主义不是教义，而是运动。它不是从原则出发，而是从事实出发。共产主义者不是把某种哲学作为前提，而是把迄今为止的全部历史，特别是这一历史目前在文明各国造成的实际结果作为前提。共产主义的产生是由于大工业以及由大工业带来的后果，是由于世界市场的形成，是由于随之而来的不可遏止的竞争，是由于目前已经完全成为世界市场危机的那种日趋严重和日益普遍的商业危机，是由于无产阶级的形成和资本的积聚，是由于由此产生的无产阶级和资产阶级之间的阶级斗争。共产主义作为理论，是无产阶级立场在这种斗争中的理论表现，是无产阶级解放的条件的理论概括。

恩格斯：《共产主义者和卡尔·海因岑》（1847年9月27日前和10月3日），《马克思恩格斯文集》第1卷，人民出版社2009年版，第672页。

**14. 在我们的时代唯一能替神帮点忙的事情，就是把无神论宣布为强制性的信条，并以禁止一切宗教来超越俾斯麦的文化斗争中的反教会法令**

于是，又干起来了，并且立即干起来了。这种立即“为公社复仇”的愿望不单纯是流亡者的幻想；对于那些硬要在一个从他们的角度，即从革命攻击的角度来看根本无法有所作为的时刻成为“实干家”的人说来，这是必不可少的信条。

这已成为老一套的成规。既然已经干起来了，他们就认为，“一切还保持生命力的流亡者应该明确自己立场的时刻到来了”。

于是，这33个人向我们声明：他们是（1）无神论者，（2）共产主义者，（3）革命者。

我们的布朗基主义者与巴枯宁主义者有一个共同的特点，这就是他们都想成为走得最远、最极端的派别的代表者。因此，顺便提一下，尽管他们的目的与巴枯宁主义者根本对立，他们采用的手段却常常与后者相同。这就是说，他们要在无神论方面比所有的人都激进。在我们的时代，当个无神论者幸而并不困难。在欧洲各工人政党中无神论已经成为不言而喻的事，虽然在有些国家中它往往带有那位西班牙巴枯宁主义者的无神论所带有的那种性质，这位巴枯宁主义者说：信奉神，同整个社会主义是背道而驰的，但信奉童贞马利亚则完全是另一回事，每一个正派的社会主义者当然都应该信奉她。至于德国绝大多数的社会民主党工人，则甚至可以说，无神论在他们那里已成了往事；这个纯粹否定性的术语对他们已经不适用了，因为他们已经不只是在理论上，而且在实践上根本不相信神了；他们**干脆把神打倒**，他们在现实世界中生活和思考，因此他们是唯物主义者。在法国情况也是如此。如果不是这样，那么最简单的做法莫过于设法在工人中广泛传播上一世纪卓越的法国唯物主义文献。这些文献迄今为止不仅按形式，而且按内容来说都是法兰西精神的最高成就；考虑到当时的科学水平，在今天看来它们的内容也仍然有极高的价值，它们的形式仍然是不可企及的典范。但是，这却不合我们的布朗基主义者的胃口。他们为了证明自己比谁都激进，于是像1793年那样，用法令来取消神：

> “但愿公社使人类永远摆脱昔日苦难的这个幽灵〈神〉，摆脱人类现今苦难的这个原因〈这个不存在的神竟是原因!〉。——在公社中没有教士的位置；一切宗教宣传和宗教组织都应加以禁止。”

而这个要求，即遵照穆夫提的吩咐[①]使人们成为无神论者，是由两位公社委员签署的，而他们一定已有充分的机会体验到：首先，在纸上可以随便写多少条命令，而用不着去实际执行；其次，迫害是巩固不良信念的最好手段！有一点是毫无疑义的：在我们的时代唯一能替神帮点忙的事情，就是把无神论宣布为强制性的信条，并以禁止一切宗教来超越俾斯麦的文化斗争[②]中的反教会法令。

恩格斯：《流亡者文献》（1874年5月中—1875年4月），《马克思恩格斯文集》第3卷，人民出版社2009年版，第360—362页。

---

① 意即根据上面的命令；穆夫提是伊斯兰教教法说明官。

② 文化斗争这一概念是由左翼自由派医生鲁·微耳和提出的，是对19世纪70年代以俾斯麦政府与资产阶级自由派为一方，以具有资产阶级分裂主义倾向的教会中央党和天主教教会为另一方展开的政治论战的概括。由于内政和外交上的原因，俾斯麦与天主教教权主义势力处于敌对状态。中央党与其他分裂主义势力，其中包括进入帝国国会的波兰人结成了联盟，俾斯麦认为这一联盟危及具有普鲁士特征的、以新教为主的帝国的进一步巩固，因而采取了一系列有针对性的法律措施。

俾斯麦利用在论战过程中、于1872年3月11日在普鲁士公布的教学监督法压制波兰居民的文化活动，推行波兰居民的普鲁士化。按照这项法律，普鲁士官员不仅应对波兰神职人员进行监督，而且也应对所有波兰居民的学校进行监督。此外，1872年10月26日的一项王室法令以及1873年10月27日由波森省颁布的一项命令还规定，除宗教课以外，德语为波森中等学校和国民学校的教学用语。

在反对天主教的借口下，俾斯麦政府在普鲁士统治下的波兰地区加强民族压迫，同时煽起宗教狂热使一部分工人脱离阶级斗争。80年代初，在工人运动发展的形势下，俾斯麦为了纠集反动力量，取消了大部分法律措施。

**15. 教会和国家完全分离。国家无例外地把一切宗教团体视为私人的团体**

教会和国家完全分离。国家无例外地把一切宗教团体视为私人的团体。停止用国家资金对宗教团体提供任何资助，排除宗教团体对公立学校的一切影响。(但是不能禁止它们用**自己**的资金办**自己**的学校并在那里传授他们的胡说。)

恩格斯：《1891 年社会民主党纲领草案批判》（写于 1891 年 6 月 18—29 日之间），《马克思恩格斯文集》第 4 卷，人民出版社 2009 年版，第 417 页。

**16. 凡年满 21 岁的俄国公民，不分宗教信仰和民族，都有普遍的、直接的选举权**

凡年满 21 岁的俄国公民，不分宗教信仰和民族，都有普遍的、直接的选举权。

列宁：《社会民主党纲领草案及其说明》（1895 年和 1896 年），《列宁专题文集 · 论无产阶级政党》，人民出版社 2009 年版，第 3 页。

**17. 宗教信仰自由，所有民族一律平等。出生、结婚和死亡的登记事宜交由不受警察干涉的独立民政官管理**

宗教信仰自由，所有民族一律平等。出生、结婚和死亡的登记事宜交由不受警察干涉的独立民政官管理。

列宁：《社会民主党纲领草案及其说明》（1895 年和 1896 年），《列宁专题文集 · 论无产阶级政党》，人民出版社 2009 年版，第 3 页。

**18. 社会民主党人要求每个人都有充分的、完全自由地随便信仰哪种宗教的权利**

社会民主党人要求每个人都有充分的、完全自由地随便信仰哪种宗教的权利。欧洲各国中只有俄国和土耳其还保留着一些可耻的法律，来整治不信正教而信其他教的人，整治分裂教派，整治其他教派信徒，整治犹太人。这些法律或是干脆禁止某种宗教或是禁止传布这种宗教，或是剥夺信仰这种宗教的人的某些权利。所有这些法律，都是极不公道、极专横、极可耻的。每个人不仅应该有随便信仰哪种宗教的完全自由，而且应该有传布任何一种宗教和改信宗教的完全自由。哪一个官吏都根本无权过问任何人信什么教，因为这是个信仰问题，谁也不能干涉。

列宁：《告贫苦农民》（1903 年 3 月 1 日和 28 日（3 月 14 日和 4 月 10 日之间）之间），《列宁全集》第 7 卷，人民出版社 1986 年版，第 150 页。

**19. 一切宗教，一切教会，在法律面前应该一律平等**

不应该有什么“占统治地位的”的宗教或教会。一切宗教，一切教会，在法律面前应该一律平等。各种宗教的教士可以由信仰那种教的教徒来供养，国家不应该用国库的钱来资助任何一种宗教，不应供养任何教士，不管是正教的，分裂教的，还是其他任何教派的教士。

列宁：《告贫苦农民》（1903 年 3 月 1 日和 28 日（3 月 14 日和 4 月 10 日之间）之间），《列宁全集》第 7 卷，人民出版社 1986 年版，第 150—151 页。

**20. 国际社会民主党这个全世界工人的联盟，要检阅自己的力量，并且团结起来继续为自由、平等和博爱进行不倦的、不屈不挠的斗争**

工人同志们！全世界工人的伟大节日来到了。在五一这一天，全世界的工人要庆祝自己渴求光明和知识的觉醒，庆祝自己为反对一切压迫，一切专横，一切剥削，为建立社会主义的社会制度而结成一个兄弟联盟。凡是从事劳动的人，凡是用自己的劳动养活富翁和显贵的人，凡是为了得到微薄的工资而在过度繁重的劳动中过活的人，凡是从来没有享受到自己的劳动果实的人，凡是在我们的文明带来的奢侈和豪华中过着牛马生活的人，都在伸出手来为工人的解放和幸福而斗争。丢掉不同民族或不同宗教信仰的工人之间的相互仇视吧！这种仇视只会对那些靠无产阶级的无知和分散过活的掠夺者和暴君有利。犹太人和基督教徒，亚美尼亚人和鞑靼人，波兰人和俄国人，芬兰人和瑞典人，拉脱维亚人和德国人——都正在争取社会主义这面共同旗帜下并肩前进。全体工人是兄弟，他们的坚固联盟，是全体劳动人民和被压迫的人类争取幸福和美好生活的唯一保障。在五一这一天，国际社会民主党这个全世界工人的联盟，要检阅自己的力量，并且团结起来继续为自由、平等和博爱进行不倦的、不屈不挠的斗争。

列宁：《五一节》（1905 年 4 月 12 日〔25 日〕以前），《列宁全集》第 10 卷，人民出版社 1987 年版，第 63 页。

**21. 他们不是以轻蔑的态度对待这些工人宗教上和政治上的偏见，把他们一脚踢开，而是坚持不懈地、有分寸地、耐心地利用政治斗争和经济斗争的每一个行动对他们进行启发**

我们应该牢记我们的欧洲同志的经验，他们认为甚至对参加天主教工会的工人也持慎重的同志态度是自己的义务，他们不是以轻蔑的态度对待这些工人宗教上和政治上的偏见，把他们一脚踢开，而是坚持不懈地、有分寸地、耐心地利用政治斗争和经济斗争的每一个行动对他们进行启发，使他们在共同斗争的基础上靠拢觉悟的无产阶级。

列宁：《新的革命工人联合会》（1905 年 6 月 4 日〔17 日〕），《列宁全集》第 10 卷，人民出版社 1987 年版，第 275—276 页。

**22. 社会主义吸引科学来驱散宗教的迷雾，把工人团结起来为美好的人间生活作真正的斗争，从而使他们摆脱对死后生活的迷信**

但是，奴隶一旦意识到自己的奴役地位，并且站起来为自身的解放而斗争，他就有一半已经不再是奴隶了。现代的觉悟工人，受到了大工厂工业的教育和城市生活的启发，轻蔑地抛弃了宗教偏见，把天堂生活让给僧侣和资产阶级伪善者去享受，为自己去争取人间的美好生活。现代无产阶级正在站到社会主义方面来。社会主义吸引科学来驱散宗教的迷雾，把工人团结起来为美好的人间生活作真正的斗争，从而使他们摆脱对死后生活的迷信。

列宁：《社会主义和宗教》（1905 年 12 月 3 日〔16 日〕），《列宁专题文集·论辩证唯物主义和历史唯物主义》，人民出版社 2009 年版，第 220 页。

**23. 就国家而言，我们要求宗教是私人的事情，但是就我们自己的党而言，我们无论如何也不能认为宗教是私人的事情。国家不应当同宗教发生关系，宗教团体不应当同国家政权发生联系**

应当宣布宗教是私人的事情。这句话通常是用来表示社会主义者对待宗教的态度的。但是，这句话的意义必须正确地说明，以免引起任何误解。就国家而言，我们要求宗教是私人的事情，但是就我们自己的党而言，我们无论如何也不能认为宗教是私人的事情。国家不应当同宗教发生关系，宗教团体不应当同国家政权发生联系。任何人都有充分自由信仰任何宗教，或者不承认任何宗教，就是说，像通常任何一个社会主义者那样做一个无神论者。在公民中间，完全不允许因为宗教信仰而产生权利不一样的现象。在正式文件里应当根本取消关于公民某种信仰的任何记载。决不应当把国家的钱补贴给国家教会，决不应当把国家的钱补贴给教会团体和宗教团体，这些团体应当是完全自由的、与政权无关的志同道合的公民联合会。只有彻底实现这些要求，才能结束以往那种可耻的、可诅咒的现象：教会农奴般地依赖于国家，而俄国公民又农奴般地依赖于国家教会；中世纪的宗教裁判所的法律（这种法律至今还列在我国的刑法和刑事法规中）仍然存在，并且仍然有效，这种法律追究人是否有信仰，摧残人的良心，把官位和俸禄同布施某种国家教会劣质酒联系起来。教会与国家完全分离，这就是社会主义无产阶级向现代国家和现代教会提出的要求。

俄国革命应当实现这个要求，这是政治自由的必要的组成部分。俄国革命在这方面有着特别有利的条件，因为警察农奴制的专制制度的令人作呕的官僚习气，甚至在僧侣中间也引起了不满、骚动和愤慨。不论俄国的正教僧侣多么闭塞无知，现在，俄国中世纪旧制度崩溃时的巨响也把他们惊醒了。连他们也要求自由，反对官僚习气和官僚专横，反对警察对"上帝的仆人"进行强制的搜查。我们社会主义者应当支持这种运动，使僧侣阶层中那些正直和诚实的人士的要求彻底实现，抓住他们关于自由的言论，要求他们坚决割断宗教和警察之间的任何联系。如果你们是诚意的，那你们就应当主张教会与国家、学校与教会完全分离，彻底地无条件地宣布宗教是私人的事情。如果你们不接受这些彻底的自由要求，那就说明你们仍旧是宗教裁判传统的俘虏，仍旧依赖于官位和俸禄，说明你们不相信你们的武器的精神力量，你们继续接受国家政权的贿赂。这样，全俄国的觉悟工人就要毫不留情地向你们宣战。

列宁：《社会主义和宗教》（1905 年 12 月 3 日〔16 日〕），《列宁专题文集·论辩证唯物主义和历史唯物主义》，人民出版社 2009 年版，第 220—221 页。

**24. 对于社会主义无产阶级的政党，宗教并不是私人的事情**

对于社会主义无产阶级的政党，宗教并不是私人的事情。我们的党是争取工人阶级解放的觉悟的先进战士的联盟。这样的联盟不能够而且也不应当对信仰宗教这种不觉悟、无知和蒙昧的表现置之不理。我们要求教会与国家完全分离，以便用纯粹的思想武器，而且仅仅是思想武器，用我们的书刊、我们的言论来跟宗教迷雾进行斗争。我们建立自己的组织即俄国社会民主工党的目的之一，也正是为了要同一切利用宗教愚弄工人的行为进行这样的斗争。对我们来说，思想斗争不是私人的事情，而是全党的、全体无产阶级的事情。

列宁：《社会主义和宗教》（1905 年 12 月 3 日〔16 日〕），《列宁专题文集·论辩证唯物主义和历史唯物主义》，人民出版社 2009 年版，第 221—222 页。

**25. 无产阶级必将为消灭经济奴役，即消灭宗教对人类愚弄的真正根源而进行广泛的，公开的斗争**

就国家而言，革命的无产阶级力求使宗教成为真正的私人事情。在将来已经肃清中世纪霉菌的政治制度中，无产阶级必将为消灭经济奴役，即消灭宗教对人类愚弄的真正根源而进行广泛的，公开的斗争。

列宁：《社会主义和宗教》（1905 年 12 月 3 日〔16 日〕），《列宁专题文集 · 论辩证唯物主义和历史唯物主义》，人民出版社 2009 年版，第 223 页。

**26. 社会民主党为信仰的完全自由而斗争，它完全尊重一切真诚的宗教信仰，只要这种信仰不是靠暴力或欺骗来进行传播的**

先生们！社会民主党人不同意基督教的观点。我们认为，基督教的真正的社会的、文化的、政治的意义和内容，在叶夫洛吉主教这样的宗教界人士的观点和愿望中比在提赫文斯基神父这类人的观点和愿望中表达的更为确切。正由于这个原因，还由于我们具有绝无任何偏见的科学的唯物主义世界观，也由于我们负有为全体劳动人民的自由和幸福而斗争的基本任务，我们社会民主党人对基督教学说采取否定的态度。但是在声明这一点的同时，我认为有责任就在这里坦率而公开地指出，社会民主党为信仰的完全自由而斗争，它完全尊重一切真诚的宗教信仰，只要这种信仰不是靠暴力或欺骗来进行传播的。我认为应该着重指出这一点，还因为我要谈的是我同提赫文斯基神父在观点上的分歧，至于这位农民代表无限忠于农民的利益、人民的利益，勇敢而坚决地维护这些利益，则应该受到充分的尊重。

列宁：《在第二届国家杜马中关于土地问题的发言稿》（1907 年 3 月 21 日和 26 日〔4 月 3 日和 8 日〕之间），《列宁全集》第 15 卷，人民出版社 1988 年版，第 151 页。

**27. 我跟那些鼓吹“把科学社会主义同宗教结合起来”的人以及一切马赫主义者走的不是一条路**

我跟那些鼓吹“把科学社会主义同宗教结合起来”的人以及一切马赫主义者走的不是一条路（恐怕永远如此）。

列宁：《致阿 · 瓦 · 卢那察尔斯基》（1908 年 4 月 16 日），《列宁全集》第 45 卷，人民出版社 1990 年版，第 198 页。

**28. 我不能也不想同那些鼓吹把科学社会主义同宗教结合起来的人交谈**

我不能也不想同那些鼓吹把科学社会主义同宗教结合起来的人交谈。

笔记本时期已经过去了。不必争吵，徒伤脑筋是愚蠢的。应当把哲学和党的（派别的）事情分开：布尔什维克中央的决议也责成这样做。

列宁：《致阿·马·高尔基》（1908年4月16日），《列宁全集》第45卷，人民出版社1990年版，第199页。

**29. 我们应当同宗教作斗争。这是整个唯物主义的起码原则，因而也是马克思主义的起码原则**

马克思主义是唯物主义。正因为如此，它同18世纪百科全书派的唯物主义或费尔巴哈的唯物主义一样，也毫不留情地反对宗教。这是没有疑问的。但是，马克思和恩格斯的辩证唯物主义比百科全书派和费尔巴哈更进一步，它把唯物主义哲学应用到历史领域，应用到社会科学领域。我们应当同宗教作斗争。这是整个唯物主义的起码原则，因而也是马克思主义的起码原则。

列宁：《论工人政党对宗教的态度》（1909年5月13日〔26日〕），《列宁专题文集·论无产阶级政党》，人民出版社2009年版，第174页。

**30. 马克思主义对待宗教的策略是十分严谨的，是经过马克思和恩格斯周密考虑的；在迂腐或无知的人看来是动摇的表现，其实都是从辩证唯物主义中得出来的直接的和必然的结论**

从外表上看来，马克思和恩格斯对宗教问题表示意见的经过就是如此。那些轻率看待马克思主义的人，那些不善于或不愿意动脑筋的人，觉得这种经过只是表明马克思主义荒谬地自相矛盾和摇摆不定：一方面主张“彻底的”无神论，另一方面又“宽容”宗教，这是多么混乱的思想；一方面主张同上帝进行最最革命的战争，另一方面怯懦地想“迁就”信教的工人，怕把他们吓跑等等，这是多么“没有原则”的动摇。在无政府主义空谈家的著作中，这种攻击马克思主义的说法是可以找到不少的。

可是，只要稍微能认真一些看待马克思主义，考虑马克思主义的哲学原理和国际社会民主党的经验，就能很容易地看出，马克思主义对待宗教的策略是十分严谨的，是经过马克思和恩格斯周密考虑的；在迂腐或无知的人看来是动摇的表现，其实都是从辩证唯物主义中得出来的直接的和必然的结论。如果认为马克思主义对宗教采取似乎是“温和”的态度是出于所谓“策略上的”考虑，是为了“不要把人吓跑”等等，那就大错特错了。相反，马克思主义在这个问题上的政治路线，也是同它的哲学原理有密切关系的。

列宁：《论工人政党对宗教的态度》（1909 年 5 月 13 日〔26 日〕），《列宁专题文集·论无产阶级政党》，人民出版社 2009 年版，第 173—174 页。

**31. “宣布宗教为私人的事情”——这是爱尔福特纲领（1891 年）的一个著名论点，它确定了社会民主党的上述政治策略**

但是，恩格斯同时也多次谴责那些想比社会民主党人“更左”或“更革命”的人，谴责他们企图在工人政党的纲领里规定直接承认无神论，即向宗教宣战。1874 年，恩格斯谈到当时侨居伦敦的公社布朗基派[①]流亡者发表的著名宣言时，认为他们大声疾呼向宗教宣战是一种愚蠢的举动，指出这样宣战是提高人们对宗教的兴趣、妨碍宗教真正消亡的最好手段。恩格斯斥责布朗基派不了解只有工人群众的阶级斗争从各方面吸引了最广大的无产阶级群众参加自觉的革命的社会实践，才能真正把被压迫的群众从宗教的压迫下解放出来，因此宣布工人政党的政治任务是同宗教作战，不过是无政府主义的空谈而已。[②] 1877 年恩格斯在《反杜林论》一书中无情地斥责哲学家杜林对唯心主义和宗教所作的让步，即使是些微的让步，但也同样严厉地斥责杜林提出的在社会主义社会中禁止宗教存在这一似乎是革命的主张。恩格斯说，这样向宗教宣战，就是“比俾斯麦本人还要俾斯麦”，即重蹈俾斯麦反教权派斗争这一蠢举的覆辙（臭名远扬的“文化斗争”，Kulturkampf，就是俾斯麦在 19 世纪 70 年代用警察手段迫害天主教，反对德国天主教的党，即反对“中央”党的斗争）。俾斯麦的这场斗争，只是巩固了天主教徒的好战的教权主义，只是危害了真正的文化事业，因为他不是把政治上的分野提到首位，而是把宗教上的分野提到首位，使工人阶级和民主派的某些阶层忽视革命的阶级斗争的迫切任务而去重视最表面的、资产阶级虚伪的反教权主义运动。恩格斯痛斥了妄想做超革命家的杜林，说他想用另一种方式来重复俾斯麦的蠢举，同时恩格斯要求工人政党耐心地去组织和教育无

① 布朗基主义是 19 世纪法国工人运动中的革命冒险主义的思潮，以路·奥·布朗基为代表。布朗基主义不了解无产阶级的历史使命，忽视同群众的联系，主张用密谋手段推翻资产阶级政府，建立革命政权，实行少数人的专政。马克思和列宁高度评价布朗基主义者的革命精神，同时坚决批判他们的密谋策略，指出，布朗基主义企图不通过无产阶级的阶级斗争，而通过少数知识分子的密谋使人类摆脱雇佣奴隶制，是完全错误的。

② 参看《马克思恩格斯选集》第 2 卷人民出版社 1972 年版第 587—595 页。

产阶级，使宗教渐渐消亡，而不要冒险地在政治上对宗教作战①。这个观点已经被德国社会民主党人完全接受，例如德国社会民主党主张给耶稣会士以自由，主张允许他们进入德国国境，主张取消对付这种或那种宗教的任何警察手段。“宣布宗教为私人的事情”——这是爱尔福特纲领（1891年）的一个著名论点，它确定了社会民主党的上述政治策略。

列宁：《论工人政党对宗教的态度》（1909 年 5 月 13 日〔26 日〕），《列宁专题文集·论无产阶级政党》，人民出版社 2009 年版，第 172—173 页。

**32. 社会民主党认为宗教对于国家来说是私人的事情，但是对于社会民主党本身、对于马克思主义、对于工人政党来说决不是私人的事情**

这个策略现在竟然成为陈规，竟然产生了一种对马克思主义的新的歪曲，使它走向反面，成了机会主义。有人把爱尔福特纲领的这一论点说成这样，似乎我们社会民主党人，我们的党，认为宗教是私人的事情，对于我们社会民主党人来说，对于我们党来说，宗教是私人的事情。在 19 世纪 90 年代，恩格斯没有同这种机会主义观点进行直接的论战，但是他认为必须坚决反对这种观点，不过不是用论战的方式而是采用正面叙述的方式。就是说，当时恩格斯有意地着重声明，社会民主党认为宗教对于国家来说是私人的事情，但是对于社会民主党本身、对于马克思主义、对于工人政党来说决不是私人的事情。②

列宁：《论工人政党对宗教的态度》（1909 年 5 月 13 日〔26 日〕），《列宁专题文集·论无产阶级政党》，人民出版社 2009 年版，第 173 页。

**33. 同宗教作斗争不应该局限于抽象的思想宣传，不能把它归结为这样的宣传；而应该把这一斗争同目的在于消灭产生宗教的社会根源的阶级运动的具体实践联系起来**

但是，马克思主义不是停留在起码原则上的唯物主义。马克思主义更前进了一步。它认为必须善于同宗教作斗争，为此应当用唯物主义观点来说明群众中的信仰和宗教的根源。同宗教作斗争不应该局限于抽象的思想宣传，不能把它归结为这样的宣传；而应该把这一斗争同目的在于消灭产生宗教的社会根源的阶级运动的具体实践联系起来。为什么宗教在城市无产阶级的落后阶层中，在广大的半无产阶级阶层中，以及在农民群众中能够保持它的影响呢？资产阶级进步派、激进派或资产阶级唯物主义者回答

① 参看《马克思恩格斯选集》第 3 卷人民出版社 1972 年版第 354—356 页。

② 参看《马克思恩格斯选集》第 2 卷人民出版社 1972 年版第 331 页。

说，这是由于人民的愚昧无知。由此得出结论说：打倒宗教，无神论万岁，传播无神论观点是我们的主要任务。马克思主义者说：这话不对。这是一种肤浅的、资产阶级狭隘的文化主义观点。这种观点不够深刻，不是用唯物主义的观点而是用唯心主义的观点来说明宗教的根源。在现代资本主义国家里，这种根源主要是社会的根源。劳动群众受到社会的压迫，面对时时刻刻给普通劳动人民带来最可怕的灾难、最残酷的折磨的资本主义（比战争、地震等任何非常事件带来的灾难和折磨多一千倍）捉摸不定的力量，他们觉得似乎毫无办法，——这就是目前宗教最深刻的根源。"恐惧创造神"。现代宗教的根源就是对资本的捉摸不定的力量的恐惧，而这种力量确实是捉摸不定的，因为人民群众不能预见到它，它使无产者和小业主在生活中随时随地都可能遭到，而且正在遭到"突如其来的"、"出人意料的"、"偶然发生的"破产和毁灭，使他们变成乞丐，变成穷光蛋，变成娼妓，甚至活活饿死。凡是不愿一直留在预备班的唯物主义者，都应当首先而且特别注意这种根源。只要受资本主义苦役制度压迫、受资本主义的捉摸不定的破坏势力摆布的群众自己还没有学会团结一致地、有组织地、有计划地、自觉地反对宗教的这种根源，反对任何形式的资本统治，那么无论什么启蒙书籍都不能使这些群众不信仰宗教。

列宁：《论工人政党对宗教的态度》（1909 年 5 月 13 日〔26 日〕），《列宁专题文集·论无产阶级政党》，人民出版社 2009 年版，第 174—175 页。

**34. 如果有一个司祭愿意到我们这里来共同进行政治工作，真心诚意地完成党的工作，不反对党纲，那我们就可以吸收他加入社会民主党**

凡是同社会民主党对宗教的态度有关的具体问题，都应该根据上述观点来解决。例如，经常有人提出这样的问题：司祭能不能成为社会民主党党员。人们通常根据欧洲各社会民主党的经验对这一问题作无条件的、肯定的回答。但是这种经验并不仅仅是把马克思主义学说应用于工人运动的结果，而且也是由西欧特殊的历史条件决定的；这种条件在俄国并不存在（关于这种条件，我们到下面再谈），所以在这个问题上无条件的肯定的回答在我国是不正确的。不能一成不变地在任何情况下都宣布说司祭不能成为社会民主党党员，但是也不能一成不变地提出相反的规定。如果有一个司祭愿意到我们这里来共同进行政治工作，真心诚意地完成党的工作，不反对党纲，那我们就可以吸收他加入社会民主党，因为在这样的条件下，我们党纲的精神和基本原则同这个司祭的宗教信念的矛盾，也许只是关系到他一个人的矛盾，只是他个人的矛盾，而一个政治组织要用考试的方法来检验自己成员所持的观点是否同党纲矛盾，那是办不到的。当然，这种情况即使在欧洲也是极其少有的，在俄国则更是难以想象了。

列宁：《论工人政党对宗教的态度》（1909 年 5 月 13 日〔26 日〕），《列宁专题文集·论无产阶级政党》，人民出版社 2009 年版，第 177—178 页。

**35. 如果这位司祭加入社会民主党之后，竟在党内积极宣传宗教观点，以此作为他主要的甚至是唯一的工作，那么党当然应该把他开除出自己的队伍**

如果这位司祭加入社会民主党之后，竟在党内积极宣传宗教观点，以此作为他主要的甚至是唯一的工作，那么党当然应该把他开除出自己的队伍。我们不仅应当容许，而且应当特别注意吸收所有信仰上帝的工人加入社会民主党，我们当然反对任何侮辱他们宗教信念的行为，但是我们吸收他们是要用我们党纲的精神来教育他们，而不是要他们来积极反对党纲。我们容许党内自由发表意见，但是以自由结合原则所容许的一定范围为限，因为我们没有义务同积极宣传被党内多数人摒弃的观点的人携手并进。

列宁：《论工人政党对宗教的态度》（1909 年 5 月 13 日〔26 日〕），《列宁专题文集·论无产阶级政党》，人民出版社 2009 年版，第 178 页。

**36. “社会主义是宗教”这一论点，对某些人来说，是从宗教转到社会主义的一种方式，而对另一些人来说，则是离开社会主义而转到宗教的一种方式**

再举一个例子：假定有的社会民主党党员声明“社会主义是我的宗教”，并且宣传与此相应的观点，对这种党员能不能在任何情况下都一概加以申斥呢？不能这样做。这种声明确实背离了马克思主义（因而也就背离了社会主义），但是这种背离的意义和所谓的比重在不同环境下可能是不相同的。如果一个鼓动员或一个在对工人群众讲话的人，为了说得明白一点，为了给自己的解释开一个头，为了用不开展的群众最熟悉的字眼更具体地说明自己的观点，而说了这样一句话，这是一回事。如果一个著作家开始宣扬“造神说”或造神社会主义（就像我们的卢那察尔斯基及其同伙那样），那是另一回事。在前一种情况下，提出申斥就是吹毛求疵，甚至是过分地限制鼓动员的自由，限制他运用“教育手段”来施加影响的自由，而在后一种情况下，党的申斥却是必须而且应该的。“社会主义是宗教”这一论点，对某些人来说，是从宗教转到社会主义的一种方式，而对另一些人来说，则是离开社会主义而转到宗教的一种方式。

列宁：《论工人政党对宗教的态度》（1909 年 5 月 13 日〔26 日〕），《列宁专题文集 · 论无产阶级政党》，人民出版社 2009 年版，第 178—179 页。

**37. 无产阶级政党要求国家把宗教宣布为私人的事情，但决不认为同人民的鸦片作斗争，同宗教迷信等等作斗争的问题是“私人的事情”**

现在来谈谈哪些条件使“宣布宗教为私人的事情”这一论点在西欧遭到了机会主义者的歪曲。当然，这里是有产生机会主义的一般原因的影响，如为了眼前的利益而牺牲工人运动根本的利益。无产阶级政党要求国家把宗教宣布为私人的事情，但决不认为同人民的鸦片作斗争，同宗教迷信等等作斗争的问题是“私人的事情”。机会主义者把情况歪曲成似乎社会民主党认为宗教是私人的事情！

列宁：《论工人政党对宗教的态度》（1909 年 5 月 13 日〔26 日〕），《列宁专题文集 · 论无产阶级政党》，人民出版社 2009 年版，第 179 页。

**38. 还有一些特殊的历史条件使欧洲的社会民主党人对宗教问题采取了目前这种可以说是过分冷漠的态度**

但是除了常见的机会主义歪曲（对于这种歪曲，我们的杜马党团在讨论有关宗教问题的发言时完全没有加以说明）而外，还有一些特殊的历史条件使欧洲的社会民主党人对宗教问题采取了目前这种可以说是过分冷漠的态度。这些条件分两种：第一，反宗教的斗争是革命资产阶级的历史任务，在西欧，资产阶级民主派在他们自己的革命时代，或者说在他们自己冲击封建制度和中世纪制度的时代已经在相当大的程度上完成了（或着手完成）这个任务。无论在法国或德国都有资产阶级反宗教斗争的传统，这个斗争在社会主义运动以前很久就开始了（百科全书派、费尔巴哈）。在俄国，由于我国资产阶级民主革命的条件，这个任务几乎完全落到了工人阶级的肩上。同欧洲比较起来，我国小资产阶级的（民粹主义的）民主派在这方面做的事情并不是（象《路标》[①] 中的那些新出现的黑帮立宪民主党人或立宪民主党人黑帮所想的那样）太多了，而是太少了。

列宁：《论工人政党对宗教的态度》（1909 年 5 月 13 日〔26 日〕），《列宁专题文集·论无产阶级政党》，人民出版社 2009 年版，第 179 页。

**39. 无产阶级政党应当成为反对一切中世纪制度的斗争的思想领袖，这一斗争还包括反对陈腐的、官方的宗教，反对任何革新宗教、重新建立或用另一种方式建立宗教的尝试等等**

另一方面，资产阶级反宗教斗争的传统在欧洲已造成了无政府主义对于这一斗争所作的纯粹资产阶级的歪曲，而无政府主义者，正如马克思主义者早已屡次说明的，虽然非常“猛烈地”攻击资产阶级，但是他们还是站在资产阶级世界观的立场上。罗曼语各国[②]的无政府主义者和布朗基主义者，德国的莫斯特（附带说一句，他曾经是杜林的门生）之流，奥地利 80 年代的无政府主义者，在反宗教斗争中使革命的空谈达到登峰造极的地步。难怪现在欧洲社会民主党人要矫枉过正，把无政府主义者弄弯了的棍子弄直。这是可以理解的，在某种程度上说是理所当然的，但是我们俄国社会民主党人要是忘记西欧的特殊历史条件，那是不行的。

第二，在西欧，自从民族资产阶级革命结束以后，自从实现了比较完全的信教自由以后，反宗教的民主斗争问题在历史上已被资产阶级民主派反社会主义的斗争排挤到次要的地位，所以资产阶级政府往往故意对教权主义举行假自由主义的“讨伐”，转移群众对社会主义的注意力。德国的文化斗争以及法国资产阶级共和派的反教权主义斗争，都带有这种性质。资产阶级的反教权主义运动，是转移工人群众对社会主义的注意力的手段，——这就是目前西欧社会民主党人对反宗教斗争普遍采取“冷漠”态

① 《路标》是俄国立宪民主党政论家的文集，1909 年在莫斯科出版，收有尼·亚·别尔嘉耶夫、谢·尼·布尔加柯夫、米·奥·格尔申宗、亚、索伊兹哥耶夫、波·亚·基斯嘉科夫斯基、彼·伯·司徒卢威和谢·路·弗兰克等人的论述俄国知识分子的文章。在这些文章里，路标派妄图诋毁俄国甲方运动的革命主义传统，贬低维·格·别林斯基、尼·亚·杜勃罗留波夫、尼·加·车尔尼雪夫斯基、德·伊·皮萨列夫等人的观点和活动。他们污蔑 1905 年的革命运动，感谢沙皇政府“用自己的刺刀和牢狱”把资产阶级“从人民的狂暴中”拯救了出来。列宁在《论〈路标〉》一文中对立宪民主党黑帮分子的这一文集作了批判分析和政治评价（见《列宁全集》第 2 版第 19 卷第 167—176 页。）列宁把《路标》文集的纲领在哲学方面和政论方面同黑帮报纸《莫斯科新闻》的纲领相比拟，称该文集为自由派叛变行为的百科全书，是泼向民主派的一大股反动污水。

② 指法国、西班牙、意大利等西南欧国家。

度的根源。这同样是可以理解的，也是理所当然的，因为社会民主党人的确应该使反宗教斗争服从争取社会主义的斗争，以对抗资产阶级和俾斯麦分子的反教权主义运动。

俄国的情况就完全不同了。无产阶级是我国资产阶级民主革命的领袖。无产阶级政党应当成为反对一切中世纪制度的斗争的思想领袖，这一斗争还包括反对陈腐的、官方的宗教，反对任何革新宗教、重新建立或用另一种方式建立宗教的尝试等等。因此，如果说当德国社会民主党人把工人政党要求国家宣布宗教为私人的事情的主张偷换成宣布宗教对社会民主党人和社会民主党本身来说也是私人的事情时，恩格斯纠正这种机会主义的方式还比较温和，那么俄国机会主义者仿效德国人的这种歪曲，就应该受到恩格斯严厉一百倍的斥责。

列宁：《论工人政党对宗教的态度》（1909 年 5 月 13 日〔26 日〕），《列宁专题文集·论无产阶级政党》，人民出版社 2009 年版，第 179—180 页。

**40. 我们的党团在杜马讲坛上声明宗教是人民的鸦片，这样做是完全正确的，这就开创了一个先例，俄国社会民主党人每次对宗教问题发表意见时都应当以此为基点**

我们的党团在杜马讲坛上声明宗教是人民的鸦片，这样做是完全正确的，这就开创了一个先例，俄国社会民主党人每次对宗教问题发表意见时都应当以此为基点。是不是还应该更进一步，把无神论的结论发挥得更详细呢？我们认为不必。这样做会使无产阶级政党有夸大反宗教斗争意义的危险；这样做会抹杀资产阶级反宗教斗争同社会党人反宗教斗争之间的界限。社会民主党党团在黑帮杜马中应该完成的第一件事情，已经光荣地完成了。

列宁：《论工人政党对宗教的态度》（1909 年 5 月 13 日〔26 日〕），《列宁专题文集·论无产阶级政党》，人民出版社 2009 年版，第 180—181 页。

**41. 公社宣布教会同国家分离，取消了宗教预算（即国家给神父的薪俸），使国民教育具有纯粹非宗教的性质**

尽管条件这样不利，尽管公社①存在的时间短促，但是公社还是采取

① 巴黎公社。

了一些足够说明公社的真正意义和目的的措施。公社用普遍的人民武装代替了常备军这个统治阶级手中的盲目工具；公社宣布教会同国家分离，取消了宗教预算（即国家给神父的薪俸），使国民教育具有纯粹非宗教的性质，这就给了穿袈裟的宪兵以有力的打击。

列宁：《纪念公社》（1911年4月15日），《列宁全集》第20卷，人民出版社1989年版，第222—223页。

**42. 我们并不反对僧侣参加选举斗争、参加杜马以及其他活动，而只是反对赋予僧侣以中世纪特权**

俄国工人民主派反对炮制对地主或僧侣等有利的选举法（和其他一切法律），但决不反对僧侣有参加政治生活的自由。

……

工人民主派则主张所有的人，包括僧侣在内，都有参加政治斗争的自由。我们并不反对僧侣参加选举斗争、参加杜马以及其他活动，而只是反对赋予僧侣以中世纪特权。

列宁：《自由派和教权派》（1912年7月25日〔8月7日〕），《列宁全集》第21卷，人民出版社1990年版，第478—479页。

**43. 马克思是严格根据他的辩证唯物主义世界观的一切前提确定无产阶级策略的基本任务的**

早在1844—1845年，马克思就判明了旧唯物主义的根本缺陷之一，就是未能理解革命实践活动的情况和正确评价这一活动的意义，所以，马克思后来在从事理论写作的同时，毕生都十分注意无产阶级阶级斗争的策略问题。马克思的全部著作，特别是1913年出版的四卷本马克思和恩格斯通信集，都在这方面提供了大量的材料。这些材料还远远没有收齐，没有汇集在一起，没有加以研究和整理。因此，我们在这里只能作一个最一般最简短的评介，着重说明，马克思正确地认为，唯物主义缺少这一方面，就是不彻底的、片面的、毫无生气的唯物主义。马克思是严格根据他的辩证唯物主义世界观的一切前提确定无产阶级策略的基本任务的。先进阶级只有客观地考虑到某个社会中一切阶级相互关系的全部总和，因而也考虑到该社会发展的客观阶段，考虑到该社会和其他社会之间的相互关系，才能据以制定正确的策略。这就是说，不应当把各个阶级和各个国家看做是静态的，而应当看做是动态的，即不应当看做是处于不动的状态，而应当看做是处于运动之中（运动的规律是从每个阶级的存在的经济条件中产生的)。而对运动，不仅要从过去的观点来看，而且要从将来的观点来看，并且不是像“进化论者”那样庸俗地理解，只看到缓慢的变化，而是要辩证地理解：“在这种伟大的发展中，二十年等于一天，虽然以后可能又会有一天等于二十年的时期”——马克思在给恩格斯的信中这样写道（《通信集》第3卷，第127页）[①]。在每个发展阶段，在每一时刻，无产阶级的策略都要考虑到人类历史的这一客观必然的辩证法，一方面要利用政治消沉时代或龟行发展即所谓“和平”龟行发展的时代来发展先进阶级的意识、力量和战斗力，另一方面要把这种利用工作全部引向这个阶级的运动的“最终目的”，并使这个阶级在“一天等于二十年”的伟大日子到来时有能力实际完成各项伟大的任务。

列宁：《卡尔·马克思》(1914年11月)，《列宁专题文集·论马克思主义》，人民出版社2009年版，第33—34页。

**44. 不仅实现信教自由，而且实现不信教自由**

新政府在它的宣言中答应给予各种自由，但是并不履行它所承担的直接的和绝对的义务：……不仅实现信教自由，而且实现不信教自由；立即使学校同教会分离，使学校不受官吏的监护，等等。

列宁：《1917年3月4日（17日）的提纲草案》(1917年)，《列宁全集》第29卷，人民出版社1985年版，第5页。

**45. 德国机会主义宣布宗教对党来说是私人的事情，这样也就把革命无产阶级政党降低到最庸俗的“自由思想派”那班市侩的水平，这种市侩可以容许不信宗教，但是拒绝执行对麻醉人民的宗教鸦片进行党的斗争的任务**

恩格斯顺便提出的另外一个也是有关国家问题的意见是谈宗教的。大家知道，德国社会民主党随着它的日益腐化而愈来愈机会主义化，愈来愈对“宣布宗教为私人的事情”这个有名的公式进行庸俗的歪曲。就是说，把这个公式歪曲成似乎宗教问题对于革命无产阶级政党也是私人的事情!!恩格斯起来反对的就是这种对无产阶级革命纲领的完全背叛，但恩格斯在1891年还只看到自己党内机会主义的最小的萌芽，因此他说得很谨慎：

“因为参加公社的差不多都是工人或公认的工人代表，所以它所通过的决议也就完全是无产阶级性质的。有些决议把共和派资产阶级只是由于怯

① 见《马克思恩格斯选集》第4卷人民出版社1972年版第348页。

懦才不肯实行的、然而是工人阶级自由活动的必要基础的那些改革以法令形式确定下来，例如实行宗教对国家来说仅仅是私人事情的原则。有些决议则直接有利于工人阶级，并且在某种程度上深深刺入了旧社会制度的内脏。……”①

恩格斯故意强调“对国家来说”这几个字，目的是要击中德国机会主义的要害，因为德国机会主义宣布宗教对党来说是私人的事情，这样也就把革命无产阶级政党降低到最庸俗的“自由思想派”那班市侩的水平，这种市侩可以容许不信宗教，但是拒绝执行对麻醉人民的宗教鸦片进行党的斗争的任务。

列宁：《国家与革命》（1917 年 8—9 月），《列宁选集》第 3 卷，人民出版社 2012 年版，第 178—179 页）。

**46. 宗教信仰是个人的事情。让每个人愿意信仰什么就信仰什么，或者什么也不信仰吧**

宗教信仰是个人的事情。让每个人愿意信仰什么就信仰什么，或者什么也不信仰吧。苏维埃共和国团结各民族的劳动者，并且不分民族地捍卫他们的利益。苏维埃共和国对各种宗教一视同仁。它置身于一切宗教之外，力求使宗教同苏维埃国家分离。

列宁：《在普列斯尼亚群众大会上的讲话》（1918 年 7 月 26 日），《列宁全集》第 34 卷，人民出版社 1985 年版，第 504—505 页。

**47. 无产阶级专政应当把剥削阶级（地主和资本家）和助长群众愚昧的宗教宣传的组织之间的联系彻底摧毁**

在宗教政策方面，无产阶级专政（俄共）的任务是不满足已经颁布了教会同国家分离、学校同教会分离的法令，即不满足于资产阶级民主制许诺过、但由于资本同宗教宣传有多种多样的世纪联系而在世界任何地方也没有彻底实行过的那些措施。无产阶级专政应当把剥削阶级（地主和资本家）和助长群众愚昧的宗教宣传的组织之间的联系彻底摧毁。

列宁：《俄共（布）纲领草案》（1919 年 2 月），《列宁专题文集 · 论无产阶级政党》，人民出版社 2009 年版，第 195 页。

① 见《马克思恩格斯文集》第 3 卷人民出版社 2009 年版第 105—106 页。

**48. 按照我国宪法，按照我们共和国的根本法，每个人的宗教信仰自由是绝对有保障的**

我相信，加里宁同志无意把这样的想法强加给我，即我曾提议把祈祷书烧掉。显然，我从来不曾提出也不可能提出这种事。你们知道，按照我国宪法，按照我们共和国的根本法，每个人的宗教信仰自由是绝对有保障的。

列宁：《全俄苏维埃第九次代表大会文献》（1921 年 12 月），《列宁全集》第 42 卷，人民出版社 1987 年版，第 358 页。

**49. 俄国境内各种教派的千百万信徒不愿意依照正教神父的意旨而想本着自己的良心来信奉宗教**

呻吟叫苦的有俄国境内各种教派的千百万信徒，他们不愿意依照正教神父的意旨而想本着自己的良心来信奉宗教。

斯大林：《俄国社会民主党及其当前任务》（1901 年 11 月、12 月），《斯大林全集》第 1 卷，人民出版社 1953 年版，第 18 页。

**50. 全体公民不分性别、宗教信仰、种族和民族，一律享有完全平等权利**

你们只要读一读我们党纲第七条上党所规定的“全体公民不分性别、宗教信仰、种族和民族，一律享有完全平等权利”，就会知道俄国社会民主党负有实现这些要求的责任。

斯大林：《社会民主党怎样理解民族问题?》（1904 年 9 月 1 日），《斯大林全集》第 1 卷，人民出版社 1953 年版，第 37 页。

**51. 政府应当使教会和国家分离，使学校和教会分离**

临时政府应当做些什么呢?

……它还应当使教会和国家分离，使学校和教会分离……

斯大林：《临时革命政府和社会民主党》（1905 年 8 月 15 日），《斯大林全集》第 1 卷，人民出版社 1953 年版，第 125 页。

**52. 为农民无偿地没收地主、沙皇和教堂的全部土地**

为农民无偿地没收地主、沙皇和教堂的全部土地!

斯大林：《告俄国全体男女工人书》（1912 年 12 月底 1913 年 1 月初），《斯大林全集》第 2 卷，人民出版社 1953 年版，第 266 页。

**53. 崩得当做条件和保障的并不是俄国的民主化，而是犹太人将来的“世俗机关”**

也许有人会指出，崩得①自己也认为俄国的民主化是“建立机关”和保障自由的先决条件。但这是不对的。从“崩得第八次代表会议文件汇编”中可以看出，崩得想在俄国现存制度的基础上通过“改革”犹太教会公会去达到成立这种“机关”的目的。

有一个崩得领袖在这次代表会议上说过：“犹太教公会能成为将来的民族文化自治的核心。民族文化自治是民族自我服务的形式，是满足民族需要的形式。犹太教公会这一形式也包含着同样的内容。这是一条链子的几个环节，是一个进化过程中的几个阶段。”

代表会议根据这一点决定必须争取“改革犹太教公会，通过立法手续把它变成世俗机关”，即按民主原则组织起来的机关。

显然，崩得当做条件和保障的并不是俄国的民主化，而是犹太人将来的“世俗机关”，这种机关是用“改革犹太教公会”的方法根据“立法”手续，即经过杜马而成立的。

斯大林：《马克思主义和民族问题》（1913 年 1 月），《斯大林全集》第 2 卷，人民出版社 1953 年版，第 332—333 页。

**54. “民族权力”和党纲“原意”是两个完全不同的东西**

显然，“民族权力”和党纲“原意”是两个完全不同的东西。党纲“原意”表现无产阶级在自己的纲领中科学地规定的利益，民族权利却可能依各阶级（资产阶级、贵族和僧侣等等）的势力和影响为转移，而表现

---

① 崩得是俄文译音，意即联盟，是“立陶宛、波兰和俄罗斯犹太工人总联盟”的简称。该联盟 1897 年成立，是一个机会主义的、资产阶级民族主义的组织。成员主要是俄国西部地区的犹太手工业者，主要领导人有科索夫斯基、奇里德勃拉特等。崩得 1898 年 3 月，它加入了俄国社会民主工党。在 1903 年俄国社会民主工党第二次代表大会上，崩得分子要求承认崩得是犹太工人阶级唯一的代表，并根据联邦制原则来建党。大会驳斥和拒绝了这种民族主义组织观点，崩得分子随即退出俄国社会民主工党。在 1906 年俄国社会民主工党第四次（统一）代表大会以后，崩得重新加入该党。崩得分子一直支持孟什维克，反对布尔什维克，以民族文化自治的要求同布尔什维克的民族自决权的主张相对立。1912 年，在俄国社会民主工党第六次（布拉格）全俄代表会议上，崩得同孟什维克一起被开除出党。第一次世界大战期间，崩得分子采取社会沙文主义立场。1917 年 2 月后，崩得支持资产阶级临时政府，反对十月革命。在国内战争时期，著名的崩得分子同反革命势力勾结在一起，而一般的崩得分子则开始转变，主张同苏维埃政权合作。当苏维埃反击国内反革命势力和外国武装干涉的斗争取得决定性胜利之后，崩得声明不再反对苏维埃政权。1921 年 3 月崩得自行解散，部分成员加入俄国共产党（布）。

其中任何一个阶级的利益。前者是马克思主义者的义务，后者是由各阶级所组成的民族的权利。

斯大林：《马克思主义和民族问题》（1913 年 1 月），《斯大林全集》第 2 卷，人民出版社 1953 年版，第 348 页。

**55. 崩得的分离主义者沉溺于民族主义，赞美“安息日”和“行话”，这也不是偶然的**

崩得的分离主义者沉溺于民族主义，赞美“安息日”和“行话”，这也不是偶然的。在杜马中还没有崩得议员，在崩得活动的区域里却有教权主义的反动的犹太教公会，崩得目前就在这个公会的“领导机关”里策划犹太工人和犹太资产者“合伙”。民族文化自治的逻辑本来就是如此。

斯大林：《马克思主义和民族问题》（1913 年 1 月），《斯大林全集》第 2 卷，人民出版社 1953 年版，第 353 页。

**56. 少数民族感到不满的不是没有民族联盟，而是没有信仰（信教）、迁徙等等自由。给他们这种自由，他们就不再会不满了**

少数民族感到不满的不是没有民族联盟，而是没有信仰（信教）、迁徙等等自由。给他们这种自由，他们就不再会不满了。

斯大林：《马克思主义和民族问题》（1913 年 1 月），《斯大林全集》第 2 卷，人民出版社 1953 年版，第 354 页。

**57. 宗教迫害和民族迫害是令人感到可耻的民族压迫**

宗教迫害和民族迫害，强迫“异族人”俄罗斯化，排挤民族文化机关，剥夺选举权，剥夺移动自由，挑拨各民族相互攻击，蹂躏和残杀，——这就是令人感到可耻的民族压迫。

斯大林：《论取消民族限制》（1917 年 3 月 25 日），《斯大林全集》第 3 卷，人民出版社 1955 年版，第 17 页。

**58. 我们主张把全部土地（皇族的、官家的、阁部的、地主的、寺院或教堂的）无偿地交给全体人民**

我们主张把全部土地（皇族的、官家的、阁部的、地主的、寺院或教堂的）无偿地交给全体人民。

斯大林：《论立宪会议的选举》（1917 年 7 月 27 日），《斯大林全集》第 3 卷，人民出版社 1955 年版，第 144 页。

**59. 人民委员会一向认为而且现在还认为，援助东部各民族首先是受践踏最甚的东部伊斯兰教民族的被压迫被剥削群众的解放运动是自己神圣的职责**

请允许我代表中央苏维埃政权向你们声明：人民委员会一向认为而且现在还认为，援助东部各民族首先是受践踏最甚的东部伊斯兰教民族的被压迫被剥削群众的解放运动是自己神圣的职责。我国革命的全部性质，苏维埃政权的本质，整个国际环境，乃至俄国在帝国主义的欧洲和被压迫的亚洲之间所处的地理位置，都无疑地决定苏维埃政权应该采取兄弟般支持东部各被压迫民族解放斗争的政策。

斯大林：《在鞑靼—巴什基里亚苏维埃共和国成立大会筹备会议上的讲话》（1918 年 5 月），《斯大林全集》第 4 卷，人民出版社 1956 年版，第 83—84 页。

**60. 我们希望，各伊斯兰教民族共产党组织的工作人员把第一次代表大会所举起的解放东部劳动群众的旗帜，消灭帝国主义的旗帜光荣地高举到最后胜利**

我们希望，各伊斯兰教民族共产党组织的工作人员把第一次代表大会所举起的解放东部劳动群众的旗帜，消灭帝国主义的旗帜光荣地高举到最后胜利。

斯大林：《在全俄东部各民族共产党组织第二次代表大会上的开幕词》（1919 年 12 月 7 日），《斯大林全集》第 4 卷，人民出版社 1956 年版，第 249 页。

**61. 宗教成见很深的达格斯坦群众是“根据沙利阿特”跟着共产党人走的，很明显，在这个国家进行反宗教偏见的斗争，就应当以间接的比较慎重的方法代替直接的方法**

再举一个例子来说，宗教成见很深的达格斯坦群众是“根据沙利阿特”跟着共产党人走的，很明显，在这个国家进行反宗教偏见的斗争，就应当以间接的比较慎重的方法代替直接的方法。

斯大林：《苏维埃政权对俄国民族问题的政策》（1920 年 10 月 10 日），《斯大林全集》第 4 卷，人民出版社 1956 年版，第 320 页。

**62. 土耳其在国家制度方面是伊斯兰教民族中比较发达的一个国家，它不堪忍受这种前途，于是就举起了斗争的旗帜，把东方各民族团结在自己周围来反对帝国主义**

土耳其在国家制度方面是伊斯兰教民族中比较发达的一个国家，它不堪忍受这种前途，于是就举起了斗争的旗帜，把东方各民族团结在自己周围来反对帝国主义。第三个因素是苏维埃俄国的出现。苏维埃俄国反对帝国主义的斗争已经取得了一系列的胜利，这就自然而然地鼓舞了东方各被压迫民族，唤醒了它们，发动它们去进行斗争，从而为建立一条从爱尔兰到印度的被压迫民族的共同战线提供了可能性。

斯大林：《俄共（布）第十次代表大会》（1921 年 3 月 8—16 日），《斯大林全集》第 5 卷，人民出版社 1957 年版，第 30 页。

**63. 实行俄罗斯苏维埃联邦社会主义共和国的经济政策时，一定要注意到我们在这些边疆地区所碰到的经济状况、阶级结构和过去历史方面的一切特点**

显然，在实行俄罗斯苏维埃联邦社会主义共和国的经济政策时，一定要注意到我们在这些边疆地区所碰到的经济状况、阶级结构和过去历史方面的一切特点。更不用说有些荒唐的事情是必须消除的，例如柯尔克兹伊斯兰教居民从来不养猪，而粮食人民委员会部却按摊派方式要他们交猪。从这个例子中可以看出，有些人是多么不愿意注意初到那里去的人一眼就可以看出的生活习惯的特点。

斯大林：《俄共（布）第十次代表大会》（1921 年 3 月 8—16 日），《斯大林全集》第 5 卷，人民出版社 1957 年版，第 33 页。

**64. 既然事业在向前发展，既然有条件巩固和扩大这个机关，有条件用党的触角去破坏神甫在妇女所教养的青年中的影响，那么党的当前任务之一自然应当是在这条无疑是受威胁的战线上发挥最大的力量**

既然事业在向前发展，既然有条件巩固和扩大这个机关，有条件用党的触角去破坏神甫在妇女所教养的青年中的影响，那么党的当前任务之一自然应当是在这条无疑是受威胁的战线上发挥最大的力量。

斯大林：《俄共（布）第十二次代表大会》（1923 年 4 月 17 日），《斯大林全集》第 5 卷，人民出版社 1957 年版，第 165 页。

**65. 东部各民族同中国、印度有机地联系着，它们在语言、宗教和习惯等方面同这些国家是有联系的，这些小部族的重要性比乌克兰大得多**

我建议除了阶级代表机关，即除了全联盟苏维埃代表大会所选举的第一院以外，我们还要根据平等原则建立一个民族代表机关。东部各民族同中国、印度有机地联系着，它们在语言、宗教和习惯等方面同这些国家是有联系的，因此，它们对于革命是极其重要的。这些小部族的重要性比乌克兰大得多。

斯大林：《俄共（布）第十二次代表大会》（1923年4月25日），《斯大林全集》第5卷，人民出版社1957年版，第225页。

**66. "纽约美国人报"环球通讯社或英美新闻社的伪造家散布各种谣言，例如他们伪造了立于不败之地苏联"空军"、关于苏维埃政权同"正教教会""和解"、关于"归还"资本家在苏联的"石油占有权"等纯属虚构的"斯大林论文"**

"纽约美国人报"环球通讯社或英美新闻社的伪造家散布各种谣言，例如他们伪造了立于不败之地苏联"空军"、关于苏维埃政权同"正教教会""和解"、关于"归还"资本家在苏联的"石油占有权"等纯属虚构的"斯大林论文"，对这些伪造家现在未必有驳斥的必要，其所以没有必要，是因为这些先生在报刊上自己就揭露自己是专靠卖假货为生的职业伪造家。只要看看这些先生最近几天在报刊上登载的企图替自己的骗局"辩护"的那种"解释"，就会明白我们在这里不是和报刊代表打交道，而是和要笔杆的强盗打交道。

斯大林：《时事问题简评》（1926年12月17日），《斯大林全集》第10卷，人民出版社1954年版，第321页。

**67. 要把广大群众性的反宗教运动和争取人民群众切身利益的斗争结合起来，并且要做到使这个运动为群众所了解，为群众所支持**

于是，在某种程度上也就发生了一九二一年发生过的那种情形（当然是有一定的附带条件的）。当时以列宁为首的党鉴于国内发生饥荒，就提出了没收教会贵重物品来购买粮食救济灾区的问题，并在这个基础上开展了极广泛的反宗教运动，当时神甫们抓住贵重物品不放，实际上就是反对挨饿的群众，因而激起了群众对整个教会，也对宗教偏见，尤其对神甫及其领导者的愤懑。那时在我们党内有一些怪人，他们以为列宁只是在一九二一年才懂得同教会作斗争的必要性，（笑声）在这以前，好像他并不懂得这一点。同志们，这当然是荒谬的。列宁为一九二一年以前当然也懂得同教会作斗争的必要性。但是问题完全不在这里。问题在于，要把广大群众性的反宗教运动和争取人民群众切身利益的斗争结合起来，并且要做到使这个运动为群众所了解，为群众所支持。

斯大林：《关于中央委员会和中央监察委员会四月联席全会的工作（一九二八年四月十三日在联共（布）莫斯科组织积极分子会议上的报告）》（1928 年 4 月 13 日），《斯大林全集》第 11 卷，人民出版社 1955 年版，第 43—44 页。

**68. 禁止举行宗教仪式的方针不符合我国宪法的精神**

对宪法草案第一二四条的修改意见，要求根据禁止举行宗教仪式的方针来修改这条宪法。我认为这个意见应当否定，因为它不符合我国宪法的精神。

斯大林：《关于苏联宪法草案》（1936 年 11 月 25 日），《斯大林选集》下卷，人民出版社 1979 年版，第 416 页。

## （二）无产阶级政党要坚持科学无神论宣传教育

**1. 教育在人民中愈普及，宗教偏见愈被社会主义意识所排挤**

真是颠扑不破的真理！正因为如此，正因为在人民群众中大力散布了宗教的“迷途”，无论斯塔霍维奇之流，还是奥勃洛摩夫之流，或者所有那些靠人民群众的劳动过日子的资本家以及《莫斯科新闻》本身，才能“睡得香香的”。但是教育在人民中愈普及，宗教偏见愈被社会主义意识所排挤，无产阶级胜利的日子就愈近，这个胜利将把一切压迫阶级从现代社会的奴役下拯救出来。

列宁：《政治鼓动和“阶级观点”》（1902 年 2 月 1 日），《列宁全集》第 6 卷，人民出版社 1986 年版，第 247 页。

**2. 被压迫阶级为创立人间的天堂而进行的这种真正革命斗争的一致，要比无产者对虚幻的天堂的看法上的一致更为重要**

既然如此，我们为什么不在自己的党纲中宣布我们是无神论者呢？我们为什么不禁止基督教徒和信奉上帝的人加入我们的党呢？

要答复这个问题，就应当说明资产阶级民主政党和社会民主党在宗教问题的提法上存在非常重要的差别。

我们的党纲完全是建立在科学的而且是唯物主义的世界观上的。因此，要说明我们的党纲，就必须同时说明产生宗教迷雾的真正的历史根源和经济根源。我们的宣传也必须包括对无神论的宣传；出版有关的科学书刊（直到现在，这些书刊还遭到农奴制的专制政权的查禁）现在应当成为我们党的工作之一。我们现在必须遵从恩格斯有一次向德国社会主义者提出的建议：翻译和大量发行18世纪的法国启蒙著作和无神论著作①。

可是，我们无论如何也不应当因此而“从理性出发”，离开阶级斗争去抽象地、唯心地来提宗教问题，——资产阶级的激进民主派常常是这样提出问题的。如果认为，在一个以无休止的压迫和折磨劳动群众为基础的社会里，可以用纯粹说教的方法消除宗教偏见，那是愚蠢可笑的。如果忘记，宗教对人类的压迫只不过是社会内部经济压迫的产物和反映，那就是受了资产阶级观点的束缚。如果无产阶级本身的反对资本主义黑暗势力的斗争没有启发无产阶级，那么任何书本、任何说教都是无济于事的。在我们看来，被压迫阶级为创立人间的天堂而进行的这种真正革命斗争的一致，要比无产者对虚幻的天堂的看法上的一致更为重要。

列宁：《社会主义和宗教》（1905年12月3日〔16日〕），《列宁专题文集·论辩证唯物主义和历史唯物主义》，人民出版社2009年版，第222页。

**3. 我们在我们的党纲中没有宣布而且也不应当宣布我们的无神论**

因此，我们在我们的党纲中没有宣布而且也不应当宣布我们的无神论。因此，我们没有禁止而且也不应当禁止那些还保存着某些旧偏见残余的无产者靠近我们党。我们永远要宣传科学的世界观，我们必须跟某些“基督教徒”的不彻底性进行斗争。但是这决不是说，应当把宗教问题提到它所不应有的首要地位，决不是说，为了反对那些很快就会失去任何政治意义、很快就会被经济发展进程本身抛到垃圾箱里去的次要的意见或呓语，而分散真正革命斗争的、经济斗争的和政治斗争的力量。

列宁：《社会主义和宗教》（1905年12月3日〔16日〕），《列宁专题文集·论辩证唯物主义和历史唯物主义》，人民出版社2009年版，第222—223页。

**4. 我们无论如何要沉着地、持久地、耐心地宣传无产阶级的团结和科学的世界观**

各地的反动资产阶级早就打算，而我国资产阶级现在也开始打算煽起宗教仇视，把群众的注意力吸引到这方面来，使他们不去关心真正重要的和根本的经济问题和政治问题，这些问题是在革命斗争中联合起来的全俄

① 见《马克思恩格斯全集》第1版第18卷第583—584页。

无产阶级目前正在实际解决的问题。这种企图分散无产阶级力量的反动政策，今天主要表现为黑帮对犹太人的屠杀，明天也许有人会想出某些更巧妙的新花样。我们无论如何要沉着地、持久地、耐心地宣传无产阶级的团结和科学的世界观，以此来抗击这种反动的政策，决不要挑起无关紧要的意见分歧。

列宁：《社会主义和宗教》（1905 年 12 月 3 日〔16 日〕），《列宁专题文集·论辩证唯物主义和历史唯物主义》，人民出版社 2009 年版，第 223 页。

**5. 社会民主党宣传无神论，必须服从社会民主党的基本任务：发展被剥削群众反对剥削者的阶级斗争**

应当说，社会民主党宣传无神论，必须服从社会民主党的基本任务：发展被剥削群众反对剥削者的阶级斗争。

一个对辩证唯物主义的原理即马克思和恩格斯哲学的原理没有深入思考过的人，也许不能理解（至少是不能一下子理解）这条原则。怎么会这样呢？为什么进行思想宣传，宣扬某种思想，同维持了数千年之久的这一文化和进步的敌人（即宗教）作斗争，要服从阶级斗争，即服从在经济政治方面实现一定的实际目标的斗争呢？

这种反对意见也是一种流行的反对马克思主义的意见，这证明反驳者完全不懂得马克思的辩证法。使这种反驳者感到不安的矛盾，是实际生活中的实际矛盾，即辩证的矛盾，而不是字面上的、臆造出来的矛盾。谁认为在理论上宣传无神论，即破除某些无产阶级群众的宗教信仰，同这些群众阶级斗争的成效、进程和条件之间有一种绝对的、不可逾越的界限，那他就不是辩证地看问题，就是把可以移动的、相对的界限看做绝对的界限，就是硬把活的现实中的不可分割的东西加以分割。举个例子来说吧。假定某个地方和某个工业部门的无产阶级分为两部分，一部分是先进的，是相当觉悟的社会民主党人，他们当然是无神论者，另一部分则是相当落后的，他们同农村和农民还保持着联系，他们信仰上帝，常到教堂里去，甚至直接受本地某一个建立基督教工会的司祭的影响。再假定这个地方的经济斗争引起了罢工。马克思主义者应该首先考虑使罢工运动得到成功，应当坚决反对在这场斗争中把工人分成无神论者和基督教徒，应当坚决反对这样的划分。在这种情况下，宣传无神论就是多余的和有害的，这倒并不是出于不要把落后群众吓跑，不要在选举时落选等庸俗考虑，而是从实际推进阶级斗争这一点出发的，因为在现代资本主义社会环境中，阶级斗争能把信基督教的工人吸引到社会民主党和无神论这方面来，而且比枯燥地宣传无神论还要有效一百倍。在这样的时候和这样的环境中，宣传无神论，就只能有利于神父，因为他们恰恰最愿意用信不信上帝这一标准来划分工人，以代替是否参加罢工这一标准。

列宁：《论工人政党对宗教的态度》（1909 年 5 月 13 日〔26 日〕），《列宁专题文集 · 论无产阶级政党》，人民出版社 2009 年版，第 175—176 页。

**6. 马克思主义者不应当抽象地对待反宗教斗争问题，他们进行这一斗争不应当立足于抽象的、纯粹理论的、始终不变的宣传，而应当具体地、立足于当前实际上所进行的、对广大群众教育最大最有效的阶级斗争**

无政府主义者鼓吹在任何情况下都要对上帝开战，实际上是帮助了神父和资产阶级（正如无政府主义者实际上始终在帮助资产阶级一样）。马克思主义者应当是唯物主义者，即宗教的敌人，但是他们应当是辩证唯物主义者，就是说，他们不应当抽象地对待反宗教斗争问题，他们进行这一斗争不应当立足于抽象的、纯粹理论的、始终不变的宣传，而应当具体地、立足于当前实际上所进行的、对广大群众教育最大最有效的阶级斗争。马克思主义者应该善于估计整个具体情况，随时看清无政府主义同机会主义的界限（这个界限是相对的，是可以移动、可以改变的，但它确实是存在的），既不陷入无政府主义者那种抽象的、口头上的、其实是空洞的“革命主义”，也不陷入小资产者或自由派知识分子那种庸俗观念和机会主义，不要像他们那样害怕同宗教作斗争，忘记自己的这种任务，容忍对上帝的信仰，不从阶级斗争的利益出发，而是打小算盘：不得罪人，不排斥人，不吓唬人，遵循聪明绝顶的处世之道：“你活，也让别人活”，如此等等。

列宁：《论工人政党对宗教的态度》（1909 年 5 月 13 日〔26 日〕），《列宁专题文集 · 论无产阶级政党》，人民出版社 2009 年版，第 177 页。

**7. 无产阶级专政应当坚持不懈地使劳动群众真正从宗教偏见中解放出来，为此就要进行宣传和提高群众的觉悟**

无产阶级专政应当坚持不懈地使劳动群众真正从宗教偏见中解放出来，为此就要进行宣传和提高群众的觉悟，同时注意避免对信教者的感情有丝毫伤害，避免加剧宗教狂。

列宁：《俄共（布）纲领草案》（1919年2月），《列宁专题文集·论无产阶级政党》，人民出版社2009年版，第195页。

**8. 党力求彻底摧毁剥削阶级和宗教宣传组织之间的联系，使劳动群众真正从宗教偏见中解放出来，为此要组织最广泛的科学教育和反宗教的宣传工作**

俄共对宗教的政策是不满足于已经颁布了教会同国家分离、学校同教会分离的法令，即不满足于资产阶级民主制许诺过、但由于资本同宗教宣传有多种多样的实际联系而在世界任何地方也没有彻底实行过的那些措施。

党力求彻底摧毁剥削阶级和宗教宣传组织之间的联系，使劳动群众真正从宗教偏见中解放出来，为此要组织最广泛的科学教育和反宗教的宣传工作。同时必须注意避免对信教者的感情有丝毫伤害，因为这种伤害只会加剧宗教狂。

列宁：《俄共（布）纲领草案》（1919年2月），《列宁选集》第3卷，人民出版社2012年版，第746页。

**9. 这个要办成战斗唯物主义刊物的杂志必须不倦地进行无神论的宣传和斗争**

由此可见，这个要成为战斗唯物主义刊物的杂志，首先应该是一个战斗的刊物，这就是说，要坚定不移地揭露和追击当今一切“僧侣主义的有学位的奴仆”，而不管他们是以官方科学界的代表，还是以“民主主义左派或有社会主义思想的”政论家自命的自由射手①的面貌出现。

其次，这个杂志应该是一个战斗的无神论的刊物。我们有些部门，至少有些国家机关是主管这个工作的。但是，这个工作做得非常软弱无力，非常不能令人满意，看来是受到了我们真正俄罗斯式的（尽管是苏维埃式的）官僚主义这种一般环境的压抑。因此，为了弥补有关国家机关工作的不足，为了改进和活跃这一工作，这个要办成战斗唯物主义刊物的杂志必须不倦地进行无神论的宣传和斗争，这一点是非常重要的。要密切注意用各种文字出版的一切有关文献，把这方面一切多少有些价值的东西翻译出

① 自由射手是15—19世纪法国的非正规的特种步兵部队，在普法战争中曾从事游击活动。这里是在借喻意义上使用的。

来，或者至少摘要介绍。

列宁：《论战斗唯物主义的意义》（1922年3月12日），《列宁专题文集·论辩证唯物主义和历史唯物主义》，人民出版社2009年版，第324页。

**10. 恩格斯早就嘱咐过现代无产阶级的领导者，要把18世纪末战斗的无神论的文献翻译出来，在人民中间广泛传播**

恩格斯早就嘱咐过现代无产阶级的领导者，要把18世纪末战斗的无神论的文献翻译出来，在人民中间广泛传播。[①] 我们惭愧的是，直到今天还没有做这件事（这是证明在革命时代夺取政权要比正确地运用这个政权容易得多的许多例子之一）。有时人们用各种"动听的"理由来为我们这种软弱无力、无所作为和笨拙无能进行辩护，例如说18世纪无神论的旧文献已经过时、不科学、很幼稚等等。这种不是掩盖学究气就是掩盖对马克思主义一窍不通的冒充博学的诡辩，是再坏不过了。

列宁：《论战斗唯物主义的意义》（1922年3月12日），《列宁专题文集·论辩证唯物主义和历史唯物主义》，人民出版社2009年版，第324—325页。

**11. 应该向他们提供各种无神论的宣传材料，告诉他们实际生活各个方面的事实，用各种办法接近他们，以引起他们的兴趣，唤醒他们的宗教迷梦，用种种方法从各方面使他们振作起来**

当然，在18世纪革命家的无神论著作中有不少不科学的和幼稚的地方。但是，谁也不会阻止出版者把这些作品加以删节和附以短跋，指出人类从18世纪末以来对宗教的科学批判所取得的进步，指出有关的最新著作等等。一个马克思主义者如果以为，被整个现代社会置于愚昧无知和囿于偏见这种境地的亿万人民群众（特别是农民和手工业者）只有通过纯粹马克思主义的教育这条直路，才能摆脱愚昧状态，那就是最大的而且是最坏的错误。应该向他们提供各种无神论的宣传材料，告诉他们实际生活各个方面的事实，用各种办法接近他们，以引起他们的兴趣，唤醒他们的宗教迷梦，用种种方法从各方面使他们振作起来，如此等等。

列宁：《论战斗唯物主义的意义》（1922年3月12日），《列宁专题文集·论辩证唯物主义和历史唯物主义》，人民出版社2009年版，第325页。

---

① 参看《马克思恩格斯选集》第2卷人民出版社1972年版第591—592页。

**12. 18世纪老无神论者所写的那些泼辣的、生动的、有才华的政论，机智地公开地抨击了当时盛行的僧侣主义，这些政论在唤醒人们的宗教迷梦方面，往往要比那些文字枯燥无味，几乎完全没有选择适当的事实来加以说明，而仅仅是转述马克思主义的文章要合适千百倍**

18世纪老无神论者所写的那些泼辣的、生动的、有才华的政论，机智地公开地抨击了当时盛行的僧侣主义，这些政论在唤醒人们的宗教迷梦方面，往往要比那些文字枯燥无味，几乎完全没有选择适当的事实来加以说明，而仅仅是转述马克思主义的文章要合适千百倍，此类转述充斥我们的出版物，并且常常歪曲（这是无庸讳言的）马克思主义。马克思和恩格斯的所有比较重要的著作我们都有了译本。担心在我国人们不会用马克思和恩格斯的修正意见来补充旧无神论和旧唯物主义，那是没有任何根据的。最重要的事情，也是我们那些貌似马克思主义、实则歪曲马克思主义的共产党员往往忽视的事情，就是要善于唤起最落后的群众自觉地对待宗教问题，自觉地批判宗教。

列宁：《论战斗唯物主义的意义》（1922年3月12日），《列宁专题文集·论辩证唯物主义和历史唯物主义》，人民出版社2009年版，第325页。

**13.《在马克思主义旗帜下》杂志要成为战斗唯物主义的刊物，就必须用许多篇幅来进行无神论的宣传**

《在马克思主义旗帜下》杂志要成为战斗唯物主义的刊物，就必须用许多篇幅来进行无神论的宣传，评介有关的著作，纠正我们国家在这方面工作中的大量缺点。特别重要的是要利用那些有许多具体事实和对比来说明现代资产阶级的阶级利益、阶级组织同宗教团体、宗教宣传组织之间的关系的书籍和小册子。①

有关北美合众国的一切材料都非常重要，那里宗教同资本之间的正式的、官方的、国家的关系要少一些。然而我们看得更为清楚，所谓“现代

① 此处原为：“最近我浏览了厄普顿·辛克莱的小册子《宗教的利润》。毫无疑问，作者对待问题的态度和阐述问题的方法是有缺点的。但是本书是有价值的，它写得生动，提供许多具体事实和对比……”

据娜·康·克鲁普斯卡娅回忆，列宁阅读的《宗教的利润》一书是书的作者寄给她的，随书附有一封信，信中提到他利用自己的小说所进行的斗争。她说：“每天晚上列宁借助英文字典阅读。他对此书反宗教宣传方面不大满意，但喜欢书中对资产阶级民主制的批评。”（见1933年《在马克思主义旗帜下》杂志第1期第148页。

民主”（孟什维克、社会革命党人和一部分无政府主义者等对这种民主崇拜得五体投地），无非是有宣传对资产阶级有利的东西的自由，而对资产阶级有利的，就是宣传最反动的思想、宗教、蒙昧主义以及为剥削者辩护等等。

列宁：《论战斗唯物主义的意义》（1922 年 3 月 12 日），《列宁专题文集·论辩证唯物主义和历史唯物主义》，人民出版社 2009 年版，第 326—327 页。

**14. 希望这个要成为战斗唯物主义刊物的杂志，能为我国读者登载一些评介无神论书籍的文章**

我希望这个要成为战斗唯物主义刊物的杂志，能为我国读者登载一些评介无神论书籍的文章，说明哪些著作在哪一方面适合哪些读者，并指出我国已出版哪些书籍（要象样的译本才能算数，但这样的译本还不怎么多），还应出版哪些书籍。

列宁：《论战斗唯物主义的意义》（1922 年 3 月 12 日），《列宁专题文集·论辩证唯物主义和历史唯物主义》，人民出版社 2009 年版，第 327 页。

**15. 战斗唯物主义为了完成应当进行的工作，除了同没有加入共产党的彻底唯物主义者结成联盟以外，同样重要甚至更重要的是同现代自然科学家结成联盟**

战斗唯物主义为了完成应当进行的工作，除了同没有加入共产党的彻底唯物主义者结成联盟以外，同样重要甚至更重要的是同现代自然科学家结成联盟，这些人倾向于唯物主义，敢于捍卫和宣传唯物主义，反对盛行于所谓“有教养社会”的唯心主义和怀疑论的时髦的哲学倾向。

《在马克思主义旗帜下》杂志第 1—2 期合刊上登了阿·季米里亚捷夫论爱因斯坦相对论的文章，由此可以期待，这个杂志也能实现这后一种联盟。必须更多地注意这个联盟。必须记住，正因为现代自然科学经历着急剧的变革，所以往往会产生一些大大小小的反动的哲学学派和流派。因此，现在的任务就是要注意自然科学领域最新的革命所提出的种种问题，并吸收自然科学家参加哲学杂志所进行的这一工作，不解决这个任务，战斗唯物主义决不可能是战斗的，也决不可能是唯物主义。季米里亚捷夫在杂志第 1 期上不得不声明，各国已有一大批资产阶级知识分子抓住了爱因斯坦的理论，而爱因斯坦本人，用季米里亚捷夫的话来说，并没有对唯物主义原理进行任何主动的攻击。这不仅是爱因斯坦一人的遭遇，也是19世纪末以来自然科学的许多大革新家，甚至是多数大革新家的遭遇。

列宁：《论战斗唯物主义的意义》（1922年3月12日），《列宁专题文集·论辩证唯物主义和历史唯物主义》，人民出版社2009年版，第327—328页。

**16. 自然科学家就应该做一个现代唯物主义者，做一个以马克思为代表的唯物主义的自觉拥护者，也就是说，应当做一个辩证唯物主义者**

为了避免不自觉地对待此类现象，我们必须懂得，任何自然科学，任何唯物主义，如果没有坚实的哲学论据，是无法对资产阶级思想的侵袭和资产阶级世界观的复辟坚持斗争的。为了坚持这个斗争，为了把它进行到底并取得完全胜利，自然科学家就应该做一个现代唯物主义者，做一个以马克思为代表的唯物主义的自觉拥护者，也就是说，应当做一个辩证唯物主义者。为了达到这个目的，《在马克思主义旗帜下》杂志的撰稿人就应该组织从唯物主义观点出发对黑格尔辩证法作系统研究，即研究马克思在他的《资本论》及各种历史和政治著作中实际运用的辩证法，马克思把这个辩证法运用得非常成功，现在东方（日本、印度、中国）的新兴阶级，即占世界人口大多数但因其历史上无所作为和历史上沉睡不醒而使欧洲许多先进国家至今仍处于停滞和腐朽状态的数亿人民日益觉醒奋起斗争的事实，新兴民族和新兴阶级日益觉醒的事实，愈来愈证明马克思主义的正确性。

当然，这样来研究、解释和宣传黑格尔辩证法是非常困难的，因此，这方面的初步尝试不免要犯一些错误。但是，只有什么事也不做的人才不会犯错误。根据马克思怎样运用从唯物主义来理解的黑格尔辩证法的例子，我们能够而且应该从各方面来深入探讨这个辩证法，在杂志上登载黑格尔主要著作的节录，用唯物主义观点加以解释，举马克思运用辩证法的实例，以及现代史尤其是现代帝国主义战争和革命提供得非常之多的经济关系和政治关系方面辩证法的实例予以说明。依我看，《在马克思主义旗帜下》杂志的编辑和撰稿人这个集体应该是一种“黑格尔辩证法唯物主义之友协会”。现代的自然科学家从作了唯物主义解释的黑格尔辩证法中可以找到（只要他们善于去找，只要我们能学会帮助他们）自然科学革命所提出的种种哲学问题的解答，崇拜资产阶级时髦的知识分子在这些哲学问题上往往“跌入”反动的泥坑。

唯物主义如果不给自己提出这样的任务并不断地完成这个任务，它就不能成为战斗的唯物主义。用谢德林的话来说，它与其说是战斗，不如说是挨揍①。不这样做，大自然科学家在作哲学结论和概括时，就会和以前一样常常感到束手无策。因为，自然科学进步神速，正处于各个领域都发生深刻的革命性变革的时期，这使得自然科学无论如何离不了哲学结论。

列宁：《论战斗唯物主义的意义》（1922年3月12日），《列宁专题文集·论辩证唯物主义和历史唯物主义》，人民出版社2009年版，第328—329页。

**17. 同时简要评述一下无神论历史方面的材料以及教会同资产阶级的联系方面的材料**

请您再写一本（先要好好休息一下）这样的书，介绍宗教史并批判一切宗教（包括康德的宗教和其他精致的唯心主义的或精致的不可知论的宗教），同时简要评述一下无神论历史方面的材料以及教会同资产阶级的联系方面的材料。

列宁：《致伊·伊·斯克沃尔佐夫·斯捷潘诺夫》（1922年3月19日），《列宁全集》第52卷，人民出版社1988年版，第353页。

**18. 只有摧毁专制制度，才能建立起依靠人民参加国家管理并保障学习、罢工、言论、宗教、民族及其他等等自由的社会制度**

只有摧毁专制制度，才能建立起依靠人民参加国家管理并保障学习、罢工、言论、宗教、民族及其他等等自由的社会制度。只有这样的制度才能给人民以自卫手段，使他们不受各种压迫者、商人、资本家、僧侣、贵族的迫害；只有这样的制度才能开辟出一条自由的道路，使人们走向美好的未来，并能自由地为建立社会主义制度而奋斗。

斯大林：《俄国社会民主党及其当前任务》（1901年11月、12月），《斯大林全集》第1卷，人民出版社1953年版，第20页。

**19. 党赞成宗教信仰自由，赞成人们有信奉任何宗教的权利。但不能由此就得出结论说，党拥护波兰的天主教、格鲁吉亚的正教、阿尔明尼亚的格列高里教而不和这一类的世界观作斗争**

各民族有权决定自己的命运，但这是不是说，党就不应当影响民族的

---

① “与其说是战斗，不如说是挨揍”一语，出自俄国作家米·叶·萨尔蒂科夫-谢德林的讽刺作品《一个城市的历史》。在这部作品里，有一节记载了愚人城一市长米卡拉则的挨打故事。米卡拉则是一个好色之徒。一天夜里，他潜入本城一位出纳员的家中，准备和出纳员的妻子私通，不料被其丈夫发现。于是发生了一场“战斗”，结果，卡米拉则“与其说是厮打了一场，不如说是挨了一顿揍”。被打了一顿的市长大人只好仓皇溜走了事。

意志去作最符合于无产阶级利益的决定呢？党赞成宗教信仰自由，赞成人们有信奉任何宗教的权利。是不是由此就可以得出结论说，党拥护波兰的天主教、格鲁吉亚的正教、阿尔明尼亚的格列高里教而不和这一类的世界观作斗争呢？……而且党纲第九条和民族文化自治是两个完全不同的东西，它们可能相互“抵触”，就像海奥勃斯的金字塔和臭名远扬的取消派代表会议可能相互“抵触”一样，这难道不是不言而喻的吗？

斯大林：《在走向民族主义的道路上》（1913 年 1 月 12 日），《斯大林全集》第 2 卷，人民出版社 1953 年版，第 284 页。

**20. 党对宗教不能采用中立的态度，并且进行反宗教的宣传来反对所有一切宗教偏见，因为党是拥护科学的，而宗教偏见是反对科学的，要知道，任何宗教都是和科学对立的东西**

我们知道，有些好的共产党员对于共产党要求所有新党员都是无神论者这一点并不完全同意，因为现在反动的僧侣都被镇压了。今后要是宗教拥护全部科学并且不反对共产主义，那么共产党能不能对宗教采取中立态度？今后要是宗教信仰和对党的忠诚不相抵触，那么你们能不能允许党员信奉宗教？

答：这个问题有一些地方是不正确的。

第一，我不知道有过像代表团在这里所说的那种“好的共产党员”。恐怕世界上根本就没有这样的共产党员。

第二，我必须申明，我们的入党条件中，并没有正式规定要求每个候补党员都一定是无神论者。我们的入党条件是，承认党纲和党章，无条件地服从党和党机关的决议，缴纳党费，参加党的一个组织。

有一个代表说：我常常读到这样党新闻，说党员因为信奉上帝而被开除出党。

斯大林说：我只能重复上面已经讲过的入党条件。其他的条件我们是没有的。

这是不是说，党对宗教采取中立态度呢？不，不是这个意思。我们现在进行宣传而且将来还要进行宣传来反对宗教偏见。我国的法律规定每个公民都有信奉任何宗教的权利。这是各人的信仰问题。正因为如此，我们实行了教会与国家分离。但是我们在实行教会与国家分离、宣布信教自由的同时，也保留每个公民都有用说服、宣传、鼓励的方法去反对某种宗教、反对任何宗教的权利。党对宗教不能采用中立的态度，并且进行反宗教的宣传来反对所有一切宗教偏见，因为党是拥护科学的，而宗教偏见是反对科学的，要知道，任何宗教都是和科学对立的东西。在美国，不久以前把达尔文主义者判了罪，这种情形在我们这里就不可能产生，因为党实行全力捍卫科学的政策。

党对宗教偏见不能采取中立态度，并且要进行反对这些偏见的宣传，因为这是清除那些支持剥削阶级、劝人顺从剥削阶级的反动僧侣的影响的一种可靠手段。

党对宗教偏见的传播者、对毒害劳动群众意识的反动僧侣不能采取中立的态度。

我们是不是已经把反动僧侣镇压下去了呢？是的，镇压下去了。可惜只是还没有把他们完全肃清。反宗教的宣传就是一种必能把反动僧侣彻底肃清的手段。有这样的情况：某个党员有时阻碍全力展开反宗教的宣传。如果把这样的党员开除出去，那是很好的，因为在我们党的队伍里不允许这样的“共产党员”。

斯大林：《时事问题简评》（1926 年 12 月 17 日），《斯大林全集》第 10 卷，人民出版社 1954 年版，第 115—117 页。

# 后　记

自2012年始，我们承担了中国社会科学院“马克思主义经典作家专题摘编”之一《马克思恩格斯列宁斯大林论科学无神论》，如今终于大功告成。追溯往昔，历历在目。

2009年1月6日，中国无神论学会理事长任继愈先生致函中国社会科学院院长陈奎元同志，提出急需建立科学无神论的专门研究机构。2009年1月14日，中国社会科学院院长陈奎元在任先生的信函上批示：“中国社科院理应为研究、弘扬无神论作出贡献”，“如果广大人民群众经常去跪拜神佛，‘以人为本’岂不成了空话”。

2009年9月，中国社会科学院发布《加强马克思主义理论学科建设与理论研究实施方案（2009—2014）》。在马克思主义理论学科建设方案中，将科学无神论作为濒危学科重点扶持。2009年12月24日，中国社会科学院批准在马克思主义研究院成立“马克思主义无神论研究室”。这是20世纪80年代初任继愈先生创建的“科学无神论”研究室被更名后，中国再次出现实体性的科学无神论研究机构。中国社会科学院院长办公会议决定，根据任继愈先生的推荐信，习五一作为科学无神论学科的带头人，从世界宗教研究所调到马克思主义研究院，担任“马克思主义无神论研究室”主任。这是具有转折性的重要举措。此举不但组建了一个专业的科学无神论研究机构，有利于社会主义核心价值体系的建设，而且必将影响全国有关领域的思想趋势和学术结构向良性转变，对先进文化的建设和民族素质的提高，都能产生积极的作用。

2010年4月20日，中国社会科学院院长办公会议批准成立“中国社会科学院科学与无神论研究中心”，由习五一兼任主任。中心的目标，不仅应当成为马克思主义无神论的学术研究中心，开展科学无神论宣传、教育的基地，而且要成为抵御境外敌对势力利用宗教渗透、应对宗教意识形态化的智囊团。

自2011年起，在中国社会科学院马工程工作领导小组和马研院的大力支持下，《马克思主义理论研究与学科建设年鉴》在学科研究章节中，在原有的七个二级学科上增加第八个学科——“科学无神论”。马克思主义研究网开设“科学无神论”专栏。科学无神论学科已经在全国的马克思主义研究领域发出自己的声音。

从2010年至2012年，在马研院领导的大力支持下，北京大学科技哲学专业黄艳红博士、南开大学中国哲学专业杨俊峰博士、北京大学宗教学专业韩琪博士，相继进入马克思主义无神论研究室。2012年秋，为了开拓马克思主义无神论基础理论的研究，我们承担本专业领域的“马克思主义经典作家专题摘编”项目。

本专业领域的“马克思主义经典作家专题摘编”的题目，经课题组商议，定为《马克思恩格斯列宁斯大林论科学无神论》。目前，中国学术界关于科学无神论的内涵，众说纷纭。我们认为，近代西方的无神论思潮，由于它具有鲜明的反封建主义制度和批判神学的性质，被称为“战斗无神论”；因为它吸取近现代自然科学的成果，以科学的精神和科学的方法为武器，对科学发展起着推动作用，所以又被称为“科学无神论”。马克思主义无神论是科学无神论的高级形态。它继承了17—18世纪英国和法国唯物主义、19世纪德国费尔巴哈人本主义等人类优秀思想的成果，通过唯物主义历史观和剩余价值论的发现而展示出来。科学无神论作为马克思主义世界观的出发点和基石，由思想文化领域，进入科学社会主义运动的实践。

一种理论的生命力，不仅取决于其逻辑论证是否严密，概念体系是否完备，更取决于它能否成为时代的思想旗帜。马克思主义经典作家不仅是卓越的学者，更是坚强的战士。他们的智慧不仅体现在理论思考上，更体现在对重大现实问题的分析和解决上。

关于科学无神论和宗教观，马克思、恩格斯没有撰写过系统的专著。他们在创建马克思主义科学思想体系时，对宗教问题有过许多精辟的论述。目前，我国一些号称研究马克思主义宗教观的学者，绝口不谈无神论。其实，成熟时期的马克思是一位坚定的科学无神论者。这一论断在中外学术界早已是基本共识。马克思主义无神论渗透在马克思的哲学、政治经济学、历史学等诸多著作中，与其整体思想同生共存。

当代中国改革开放的历史证明，实践是马克思主义中国化的必由之路。当今世界，面对复杂纷纭的宗教现象，马克思主义无神论是我们有力的思想武器。随着时代的发展，在建设中国特色的社会主义实践中发展其新内涵，建立中国化的科学无神论学科体系，是我们这一代学者的历史使命。

作为专业的马克思主义无神论学者，真学，就是要读原著、学原文、悟原理。本摘编工作由中国社会科学院马克思主义研究院马克思主义无神论研究室的习五一、黄艳红、杨俊峰、韩琪共同合作完成。具体分工如下：习五一负责斯大林部分；黄艳红负责列宁部分；韩琪负责恩格斯部分；杨俊峰负责马克思部分，并协助统编全书。

**习五一**

2022 年 5 月